国家图书馆概论

韩永进　主编

国家图书馆出版社

图书在版编目(CIP)数据

国家图书馆概论/韩永进主编. —北京:国家图书馆出版社,2018.9
ISBN 978 – 7 – 5013 – 6589 – 0

Ⅰ. ①国… Ⅱ. ①韩… Ⅲ. ①国家图书馆—中国—概论 Ⅳ. ①G259.251

中国版本图书馆 CIP 数据核字(2018)第 218032 号

书　　名	国家图书馆概论
著　　者	韩永进　主编
责任编辑	唐　澈　金丽萍
封面设计	程言工作室

出版发行	国家图书馆出版社(北京市西城区文津街 7 号　100034) (原书目文献出版社　北京图书馆出版社) 010 – 66114536　63802249　nlcpress@ nlc. cn(邮购)
网　　址	http://www.nlcpress.com
排　　版	凡华(北京)文化传播有限公司
印　　装	北京鲁汇荣彩印刷有限公司
版次印次	2018 年 9 月第 1 版　2018 年 9 月第 1 次印刷

开　　本	710×1000(毫米)　1/16
印　　张	25.5
字　　数	422 千字
书　　号	ISBN 978 – 7 – 5013 – 6589 – 0
定　　价	98.00 元

目　　录

前　言

文化是流淌的精神河流,是一个国家、一个民族的灵魂。"文化兴国运兴,文化强民族强。没有高度的文化自信,没有文化的繁荣兴盛,就没有中华民族伟大复兴"。党的十八大以来,以习近平同志为核心的党中央高度重视文化建设,对中华优秀传统文化的传承发展提出了新的历史要求。党的十九大报告将文化自信提到前所未有的高度,并鲜明地指出,"中国有坚定的道路自信、理论自信、制度自信,其本质是建立在五千多年文明传承基础上的文化自信"。中华优秀传统文化在五千年文明发展史中不断孕育、深耕厚植,积淀着中华民族最深层的精神追求,代表着中华民族独特的精神标识,"是中华民族的精神命脉,是涵养社会主义核心价值观的重要源泉,也是我们在世界文化激荡中站稳脚跟的坚实根基"。

在人类文明发展的历史长河中,书籍是文化传承不可替代的重要载体。著名作家高尔基曾说过"书籍是人类进步的阶梯",我国也早有"书中自有千钟粟,书中自有黄金屋"的古训。图书馆作为书籍存藏和利用的主要机构,其产生和发展对于人类文明的赓续传承至关重要。对于一个国家、一个民族而言,国家图书馆更是保存、积累、传递国家与民族智慧成果的代表性机构,在保存历史、传承文明方面肩负着重要的使命和职责。世界四大文明古国中,古埃及、古巴比伦和古代中国都曾较早建立了本国的国家藏书制度。比如始建于公元前3世纪的古埃及亚历山大图书馆,秉承"收集全世界的图书""实现世界知识总汇"的宗旨,以其丰厚的藏书为世界瞩目。我国早在3000多年前的殷商时期就已专设官员执掌三皇五帝之书和四方之志。可以说,古代国家藏书制度的建立,使得具有鲜明地域性特点的民族历史文化知识的完整保存成为可能,是民族文化得以繁荣兴盛和传承发展的关键所在。中国国家图书馆诞生于20世纪初变法图强和西学东渐的背景之下,其前身为1909年创设的京师图书馆,经罗振玉、张之洞等晚清有识之士奏请兴办,以"保固有之国粹,而进以世界之知识"为宗旨,受到清政府的高度重视,成立之初,即获清政府拨交内阁大库残秩、翰林院和国子监南学典籍,以及承德文津阁《四库全书》、敦煌劫余遗书等珍贵文献。民国时期,中央政府专门为京师图书馆(1926年更名为"国立京师图书馆",1928年更名为"国立北平图书馆")建章立制,为其承担国家藏书职能并不断扩大服务范围奠定了制度基础。例如,1916年4月1日,教育部饬知京师图书馆接受"内务部立案之出版图书","以重典策而供众览",从而使其开始具备收缴典藏全国出版物的职能。中华人民共和国成立之后,国立北平图书馆由人民政府接管,并更名为"北京图书馆",于1955年正式确立为"我国的中心馆""中外书刊及贵重善本书、手稿的国家总书库",并于1998年12月12日正式更名为"国家图书馆",确立了其作为中国唯一的国家图书馆的地位,在党和政府的直接关心和大力支持下,获得了长足的发展,在传承中华文化,服务国家立法决策、经济社会发展、科学技术进步和社会公众学习等方面,做出了无可替代、独一无二的积极贡献。

国家图书馆作为一种特殊类型的图书馆,作为所在国家和民族文明的象征和标志,其特殊性和重要性已被当今各国所充分认识。各国国家图书馆虽因文化传统和社会背景不同,在功能定位、管理体制、运行机制、组织架构等方面也各不相同,但作为一种特殊类型的图书馆,通常承担着相同的国家藏书职能。国家图书馆往往拥有本国最丰富的文献信息资源、最完备的图书馆业务系统及设施设备条件、最顶尖的图书馆领域专业技术人才,对内指导和协调本国图书馆事业的协同发展,对外代表本国图书馆界参与国际图书馆事务,是沟通国内外文化发展的纽带和桥梁。

中国国家图书馆在具备国家图书馆普适共性的同时,也具有鲜明的中国特色。中华典籍浩如烟海、博大精深,从古老的甲骨卜辞、青铜铭文、碑铭石经,到书写在简帛、纸张上的书籍,历经三千多年,历史悠久,数量浩繁,形式多样,内容丰富。中国国家图书馆收藏保存了大量珍贵的古籍善本,从殷墟甲骨,到经文碑帖,无一不是国家文明典藏的瑰宝。随着信息技术的飞速发展,中国国家图书馆馆藏类型日益丰富,涵盖了纸质文献、缩微文献、音像制品、数字资源等各种载体,服务覆盖物理馆舍、互联网、移动通信网和广播电视网等多种渠道,年到馆读者超过580万人次,网站点击量近10亿页次,其建筑面积、馆藏规模、开放程度和现代化水平,都处于世界一流水平。

党的十八大以来,中央和国务院领导同志多次就中国国家图书馆工作做出批示,对中国国家图书馆事业发展寄予深厚期望,同时也提出了新的更高要求。中国国家图书馆牵头实施的中华古籍保护计划、革命文献与民国时期文献保护计划、国家文献战略储备库建设工程、"中华传统文化百部经典"编纂项目等多项重点工作被纳入国家和文化改革发展五年规划,纳入中华优秀传统文化传承发展工程,中国国家图书馆事业发展迎来了前所未有的历史机遇。为进一步紧跟国民经济和社会发展的步伐,中国国家图书馆在"十三五"时期提出了新的战略目标,即"努力将国家图书馆建设成为'国内最好、世界领先'的图书馆,成为传承和弘扬中华优秀传统文化的重要基地,成为支持和推广全民阅读的主要阵地,成为国家经济社会发展的新型智库,成为创新创业的知识中心,成为业界发展和服务创新的示范高地,成为联结各类信息服务机构的开放平台"。

2017 年 11 月 4 日,我国第一部图书馆领域的立法《中华人民共和国公共图书馆法》正式颁布。其中,第二十二条明确规定,"国家设立国家图书馆,主要承担国家文献信息战略保存、国家书目和联合目录编制、为国家立法和决策服务、组织全国古籍保护、开展图书馆发展研究和国际交流、为其他图书馆提供业务指导和技术支持等职能",首次以法律形式确认了中国国家图书馆所应承担的核心职能。同时,在兼顾我国图书馆事业发展现实情况的基础上,指出"国家图书馆同时具有公共图书馆的功能",明确了中国国家图书馆作为国家级公共文化服务阵地的重要地位和作用。这既是对中国国家图书馆百余年"传承文明,服务社会"所做卓越贡献的高度肯定,也是对中国国家图书馆在新时代继续为国家创新、社会进步和人民群众美好生活提供文献保障和智力支撑的新的要求。

对于中国国家图书馆与世界各国国家图书馆的共性与个性的研究与认识,直接关系到中国国家图书馆如何更好地认清自身发展定位,如何在高举中国特色社会主义先进文化的伟大旗帜下,更好地继承发展,守正创新。为此,中国国家图书馆于 2015 年启动《国家图书馆概论》一书的编纂工作,在国内率先对国家图书馆这一特殊类型图书馆的发展历史、功能、地位与作用进行系统梳理与分析总结,力求在中国特色社会主义理论,特别是中国特色社会主义文化理论的指导下,对国家图书馆事业发展规律进行全面深入的研究。对当下的深刻认识是着眼未来发展的基石,本书正是基于这样的考量,为中国国家图书馆在新的历史环境与发展机遇下,努力建设成为"国内最好、世界领先"的国家图书馆提供理论基础和学理分析,以使中国国家图书馆能够在中华民族伟大复兴的道路上,更好地肩负起其本职使命,担当传承弘扬中华文化、助力经济社会全面发展的时代重任。

国家图书馆事业,不仅仅是一馆之事业,更是全国之事业,是全民之事业。《国家图书馆概论》一书的编纂,凝聚了国图人对国家图书馆事业发展的高度热忱,得到了业界专家学者的专业指导,倾注了研究团队的大量心血。希望本书的出版,能够为中国国家图书馆积极投身于社会主义文化强国建设和中华民族伟大复兴壮丽事业提供理论引领,使中国国家图书馆事业发展在新时代焕发新生机,注入新活力,为下一个百年更加辉煌兴盛的发展打下坚实基础,为将我国建设成为富强、民主、文明、和谐的社会主义现代化国家做出新的更大贡献。

韩永进

2018 年 7 月

第一章 绪论

国家图书馆作为一种特定类型的图书馆,包含哪些本质属性、具备哪些共性特征,是本书首先面对的问题。在图书馆史学研究领域,许多被纳入"国家图书馆"范畴进行讨论的文献机构,并不一定正式定名为"国家图书馆"。如我们所熟知,老子曾任"周守藏室之史",虽然周朝的"守藏室"还不是真正意义上的"国家图书馆",但因其承担有整理国家藏书的功能,在一定程度上呈现出国家图书馆的特质,老子也因此被认为是目前已知最早的"国家图书馆馆长"。今天的中国国家图书馆,在 1998 年更名之前也未被命名为"国家图书馆",但早在 1916 年就开始接受国内出版物缴存,1955 年明确其"国家总书库"的职能作用,其作为"国家图书馆"的地位就已成事实。又如美国国会图书馆(Library of Congress,简称 LC)、日本国立国会图书馆(National Diet Library,简称 NDL)、韩国国立中央图书馆(National Library of Korea,简称 NLK)、芬兰赫尔辛基大学图书馆(Helsinki University Library)等,都没有以"国家图书馆"命名,但它们都被公认为所在国的国家图书馆,这也是因为,它们承担有国家图书馆一般所应承担的特殊职能。

在这一章中,我们对已有研究中关于国家图书馆功能、定位的阐述及世界各主要国家的国家图书馆相关实践进行了比较系统的调查和研究,在此基础上对当前各国国家图书馆普遍承担的几项主要职能及其履职形式进行总结归纳,以便为读者提供一个关于国家图书馆功能、定位、作用的整体印象。

第一节 国家图书馆的主要职能

从功能、定位的角度出发来认识国家图书馆,将其区别于其他类型的图书馆,是研究领域比较普遍的做法。例如,程俱于《麟台故事》中将古代国家图书馆的职能归结为:养育人才、资政参考、修纂典籍。谭祥金提出现代国家图书馆的五大职能:图书馆资源和互借中心、国家书目中心、图书馆现代化网络枢纽、图书馆学研究基地和国际交流中心[1]。《中国大百科全书》将国家图书馆的职能概括为以下 7 个主要方面:①完整、系统地搜集和保管本国的文献,从而成为国家总书库。②为研究和教学采选外国出版物,使其拥有一个丰富的外文馆藏。③开展科学情报工作,为科学研究服务。④编印国家书目,发行统一编目卡片,编制回溯性书目和联合目录,发挥国家书目中心的作用。⑤负责组织图书馆现代技术设备的研究、试验、应用和推广工作,开展全国图书馆网络化的设计、组织和协调工作,在推动图书馆实现现代化中起枢纽作用。⑥为图书馆学研究搜集、编译和提供国内外情报资料,组织学术讨论,推动全国图书馆学研究的发展。⑦代表本国图书馆界和广大读者的利益,参加国际图书馆组织。⑧执行国家对外文化协定中有关开展国际书刊交换和国际互借工作的规定;开展与国际图书馆界的合作与交流[2]。而国际标准化组织(International Organization for Standardization,简称 ISO)则在其制订的国际标准《信息与文献图书馆统计》(ISO 2789—2009)中指出,国家图书馆是"负责为所在国家获取和保存所有相关文献复本的图书馆,它可承担法定呈缴本图书馆的功能","国家图书馆正常情况下也会履行如下部分或全部功能:编制国家书目;收藏并更新大量的、具有代表性的国外文献(包括研究该国的文献);作为国家书目信息中心;编制联合目录;指导其他图书馆的管理,促进合作;协调研究与发展工作"[3]。

各国国家图书馆立法或国家图书馆发展规划中,大多也有关于国家图书馆职能、定位的规定,对这些规定进行调查梳理,可以将目前各国国家图书馆所普遍承担的主要职能概括为以下几个方面:一是保存国家文献遗产;二是编制国家书目;三是为国家立法和决策服务;四是为国家科技创新服务;五是作为一国图书馆事业的中心,发挥组织协调作用;六是为全民阅读和公民终身教育服务;七是参与国际文化交流。2017 年 11 月 4 日,我国第一部图书馆专门法——《中华人民共和国公共图书馆法》经十二届全国人民代表大会常务委员会第三十次会议通过,正式颁布,其中规定国家图书馆由国家设立,"主要承担国家文献信息战略保存、国家书目和联合目录编制、为国家立法和决策服务、组织全国古籍保护、开展图书馆发展研究和国际交流、为其他图书馆提供业务指导和技术支持等职能。国家图书馆同时具有本法规定的公共图书馆的功能"。这一法律表述,既充分反映了国际社会关于国家图书馆功能、定位的普遍共识,同时也全面概括了中国国家图书馆在国家经济社会发展中所实际承担的职责与任务。本章将从历史发展的维度,对各国国家图书馆的上述主要职能进行简要阐释,后续章节还将围绕这些主要职能做更加系统、全面的论述。

一、国家文献遗产的保存与保护

文献作为人类知识的保存载体,成为人类文明承续的集中体现。随着文献的产生与数量的增加,文献有序保存的需求开始出现,保存文献的图书馆由此应运而生,而国家藏书机构的创建从体制上确保了人类文明在历史纷争和社会变迁中得以传承发扬。早期的文献收藏权利仅限于官府,尤其以王室为主,历朝历代的统治者对前人典籍的收集都极为重视,深知稳固储藏国家的所有文献可以使国家的文明得以传承,所以将收集、保管和整理作为国家藏书机构的基本职能。

发展至今,保存国家文献遗产仍然是国家图书馆最为基础、核心的职能,也是国家图书馆与其他类型图书馆最主要的区别之一。1974 年,国际标准化组织颁布的《国际图书馆统计标准》(ISO 2789—1974)关于国家图书馆的定义是:"凡是按照法律或其他安排,负责搜集和保管国内出版的所有重要出版物的副本,且起储藏图书馆的作用,不管其名称如何,都是国家图书馆。"[4] 国际标准《国家图书馆绩效指标》(ISO/TR 28118:2009)在描述国家图书馆的使命时指出:国家图书馆对所在国家的文化遗产承担着特殊的职责,它们收藏并保存国家的用文献记录的遗产资源,提供并确保对过去和现在知识文化的长期存取访问。1976 年,在瑞士洛桑举行的国家图书馆馆长会议通过的一则声明中,关于国家图书馆定义的描述也与上述标准一致,即无论名称为何,负责收集和保存本国全部出版物副本,承担存储图书馆功能的图书馆即为国家图书馆。

在各个国家,国家图书馆的藏书职能已成为普遍共识,并通过专门的国家图书馆法或图书馆法对其进行明确规定。

表1-1　各国图书馆法中有关国家图书馆保存和保护国家文化遗产职能的规定[5]

国别	法律名称(时间)	相关条款
日本	《国立国会图书馆法》(2012)	国立国会图书馆的设立目的是通过收集图书及其他图书馆资料提供图书馆服务
南非	《南非国家图书馆法》(1999)	国家图书馆的职能是:完整收集南非出版的或与南非相关的公开出版文献;保存扩大出版的或者未出版的其他形式的文献,重点是出自南部非洲或者与南部非洲相关的文献;促进把南非的图书馆保存的出版文献作为国家资源的优化管理;促进国内与国际的公开出版物的最佳使用;行使国家保存本库的职能,并站在国家的立场上提供保护服务;提高对国家公开出版文献的遗产保护意识
德国	《德国国家图书馆法》(2006)	国家图书馆的使命包括:对以下出版物进行采访、开发、编制索引和长期保存,为公众利用以下文献提供便利,以及承担中央书库的工作:自1913年起在德国发行的各类出版物;自1913年起在德国国外出版的德语文献、德语著作的外文译本以及关于德国的外语文献
法国	《国家图书馆法》(1994)	国家图书馆的使命包括:采集、保存、保管及丰富各领域知识和国家遗产,尤其是法语和涉及法国文化方面的文化遗产;在遵守知识产权法律法规,保证长期保存的前提下,确保馆藏开放最大化,但受法律保护的涉密文献除外
英国	《英国国家图书馆法》(1972)	英国国家图书馆应:综合收藏各类书籍、手稿、期刊、胶片及其他记录资料,其中包括印刷型资料也包括其他类型的资料
加拿大	《加拿大国家图书档案馆法》(2004)	加拿大国家图书档案馆的目标包括:获取并保存加拿大的文献遗产;确保文献遗产被加拿大和对加拿大感兴趣的人所了解和方便获取;成为加拿大政府出版物、有历史或档案价值的政府和部长文件记录的永久存储库
澳大利亚	《国家图书馆法》(2011)	澳大利亚国家图书馆的职责是代表联邦从事以下活动:保管和扩充国家收藏的图书馆资料,包括关于澳大利亚本国和澳大利亚人民的综合性图书馆资料;按照管理委员会所规定的方式和条件,使得国家收藏的图书馆资料可供管理委员会所规定的任何人和机构取阅,以便为国家利益充分利用上述资料

续表

国别	法律名称（时间）	相关条款
新西兰	《新西兰国家图书馆法》（2008）	国家图书馆宗旨包括：收集、保存和保护文献，特别是与新西兰相关的文献，通过与其作为文献遗产地位相符的方式，使之可为新西兰公众获取和利用
韩国	《图书馆法》（2012）	国立中央图书馆承担收集、提供、保存管理国内外馆藏文献基于信息化构建国家文献信息体系的职责
瑞典	《关于瑞典皇家图书馆章程的条例》（2008）	瑞典皇家图书馆应：履行《法定呈缴法》《法定呈缴条例》规定的职责；收集、保存、描述并提供与瑞典相关的国外出版物；收集、保存、描述并提供有代表性的国外文献，尤其是人文社会科学领域的国外文献；依据《法定呈缴法》的规定，登记录像制品的呈缴本；保管、妥善利用善本图书及其他印刷文献、手稿、地图和图片
中国	《中华人民共和国公共图书馆法》（2017）	国家图书馆主要承担国家文献信息战略保存等职能。出版单位应当按照国家有关规定向国家图书馆交存正式出版物[6]

二、国家书目与联合目录编制

国家书目又称"全国书目"，其功能是揭示一个国家在某一时期出版的全部出版物。完善的国家书目，对于国内外学术研究及文化交流都具有重要的文献索引意义，同时也是编制其他各类专题书目的基础依据，是图书馆开展采访、编目、借阅、参考咨询等服务的重要工具。在古代，基于对书目之学"使书千帙于掌眸，批万函于年祀"，以"辨章学术，考镜源流""助百科学术之发展"等重要功用的认识，出现了许多由私人组织编纂的重要书目成果，如中国有梁阮孝绪编《七录》，西方有瑞士康拉德·冯·格斯纳编《世界书目》，等等，已具全国书目之雏形；后来逐渐出现由国家机构组织编纂的大型书目，最著名的如清乾隆年间组织编修的《四库全书总目》，全书200卷，著录图书3401种79 309卷，存目6793部93 551卷，基本上包括了清乾隆以前我国重要的古籍，是世界上现存最大的官修图书目录。

近代以来，国家书目在各国文化教育及经济社会发展等各领域的作用进一步凸显，由国家图书馆组织编纂国家书目的做法日益普遍，如法国国家图书馆

（Bibliothèque nationale de France，简称 BnF）于 1811 年开始编制发行《法国书目》，日本国立国会图书馆于 1948 年开始出版《纳本周报》和《全日本出版物总目》年刊，英国国家图书馆（British Library，简称 BL）自 1950 年开始发行《英国国家书目》周刊，美国国会图书馆自 1956 年开始编辑《全国联合目录》，等等[7]。中国国家图书馆（时称北京图书馆）自 1985 年开始启动《中国国家书目》编纂工作，并于 1988 年开始着手国家书目数据库建设。

1970 年，联合国教科文组织对各国国家图书馆编纂出版国家书目做出了要求。1974 年，国际标准化组织发布《信息与文献图书馆统计》（ISO 2789—1974），指出国家图书馆应当编印国家书目，发行统一目录卡片，编制回溯性书目和联合目录，发挥国家书目中心作用[8]。

今天，许多国家在其图书馆相关立法中对国家图书馆编制国家书目和联合目录的职能做出了明确规定。

表 1-2　各国图书馆法中的国家图书馆国家书目编制职能[9]

国别	法律名称（时间）	相关条款
韩国	《图书馆法》（2012）	国立中央图书馆须行使以下各项职责： （3）国家书目的编制及标准化建设事项
南非	《南非国家图书馆法》（1999）	国家图书馆承担记录国家文献；提供国家书目服务，并作为国家书目服务机构的职能
法国	《国家图书馆法》（1994）	国家图书馆的使命之一是编目馆藏资源，编纂、发行国家总书目
瑞典	《关于瑞典皇家图书馆章程的条例》（2008）	瑞典皇家图书馆应：编制国家文献目录；负责向国内研究型图书馆提供国外文献的联合目录，并与国外文献编目中心交换文献编目数据
英国	《英国国家图书馆法》（1972）	英国国家图书馆应成为在科技事务和人文科学方面的全国文献目录中心
澳大利亚	《国家图书馆法》（2011）	澳大利亚国家图书馆的职责之一是提供管理委员会认为合适的书目信息服务
中国	《中华人民共和国公共图书馆法》（2017）	国家图书馆主要承担国家书目和联合目录编制等职能[10]

三、为国家立法和决策服务

国家图书馆为国家立法和决策服务,是指以国家立法及决策机构为服务对象,提供立法及决策方面的文献信息资源支撑、研究支持、参考咨询、政策分析等类型的服务。在美国、日本等国家,国会图书馆兼有国家图书馆性质,其首要职能即为国会或议会服务,例如,美国国会图书馆成立于1800年,成立时的主要任务就是为国会做研究和咨询提供协助,其馆藏的首要任务就是支持国会履行其宪法职责,为国会服务是至高无上的职责,必须先满足国会长远的需要,在国会立法进程的全部阶段,国会研究服务部(Congressional Research Service,简称CRS)会为其提供及时、客观、权威、机密的综合可靠的立法研究和分析[11]。其他各国国家图书馆,也在其历史发展过程中越来越多地承担起这项职能。例如,中国国家图书馆自中华人民共和国成立以来就将为中央和国家领导机关立法与决策提供文献信息支持保障作为首要职能,1999年成立专职服务于国家立法与决策的部门——国家立法决策服务部,并逐步推出"为国家领导人重要国务活动提供文献信息服务"、"两会"咨询服务、全国人大常委会和专门委员会的立法服务、建立国家图书馆部委分馆、面向中央和政府最高领导层的"中南海网站""信息专报""部级领导干部历史文化讲座"等服务项目[12]。

一些国家通过立法将国家图书馆的立法决策服务职责固定下来,并且将国家立法决策的职责作为优先职责而予以重点保障。

表1-3 各国图书馆法中的国家图书馆立法决策服务职能[13]

国别	法律名称(时间)	相关条款
日本	《国立国会图书馆法》(2012)	国立国会图书馆的设立目的是通过收集图书及其他图书馆资料,帮助国会议员履行职责,并对行政及司法各部门提供法律规定的图书馆服务 设置调查及立法考查局,该局的职责如下所述: 1. 根据要求,分析或评价两院的委员会未决的法案或由内阁交付国会的议案。辅佐两院委员会,提出有效建议,并提供依据,促进其做出妥当决定

续表

国别	法律名称(时间)	相关条款
		2.根据要求或主动预测可能的要求,进行立法资料及其他相关资料的收集、分类、分析、翻译、索引、摘录、编纂、报告等。在资料的选择和提交过程中,不应存在党派或官僚式的偏见,而应提供对两院、委员会以及议员有帮助的客观资料 3.在立法准备阶段,辅佐两院、委员会及议员,提供起草议案的服务,但该服务仅限于委员会或议员提出要求的情况下 4.在不影响为两院、委员会以及议员服务的前提下,向行政、司法各部门以及一般公众提供所收集的资料,供其使用
加拿大	《加拿大国家图书档案馆法》(2004)	加拿大国家图书档案馆馆长可以就管理政府机构产生和使用的信息,向政府机构提出建议并提供服务
美国	《美国法典》中国会图书馆的相关法律规定	国会图书馆馆长应竭力支持、帮助和促进国会研究服务部开展如下工作——为国会提供最实际和最有效的服务,最迅速、最实际、最有效地满足国会的特殊需求,并且履行为国会服务的职责 国会研究服务部的服务职责:帮助国会各委员会;结题项目和研究专题目录;立法资料、研究等;情报研究;摘要及编制;立法目的和效果,以及备忘录的编制;情报与研究能力、人才培养
澳大利亚	《国家图书馆法》(2011)	澳大利亚国家图书馆的职责是代表联邦从事以下活动:为国会图书馆、联邦各部及机关、各领地及政府各专门机构提供服务
中国	《中华人民共和国公共图书馆法》(2017)	国家图书馆主要承担为国家立法和决策服务等职能[14]

四、为国家科技创新服务

图书馆在培育用户的创造力和促进社会知识创新方面所发挥的重要作用,已经在国际范围内得到普遍认可。国家图书馆作为一国文献信息收藏集大成者,在推动国家经济发展和科技进步方面更占据着举足轻重的地位,很多国家图书馆除了提供传统的科技文献服务外,还为有创新创业需求的个人或机构提供技术支持、工具支持和交流合作空间，不仅可以通过文献提供、专题咨询、展览讲座等引导和支持公众的创新创意活动，而且还可以利用自身在专题文献信息资源组织、知识服务、交流平台搭建等方面的专业优势为企业技术研发、科研院所和研究性大学开展科学研究、培养科技创新人才提供服务。

随着科学技术的飞速发展，社会各界对知识和信息愈发产生强烈需求，为国家科技创新和知识创新提供信息支撑的职能也愈加引起各国国家图书馆的重视。例如，英国国家图书馆在其2015—2023年战略规划中强调，英国国家图书馆的使命是让馆藏的知识遗产能够供人们研究，并在其核心目标中指出：支持和鼓励各种研究，确保图书馆设施和阅览服务及时满足研究人员需求的变化；开放远程访问服务，成为研究人员值得信赖的研究资源；充分利用图书馆的馆藏和专业知识，通过大数据分析推动研究创新；提高图书馆作为独立研究机构的能力[15]。在中国，国家图书馆早在1956年中央发出"向科学进军"的号召后，就逐步采取了增订中外文科技重要书刊，邀请自然科学方面的专家成立"科学顾问委员会"参与图书采访工作，提高编目质量并改善目录组织，加强科技阅览室及辅助书库建设等措施，不断加强国家图书馆的科学研究服务[16]。

一些国家还通过立法将国家图书馆为国家科技创新服务的职责明确下来，对其给予重点保障。

表1-4 各国图书馆法中的国家图书馆科技创新服务职能[17]

国别	法律名称（时间）	相关条款
南非	《南非国家图书馆法》(1999)	国家图书馆旨在为推动社会经济、文化、教育、科学和创新发展而收集、记录、保存和提供国家文献遗产 国家图书馆的职能是： （d）提供国内和国际的参考和信息服务
法国	国家图书馆政令(1994)	法国国家图书馆科学委员会由17名成员构成 科学委员会每年至少召开一次会议，由主席召集。委员会就机构发展方向和科研活动进行商议，并向机构提出有关科学政策方面的建议

续表

国别	法律名称(时间)	相关条款
英国	《英国国家图书馆法》(1972)	使英国国家图书馆成为在科技事务和人文科学方面的全国参考中心、研究中心、文献目录和其他信息服务中心 使英国国家图书馆优先服务于教育学术机构、其他图书馆和工商界
新西兰	《新西兰国家图书馆法》(2008)	设立图书馆与信息咨询委员会,委员会就下列问题向部长提供建议及报告—— (b)图书馆与信息服务(包含毛利文化)在新西兰文化与经济生活中的作用

五、在一国图书馆事业发展中发挥中心引领与组织协调作用

国家图书馆在一个国家的整个图书馆领域扮演着主导者和协调者,在整个图书馆体系中处于独特的中心地位[18]。一方面,是由于国家图书馆长期发展过程中形成的资源及专业优势,为其赢得图书馆行业的领导地位;另一方面,是由于一些国家纵向的图书馆事业管理体制所决定。经过长时间的理论探讨和实践积累,国家图书馆作为一国图书馆体系中心的地位已经在国际社会得到普遍认同。1976年,在瑞士洛桑举行的国家图书馆馆长会议通过的一则政策声明指出,国家图书馆应是图书馆事业的首要推动者,是各类型图书馆的领导。国家图书馆应在全国图书馆工作的各项规划中起到中心作用[19]。2003年修订颁布的国际标准《国际图书馆统计标准》(ISO 2789—2003)规定国家图书馆的功能应包括:监督其他图书馆的管理和(或)推动图书馆之间的合作;协调研究和发展工作等[20]。2009年实施的国际标准《国家图书馆绩效指标》(ISO/TR 28118:2009)在对国家图书馆的使命进行描述时指出:国家图书馆在一国之图书馆与信息行业提供中心服务,居于领导地位。

今天,世界各国国家图书馆除通过编制国家书目和联合目录等方式为其他图书馆提供支持,通常还主导图书馆行业发展政策及标准规范研制、全国图书馆信息网络建设、图书馆重点领域专业技术研发及应用示范,以及全国范围内的图书馆项目合作等工作,在组织、协调和引领全国图书馆事业加快向现代化、专业

化、规范化方向发展中发挥了积极而无可替代的作用。

表1-5　各国图书馆法中的国家图书馆事业发展研究职能[21]

国别	法律名称(时间)	相关条款
德国	《德国国家图书馆法》(2006)	国家图书馆的使命是:开展与本国及他国专业机构的合作,参与本土及国际专业组织的活动
英国	《英国国家图书馆法》(1972)	英国国家图书馆应:使英国国家图书馆成为在科技事务和人文科学方面的全国研究中心
澳大利亚	《国家图书馆法》(2011)	澳大利亚国家图书馆的职责是代表联邦从事以下活动:在图书馆事务方面(包括推动图书馆科学的进步)与国内外的图书馆相关机关和个人进行合作
加拿大	《加拿大国家图书档案馆法》(2004)	加拿大国家图书档案馆的目标是:协调政府机构的图书馆服务;支持图书馆和档案馆的发展
新西兰	《新西兰国家图书馆法》(2008)	国家图书馆宗旨:补充和促进新西兰其他图书馆的工作;与其他具有相同宗旨的科研机构进行合作,包括国际图书馆界成员
瑞典	《关于瑞典皇家图书馆章程的条例》(2008)	瑞典皇家图书馆应:负责国内图书馆自动化系统 LIBRIS 的建设;负责协调研究型图书馆在文献传递、信息技术服务的使用和发展等领域的馆际合作;并分析瑞典研究型图书馆的发展。皇家图书馆应当致力于图书馆领域的协作、发展以及图书馆领域的研究工作
韩国	《图书馆法》(2012)	国立中央图书馆承担标准化建设事项;图书馆馆员教育培训和对国内图书馆的指导、支持及合作;制定并调查研究有利于图书馆发展的政策
芬兰	《图书馆法》(2009)	芬兰国家图书馆负责为大学图书馆、公共图书馆、特殊图书馆等提供服务,促进国内及国际图书馆事业合作
南非	《南非国家图书馆法》(1999)	国家图书馆须领导南非各类图书馆,并提供指导和建议;开展研究和开放工作
中国	《中华人民共和国公共图书馆法》(2017)	国家图书馆主要承担开展图书馆发展研究等职能[22]

另外,随着全球化进程日益加快,图书馆界的国际交流与合作也愈加频密,国家图书馆作为一个国家的图书馆事业的中心,往往还承担着代表本国图书馆界参与国际图书馆事务的职能。通过策划实施国际合作项目,举办国际研讨会议,开展业务互访和交流培训等方式,各国国家图书馆在文献信息资源建设、馆际合作共享、知识管理与知识服务、数字图书馆发展、图书馆社会功能拓展等方面不断深化与国际同行之间的切磋交流,一方面广泛汲取国际先进的思想、理论、技术和方法,另一方面也积极将本国图书馆事业发展的成就和经验向国际图书馆界推广,从而为提升本国图书馆事业的国际化、现代化发展水平,扩大本国图书馆界在国际图书馆事务中的话语权和影响力做出积极贡献。此外,各国国家图书馆之间的交流与合作,也为促进世界多元文化的交流融合发展架起了互认互信的桥梁。为此,很多国家在其图书馆相关立法中对国家图书馆在这方面应当发挥的作用也给予了突出强调。

表 1 - 6　各国图书馆法中的国家图书馆国际文化交流职能[23]

国别	法律名称(时间)	相关条款
韩国	《图书馆法》(2012)	国立中央图书馆须行使以下各项职责:与国外图书馆的交流与合作
南非	《南非国家图书馆法》(1999)	国家图书馆须负责规划和协调与其他图书馆和信息服务机构的合作;保持与南非国内外图书馆和其他机构联系
德国	《德国国家图书馆法》(2006)	国家图书馆负有以下使命:开展与本国及他国专业机构的合作,参与本土及国际专业组织的活动
法国	《国家图书馆法》(1994)	法国国家图书馆可以通过协议或参加公益组织方式,与公共或私立,法国的或国外的机构,特别是具有互补性或能提供协助的团体机构开展合作 应文化部部长、海外事务部部长或合作事务部部长的要求,法国国家图书馆参与其职能相关的国家、欧共体法规以及国际条约的制定和执行,同时在所有国际组织中代表法国
瑞典	《关于瑞典皇家图书馆章程的条例》(2008)	皇家图书馆应在业务领域内推进与国外机构和国际组织的国际合作

续表

国别	法律名称(时间)	相关条款
加拿大	《加拿大国家图书档案馆法》(2004)	加拿大国家图书档案馆馆长可以与加拿大国内外其他图书馆、档案馆或相关机构签订协议
澳大利亚	《国家图书馆法》(2011)	图书馆的职责是代表联邦在图书馆事务方面(包括推动图书馆科学的进步)与国内外的图书馆相关机关和个人进行合作
新西兰	《新西兰国家图书馆法》(2008)	国家图书馆旨在通过以下恰当的方式丰富新西兰人民的文化和经济生活,并与其他国家进行交流: 与其他具有相同宗旨的科研机构进行合作,包括国际图书馆界成员 国家图书馆馆长促进与官方或与新西兰境内外其他人士开展图书馆业务工作
中国	《中华人民共和国公共图书馆法》(2017)	国家图书馆主要承担开展国际交流等职能[24]

六、为全民阅读和公民终身教育服务

国家图书馆虽然有别于一般的公共图书馆,是一种承担有重要国家职能的特殊图书馆类型,但由于它通常由中央政府设立,由国家财政支持,其占有的资源具有面向全国的公共性特征,因而也承担着以适当形式面向全国民众提供相应服务的职责。古往今来,承担有国家藏书职能的文献信息机构,最早仅为王室宗庙服务,随着国家制度逐步走向开放、民主和现代化,其服务对象渐次拓展到官僚贵族,再到知识分子阶层,直至现代数字网络技术普及应用,才终于得以惠及更广泛的普通大众。进入 21 世纪以来,各国国家图书馆开始在全国图书馆信息服务网络建设中取得独特而重要的中心地位,从而得以通过与其他图书馆的紧密合作,以及利用互联网、移动通信网等多媒体渠道的在线服务,使本馆馆藏资源和服务得以延伸到不同类型社会公众身边,为推动、引导和服务全民阅读,促进公民终身教育做出了积极贡献。

当前,各国国家图书馆为利用自身优势更好地服务社会公众,还通过策划文化产品和创新服务方式,不断衍生出内涵丰富的社会教育职能。例如,日本国立国会图书馆在《我们的使命、目标:2012—2016》中,将"帮助国民开展创造性活动"作为其具体使命之一[25];荷兰国家图书馆(Koninklijke Bibliontheek,简称KB)在其2015—2018年战略规划中指出,该馆的使命是为人们获得新的灵感及进行相关交流提供保障,帮助人们变得更有才华、更加睿智且更具创新能力[26];英国国家图书馆在其2015—2023年战略规划中将"通过难忘的文化体验与每个人建立密切联系"作为其文化方面的具体战略目标,并指出要制订公共计划和文化参与活动的馆员职责是创建活动、体验、讲座、展览和演出,通过适当方式揭示馆藏,使广大公众尽可能地获取、欣赏和接触到它们[27];苏格兰国家图书馆(National Libraries of Scotland,简称NLS)在其2015—2020年发展战略中将"支持学习,确保馆藏和服务为促进公众教育和学习、提升国民素养、推动国家发展做出重要贡献;鼓励参与,设计并实施对公众有教育性、娱乐性或启发性的项目"作为其优先发展战略[28]。

表1-7 各国图书馆法中的国家图书馆公共服务职能[29]

国别	法律名称(时间)	相关条款
日本	《国立国会图书馆法》(2012)	国立国会图书馆的设立目的之一是为日本国民提供法律规定的图书馆服务
南非	《南非国家图书馆法》(1999)	国家图书馆的职能包括:提升信息意识和信息素养
澳大利亚	《国家图书馆法》(2011)	澳大利亚国家图书馆的职责是代表联邦从事以下活动:提供管理委员会认为合适的图书馆相关服务
韩国	《图书馆法》(2012)	国立中央图书馆承担根据《读书文化振兴法》,支持与协助读书振兴活动的职责
加拿大	《加拿大国家图书档案馆法》(2004)	加拿大国家图书档案馆的目标是:确保文献遗产被加拿大人和对加拿大感兴趣的人所了解和方便获取;馆长可以提供信息、咨询、研究或借阅服务,以及其他有利于获取文献资源的服务;制订方案,鼓励或者组织包括展览、出版、表演在内的活动,向人们展现文献遗产并使之理解

续表

国别	法律名称（时间）	相关条款
美国	《美国法典》中国会图书馆法的相关法律规定	国会图书馆设立图书阅读中心，通过中心组织包括演讲、展览、出版在内的访问学者交流活动及其他相关活动，以激励公众的兴趣，和图书在知识传播中所起作用方面的研究
新西兰	《新西兰国家图书馆法》（2008）	国家图书馆旨在通过以下恰当的方式丰富新西兰人民的文化和经济生活。国家图书馆馆长提供部长认为适当的其他服务，包括提供信息资源、提供书目和校园服务
中国	《中华人民共和国公共图书馆法》（2017）	国家图书馆同时具有本法规定的公共图书馆的功能[30]

第二节　国家图书馆的主要类型

根据联合国教科文组织1991年发布的报告，被称为"国家图书馆"的图书馆共性特点主要包括三个方面：①资金来源大部分为政府财政支持；②向公众开放；③作为某一国家或地区公开出版物的主要保存机构[31]。除此三点基本特征之外，由于所在国家历史、社会、经济、政治、文化发展等多方面的差异，各国国家图书馆在职能的划分与承担、服务理念的贯彻、服务资源的分配、发展的战略重点等方面均有不同程度的侧重，呈现不同的特点。

从历史发展沿革来看，由于不同国家有着不同的历史政治背景，国家图书馆作为负责搜集和保管与图书馆所在国相关的所有文献资料副本的图书馆，其职能定位虽然与公共图书馆、专业图书馆等其他类型图书馆有着本质区别，行使诸如"接受国内出版物法定交存"等图书馆领域的"国家职能"，但这种国家职能并不是每一个国家图书馆在成立之初就被赋予的。多数国家图书馆的前身一般是单一类型的公共图书馆、国会图书馆或科学图书馆等，随着各国图书馆事业发展以及政治文化需要，该国规模较大、业务发展较好或承担重要职能的图书馆便逐步被赋予了国家图书馆的核心职能，但其原有的职能特征被保留下来，形成了自身发展特色。例如,美国和日本等国家是由国会图书馆兼作国家图书馆,其国家图书馆前身或设立初衷一般是专门为该国的国会及政府官员提供服务;再如,印度国家图书馆属于公共性的中央图书馆,其前身为该国加尔各答市市立的公共图书馆。

从经费来源上看,并不是所有的国家图书馆的经费都直接由政府部门的公共基金提供,特别是当国家图书馆还同时履行其他类型图书馆职能时,其经费主要来源于相应的从属机构。例如,芬兰、挪威等国以大学图书馆兼作国家图书馆时就面临这一情况,美国、日本等国家以国会图书馆兼做国家图书馆时也存在这一现象。从服务保障侧重点来看,不同类型的国家图书馆仍存在着不同程度的差异,特别是国会图书馆兼做国家图书馆的,一般将为国家立法和政府决策提供文献信息支撑服务作为首要职能予以优先保障。

根据这些特点,美国图书馆学家彼得·洛(Peter Lor)将国家图书馆分为三种类型:一是主要着眼于馆藏及文化遗产保护功能的国家图书馆;二是主要关注全国图书馆与信息服务架构及其能力构建的国家图书馆;三是通过网络渠道面向全国居民提供国家级的图书馆服务的国家图书馆[32]。《图书馆学情报学词典》将国家图书馆的类型分为:公共性的中央图书馆、政府性的国会图书馆、大学图书馆兼作国家图书馆、科学图书馆兼作国家图书馆[33]。《中国大百科全书》则将国家图书馆的类型分为四种:一是公共性的中央图书馆,具有公共图书馆的性质,但侧重于为科学研究服务;二是国会图书馆兼作国家图书馆,专门为国会提供服务,但同时也履行国家图书馆的职能;三是大学图书馆兼作国家图书馆;四是科学图书馆兼作国家图书馆[34]。

本书沿用《中国大百科全书》中对国家图书馆类型划分的方式,将国家图书馆类型分为公共性的中央图书馆、国会图书馆兼作国家图书馆、大学图书馆兼作国家图书馆以及科学图书馆兼作国家图书馆等四类。在具体实践中,还有些国家由多个图书馆共同承担国家图书馆职能,例如美国除美国国会图书馆以外,美国国家医学图书馆、美国国家农业图书馆也属于国家图书馆,具有接受出版物交存等法定职责,但就这两个图书馆自身类型来看,均属于科学图书馆兼作国家图书馆,本书不对这类多个图书馆共同行使国家图书馆职能的情况做展开讨论。

一、公共性的中央图书馆

公共性的中央图书馆是世界国家图书馆的主流类型,包括中国国家图书馆、英国国家图书馆、法国国家图书馆、澳大利亚国家图书馆、加拿大国家图书档案馆(Library and Archives Canada,简称 LAC)、韩国国立中央图书馆、印度国家图书馆等均属于此种类型。该类型国家图书馆面向多层次、全范围的社会公众以及学术界、研究部门、工商业和其他信息使用领域提供综合而全面的服务,其运转的资金主要来源于政府财政。公共性的中央图书馆,以面向全国的广泛服务为重点,通过国家保障、行业合作、现代信息技术等方式,不断提升国民的信息素养和阅读能力,统筹领导全国图书馆事业发展,逐步实现图书馆服务的全面覆盖。

1. 面向社会公众提供全面服务

国家图书馆作为由中央财政支持的制度性公共物品,具有公益性、公共性的社会属性[35],面向社会公众提供图书馆服务是其内在发展的必然选择,也是满足公民基本文化需求的重要途径。因此,作为公共性的中央图书馆,为公众提供服务,保障公民的基本权益,为推动社会经济、文化、教育、科学和创新发展而收集、记录、保存和提供国家文献遗产,是这种类型国家图书馆的一项重要职责。特别是在各国家颁布的国家图书馆法中,都明确对"面向公众提供服务"加以说明和保障。例如,《新西兰国家图书馆法》中,国家图书馆宗旨排在首位的即是"收集、保存和保护文献,特别是与新西兰相关的文献,使这些文献以与其作为文献遗产地位相符的方式,为新西兰公众获取和利用",从而"丰富新西兰人民的文化和经济生活"。《加拿大国家图书档案馆法》规定,加拿大国家图书档案馆"作为一个持久的知识获取的资源,为所有人服务,为一个自由、民主社会的加拿大的文化、社会和经济进步而服务"。《英国国家图书馆法》中也规定,英国国家图书馆的基本职能是"用于全面收藏印刷型或是其他类型的图书、手稿、期刊、电影和其他记录资料,是进行参考咨询、学习、书目查询和其他信息服务的国家级中心"[36]。此外,中国国家图书馆、澳大利亚国家图书馆、法国国家图书馆等也均在其国家图书馆法立法中明确规定了相关的公共服务职能,包括面向一般公众及特殊群体提供信息和知识获取服务、参考咨询服务、社会教育培训讲座、全民阅读推广等服务和教育活动,使得国家图书馆成为国民知识获取的主要来源、引领全民阅读浪潮的重要场所和主阵地。

　　国家图书馆除了面向社会公众提供服务外,还肩负着保存国家文化遗产的重要职责,必须在馆藏利用和馆藏保管与保护之间寻求平衡,因此,国家图书馆的社会公众服务还相对具有一定程度的使用条件限制,包括外借限制、年龄限制、费用限制、身份限制等。例如,英国国家图书馆、法国国家图书馆等大部分国家图书馆都不提供外借服务;英国国家图书馆等将办理借阅证的年龄条件设置为 18 岁;法国国家图书馆采取财务适度的收费阅览制度……中国国家图书馆作为全国图书馆系统免费开放的试点单位,自 2008 年起率先实现基本服务项目全部免费;2010 年开设少年儿童图书馆,面向 6—15 岁学龄儿童开放;2013 年又进一步放宽入馆年龄,公共服务区域面向未成年人全面开放,中外文文献开架阅览区接待读者年龄由年满 16 周岁调整为年满 13 周岁;中国国家图书馆少年儿童馆接待 15 周岁(含)以下少年儿童。通过这些措施,中国国家图书馆不断扩大读者的阅读范围,降低阅读限制,其开放程度在世界范围内是首屈一指的。

　　2. 以全面提升国民信息素养为己任

　　作为信息、知识的聚集地,该类型的国家图书馆在提高国民信息素养上担负着重要使命,不断致力于拓展社会教育职能,丰富社会公众的文化生活。例如,韩国重视发展国立中央图书馆所承担的支持与协助读书振兴活动的职责;英国国家图书馆提出要通过难忘的文化体验与每个人建立密切联系,指出未来 10 年所面临的挑战是帮助更多人发现和享受图书馆的文化展览和活动项目,提供和打造更具创意和多样化的艺术体验,并希望图书馆能够成为思想、辩论、讨论、对话和实验中心[37]。中国国家图书馆近些年成功打造了"国图讲座""文津讲坛""文津图书奖""国图公开课"等系列特色服务品牌,内容丰富,具有明确的指向性,能够满足多个专业、行业读者的需求。此外,为体现平等服务原则,许多国家图书馆也在建筑设备、文献资源、服务活动等方面采取了不同的服务对策,降低他们的图书馆使用门槛,保障特殊群体的需求满足,这也是其公共性与平等性的重要体现。

二、国会图书馆兼作国家图书馆

　　国会图书馆兼作国家图书馆是以美国国会图书馆、日本国立国会图书馆、韩国国会图书馆等为主要代表,这些国家图书馆尽管承担着收集保存国家文化遗产、服务各类型用户、在本国图书馆事业发展中发挥核心引领作用等核心职能，但是都将为国家立法和政府决策提供文献信息支撑服务作为首要职能予以优先、重点保障。

1. 由专一职能的国会图书馆发展而来

从历史发展沿革看，这种类型的国家图书馆其前身或设立初衷一般是专门为该国的国会及政府官员提供服务。例如，美国国会图书馆设立之初是为美国国会服务的学术图书馆，随后其服务范围扩大到司法、行政等国家机构，在其成立 100 年之后，才通过法案确立了其国家图书馆的地位。国会图书馆直接隶属于美国国会，其管理由国会参、众两院的图书馆联合委员会、拨款委员会及行政委员会各司其职。日本国立国会图书馆是以美国国会图书馆为蓝本建立的，其职责定位也与美国国会图书馆一脉相承。日本国立国会图书馆于 1948 年依据《国立国会图书馆法》而建立，隶属于国会，为国会的常设机构，受众议院、参议院的领导，日常业务受两院运营委员会管辖，其馆藏发展源流之一是设立于 1890 年、隶属于旧宪法下帝国议会的贵族院众议院图书馆，该图书馆专门为众议院提供服务[38]。韩国国会图书馆的前身是 1952 年成立的国会图书室，1955 年 11 月改为韩国国会图书馆，成为韩国立法府内的独立机构，直到 1998 年，韩国国会图书馆才开始为普通公众提供信息服务。综合来看，该类型的国家图书馆由于历史原因，一般由专职的国会图书馆演变而来，最初主要为国会议会提供文献资源及参考咨询服务，并随着职能的不断拓展及事业发展需要，逐步面向社会公众放开权限，但其为国会议会提供服务的核心职能仍未改变。

2. 优先保障国会议会服务

从服务对象的角度，这种类型的国家图书馆一般优先为议会和议员提供服务，其次是司法和行政机构，然后才在不妨碍两者服务的前提下，为学术界及其他社会公众服务，并在其国家图书馆法和中长期战略规划中都做出了重要说明。例如，美国国会图书馆 2011—2016 年战略规划在描述其主要战略目标时，将"向国会提供权威的研究、分析和信息"列为五项目标之首，并指出国会图书馆的资源首要用于帮助美国国会履行宪法职责，这是国会创建国会图书馆的原因，也是国会图书馆延续至今最为重要的职责[39]；在描述其使命时指出，美国国会图书馆的主要职能已经从主要为国会议员提供参考和借阅服务，扩展到为国会议员、国会委员会和国会工作人员提供研究和政策分析服务。美国国会图书馆为国家立法及决策服务的部门主要有国会研究服务部、联邦研究部和法律图书馆，负责提供立法研究、各类专题研究报告以及比较法律研究等。日本的《国立国会图书馆法》规定，日本国立国会图书馆的目的是通过收集图书及其他图书馆资料，帮助国会议员履行职责，并对行政及司法各部门、日本国民提供法律规定的图书馆服务。此外，该法还规定了日本国立国会图书馆面向一般公众、公立图书馆及其他图书馆提供服务的前提条件，即"不妨碍服务两院、委员会及议员、行政及司法各部门"[40]。日本国立国会图书馆在《我们的使命与目标：2012—2016》中提出的六大目标之首即为：辅佐国会活动——加强与国家政治课题相关的具有高度可靠性的专业调查与分析，迅速准确地提供信息[41]。为了更好地服务于国会，该馆于2012年1月专门制定了《国会服务方针》，旨在明确以调查及立法考查局为中心，举全馆之力量强化、扩充对国会的服务，进一步发挥其作为"立法机关的智库""议员们的情报中心"及"国会与国民之间的桥梁"的作用[42]。韩国《国会图书馆法》中也明确规定了该馆的核心职能，即"收集、整理、保存并提供馆藏文献及文献信息，开展参考咨询等图书馆服务，支持国会立法活动"，并在立法中对这一职能予以明确保障性说明，规定"在不影响履行这一规定职能的前提下，可向国会以外的国家机构、地方自治团体、公共团体、教育研究机构及公众提供图书馆服务"。由此可见，国会图书馆兼作国家图书馆，虽然也面向社会公众开展服务，但其服务的开放程度并不像公共性中央图书馆那一类型的国家图书馆一样全面而广泛，都是在不影响、不妨碍其为国会议会服务的前提下，才相对开放[43]。

3. 由国会议会直接监管

从运营管理的角度，这一类型的国家图书馆一般作为国会的组成部门，由国会直接参与监管，馆长权力相应受到一定程度的局限。例如，美国国会图书馆的日常运营工作，由美国国会下属的国会图书馆联合委员会负责监管。美国《国会图书馆法》中规定，"自1947年1月3日起，国会图书馆联合委员会应当由参议院规则和行政委员会主席及其4名成员，和众议院监督委员会主席及其四名成员共同组成"。同时，国会图书馆馆长由总统根据参议院的提名，并经参议院同意后任命[44]。日本国立国会图书馆也隶属于日本国会，是国会的常设机构，受众议院、参议院的领导,日常业务受两院运营委员会管辖。馆长经国会批准,由议长任命,享受与国务大臣同等待遇。并且,日本国会图书馆运营所需有关规程和预算,都要经过日本两院议院运营委员会的审查和批准。日本两院设立有国立国会图书馆联络调整委员会,就国立国会图书馆为国会、行政及司法各部门的服务,向两院议院运营委员会提出咨询建议。韩国《国会图书馆法》规定,"馆长在议长的监督下负责管理图书馆业务,并指挥和监督所属公务员。但是,图书馆业务中有关人事行政、财政预算、国库资金管理、国有资产管理、物品管理、应急预案、公务员财产登记等业务,根据《国会事务处法》《国家公务员法》《国家财政法》《国库资金管理法》及其他法律的规定,由国会事务处或国会事务总长管辖,不由馆长负责管理"[45]。

三、大学图书馆兼作国家图书馆

大学图书馆兼作国家图书馆以丹麦国家图书馆与哥本哈根大学图书馆、芬兰国家图书馆、挪威奥斯陆大学图书馆等为典型代表,这类型国家图书馆同时承担着国家图书馆和大学图书馆的双重职能,并在历史发展、馆舍设置、服务对象、管理机制等方面与大学及大学图书馆存在着不同程度的渊源。

1. 由大学图书馆发展而来

大学图书馆兼作国家图书馆,与国会图书馆兼作国家图书馆的情况相类似,一般是由单一职能的大学图书馆发展或合并而来,最初仅作为大学的图书馆面向师生提供文献保障和参考咨询服务。随着国家的不断重视,以及大学图书馆自身资源建设水平和服务保障能力的不断提升,被合并作为国家图书馆,或被直接赋予国家图书馆的特殊职能,从而成为该国真正意义上的"国家图书馆"。例如,丹麦国家图书馆与哥本哈根大学图书馆(也称"丹麦皇家图书馆")即是由1648 年成立的皇家图书馆和1482 年成立的哥本哈根大学图书馆合并而来的,从而具备了国家图书馆和大学图书馆的双重职能。挪威奥斯陆大学图书馆创立于1811 年,并在1815 年由立法规定国内所有出版社出版图书,有义务赠送一本给奥斯陆大学图书馆,使其发展建设成为挪威最大的国立图书馆,行使国家图书馆职能。

2.由政府教育部门或所属大学管理和资助

从经费来源及机构从属的角度看,这一类型的国家图书馆具有一定的特殊性。大学图书馆兼作国家图书馆并不一定由国家的政府部门直接领导,而多属于相应大学的附设机构,经费来源也一般不直接由政府的公共基金提供支持,而是由政府教育部门或所属大学管理和资助。芬兰国家图书馆是赫尔辛基大学附设的一个独立机构,是全国最大的研究型图书馆。芬兰国家图书馆由赫尔辛基大学与芬兰教育和文化部共同管理和资助,教育和文化部根据其行使的国家图书馆职能及承担的特殊项目给予资金支持,如全国数字图书馆项目、基础设施建设等。芬兰教育和文化部的财政投入是国家图书馆的主要经费来源,占其年度总经费来源的70%以上,赫尔辛基大学对其年度投入保持在16%左右[46]。同时,由于芬兰由大学图书馆兼做国家图书馆,因此与国家图书馆相关的立法条文在芬兰的《大学法》中予以规定,其中还规定了国家图书馆理事会成员、理事长的任命以及职权分配由赫尔辛基大学理事会决定[47]。

3.服务主要对象为研究人员及大学师生

由于这类图书馆一般坐落于大学校园内,其服务人群的结构特征也与其他类型的国家图书馆存在明显差别,主要是由大学研究人员及师生组成,因此其馆藏建设和所开展的服务类型也具有一定倾向性,以确保满足服务对象的信息资源需求。例如,丹麦国家图书馆与哥本哈根大学图书馆拥有三所馆舍,并且三处馆舍的馆藏定位各有不同:位于菲奥尔斯塔德的图书馆重点收藏社会科学类文献,位于阿迈厄的校园图书馆重点收藏人文学科文献,而位于斯劳兹赫尔姆的主馆则兼收并蓄,覆盖所有科目。该馆下设国家图书馆部以承担其作为国家图书馆所应承担的国家总书库等职能,下设大学图书馆部以承担其作为哥本哈根大学人文学科、神学、社会科学和法律方面的大学图书馆职责,并以皇家图书馆馆藏为支撑支持大学的教学和科研工作。该馆的信息服务部、管理服务部、运营部、安全部所承担的职责则由国家图书馆部和大学图书馆部所共担[48]。依据丹麦国家图书馆与哥本哈根大学图书馆2014年年报,该馆的使命是在现在及未来,促进教育、科研及信息的发展。年报进一步指出,作为国家图书馆,该馆负责管理国家的文化遗产,并承担法定交存等职责;作为大学图书馆,该馆须满足大学研究人员及师生对于信息资源的需求,并为上述三个大学图书馆的主要用户群体提供专门信息服务[49]。

四、科学图书馆兼作国家图书馆

由于不同国家图书馆事业发展的路径差异,有的国家以其科学图书馆作为国家图书馆,如罗马尼亚国家科学院图书馆,美国国家医学图书馆和美国国家农业图书馆等,对国家科学事业发展及专业领域文献资源建设产生了重要推进作用。这类图书馆一般为针对某一领域或多个领域的专业或科学图书馆,同时兼具国家图书馆的部分职能和特点,例如具有接受国内出版物法定交存等,这与单一行使自身职能的专业图书馆、科学图书馆等具有显著不同。

1. 为国家科技创新发展提供支持

这一类型国家图书馆普遍重视为科研用户提供服务,以此为科研活动提供重要支持,从而为国家经济、社会发展和知识创新做出贡献。例如,罗马尼亚国家科学院图书馆是罗马尼亚最大的科学图书馆,同时也是公众及学者研究历史、政治、经济、文化和科学的文献中心,从属于罗马尼亚国家科学院。罗马尼亚科学院于 1948 年改为罗马尼亚人民共和国科学院,其任务是解决国家技术、科学和文化方面的问题,同样也带来了其图书馆服务的内容和形式发生相应变化[50]。1948 年以前,罗马尼亚科学院图书馆的任务仅为国家在语言、文学、历史研究方面提供文献,现在已扩大到了自然科学、医学、技术科学等各个领域,藏书量也相应增长[51]。美国国家农业图书馆前身是美国农业部图书馆,是目前世界上最大的农业专业图书馆,拥有丰富的农业文献资源馆藏及农业信息服务成果,对全球农业图书情报工作具有引领作用[52]。美国国家农业图书馆同时承担国家农业图书馆和农业部图书馆的服务职能,主要面向国会议员及美国农业部的工作人员——特别是科研和技术人员提供免费借阅、参考咨询、定题检索等服务。

2. 馆藏具有一定学科特征

科学图书馆兼作国家图书馆,由于其学科领域的特殊性,在馆藏建设上也具有一定学科特征。美国由国家医学图书馆、国家农业图书馆等与国会图书馆共同行使国家文献资源的保存保护职能,这两个图书馆与美国国会图书馆在国家藏书建设上分工明确。例如,美国国会图书馆收到农业出版物后,原则上要移交给国家农业图书馆收藏,使国家农业图书馆逐步成为农业文献收藏中心,而相应医学出版物则移交给国家医学图书馆收藏,使国家医学图书馆成为美国医学信息国家级收集和发布馆,面向全美各界开展服务。与此情况不同的是,罗马尼亚国家科学院图书馆作为唯一的国家图书馆,独立享有对罗马尼亚出版物和联合国出版物的法定收藏权利,收藏罗马尼亚国家85%以上的手稿、出版物和特种文献[53],其馆藏资源建设则不具有此类学科特征。

综上所述,虽然上述国家图书馆的类型各有不同,但是它们均具有"国家图书馆"的共性特征,在本国图书馆事业发展建设方面起到了重要的引领和指导作用,符合人们对"国家图书馆"这一概念的普遍认知。需要特别注意的是,其中有些国家图书馆虽然是以国会图书馆或教育科研类图书馆兼作国家图书馆,但是它们与专一职能的国会图书馆或教育科研类图书馆仍然存在显著区别,具有国家图书馆的"法定交存"以及全国图书馆中心等重要职能,在行政级别、服务对象、服务类型和馆藏资源建设方面也有差异。此外,在本书后续章节的论述中,有关国家图书馆的内容均包括对上述四种类型国家图书馆的讨论。

第三节　国家图书馆概况

国家图书馆是一个国家重要的公共文化服务机构和国家文化典藏的宝库,在社会文化建设中具有重要地位。世界各国的国家图书馆在不同的历史时期和不同的社会环境下承担着不同的社会责任,体现着不同的社会价值,并在发展历史、职能定位、组织构成、运营管理等自身发展建设方面各具特色,在其国家和世界图书馆事业的发展中,扮演着不同的角色。本节特选取美国、英国、法国、日本、澳大利亚、印度及加拿大等几个较有代表性的国家图书馆进行简要介绍,以供参考。

一、美国国会图书馆

美国国会图书馆是美国历史最悠久的联邦文化机构,也是世界上最大的图书馆。美国国会图书馆是美国国会的附属图书馆,同时也作为美国实际上的国家图书馆开展服务。其馆舍主要由托马斯·杰斐逊大楼、约翰·亚当斯大楼、詹姆斯·麦迪逊大楼三座建筑组成,均坐落于华盛顿特区。美国国会图书馆是国会图书馆兼作国家图书馆的典型代表之一。

1. 历史沿革

美国国会图书馆成立于 1800 年,最初是依据美国国会法令作为美国立法机构的研究图书馆而建立,专供美国国会议员及政府高级官员使用[54]。该馆初建时设在国会大厦内,1814 年英军焚烧国会大厦,藏书全部被毁。1815 年美国总统托马斯·杰斐逊将自己珍藏的 6487 册图书出售给国会图书馆,奠定了该馆的馆藏基础。在此后的发展历程中,国会图书馆逐步从史密森研究所、佩蒂格鲁法律图书馆、彼得·福斯图书馆等机构获得了大量珍贵藏书[55]。1870 年起,根据美国的版权法,凡美国出版的书籍都必须向国会图书馆缴送 2 册,大幅扩充了国内外馆藏文献资源。1897 年,当时最宏伟、先进的国会馆新馆杰斐逊大楼建成,并于当年 11 月 1 日开馆面向公众服务。20 世纪以后,《美国国会图书馆分类法》、印刷目录卡片、《全国联合目录》《美国和加拿大图书馆期刊联合目录》相继问世,国会图书馆逐步成为美国图书馆系统的核心。

2. 功能定位

美国国会建立国会图书馆之初,主要是为了更好地履行宪法赋予其的职责,即为国会议员提供服务。其后国会图书馆的主要职能逐渐扩展到为国会议员、国会委员会和国会工作人员提供研究和政策分析服务。19 世纪,国会将管理国家版权的职能赋予国会图书馆,使得其馆藏日益成为美国创造力的记录和世界知识宝藏。由此,美国国会促使国会图书馆服务于"知识的进步和创造力的提升"这一关键性公共需求[56],主要职能转向了支持国会、履行宪法规定的职责、促进知识进步和创新以及服务美国国民这几大方面。

美国国会图书馆既是美国的议会图书馆又是国家图书馆,这也决定了国会图书馆的资源首要用于帮助美国国会履行宪法职责,向国会提供权威的研究、分析和信息。为国会提供研究和信息服务的国会研究服务部,是履行议会图书馆职责的主要部门。法律图书馆也承担部分为国会服务的职责,主要范围是与外国法律、国际法相关的研究和信息服务;法律图书馆还为联邦行政、司法机构提供法律相关的研究和信息服务。此外,图书馆服务部是履行国家图书馆职责的主要部门,其下设的联邦研究部(Federal Research Division)也为联邦行政、司法机构提供研究和信息服务。

3.机构组成及管理模式

美国国会图书馆下设有馆长办公室、国会研究服务部、美国版权办公室、法律图书馆、图书馆服务部、国内外业务拓展部及运作支持部等7个部门。其中,国会研究服务部作为直接面向国会提供服务的核心部门,其服务职责主要包括:帮助国会各委员会;结题项目和研究专题目录;立法资料、研究等;情报研究;摘要及编制;立法目的和效果,以及备忘录的编制;情报与研究能力,人才培养等[57]。各部门具体职责如下:

表1-8　美国国会图书馆各部门具体职责

部门	职责
馆长办公室	总体负责图书馆的管理工作和图书馆各项行政职能的开展
国会研究服务部	通过提供各种综合、可靠的法律研究以及及时、客观、权威和保密的分析,为国家立法服务
版权办公室	管理和保持有效的国家版权系统促进创新
法律图书馆	致力于提供各种可靠的法律文献。拥有历年国内外馆藏资源超过300万卷,涵盖了世界上几乎所有的司法资料
图书馆服务部	发展与保持国会图书馆独有、丰富和多样的馆藏资源。负责图书馆的采访、组织、使用、维护、安全和长期保存等工作
国内外业务拓展部	以各种方式支持国会图书馆使命的实现,通过指导国家项目进行数字文化资源的长期保存,领导机构之间开展协作,为数字化未来发展制定统一规划,整合信息技术服务方式

美国国会图书馆的日常运营工作,由美国国会下属的国会图书馆联合委员会负责监管。美国国会图书馆联合委员会是美国国会历史最悠久的常设联合委员会,负责监管国会图书馆的日常运营工作,同时负责国家雕塑馆藏品、美国植物园、美国国会大厦精工艺品的管理[58]。美国《国会图书馆法》中规定,"自1947年1月3日起,国会图书馆联合委员会应当由参议院规则和行政委员会(The Committee on Rules and Administration of the Senate)主席及其四名成员,和众议院

监督委员会(The Committee on House Oversight of the House of Representatives)主席及其四名成员共同组成"。同时规定,"国会图书馆联合委员会中的参议员应当在国会休会期间,在法律规定范围内行使国会图书馆联合委员会的权力并履行相关义务","国会图书馆馆长应由总统根据参议院的提名,并经参议院同意后任命,国会图书馆馆长应当制订管理图书馆的规则和规章"。

此外,美国国会图书馆2011—2016年战略规划[59]中,还对国会图书馆的执行理事会(Executive Committee)和运营理事会(Operations Committee)的组织结构进行了说明,规定其为"由馆长担任主席,由图书馆各主要服务部门的主管组成的执行委员会,负责国会馆的政策制定及实践活动,向馆长提供建议。由各服务部门的副主管和图书馆运营支持办公室的主管组成的运营委员会,负责全馆的运营事务"。执行理事会在战略目标中所要发挥的价值是,"每年对图书馆发起并维持的主要合作项目进行评估,确保对共同战略目标的持续调整与更新"。

二、英国国家图书馆

英国国家图书馆,隶属于英国文化、媒体和体育部,又称大英图书馆或不列颠图书馆,是全世界规模最大的图书馆之一。其藏品数超过1.5亿,涵盖400多种语言,包括书籍、杂志、手稿、地图、乐谱、报纸、专利、数据、邮票、印刷品、绘画和声音档案。英国国家图书馆属于典型的公共性中央图书馆。

1.历史沿革

英国国家图书馆1973年依据英国议会颁布的《英国国家图书馆法》成立,是当今世界上最著名的图书馆之一。英国国家图书馆的历史最早追溯至1753年,其前身为英国议会下议院于1753年建立的英国国家博物院所属的图书馆,正式开放于1857年5月2日,那时的读者可在分类卡片柜上享用阅览室提供的香槟配冰激凌的"早餐"[60]。此后到1973年,英国国家博物院图书馆一直作为英国的国家图书馆行使职能,并于1911年依据版权法获得接受国内出版物法定交存的权利。1972年,英国议会通过《英国国家图书馆法》,1973年7月,根据该法案,英国正式成立了由英国国家博物院图书馆、国立中央图书馆、国立科学技术外借图书馆、科学参考图书馆、科技情报局和英国国家书目局合并而成的英国国家图书馆。此后,印度事务部图书馆、英国国家有声资料馆也先后并入。其中,科学参考图书馆的主体是成立于 1855 年的专利局图书馆;国立中央图书馆于 1930 年由学生中央图书馆与中央图书馆合并建立而成,主要为学生提供服务;英国国家书目局则是成立于 1949 年,并于 1950 年开始出版英国国家书目;科技情报局原隶属于教育部。

2. 功能定位

英国国家图书馆履行全国性职能,是英国唯一全面接受缴送本的图书馆。它代表全英图书馆界参与国内外专业活动。《英国国家图书馆法》规定了该馆的基本职能[61],即"英国国家图书馆用于全面收藏印刷型或是其他类型的图书、手稿、期刊、电影和其他记录资料,是进行参考咨询、学习、书目查询和其他信息服务的国家级中心"。英国国家图书馆致力于保护、发展、揭示和改善馆藏及其设施,面向学术界、研究部门、工商业和其他信息使用领域提供综合而全面的服务,是英国在科技事务和人文科学方面的全国参考中心、研究中心、文献目录和其他信息服务中心。

3. 机构组成及管理模式

英国国家图书馆由首席执行官办公室(Chief Executive's Office)以及馆藏部(Collections Division)、读者部(Audiences Division)、财务部(Finance Division)和运营部(Operations Division)构成。其中,首席执行官办公室负责图书馆整体战略的规划与设计;馆藏部下设自然科学、社会科学和人文艺术等学科专业组和内容战略研究与运营、数字化、馆藏保护等业务流程专业组;读者部除了为普通民众和高层次的用户提供服务,还负责网络营销、品牌管理、文献出版、实体商店、电子商务等间接性的信息服务;财务部在负责常规财务管理工作之外,还承担人事薪酬、物业管理、内部审计、设备运维等工作;运营部主要负责各类行政和业务管理工作,包括与书目数据、信息技术相关的数据库管理,面向读者的馆际互借和阅览室管理,以及针对人力资源的培训招聘、方案策划等[62]。

1973 年 7 月,英国国家图书馆成立伊始,就依法组建"英国国家图书馆理事会"(The British Library Board),实施法人治理结构。根据《英国国家图书馆法》要求,英国国家图书馆理事会由 8—13 名成员组成。其中,有一名理事由女王任命,其余由文化、媒体和体育部部长任命。理事会主席全面负责理事会各项工作,由文化、媒体和体育部部长直接任命。理事会任何成员,包括主席在内,都可以兼职或专职的方式担任。但在理事会中,至少有一名成员是专职的,担任常务理事。英国国家图书馆馆长由常务理事担任,带领图书馆高层管理团队,全面负责图书馆的组织管理、人员安排等,拟订战略规划和执行既定计划等。馆长通常又兼任财务主管,负责资金事务的处理和控制。理事会根据特定需要,设立咨询委员会,聘请学界、业界精英,为英国国家图书馆制订重大战略规划与政策出谋划策,为政府部长、理事会的重要决策提供咨询建议。同时,在理事会内部设立专门委员会,以完成有关专项工作。目前常设的专门委员会主要有:理事会审计委员会(The Board Audit Committee)、薪酬委员会(The Remuneration Committee)、建设项目委员会(The Construction Projects Committee)和理事会投资委员会(The Board Investment Committee)。

三、法国国家图书馆

法国国家图书馆位于巴黎,是法国最大的图书馆,也是世界上最大的图书馆之一。法国国家图书馆馆藏总计3557万册件,其中密特朗新馆1834万册件,阿桑那尔图书馆有352万册件,大剧院图书馆有37万册件。法国国家图书馆的馆藏手稿最负盛名,收藏有中世纪以来各个时期的各文种手稿,其中有源于王室藏品和大革命时期查封的文献,一大批中国敦煌手稿和近东、远东、埃及等地的手稿,以及许多中国珍贵古籍,其馆藏具有历史性的传统艺术博物馆特点。法国国家图书馆属于公共性的中央图书馆。

1. 历史沿革

法国国家图书馆由法国的皇家图书馆发展而来,其历史渊源可追溯到14世纪。1386年,法国国王查理五世建立了私人图书馆,当时只有800册手抄本,后发展为皇家图书馆。1537年9月28日,国王弗兰西斯一世颁布《蒙彼利埃敕令》,规定在法国出版或销售的法国出版物均须向皇家图书馆交存一册,从而使法国的出版物在这里被完整地保存下来。此后,法国历代国王均注意发展皇家图书馆。1789年,法国大革命爆发,封建专制被推翻,反动贵族和上层教士遭受打击,资本主义制度得以确立,在此社会背景下,宗教机构、反动贵族等的藏书纷纷被收归国有。为了保管、整理和利用数量众多的图书(据估计,当时没收的图书有800万册之多),资产阶级政权在全国各城市设立了"文献保管所"。原巴黎的皇家图书馆也于 1792 年收归国有,更名为"国家图书馆",并接收了大量被没收的图书,开始向国民开放。由于一直以来以拿破仑为代表的法国统治阶级对皇家图书馆的重视,以及最早在法国建立的出版物交存制度对扩充馆藏资源的促进作用,到 18 世纪末皇家图书馆被取代之前,该馆的馆藏无论在质量上还是在数量上都在当时各国图书馆中首屈一指[63]。1994 年 1 月 3 日,法国国家图书馆依据政令建立,规定其必须"编目、保存和开发国家遗产,特别是法语或是有关法国文化的遗产"[64]。

2. 功能定位

法国国家图书馆的使命是收集、保存、丰富法国国家文献遗产并使其可被使用。具体工作包括法定缴存、丰富藏品、编目并保存藏品,使数字藏品可被更广泛的公众使用,使藏品可用于研究和合作[65]。法国国家图书馆有三项主要职能,一是完整无缺地收藏出版物交存制度所规定的所有文献;二是使所藏文献处于完好状态;三是让读者了解和科学地利用馆藏。同时还承担着编制国家书目、图书馆网络中心和保护法兰西文化遗产等诸项任务[66]。法国国家图书馆除本身的正常业务外,还是法国的国家书目中心、国际交换中心、国家外借中心、国家古籍和珍贵文献中心以及文献修复中心。

3. 机构组成及管理模式

法国国家图书馆隶属于法国文化与交流部(以下简称"文化部"),并受其管辖,但法国国家图书馆是具有行政性质的国家公共设施,有法人资格,在人事和财务上自主。法国国家图书馆的管理机制由三方组成:理事会、主席以及以馆长为核心的领导层。法国国家图书馆理事会是图书馆的决策机构,负责图书馆的管理。理事会就机构以及活动和投资方向、公共机构全部活动预算及调整、财政账户及年度结算划拨等内容进行商议,提供决策。馆长由大学或政界人士担任,文化部部长任命,是法国国家图书馆的法人代表,有权决定本馆收支和人事任免。根据法国《国家图书馆法》的规定,理事会成员除馆长外,还包括 19 名理事,其中 8 名为法定成员(文化部图书主管或其代表、文化部秘书长或其代表、文化部档案主管或其代表、总理府通讯主管或其代表、预算部预算主管或其代表、高等教育部大学图书馆主管或其代表、研究部科研主管或其代表、外交部国际文化关系主管或其代表),行政法院副主席提名,文化部部长通过法令确定的行政法院成员 1 名;4 名职工代表,由文化部部长通过法令确立选举方式;4 名国际文化、科学和经济领域的知名人士,由文化部部长通过法令指定人选;2 名用户代表,由文化部部长通过法令确定选举方式。此外,法国国家图书馆还设立有技术委员会、卫生、安全及工作条件委员会。

图书馆内部的组织机构主要包括典藏与流通、服务与网络、行政与人事三大系统以及战略决策、对外关系、文化传播、通讯联络 4 个附属机构。其中,典藏与流通系统辖 13 个部,包括:哲学、历史、人文、法律、经济、政治,科学技术,文学艺术,声像,参考咨询,善本,表演艺术,地图,版刻,照片,手稿,钱币、证章、古董,音乐。服务与网络系统辖 5 个部,包括:国家书目,交存出版物,信息系统,数字图书馆,储藏。行政与人事系统辖 4 个部,包括:人事,计划与财会,采购与管理,技术装备。

四、日本国立国会图书馆

日本国立国会图书馆肩负着保存日本文化遗产并传之后世的重要任务,其所藏资料在为国会议员服务的同时,也为行政及司法各部门服务,更对日本普通国民提供服务。日本国立国会图书馆在类型上属于国会图书馆兼作国家图书馆。

1. 历史沿革

日本国立国会图书馆是根据 1948 年 2 月日本国会制定施行的《国立国会图书馆法》设立的。此后,作为为日本国会服务的、具有调查职能的图书馆,同时作为日本唯一的国家图书馆和交存出版物图书馆,不断向前发展。日本国立国会图书馆有两个源流。一是设立于 1890 年、隶属于旧宪法下帝国议会的贵族院众议院图书馆,另一则是设立于 1872 年、隶属于文部省的帝国图书馆。其中帝国图书馆经历了自书籍馆(1872)、东京书籍馆(1875)、东京府书籍馆(1877)、东京图书馆(1880)至帝国图书馆(1897)的变迁。

2. 功能定位

日本国立国会图书馆是以美国国会图书馆为蓝本建立的,其职责定位也与美国国会图书馆一脉相承。首先,为国会服务是该馆的首要职能。《国立国会图书馆法》规定,"国立国会图书馆的目的是收集图书及其他图书馆资料,帮助国会议员履行职责,并对行政及司法各部门、日本国民提供本法律规定的图书馆服务"[67]。该法还规定了国立国会图书馆面向一般公众、公立图书馆及其他图书馆提供服务的前提条件，即"不妨碍服务两院、委员会及议员、行政及司法各部门"。日本国立国会图书馆在《我们的使命与目标：2012—2016》中所提出的六大目标之首即为：辅佐国会活动——加强与国家政治课题相关的具有高度可靠性的专业调查与分析，迅速准确地提供信息[68]。日本《国会法》也规定了设立国立国会图书馆的目的，即"为了便于议员开展调查研究，国会根据相关法律，设置国立国会图书馆"。在保障为国会服务的基础上，日本国立国会图书馆作为国家图书馆，广泛收集保存国内外的资料和信息，并作为知识和文化的基础设施，向日本民众提供服务。

国立国会图书馆还是日本唯一的交存出版物图书馆。根据《国立国会图书馆法》规定的出版物交存制度，广泛地收集日本国内的出版物（包括地图、唱片、缩微胶卷、CD-ROM 等），其中中央政府、地方政府以及独立行政法人的出版物均缴送 2 部以上，民间出版物缴送 1 部。截至 2015 年 3 月，全馆馆藏总量为 4107.4 万余册件，共藏有图书 1053 万余册、期刊报纸 1650 万余种、缩微资料近 911 万余种、音频资料 70.5 万余种、光盘（CD‐ROM，DVD‐ROM 等）12.8 万余种、地图 55.7 万余幅、博士论文近 59 万件、手稿等 37.5 万余种，其中包括日本宪政资料、日本被占领时期资料、议会政府机关资料以及江户时期以前的日本古籍、清代以前的中国古籍、荷兰书籍等特藏专藏。

3.机构组成及管理模式

日本国立国会图书馆隶属于日本国会，为国会的常设机构，受众议院、参议院的领导，日常业务受两院运营委员会管辖。馆长经国会批准，由议长任命，享受与国务大臣同等待遇。并且，国会图书馆运营所需有关规程和预算，都要经过两院议院运营委员会的审查和批准。日本两院设立有国立国会图书馆联络调整委员会，就国立国会图书馆为国会、行政及司法各部门的服务向两院议院运营委员会提出咨询建议。

国立国会图书馆机构由中央图书馆［总务部、调查及立法考查局、收集书志（采访编目）部、读者服务部、电子信息部和关西馆］、支部图书馆的国际儿童图书馆以及在行政司法各部门之内设置的 27 所支部图书馆所组成。截至 2014 年 4 月，包括馆长、副馆长在内的职员编制为 889 名（行政及司法各部门支部图书馆的职员除外），一般职员是通过公开考试录用的。该馆的运营管理所需经费全部由国家支付。2014 年度预算,不包括设施建设等施工经费在内,约为 181.1 亿日元。其中购买图书馆资料的经费约为 23.3 亿日元[69]。

五、澳大利亚国家图书馆

澳大利亚国家图书馆是目前澳大利亚最大的图书馆,主要为议会服务,同时也为政府各部门及学术机构提供参考咨询和书目服务。澳大利亚国家图书馆作为保存收集澳大利亚所有出版物的机构,享受 1968 年《出版法》所规定享有的接受出版物交存的权利。澳大利亚国家图书馆馆藏不仅包括各种载体的正式出版物,还包括手稿等非正式出版物,也收藏部分艺术品。澳大利亚国家图书馆属于公共性的中央图书馆。

1. 历史沿革

澳大利亚国家图书馆是 1960 年根据立法正式建立的,其前身为 1902 年建立的澳大利亚联邦议会图书馆。建立之初的澳大利亚联邦议会图书馆主要为议会服务,同时也为政府各部门及学术机构提供参考咨询和书目服务。1930 年开始,该图书馆对堪培拉居民开展外借服务,并向公众收集录音与影像资料。第二次世界大战之后,伴随着经济的繁荣,澳大利亚图书馆事业迅速发展,馆藏逐步增加,服务范围不断扩大。1956 年成立国家书目中心,同时联邦议会的图书馆咨询委员会提议成立国家图书馆,并于 1960 年颁布《国家图书馆法》。根据该法,澳大利亚联邦议会 1966 年拨款兴建馆舍,馆舍坐落于澳大利亚堪培拉地区伯利格里芬湖畔,1968 年 8 月澳大利亚国家图书馆正式开馆。1978 年澳大利亚国家图书馆编制了澳大利亚机读目录,1981 年澳大利亚书目网络实施,并建立国家书目数据库。

2. 功能定位

根据澳大利亚《国家图书馆法》,澳大利亚国家图书馆的职责是代表联邦从事以下活动:①保管和扩充国家收藏的图书馆资料,包括关于澳大利亚本国和澳大利亚人民的综合性图书馆资料;②按照管理委员会所规定的方式和条件,使得国家收藏的图书馆资料可供管理委员会所规定的任何机构取阅,以便为国家利益充分利用上述资料;③提供管理委员会认为合适的图书馆相关服务及图书馆资料(包括书目信息服务),同时还特别为国会图书馆、联邦各部及各机关、各领地、政府各专门机构等单位提供服务;④在图书馆事务方面(包括推动图书馆科学的进步)与国内外的图书馆相关机关和个人进行合作。

3.机构组成及管理模式

澳大利亚国家图书馆管理委员会是澳大利亚国家图书馆责任部门,主要负责管理澳大利亚国家图书馆相关事务。澳大利亚国家图书馆管理委员会职责包括一般性的行政管理事务、合规及财务事务,此外,通过对澳大利亚国家图书馆2015—2016 年度报告的调研了解到,其国家图书馆管理委员会在该年度的具体职责和工作还包括:制订战略及发展规划(2015—2019);制订年度预算;制订关键绩效指标;制订新的行政决策;负责数字图书馆项目 DLIR;策划出台并实施电子出版物呈缴法;举办"天朝大国:中国,1644—1911"展览;负责澳大利亚图书馆资源共享系统;负责与各国及洲际、领土区间的交流与合作;建立资本运作和维护计划;制订人力资源战略规划;委员会自身绩效评估。澳大利亚国家图书馆管理委员会一般由 12 名成员构成,包括馆长 1 名,参议院推选的参议员 1 名,众议院推选的议院成员 1 名,以及 9 名由总督任命的具备专业知识可以全面推动图书馆发展的人员。馆长由总督任命,是管理委员会的行政主管,并在管理委员会的监督下处理国家图书馆的事务。馆长和协助馆长工作的澳大利亚公共服务部门职员一起构成法定机构;并且馆长为该法定机构的最高领导,馆长可以将本法所赋予其的所有或者其中任何权力和职责,部分或者全部通过书面文件委托给 1999 年《公职人员法》中所涉及的人员(其中不包括该项委托权)。馆长将其全部或者其中任何的权力和职责委托给他人的权力必须符合管理委员会的指示。

澳大利亚国家图书馆在管理委员会外,另设有审计委员会和法人管理小组(Corporate Management Group,简称 CMG)作为国家图书馆管理委员会的咨询机构。其中,审计委员会通过独立审查国家图书馆的整体运作、风险管理架构以及财务账目的完整性,来协助国家图书馆管理委员会及主席的工作[70]。法人管理小组由馆长及 6 名高级行政主管组成[71],以对图书馆内部运营战略和运作进行领导。尤其是,该委员会负责监管目标及战略规划的完成情况,监督财政预算、发展政策及部门间协调活动的落实情况,以及监督其他运营问题。

六、印度国家图书馆

印度国家图书馆位于印度的加尔各答,隶属于印度新德里中央政府的人文资源开发部下属的文化部。印度国家图书馆肩负收藏国内出版的全部出版物,收藏和保管重要的手稿以及有计划、有选择地收藏国外出版物等重要职能,已同48 个国家的 160 多所大学图书馆和科研机构建立了国际交流关系,成为国际书刊交换中心,发行图书目录,提供复制业务。印度国家图书馆是公共性的中央图书馆。

1. 历史沿革

印度国家图书馆的历史最早可以追溯到 1836 年 3 月 21 日开馆的加尔各答公共图书馆,以及建于 1891 年的帝国图书馆。其中,帝国图书馆由一系列重要的国内部、处图书馆合并而成,仅限政府的高级官员使用。19 世纪下半叶,当时担任印度总督的柯尔森爵士主张开办完全面向公众的图书馆,试图把加尔各答公共图书馆与帝国图书馆合并为国家图书馆。直到 1903 年 1 月 30 日,加尔各答公共图书馆和帝国秘书处的图书馆合并后正式开馆,成为新的帝国图书馆,面向公众开放。首位馆长为图书馆学家、英国国家博物院图书馆副馆长 J. 麦克法伦。1948 年,该馆正式更名为印度国家图书馆,但仍发挥公共图书馆的职能与作用。该馆根据 1954 年《公共图书馆图书呈缴法》接受本国出版物的交存本。印度的政治和宗教领袖甘地为国家图书馆的题词"努力吧! 用全人类的文化充实这里,并向所有的人敞开大门"被铭刻在该馆的门前。

2. 功能定位

印度国家图书馆为国家 4 个法定保存本图书馆之一。1948 年印度颁布的《帝国图书馆法》及 1954 年实施的《图书发行法》确立了印度国家图书馆作为印度国家总书库的地位。作为该国的总书库,其职能有收集所有印度人撰写的印刷资料,以及与印度有关的印刷资料和图片纪录;收藏和保管重要的手稿;有计划地采访国家需要的外国资料;编辑国家总书目及专门书目;承担国家书目信息参考中心的职责,参与国际书目活动;提供复制服务并且作为国际图书交换和外借中心。从 1984 年不定期出版《国家图书馆报导》,也出版一些有关馆藏的回溯性书目。20 世纪 80 年代晚期开始就其业务和服务进行计算机化。

3. 机构组成及管理模式

印度国家图书馆总监由中央政府直接任命,行使有关图书馆管理和财政的一切职权。在 1 名专职馆长(被任命为图书馆信息主要官员)的协助下综合管理全馆,另外还有 5 名副馆长(被任命为图书馆信息官员),其中 2 人负责业务,3 人负责管理。印度国家图书馆工作分别归属三个部门:专业人员部门、保存部门和管理部门,在 2 名图书馆信息主要官员和 5 名图书馆信息官员管理下,由 42 名助理分别负责相关的部组。

根据《印度国家图书馆法》,印度国家图书馆成立国家图书馆委员会对图书馆进行管理,其职能主要包括:为图书馆制订符合现代科学准则的发展方案,就图书馆事务向中央政府和联邦政府提出建议,包括书目、文献目录描述和其他事项,以及履行中央政府可能委派的其他职能等。

七、加拿大国家图书档案馆

加拿大国家图书档案馆是目前世界上唯一的图书馆和档案馆合二为一的国家级机构,它的前身分别是加拿大国家图书馆和加拿大国家档案馆两个独立机构。加拿大国家图书档案馆是一个集中了原加拿大国家图书馆和原加拿大国家档案馆的馆藏、服务和专门人才的创新型知识机构。加拿大国家图书档案馆属于公共性的中央图书馆。

1. 历史沿革

加拿大原国家图书馆于 1953 年在渥太华建成,2002 年 9 月 30 日,加拿大议会召开,政府提出为了让加拿大公民能够更便捷地获取本国历史和文化的文献遗产,必须建立具有国际地位的、现代的和动态的知识机构。次年 5 月,加拿大遗产部部长希拉·考普斯(Sheila Copps)向加拿大议会提交了将加拿大国家图书馆和加拿大国家档案馆合并为加拿大国家图书档案馆的议案,该议案得到加拿大国家档案馆馆长伊恩. E. 威尔逊(Ian. E. Wilson)和加拿大国家图书馆馆长罗克·卡里尔(Roch Carrier)联合署名支持,合并议案在图书馆界和档案馆界的努力下呈交议会审议,2003 年秋正式批准。根据议会图书馆法案的规定,该馆从行政管理上属于联邦政府部长级单位,规格之高在加拿大历史上尚属首次。合并后的加拿大国家图书档案馆被赋予更多的权力,强化了原有图书馆和档案馆的社会作用,使其能够作为知识供给的国家级机构,为加拿大的文化创新、社会发展、经济进步做出贡献[72]。

2. 功能定位

加拿大国家图书档案馆是一个创新型的知识机构,它把其前身加拿大国家图书馆和加拿大国家档案馆的馆藏、服务和员工的专门技能组合起来[73]。其目标是向所有加拿大人提供对文本、传记及其他文献的简便的"一站式"存取,这些文献反映了加拿大的文化、社会和政治的发展。加拿大国家图书档案馆的创建为图书和档案工作引进了新的理念。它将印刷和非印刷的文件材料一律视为加拿大的文献遗产,并对这些文献遗产进行统一保管,目的是给后人留下宝贵的财富,从而使加拿大政府的记忆得以延续,同时也使政府的权力和结构更集中,有利于政府对信息的统一管理,以及保管和宣传的合作与沟通[74]。

根据《加拿大国家图书档案馆法》规定,加拿大国家图书档案馆的主要任务和职能包括以下四点[75]:

(1)保存加拿大的文化遗产,造福当代和后代人;

(2)应建立一个机构,作为一个持久的知识获取的资源,为所有人服务,为一个自由、民主社会的加拿大的文化、社会和经济进步而服务;

(3)该机构为加拿大搜集、保存和传播知识的机构之间的合作提供方便;

(4)该机构作为加拿大政府及其机构的永久记忆器。

加拿大国家图书档案馆是加拿大国内独立的出版物交存中心、国家信息中心以及文化遗产服务中心。作为独立的出版物交存本中心,加拿大国家图书档案馆规定了出版物的缴存事宜、条例执行和版本要求,其中要求在加拿大国内有出版行为的出版商必须自费提供两份出版物,在规定时限内交存给该馆;作为国家信息中心,加拿大国家图书档案馆负责政府机构信息化与信息管理规范化的任务,为政务提供技术支持与信息服务。并将继续履行国家档案馆的职能,作为政府记录的永久性保存库;作为文化遗产服务中心,加拿大国家图书档案馆提供有关加拿大作为移民国家几百年以来保存下来的文化遗产相关知识,通过开展新的知识服务,为文化遗产的保护与继承提供信息保障,例如加拿大家谱中心,加拿大肖像图库等项目,等等。

3. 机构组成及管理模式

加拿大国家图书档案馆是联邦公共管理机构,由部长①主管,并由图书档案馆馆长负责具体工作。加拿大国家图书档案馆馆长由加拿大总督任命,具有副部长的级别和权力,其职责主要包括:

(1)获取出版物和文件记录,或者取得出版物和文件记录的保存、保管或控制权;

(2)对出版物和文件记录进行编目、分类、鉴别、保管、修复;

(3)编制和维护信息资源,如国家书目和国家联合目录;

(4)提供信息、咨询、研究或借阅服务,以及其他有利于获取文献资源的服务;

(5)制订方案,鼓励或者组织包括展览、出版、表演在内的活动,向人们展现文献遗产并使之理解;

(6)与加拿大国内外其他图书馆、档案馆或相关机构签订协议;

(7)就管理政府机构产生或使用的信息,向政府机构提出建议并提供服务;

(8)引领和指导政府机构的图书馆服务;

(9)就参与相关文献遗产维护拓展以及为之提供访问便利的人们提供专业、技术和财政支持;

(10)履行总督所指定的其他类似职责。

根据《加拿大国家图书档案馆法》,部长可以设立顾问委员会,向国家图书档案馆馆长就如何让文献遗产为加拿大人和对加拿大感兴趣的人所知并便利获取而提出建议。

第四节　国家图书馆未来发展趋势及展望

当今,图书馆所处的经济社会环境正在发生深刻变化。一方面,全球化的趋势使世界不同国家和地区之间的距离前所未有地缩小,知识信息的快速流通和多元文化的交融碰撞,为人们带来日新月异的社会生活体验;另一方面,世界经济迅速向少数几个超级经济体集中,资源、技术、人才的集聚都带来新的两极分

---

① "部长"是指由枢密院总督在英女王加拿大枢密院成员中依《加拿大国家图书档案馆法》指定的部长。

化,世界仍有一半以上人口缺乏网上获取信息的途径,极端贫困和不平等问题成为人类共同体发展进程中必须面对的关键瓶颈。

为此,2015 年 9 月 25 日,联合国可持续发展峰会通过《改变我们的世界:2030 年可持续发展议程》[76](以下简称"联合国 2030 年议程"),193 个会员国家共同提出全球 17 项可持续发展目标,涵盖经济、环境、社会发展等多个领域。国际图书馆协会和机构联合会(International Federation of Library Associations and Institutions,以下简称"国际图联")参与了上述议程的谈判过程,并通过《信息获取与发展里昂宣言》[77](2014 年 8 月)、《图书馆与发展声明》[78](2014 年 11 月)等文件,提出了国际图书馆界的立场和观点,其中保障信息获取、提升信息素养,保护文化遗产等意见在联合国 2030 年议程中得到了充分反映[79]。

2016 年,国际图联发布《所有人的渠道和机遇:图书馆如何促进联合国 2030 年议程》手册,强调"图书馆是促进目标实现的关键",并指出,图书馆可以在诸多方面助力实现联合国 2030 年议程所提出的可持续发展目标,包括"提升公众数字、媒体、信息素养和技能在内的文化素养;缩小信息获取的差距,并帮助政府、民间团体和企业更好地认识当地的信息需求;提供作为政府项目和服务场所的网络;通过使用信息通信技术普及数字化;充当科研和学术团体的核心;保护并提供利用世界文化和遗产的机会"[80]。

联合国 2030 年议程提出的 17 项可持续发展目标,是全人类的共同愿景,也是世界各国领导人与各国人民之间达成的社会契约,它意味着包括图书馆在内的每一个体都需要在可持续发展目标的实现进程中发挥应有的作用[81]。国际图联对此做出的回应,代表了国际图书馆界主动承担这一社会责任的决心和承诺。国家图书馆作为一国图书馆事业的中心,作为所在国家和民族世代累积之文明成果及现当代知识信息最为重要的传播服务机构,在此过程中必将承担更为重要的职责和任务。

一、记录和保存世界文化遗产

《国家图书馆绩效指标》(ISO 28118:2009)指出,"国家图书馆对所在国家的文化遗产承担着特殊的职责……它们收藏并保存国家的用文献记录的遗产资源,提供并确保对过去和现在知识文化的长期存取访问"。这在世界各国有关国家图书馆的法律文件,或是国家图书馆自己制定的章程、规划中都有充分体现。

随着时代的发展,技术的进步,国家和民族之间建立起越来越密切的合作与交往,人类文明作为一个整体被记录和保存的需求也随之日益凸显。为此,许多发达国家的国家图书馆主动承担起联合和保存世界文化遗产的时代使命。例如,美国国会图书馆引用托马斯·杰斐逊总统的话——"没有任何一个学科的知识是国会议员们用不上的"——作为其馆藏发展的重要指导方针,并描述其服务宗旨为:"发展图书馆的全球馆藏,记录美国人民的历史和进一步的创造力,记录和促进全世界文明和知识的进步。"[82] 该馆当前拥有世界各国 470 种语言文字的馆藏资料,是世界最大的法律、电影、地图、乐谱和录音资料收藏地,世界最大、最完整的关于伊比利亚半岛、拉丁美洲和加勒比地区文献收藏地(超过 1000 万册件),亚洲之外世界最大的关于中国、日本和韩国资料收藏地(超过 300 万册件),以及俄罗斯境外世界最大的俄文文献收藏地(超过 75 万册件)[83]。英国国家图书馆将自己定位为世界级文献信息中心,提出"开发世界知识"的口号,表明该馆收藏全球信息资源、保存人类文化遗产的发展方向[84],其馆藏几乎囊括了所有语种,馆藏的规模和质量均居世界各国国家图书馆前列。该馆既收藏有古老的甲骨残片,也收割了易逝的网络资源;既收藏了世界上最早的印刷品《金刚经》,也收藏了世界上最完整的专利资料(约 6000 万种);既收藏了全球最丰富完整的学术期刊(约 26 万种),也收藏了许多英国历史上弥足珍贵的名人手稿(约 31 万种)[85],也正是在这些多语言、多学科、多载体类型、跨历史时空的丰富资源的基础上,英国国家图书馆进一步形成了其珍贵的特色化馆藏内容。苏格兰国家图书馆在其 2015—2020 年发展战略中也提出要"致力于为全球知识和世界记忆做出重要与持续的贡献"[86]。

进入数字化、网络化时代,世界各主要发达国家图书馆在积极将数字资源和网络资源作为所在国家文献信息资源保障体系重要组成部分纳入本馆馆藏的同时,也十分重视推动国际范围内的数字文献遗产资源的保存与保护。例如,2005年 4 月,在欧洲国家图书馆门户网站(Gateway and Bridge to Europe's National Libraries,简称 GABRIEL①)的基础上,法国、德国、意大利、波兰、匈牙利、西班牙

① 该项目由欧盟委员会资助,法国等 41 个欧盟国家的 43 家国家图书馆联合建设,旨在成为欧洲各国国家图书馆馆藏目录的联合搜索引擎和开放数据中心。

等六国首脑在一封致欧盟的公开信中呼吁,尽快启动"欧洲数字图书馆"项目(Europeana Digital Library,简称 EDL),以使欧盟各国国家图书馆的数字化工作能够形成统一的欧洲体系。该项目于 2007 年由法国国家图书馆牵头实施,2008年正式上线,截至目前,已经汇聚了来自 3500 多家图书馆、博物馆、档案馆的5300 余万件数字馆藏[87],其中涵盖了大部分欧洲国家的国家图书馆的馆藏;2009 年,联合国教科文组织启动"世界数字图书馆"(World Digital Library,简称 WDL)建设[88],迄今已吸引了全球 200 余家图书馆、档案馆及相关文献收藏机构参与合作,其中就包括 74 个国家的国家图书馆[89]。

中国国家图书馆是中国的国家古籍保护中心、国家文献信息资源总库,收藏有全世界规模最为宏富的中文文献,截至 2017 年底,已与全球 117 个国家和地区的 552 家机构建立了文献交换合作关系,馆藏 123 种文字的外国文献资料约占馆藏的 32%,是中国境内外国文献资料最多的图书馆。在此基础上,该馆在其"十三五"规划中对其未来馆藏建设的目标和任务进行了描述:一方面从推动本民族文化遗产传承发展的角度,强调对民族文字文献、古籍特藏、民国时期文献、家谱资源、地方志、珍贵历史资料、名人手稿、非正式出版物、海外华人史料等的采访和补藏;另一方面从参与全球多元文化建设和发展的角度,对外文馆藏建设策略进行了审视,进一步加大了对周边国家和地区文献采访和征集工作的重视。此外,中国国家图书馆通过参与世界数字图书馆、中日韩数字图书馆(China – Japan – Korea Digital Library Initiative,简称 CJKDLI)、亚洲数字图书馆等项目,在推动中华优秀传统文化走向世界,同时吸纳世界多元文化遗产为我所用方面进行了积极探索,特别是 2018 年组织成立丝绸之路图书馆联盟,推动丝绸之路数字图书馆建设,也将为联合"一带一路"沿线国家的图书馆和文献收藏机构共同推动亚欧大陆多民族文明的交流融合做出新的贡献。

二、促进信息、知识与文化在全球范围内的广泛传播与利用

保存不是图书馆馆藏发展的终极目的,其更为深刻的使命,是要使沉寂在文献中的文字图片和流动易逝的比特数据更为广泛地为人们的生活、学习、工作和研究所用,以促进国家、社会以及个人的创新发展。各国国家图书馆大多拥有本国境内甚至全球范围内引人瞩目的宏富馆藏,这些馆藏集聚了一个国家和一个民族世代传承的文明发展成果,同时也随着各国各民族思想、文化、技术的进步不断生长与更新。这不仅意味着各国国家图书馆在世界文明史上不可撼动的庄严地位,同时也意味着它们必须在促进世界文明的继续发展和进步中承担更为艰巨的历史使命。特别是在加快发展全球化环境下,每一个独立国家都在寻求国际舞台中一个相当的位置,国家与国家之间的交往,不仅仅是经济形式上的竞争与合作,同时也包括多元文化的交流与融合,以及信息、知识、技术的传播与互动。这种融合与互动,也对国家图书馆的馆藏建设与服务提出了新的世界命题。

对此,美国国会图书馆在其 2016—2020 年战略规划开篇即指出,"20 世纪以来,美国承担了作为工业、军事和外交大国的更大作用……鉴于国会越来越关注紧迫的全球事务,国会图书馆大大增加了对在美国国外创建的以数百种语言呈现的书籍和其他资料的采集,同时开发了有效的新方法来组织这些不同的知识,并使其能够被获取。今天已是 21 世纪,新技术迎来了一个互联互通时代,其特点是在全球基础上进行即时通信和信息共享。国会图书馆的馆藏和服务可供全国乃至全世界迅速增加的网络个人使用,这些知识必须能够跨越多个系统和来源。为了有效分享知识并满足日益增长的协作需求,实时、即时、轻松和全球性地访问信息至关重要"[90]。英国国家图书馆将"国际化"作为其 2015—2023 年战略规划的一项重要战略任务,提出要"与世界范围的合作者共同促进知识进步和互相理解:加强与历史悠久和文化馆藏丰富的南亚和中东地区机构的合作;在欧洲数字图书馆中发挥专业领导作用,促进全球化数字图书馆建设;为处于战争状态或灾害中的文献机构保护濒危藏品提供帮助"[91]。加拿大国家图书档案馆也提出要"通过开放和包容的方式积极参与国内和国际社会网络"[92]。

面对世界多元文明日益激烈的交锋交流,中国作为一个具有独特文明历史、独特精神特质、独特制度体系的东方大国,如何超越历史传统、文化语言、意识形态、社会制度等障碍,在不同文明之间架起沟通的桥梁,推动中华文化走出去,讲好中国故事,传播中国声音,展示中国魅力,树立当代中国良好国际形象,是我们面临的重要课题。同时,在全球经济社会日益加速的一体化进程中,中国已经成为世界第二大经济体,越来越深入地参与全球经济格局当中,对世界各国先进思想、文化、技术、方法及国际化人才的需求与日俱增。中国国家图书馆作为国家对外文化交流的重要窗口,在推动中华文化走出去和世界文化走进来方面具有独特优势,也必须肩负起更为重要的使命。

三、支持面向可持续发展的国家立法和政府决策

我们在前文对国家图书馆进行分类时,将国会或议会图书馆兼做国家图书馆的情形作为单独的一种类别,反过来我们也可以说,在这些国家,国家图书馆同时兼有国会或议会图书馆的职能。而在另外一些国家,则可能是由国家图书馆与国会或议会图书馆共同承担为国会或议会服务的职能。无论以何种形式,为国会或议会有效行使国家职权提供服务,都已经成为这些图书馆最为重视的核心职能。

国家立法和政府决策,涉及其各国内政外交的方方面面,决定了图书馆面向类似机构提供服务的范围必须尽可能全面。国际图联在其 2009 年修订发布的《议会图书馆指南》[93] 中指出,议会图书馆的优势在于它"覆盖所有的公共政策"。该指南同时又强调,议会图书馆能提供哪些服务,首先"取决于其可利用的资源"。各国国家图书馆面向国家立法和政府决策提供服务的基础也建立于此。为此,在全面采集和收藏本国文献信息之外,各国国家图书馆往往还十分重视对其他国家和地区重要文献信息的广泛获取。如日本国立国会图书馆侧重于对太平洋地区相关资料的搜集;英国国家图书馆在其馆藏内容战略中强调要保持该馆在中东、南亚、东欧和北美资料方面的收藏优势,同时加强对当前国际研究重点,如与中国、日本、非洲英语国家和南美地区相关研究资料的采集[94]。中国国家图书馆在其"十三五"规划中做出了类似的部署,提出要"加强重点学科领域、重点专题领域文献的采访与征集,逐步形成对中国学、边疆海疆文献信息资源的有效保障。加强重点国家和地区文献的采访与征集,逐步形成对周边国家和地区、与国家重大战略关系密切的国家和地区文献信息资源的有效保障",也反映了以更具包容性的馆藏建设更好地服务于国家立法和政府决策的战略思想。

随着互联网和数字信息技术的发展,各国国家图书馆在全面搜集各领域决策信息的同时,还将面临更大挑战,比如如何从海量文献信息中遴选出权威有效的信息资源,如何对其进行高效组织、加工,如何及时、准确地送达立法与决策者手中,等等。这就要求国家图书馆积极应用现代技术手段,对国家立法与政府决策需求进行密切跟踪、科学预测、准确研判,不断提升其信息服务的专指性、即时

性、系统性和前瞻性。此外,除了为国家立法和政府决策提供完备、系统的文献信息,一些国家的国家图书馆还承担着围绕国家立法和政府决策开展调查研究的职责,而且,为适应上述研究职能的需要,各国国家图书馆在有关研究机构及专业研究人才的培养方面也不遗余力。例如,日本国立国会图书馆自 2003 年 1 月开始针对国政问题进行专题调查,并不定期刊行调查报告[95],涉及法律、政治、经济、外交、信息通信、产业发展、交通运输、环境保护、教科文卫等多个领域[96];美国国会图书馆的研究服务部,专门为国会两院提供各类所需的研究和分析服务,为确保其具备相当的履职能力,美国《国会图书馆法》赋予国会图书馆馆长在农业、美国政府与行政管理、美国公法、环境保护、教育、工程与公共事务等二十三个领域任命高级专家和专家的职权,要求国会图书馆承担培养和保持高级专家、专家、其他雇员以及顾问的情报研究能力,等等。

根据《中华人民共和国公共图书馆法》,为国家立法和决策服务是中国国家图书馆承担的核心职能,该馆立法决策服务部在 1999 年成立以来,通过为全国"两会"提供信息服务,与国务院各部委、机关合作设立部委分馆,组织编发立法决策服务信息专报,建立边疆、海疆及中国学研究中心等专门研究机构,多措并举,在支持国家立法和政府决策方面积累了成功经验。今天,中国特色社会主义进入新时代,国家内政外交面临复杂多变的新形势、新问题,国家治理体系和治理能力的现代化发展对科学立法和民主决策提出了更高要求。为此,中共中央办公厅、国务院办公厅于 2015 年 1 月印发《关于加强中国特色新型智库建设的意见》,要求"大力加强智库建设,以科学咨询支撑科学决策,以科学决策引领科学发展"。中国国家图书馆立法决策服务应适应新时代的要求,立足于国家文献信息资源总库的馆藏优势,积极应用现代信息技术,建立健全对国家内政外交大局变化的快速响应机制,积极打造国家经济社会发展的新型智库,充分发挥图书馆汇集知识、集聚人才、服务社会的作用。

四、作为促进国家和社会创新发展的动力引擎

自 20 世纪中叶以来,世界各主要发达国家先后制订国家创新发展战略,积极推动教育、科技以及人才培养在国家创新发展中发挥重要作用。今天,创新驱动已成为时代潮流,是世界大势所趋。一方面,全球新一轮科技革命、产业变革和军事变革加速演进,科学探索从微观到宏观各个尺度上向纵深拓展,以智能、绿色、泛在为特征的群体性技术革命将引发国际产业分工重大调整,颠覆性技术不断涌现,正在重塑世界竞争格局,改变国家力量对比;另一方面,全球经济发展进入新常态,传统发展动力不断减弱,粗放型增长方式难以为继,必须依靠创新驱动打造发展新引擎,培育新的经济增长点,持续提升经济发展的质量和效益,才能在国际竞争中求得新的发展优势。

国家图书馆作为一个国家重要的文化基础设施,依托馆藏丰富的科技文献信息,面向科研、教育机构及企业、组织和个人提供知识服务,在支持国家科技进步、培育国家创新氛围、促进国家创新人才发展等方面发挥着举足轻重的作用。例如,英国国家图书馆早在1985年就设立了科技与商业部,提供科技服务,以满足科学技术研究与工商业发展需要[97],2005年成立商业与知识产权中心(Business & IP Center,简称BIPC)[98],面向中小企业提供专业咨询服务,促进经济信息的交流与利用,从而促进商业建设与发展,进而推动经济增长[99-100];俄罗斯国家图书馆(Russian State Library,简称RSL)在其2013—2018年战略规划中提出"为科研与实践、创新服务等提供构建现代化的信息基础设施"的战略目标,"具体包括揭示馆藏、举办信息活动、建立统一的信息社会图书馆发展问题科学研究部等"[101]。

在中国,图书馆于科技进步和国家创新发展的重要意义自新中国成立初期即被反复强调。1956年7月,原文化部社会文化事业管理局向全国图书馆工作会议做报告,要求"明确图书馆的方针和任务,为大力配合向科学进军而奋斗"。2016年5月,中共中央、国务院印发《国家创新驱动发展战略纲要》指出,"创新驱动就是创新成为引领发展的第一动力,科技创新与制度创新、管理创新、商业模式创新、业态创新和文化创新相结合,推动发展方式向依靠持续的知识积累、技术进步和劳动力素质提升转变,促进经济向形态更高级、分工更精细、结构更合理的阶段演进"[102]。其中,无论是持续的知识积累和技术进步,还是劳动力素质的转变提升,都与图书馆的资源和服务密不可分。作为国家知识基础设施的重要组成部分,中国国家图书馆在支持"大众创业、万众创新",推动建设世界科技创新强国的进程中同样肩负着重要的责任和使命,有必要主动融入国家创新发展战略,在资源建设、流程设计、空间布局、人才发展、服务部署等方面主动适应需求,进行改革、重组和提升。同时,也可以充分利用国家创新发展成果,在开放互联、协同共享、整合集群、泛在融合等智慧信息技术应用方面进行先行示范,加快推动国家图书馆面向国家创新发展的文献信息服务向知识服务和智慧服务跃进。

五、构建国家数字图书馆服务网络体系

随着时代的发展和技术的进步,与其他各类型图书馆一样,各国国家图书馆的服务范围也在不断扩大,面向社会公众直接提供的资源和服务也日益丰富多样。很多国家的国家图书馆在其服务政策或发展规划中,将面向"全民"的服务作为自己的重要目标之一,如美国国会图书馆"以为国会、联邦政府和美国人民提供权威、可靠、无党派倾向的信息和研究、分析服务为第一要务"[103],英国国家图书馆"使国家知识遗产为每一个人的学习、创造和休闲生活所用"[104],等等。从一定程度上来看,这样的国家图书馆,越来越接近于一国全体国民的图书馆。但这样的目标,并不能通过直接面向社会开放的方式来实现,大多数国家的国家图书馆,仍然对到馆读者设置了年龄等方面的限制,如日本国立国会图书馆规定未满 18 岁不得注册,入馆需有人陪同办理临时手续[105];美国国会图书馆允许办理借阅手续的最低年龄是 16 岁[106]。

现代信息技术的发展在推动国家图书馆所拥有文献信息、专业人才以及技术设施等国家资源能为全体国民所用方面发挥着越来越重要的作用。各国国家图书馆不仅通过互联网、移动通信网面向全国乃至全球各地的用户提供远程服务,同时更作为本国国家信息基础设施的重要组成部分,通过建立国家级的数字图书馆服务网络,不断拓展与其他各类型知识信息服务机构的联合与合作,并借助日新月异的文本挖掘、数据关联、语义 web 等技术手段,实现更大范围的资源集成、知识聚合和协同服务,从而打造一个真正为全民所有的国家图书馆。例如,新加坡国家图书馆主导建立"无边界图书馆网络",把全新加坡的公共图书馆和约 500 多个学术与专业数据库连接起来,使图书馆成为名副其实的信息检索点、交换节点和传递纽带,向全体社会公众广泛传输知识信息;澳大利亚国家图书馆通过"澳大利亚网络文献资源保存与获取"(Preserving and Accessing Networked Documentary Resources of Australia,简称 PANDORA)和 TROVE 等项目的实施,与澳大利亚的图书馆和文化机构开展广泛合作,致力于让所有澳大利亚人不论在全国的哪一个角落都能获取有关澳大利亚历史和文化的信息。在此基础之上,各国国家图书馆还将进一步谋求在世界数字图书馆、欧洲数字图书馆、亚洲数字图书馆等国际数字图书馆合作网络中发挥作用。

中国国家图书馆自 20 世纪 90 年代中期开始对国际数字图书馆发展进行跟踪研究,并于 2005 年启动实施国家数字图书馆工程。经过十余年的建设和发展,不仅在数字资源建设、数字图书馆软硬件系统平台搭建,以及面向全媒体多终端的数字服务方面取得丰硕成果,更为重要的是,通过这些探索,中国国家图书馆在国内率先建构起比较完备的数字图书馆标准规范体系,并且通过数字图书馆推广工程在全国进行推广、复用,为推动覆盖全国的互联互通的数字图书馆服务体系建设奠定了坚实基础。面向未来,中国国家图书馆在其"十三五"规划中围绕国家数字图书馆服务体系建设提出了新的目标方向,即依托数字图书馆推广工程,继续开展国家公共文化信息服务基础设施云、中华文化资源总库、国家公共文化信息综合服务网络建设,形成资源规模优势,为社会公众提供基于全媒体的数字图书馆资源与服务,逐步实现国际公共文化信息一站式服务。

2017 年 11 月 4 日,《中华人民共和国公共图书馆法》正式通过,于 2018 年 1 月 1 日正式施行,其中第二十二条对中国国家图书馆的主要职能做出了明确规定,同时也对其承担的公共文化服务责任提出了要求,既为中国国家图书馆在新时代继续奋勇前行提供了坚实的法律保障,又为中国国家图书馆事业的未来发展提供了广阔空间,开辟了广阔道路。在国家法律的支持和保障下,可以预见,进入新百年的中国国家图书馆,必将在国家文献信息战略保存、国家书目和联合目录编制、为国家立法和决策服务、组织全国古籍保护、开展图书馆发展研究和国际交流、为其他图书馆提供业务指导和技术支持等方面继续开拓创新,积极作为,为更好地保护和传承中华民族文明遗产、支持国家科学决策和创新发展、服务全民终身学习和社会进步方面做出积极贡献。

参考文献

[1] 谭祥金.国家图书馆在图书馆事业中的地位和作用[M]//范并思.百年文萃——空谷余音.北京:中国城市出版社,2005:170 – 174.

[2] [34] 中国大百科全书总编辑委员会.中国大百科全书·第二版简明版收藏本:第3卷[M].北京:中国大百科全书出版社,2011:285.

[3] 初景利,李玲,富平,等.信息与文献图书馆统计:GB/T 13191—2009[S].中国国家标准化管理委员会,2009:2.

[4] 李致忠.提高公众图书馆意识发挥各类图书馆作用——论国家图书馆与其它各类型图书馆[J].北京图书馆学刊,1996(2):1 – 7.

[5] [9] [13] [17] [21] [23] [29] [36] [40] [43 – 45] [47] [57] [67] [75] 卢海燕.国外图书馆法律选编[G].国家图书馆立法决策服务部,编译.北京:知识产权出版社,2014.

[6] [10] [14] [22] [24] [30] 十二届全国人民代表大会常务委员会.中华人民共和国公共图书馆法[EB/OL].[2018 – 06 – 28].http://www.npc.gov.cn/npc/xinwen/2017-11/04/content_2031427.htm.

[7] 刘启柏.国家书目与呈缴本制度[J].图书馆学研究,1982(4):6 – 14,119.

[8] [20] 李超平.国家图书馆:定位与制度选择[J].中国图书馆学报,2005(3):17 – 21.

[11] 霍瑞娟.新业态环境下我国国家图书馆社会职能定位研究[M].北京:北京邮电大学出版社,2011:123.

[12] 卢海燕.拓展业务发展空间强化立法决策服务——访问美国国会图书馆的启示与思考[J].国家图书馆学刊,2008(3):65 – 68.

[15] [27] [91] [104] British Library. Living Knowledge:The British Library 2015—2023[EB/OL].[2018 – 06 – 25].http://www.bl.uk/projects/living-knowledge-the-british-library-2015-2023.

[16] 李致忠.中国国家图书馆馆史:1909—2009[M].北京:国家图书馆出版社,2009:174 – 175.

[18] 吴慰慈.国家图书馆发展战略研究[J].国家图书馆学刊,2008(2):15 – 20.

[19] Organization A C. Recommendation concerning the International standardization of library statistics adopted by the general conference at its sixteenth session,Paris,13 November 1970.[C].1970:19.

[25] 国立国会图书馆.私たちの使命·目標 2012—2016[EB/OL].[2018 – 06 – 26].http://

www. ndl. go. jp/jp/aboutus/mission2012. html.

［26］National Library of the Netherland. The power of our network-Strategic plan 2015 – 2018［R/OL］. ［2015 – 06 – 26］. http：//www. kb. nl/sites/default/files/docs/strategicplan-2015-2018. pdf.

［28］National Library of Scotland. The way forward 2015 – 2020［EB/OL］.［2018 – 06 – 26］. http：//www. nls. uk/media/1190455/2015-strategy. pdf.

［31］QU Z W，ZHU H，MAY V，et al. The role of national libraries in the new information environment［J］. Archives，1991，113（14）：102.

［32］LOR P J. Guidelines for legislation for national library services［R］. Paris：UNESCO，1997：15.

［33］周文骏. 图书馆学情报学词典［M］. 北京：书目文献出版社，1991：12.

［35］李超平，孙静. 国家图书馆——定位与制度选择［J］. 中国图书馆学报，2005（3）：17 – 21.

［37］曲蕴. 不断生长的知识：大英图书馆 2015—2023 战略［J］. 公共图书馆，2015（1）：75 – 80.

［38］中国大百科全书总编辑委员会. 中国大百科全书·第二版简明版收藏本：第 6 卷［M］. 北京：中国大百科全书出版社，2011：316.

［39］国家图书馆研究院. 图书馆行业中长期战略规划选编［G］. 北京：国家图书馆出版社，2013：322 – 324.

［41］［68］曲蕴. 国外图书馆战略规划综述［J］. 图书馆杂志，2016（1）：69 – 72.

［42］国立国会図書館. 国会サービスの指針［EB/OL］.［2018 – 06 – 26］. http：//www. ndl. go. jp/jp/diet/service/index. html#guideline.

［46］王秀香. 芬兰图书馆事业发展掠影［J］. 新世纪图书馆，2012（10）：84 – 86.

［48］王世伟. 国际大都市图书馆服务体系述略［M］. 上海：上海人民出版社，2013：190 – 194.

［49］The Royal Library. English summary of the annual report 2014［EB/OL］.［2018 – 06 – 26］. http：//www. kb. dk/export/sites/kb_dk/da/kb/aarsberetning/aarsberetninger/Summary2014. pdf.

［50］［53］曾主陶. 罗马尼亚的图书馆［J］. 图书馆界，1984（2）：70 – 74.

［51］FILIP F G. Constantin I. Karadja in the collections of the Romanian Academy Library［R/OL］. ［2018 – 06 – 26］. http：//bsclupan. asm. md：8080/xmlui/bitstream/handle/123456789/684/1. pdf？ sequence = 1.

［52］YONG P R. National digital library for agriculture［J］. Quarterly Bulletin of the International Association of Agricultural Information Specialists ，2004（3）：114 – 120.

［54］Library of Congress. History of the library［EB/OL］.［2017 – 03 – 10］. https：//www. loc. gov/about/history-of-the-library/.

［55］中国大百科全书总编辑委员会. 中国大百科全书·第二版简明版收藏本：第 3 卷［M］. 北

京:中国大百科全书出版社,2011:76.

[56] 国家图书馆研究院. 图书馆行业中长期战略规划选编[M]. 北京:国家图书馆出版社, 2013:322 – 324.

[58] House Administration. The committee on House Administration. Joint committee on the library [EB/OL]. [2018 – 06 – 26]. https://cha. house. gov/jointcommittees/joint-committee-library.

[59] Library of Congress. Library of Congress Strategic Plan 2011 – 2016[EB/OL]. [2018 – 06 – 26]. http://lcweb2. loc. gov/master/libn/about/documents/strategicplan2011-2016. pdf.

[60] British Library. Facts and figures[EB/OL]. [2018 – 06 – 26]. http://www. bl. uk/aboutus/ quickinfo/facts/.

[61] British Library. British Library Act 1972[EB/OL]. [2018 – 06 – 26]. http://www. bl. uk/ aboutus/governance/blact/#one.

[62] 赵益民. 国家图书馆业务管理机制研究[M]. 北京:中国社会科学出版社,2009:113 – 118.

[63] 杨威理. 西方图书馆史[M]. 北京:商务印书馆,1988:127.

[64] BnF. 2015 Content Strategy Collection Development Policy[EB/OL]. [2016 – 04 – 10]. http://www. bnf. fr/documents/charte_doc_synhetique_eng. pdf.

[65] Missions and projects of the BnF[EB/OL]. [2018 – 07 – 03]. http://www. bnf. fr/en/bnf/ missions_of_bnf. html.

[66] 中国大百科全书总编辑委员会. 中国大百科全书·第二版简明版收藏本:第2卷[M]. 北京:中国大百科全书出版社,2011:441.

[69] 国立国会图书馆. 组织图[EB/OL]. [2018 – 06 – 26]. http://www. ndl. go. jp/zh/aboutus/ outline/organizationtree. html.

[70 – 71] National Library of Australia. Annual reports[EB/OL]. [2018 – 06 – 26]. http://www. nla. gov. au/sites/default/files/annual_report_2015-2016. pdf.

[72] 余波,姚明,刘孟. 加拿大国家图书档案馆发展模式研究[J]. 兰台世界,2014（5）: 16 – 17.

[73] Library an Archives Canada. About us[EB/OL]. [2017 – 09 – 25]. http://www. bac-lac. gc. ca/eng/about-us/Pages/about-us. aspx.

[74] 贾素娜. 加拿大国家图书档案馆与国家图书档案馆法[J]. 贵图学刊,2009(1):70 – 71.

[76] 中华人民共和国外交部. 改变我们的世界——2030年可持续发展议程[EB/OL]. [2018 – 06 – 26]. http://www. fmprc. gov. cn/web/ziliao_674904/zt_674979/dnzt_674981/xzxzt/xpjd-mgjxgsfw_684149/zl/t1331382. shtml.

［77］ IFLA. 信息获取和发展里昂宣言［EB/OL］.［2018 – 06 – 15］. https://lyondeclaration. org/content/pages/lyon-declaration-zh. pdf.

［78］ IFLA. 图书馆与发展声明［EB/OL］.［2018 – 06 – 15］. http://www. ifla. org/node/8500.

［79］ 吴建中. 国际图联与《2030 年可持续发展议程》［EB/OL］.［2018 – 06 – 15］. http://blog. sina. com. cn/s/blog_53586b810102vrfc. html.

［80］ IFLA. 所有人的渠道和机遇:图书馆如何促进联合国 2030 年议程［R/OL］.［2018 – 06 – 26］. http://www. ifla. org/files/assets/hq/topics/libraries-development/documents/access-and-opportunity-for-all-zh. pdf.

［81］ 郑昱琳. 国际图联《图书馆与 2030 年议程的倡导和实施》研究［J］. 图书馆建设,2016 (8):4 – 9.

［82］ Library of Congress. About the library［EB/OL］.［2018 – 06 – 16］. https://loc. gov/about/.

［83］ Library of Congress. Fascinating facts［EB/OL］.［2018 – 06 – 16］. http://www. loc. gov/about/facts. html.

［84］ 张收棉,李丹,程鹏,等. 世界级国家图书馆关键成功因素分析［J］. 图书馆建设,2011 (8):10 – 14.

［85］ British Library. Facts and figures［EB/OL］.［2018 – 06 – 15］. http://www. bl. uk/aboutus/quickinfo/facts/index. html.

［86］ National Library of Scotland. The way forward 2015—2020［EB/OL］.［2015 – 10 – 30］. http://www. nls. uk/media/1190455/2015-strategy. pdf.

［87］ Europeana. Europeana collections［EB/OL］.［2018 – 06 – 16］. https://www. europeana. eu/portal/en.

［88］ 世界数字图书馆. 关于世界数字图书馆:背景［EB/OL］.［2018 – 06 – 16］. https://www. wdl. org/zh/background/.

［89］ 世界数字图书馆. 关于世界数字图书馆:合作伙伴［EB/OL］.［2018 – 06 – 16］. https://www. wdl. org/zh/partners/.

［90］［103］ Library of Congress. 2016 – 2020 Library of Congress Strategic Plan［EB/OL］.［2018 – 06 – 16］. https://loc. gov/portals/static/about/documents/library_congress_stratplan_2016-2020. pdf.

［92］ Library and Archives Canada. 2016 – 2017 report on plans and priorities for LAC［EB/OL］.［2018 – 06 – 26］. http://www. bac-lac. gc. ca/eng/news/Pages/2016/2016-2017-report-plans-priorities. aspx.

[93] Cuninghame K. Guidelines for Legislative Libraries-2nd, completely updated and enlarged edition[EB/OL]. [2018 - 06 - 18]. https://www. ifla. org/files/assets/hq/publications/series/140. pdf.

[94] British Library. The British Library's content strategy—meeting the knowledge needs of the nation[EB/OL]. [2018 - 06 - 18]. http://www. bl. uk/aboutus/stratpolprog/contstrat/content-strategy[1]. pdf.

[95] 国立国会図書館. 調査及び立法考査局刊行物[EB/OL]. [2018 - 06 - 18]. http://www. ndl. go. jp/jp/diet/publication/newpublication. html.

[96] 国立国会図書館. 調査及び立法考査局刊行物—分野・国・地域別一覧[EB/OL]. [2018 - 06 - 18]. http://www. ndl. go. jp/jp/diet/field_index. html.

[97] Macartney N. The British Library strategic plan: a review article[J]. Journal of Librarianship and Information Science, 1986(18):133 - 142.

[98] 刘娅, 洪峡. 英国典型科技信息服务机构运行机制分析及启示[J]. 数字图书馆论坛, 2009(12):30 - 37.

[99] British Library. About the Business & IP Centre[EB/OL]. [2018 - 05 - 28]. http://www. bl. uk/business-and-ip-centre/about.

[100] British Library. British Library funding agreement 2008/09 - 2010/11[EB/OL]. [2018 - 05 - 28]. http://www. bl. uk/aboutus/foi/pubsch/funding0811. pdf.

[101] 于成杰, 张军亮. 俄罗斯国家图书馆的发展规划研究——基于《2013—2018 年俄罗斯国家图书馆发展规划》[J]. 图书与情报, 2015(4):83 - 89.

[102] 中共中央国务院关于印发《国家创新驱动制度战略纲要》[N/OL]. [2018 - 06 - 18]. http://www. most. gov. cn.

[105] 国立国会図書館. 利用資格[EB/OL]. [2018 - 06 - 18]. http://www. ndl. go. jp/jp/tokyo/use_require. html.

[106] Library of Congress. Who can use the Library and check out books? [EB/OL]. [2018 - 06 - 18]. https://www. loc. gov/about/frequently-asked-questions/#checkout_bks.

（执笔人：韩永进　申晓娟　李丹　刘宇初　张若冰）

第二章　国家图书馆与国家文献信息资源保障

国家图书馆是国家图书情报体系中的重要组成部分,也是国家文献信息资源保障机构。联合国教科文组织《国家图书馆服务立法指南》(1997 年)[1]和国际图联[2]提出国家图书馆信息资源建设的主要职责,综合起来大体包括:①全面收集本国出版物和有关本国的文献,同时致力于收集世界上其他国家的文献,满足政府机构和普通读者的利用需求;②作为国家书目机构,建立全面的本国资料书目和有关本国资料的书目,开展国际书目交换,协调书目工作并促进国家图书馆书目组织标准化,方便国家书目获取;③全面保存本国资料以及与本国相关的资料,成为国家保存图书馆,规划协调国家范围内的图书馆保存活动,保存国家历史文化遗产;④规划和协调国家范围内图书馆馆藏和保留资料的采购和协调,运营储存仓库或再分配中心,协调国际出版物交换;⑤规划和协调资源共享,建立国家和国际馆际互借体系。由此可见,国家图书馆不仅履行着本馆范围内文献信息收集、加工、保存、利用和传播的职责,而且还承担着统筹协调本国文献信息资源建设的义务,充当国际交流与合作的桥梁。

第一节　国家图书馆承担国家文献信息资源保障职能的必要性

国家图书馆担负国家文献信息资源保障的职能,既是国家文献信息资源保障的历史传承,也是国家书目控制与世界书目控制的必然选择,亦是国家文献信息资源长期保存的历史使命。

一、国家文献信息资源保障的历史传承

国家文献信息资源保障素有由国家权威机构承担的传统。在古代,为了经邦治国,统治政权会尽可能广泛地收集藏书并逐步发展成国家藏书机构。国家文献资源多承袭前朝典籍,如接收皇室、政府机构藏书,或接收贵族的图书。在

全国范围内征收购求图书、接受私人藏书等也是国家文献保障的重要途径。在特殊的历史时期,某些国家或政权甚至采取劫掠他国或旧政权珍藏的方式丰富国家文献资源。至近代,社会的发展最终推动封闭的国家藏书机构向国家图书馆的蜕变。尽管国家采取诸多渠道收集文献并且编制书目、提供良好的贮藏条件,但国家文献仍无法从收集这一源头上得到保障。直到出版物交存制度的实施,才为国家文献资源保障奠定了基础和前提。

文献中记载了事物的特点、发展过程,记载人们的经验和观点。为方便国家治理,统治阶级会收集积累大量文献,并在此基础上形成大量有关人口、农田、军事、赋税、人才选拔等方面的文献。这些不仅成为当时统治阶级进行国家治理的重要依据,也成为后来政权资政的参考资料。在中国,几乎每一代政权都重视国家文献的积累。伴随着每一次新旧政权的更替,国家都会大量收集图书资料。无论是接收旧政权的官署藏书、搜访遗逸,还是通过赏赐吸引民间献书,抑或是官员访求、征购或野蛮掠夺,国家都在尽其所能丰富藏书。国家藏书管理机构也组织开展大规模的校书活动,辨别真伪,考辨残缺。据不完全统计,宋代规模较大的校书活动至少有 78 次。为做好校书工作,专门制订了《校雠式》。通过编纂国家藏书目录,巩固文献收集和校订成果。从汉代刘向、刘歆整理《七略》到唐代《隋书·经籍志》,及至《四库全书总目》,中国文献分类体系随着图书的增长在不断扩大和完善,中国目录编制水平也在不断提高。国家还设置专门的抄书官或抄书员,从原料、装帧等环节保证抄书的质量。隋虽历经二朝,却组织了多次大规模的抄书活动;唐朝大规模的抄书约有 7 次,魏徵任秘书监时组织的抄书活动历时 30 余年[3]。在文献保存方面,国家都会设置专门的藏书机构严加保管。在对国家藏书进行集中保管的同时,建设国家储备图书库。清代的翰林院、国子监和宫廷等内府藏书和南北七阁,共同构成国家藏书体系。虽然中国古代国家藏书巨富,但这些藏书仍归宫廷皇室所有,"私而不公"的特点尤其明显。至近代,因西方列强入侵,中国人开始"开眼看世界",西方图书馆思想才被引进中国。在清政府推行"预备立宪"的背景下,近代意义的国家图书馆即京师图书馆成立,藏书建设自此进入新的历史时期。

在西方,国家图书馆也经历了演变过程。法国、英国、德国的国家图书馆都是在皇家图书馆的馆藏基础上发展起来的。这些国家的国家图书馆继承了皇家图书馆接受出版物交存的特权。如 1537 年法国诞生了世界上最早的出版物交存法《蒙彼利埃敕令》,对皇家图书馆文献的积累产生了重大影响。英国国王将接受出版物交存的特权交给了不列颠博物馆。除了收集本国图书,国家还要求在世界各地搜集图书。伴随着资本主义的殖民扩张,图书也成为这些国家对外掠夺的战利品。19 世纪后半期,世界范围内国家图书馆开始转向现代化,各国图书馆纷纷编制印刷本式的馆藏目录。对图书分类法的研究也引起广泛关注,如美国国会图书馆编制了《国会图书馆分类法》,随着图书协调的需要开展《全国联合目录》的编制,并进行馆际互借。现代信息技术的发展直接推动了联机计算机图书馆中心(Online Computer Library Center,简称 OCLC)的产生。

二、国家书目控制与世界书目控制的必然选择

书目是对一批相关的图书、报刊、电子出版物等进行著录,按一定次序编排后形成的一种登记、报道和宣传出版物的检索工具[4]。"书目控制"一词最早产生于 1949 年由美国芝加哥大学伊根和谢拉发表的《书目控制绪论》一文中,他们将控制论引入到书目组织与管理活动中,并认为书目控制的目标就是"提供内容和物理的可检索手段"。1950 年,联合国教科文组织与美国国会图书馆指出,书目控制是指"全部掌握书目提供的书写和出版记录,书目控制与通过书目有效检索是同义的"[5]。国内学者则将其进一步深化,并提出书目控制的目的在于实现"具体的书目文献控制"与"抽象的书目情报控制"[6]。

国家图书馆文献资源建设不仅为国家图书馆各项业务实施提供文献保障,而且致力于该国文献在全国的传播与利用,乃至使这些馆藏为世界所知,这就需要实施国家书目控制,参与世界书目控制。国家图书馆收集保存大量文献资源,要方便用户利用,首先需要对馆藏中不同类型的资源进行编目。因此,书目是联系国家图书馆与用户的桥梁与窗口。国家书目的编制是书目服务、书目数据库服务的基础。

1. 国家进行书目控制的根本要求

国家书目是揭示和报道一个国家在一定时期内出版的各类文献的目录。书目的编制以国家总书库的建设成果为基础。与此同时,国家书目是编制各种小型书目和馆藏目录不可缺少的可靠情报源,国家书目是协助本国各图书馆编制馆藏目录、改进目录质量的基础。因此,国家书目是国家总书库职能的延伸。国家图书馆编制国家书目,最终形成书目控制中心、查询中心,并履行全国书目中心的职责。为改善国家书目控制与服务,1950 年联合国教科文组织联合美国国会图书馆协议"改善书目服务现状"[7],鼓励成员国改善书目服务。英国国家图书馆自 1950 年起编制的《英国国家书目》包括英国、爱尔兰出版发行的图书和新版期刊,以及部分政府和学术团体出版物。

国家图书馆是国家总书库。由国家图书馆牵头建设联合目录,不仅可以缓解全国各图书馆的目录编制因各自为政而导致书目编制不统一、书目共享不便以及由此导致的重复性采购与编目等问题,还可以将全国各类型图书馆或科研机构的书目资源联系起来,建成在标准化基础上的国家书目网络体系,扩充本馆馆藏。加拿大国家图书档案馆 AMICUS 中的联合目录包括连续出版物与专著的书目著录、位置和馆藏信息,涉及 1000 多个成员馆的所有的学科领域,收录的内容包括电脑文件、地图、缩微胶卷、报纸和特殊格式作品(盲文、大字本、有声读物、视频描述、字幕视频)[8]。国家联合目录的编制能扩大读者检索和利用文献的范围,也便于图书馆之间的馆藏协调、馆际互借和资源共享。

2.实现世界书目共享的必由之路

编制国家书目不仅是一个国家实现书目控制和共享的基础,而且也为实现全球范围的资源共享提供前提条件与基本保障。国家图书馆向全国的图书馆提供书目数据服务,无论是最早的书目卡片、机读目录数据库还是书目网络服务,都力图使国家书目得到最大限度的共享。

随着国家书目控制的发展,书目共享正逐步实现全球化。美国《全国联合目录》(1956—1983)与《1956 年以前出版物美国全国联合目录》是以美国国会图书馆馆藏为主体的世界规模最大的联合目录,1956 年后扩大到北美 1100 个图书馆的收藏。美国国会图书馆实施合作编目计划(The Program for Cooperative Cataloging,简称 PCC),该项目是一个国际化的合作组织,旨在提供有用、及时和高效的编目,来满足多方面的编目标准,并以此来扩大图书馆馆藏,为人们检索利用专题文献或为世界书目控制打下坚实的基础。

国际图联编目组在其 2009—2010 年战略规划中指出:"通过加强每个国家书目信息的生产、内容、计划、传播和保存过程中的标准化与最佳实践,进一步加强对全世界书目质量的控制……促进国家书目的开放获取。"随着关联数据的兴起,国家书目数据将实现更广泛的发布和共享,这也对国家书目及世界书目的有效控制提出了更高的要求。

三、国家文献信息资源长期保存的历史使命

人类发明文字之前,人们依靠结绳记事或口述相传传递信息经验。但这些非文字的表达往往会令人曲解,口头的信息更容易引起记忆失真。直到产生文字后,人们的经验、观点才以文字的形式被记录保留下来,并以各种载体形式的文献予以呈现。文献的长期积累终于汇成了人类延绵不绝的历史长河。1984 年国际图联批准文献保存保护(Preservation and Conservation,简称 PAC)计划,"保证各种载体的图书档案资料,无论其是否出版,均以易于存取的方式尽可能长久地予以保存"[9]。文献记录历史,更反映文化。文献信息资源长期保存作为文化遗产保护的重要组成部分,已上升为全球性的战略。联合国教科文组织《世界遗产公约战略行动计划 2012—2022》[10]确定了文化遗产保存与保护考虑当前与未来的环境、社会与经济需求。国际图联 2016—2021 年战略规划将文化遗产保护作为战略方向,倡议"建立保存与保护中心网络,作为全球保护记录性文化遗产的专业中心;建立不同形式的内容收集和保护标准;通过降低灾难风险保护记录性文化遗产"[11]。

1. 文献信息资源长期利用的必然要求

《论语·八佾》记载,"夏礼,吾能言之,杞不足征也。殷礼,吾能言之,宋不足征也。文献不足故也。足则吾能征之矣"[12],可见文献资源的保存对人们认识客观世界的重要性。个人手稿、档案、书籍等文献对事实、经验与观点的记载是他人获取间接知识的有效途径。清代周永年言"书籍者,所以载道纪事,益人神智者也"[13]。显然,文献中记载的间接的知识和经验有助于开启人类智慧、获取灵感。梁启超曾说,"中国积数千年文明,其古籍实有研究之大价值,如金之蕴于矿石至丰也;而又非研究之后,加以整理,则不能享其用,如在矿之金,非开采磨焉不得也"[14],一语道明了古籍中所蕴藏的思想宝藏,进一步指出文献资源长期保存的现实价值。但事实上,文献在保存过程中会面临来自社会和自然的风险,使得文献的保存并不完备,文献散佚现象也异常严峻。欧阳修称"藏书之盛,莫

盛于开元,其著录者,五万三千九百一十五卷",但同时也指出文献散佚的状况"有其名而无其书者,十盖五六也"[15]。明代学者薛应旂亦指出历代文献散亡的严重问题,"《汉志》所载之书,以《隋志》考之,十已亡其六七。以《宋志》考之,隋、唐亦复如是"[16]。

社会对信息需求的系统化,要求对文献资源集中保存。从历史来看,几乎每个王朝都会尽可能地集天下之文献,为国家治理、人才培养和编史修志等提供条件。现代国家图书馆改变了"私而不公"的文献利用局限,都极力倡导文献资源的公平利用,积极为政府机构、社会组织和个人提供丰富的文献资源。因而,国家图书馆成为国家重大决策、科学研究和社会教育的知识宝藏,理应为本国出版物乃至世界其他国家的文献提供安全先进的存储保护条件,以实现资源的长期利用。

2. 国家历史文化遗产保护的历史担当

文献是人类历史和文化的载体。国家图书馆收藏的文献在国家发展的历史长河中形成,集中反映一个国家悠久历史和丰富的文化内涵,是一个国家珍贵的历史文化遗产。保存与保护这些历史文化遗产是国家图书馆肩负的历史使命,亦是实现历史文化传承的主要手段。文献的历史文化传承功能是通过其承载的文献信息实现的。很多的文献信息对公众具有普遍的社会意义,让人更深入了解当时人们的生活。正是由于每个人都有作为个体的历史,使得人们可以阅读已有的文献丰富阅历、了解其他人的经历。由此我们可以认为,文献承载历史,历史以经过梳理和可以回忆的形式呈现在人们的头脑中,并且会产生主体对历史本身的潜在认识。换句话说,人们当下对某事物的看法是一定程度上来源于过去的认识。由此看来,由大量文献所记录的历史能够帮助人们形成对世事的判断能力,提高对未来的预测能力。人们在文献中涉及的历史范围越广,其判断能力就越强,在克服自身缺陷时取得成功的可能性就越大。历史相对于个人如此,对作为无数个人组合而成的国家亦如是。"历史的价值在于'不是下次聪明,而是永远更加睿智'"[17],这正是国家长期保存文献的历史价值之所在。国家图书馆也因承担着"保存国家历史"的历史使命而出现在人们的视野中。

文化是人类在历史发展过程中所创造的物质财富与精神财富的总和。"当文化的内容在长达数百年的岁月中被人了解时,没有哪一个人——实际上,没有哪一代人——可能拥有整个文化遗产,更不用说在没有损失或歪曲的情况下加以传承了"[18]，因此出现了图书馆，以便积累文化作品，延续文化欣赏。一种文化会确立无形的价值认同体系，形成全社会成员所倾向的价值判断。"一种文化犹如一个大型组织。它给每个成员分配一席之地，使这些成员按照整体精神进行工作"[19]，从而形成一定范围内人们的文化凝聚力。一个国家的文化遗产不仅塑造该国人民的精神面貌和精神特质，形成强大的文化凝聚力，而且反映该国的文化软实力和文化影响力。明末清初西学东渐的同时，西方传教士也将中国的古代文化典籍翻译传播至欧洲。中国经籍的西传影响了启蒙运动时期欧洲的哲学与政治。伏尔泰、孟德斯鸠、斯宾诺莎、康德等哲学家的思想就受中国孔老哲学和宋儒理学的影响，中国经籍中蕴含的思想文化也影响了法国大革命前的宫廷与贵族社会[20]。从这个角度来讲，一个国家的优秀文化遗产是国家的，更是世界的，值得世界普遍共享与永久保存。

但是，以文献形式保存的历史文化遗产依赖于特定的物质载体，其保护也会因载体形态变化的影响而增加难度。在造纸术发明以前，承载信息的载体主要有甲骨、简牍、青铜器、石刻和缣帛。它们虽容易长久保存，但大多较为笨重、不便携带，而昂贵的缣帛在社会上的利用范围也极其有限。纸张以其价格低廉、易于携带的优势，逐渐成为社会普遍使用的载体形式。印刷型文献的快速增长使其数量多如恒河沙数，随之也带来文献存储空间的问题。随着信息技术的发展，人类为了实现信息的高密度存储、快速获取和远距离传递，新型的文献载体形式如磁盘、缩微胶片、光盘等不断涌现。与此同时，文献资源的长期保存也面临各种各样的问题。首先是文献实体的保存问题。由于依赖磁、光、电等介质，这些文献载体对保存环境的要求很高，贮存环境中的温湿度控制不当以及周围磁场等影响都会对载体造成损坏。总之，新型的文献载体始终处于运动变化之中，不可能保持原有的性质和功能，载体的退化和变质是必然的。其次是文献信息的保护问题。由于新型载体的文献必须采用机器阅读，易于受到网络和计算机病毒的攻击，造成信息的损坏或丢失。此外，新型载体更新换代，文献保存机构必须对保存在旧载体上的信息进行数字转换或迁移，文献信息的完整性难以保障。为加强数字资源的保存，并使人们能够便捷地接触到这些数字资源，联合国教科文组织于2003年8月发布的《数字遗产保存宪章》[21]草案第八条对数字遗产的范围进行了确定，并且还呼吁各成员国通过制订数字化遗产保护政策，使图书馆等公共文献管理机构能够在数字出版物交存法和其他法律的保护下享有数字遗产的收藏权。因此,作为国家的文献资源存储中心,国家图书馆有义务担负起历史重任,与其他的文化遗产机构紧密合作,保护传统的、历史的以及当代的文化遗产,确保国家历史的完整性和文化积累的持续性。

3. 永久保存世界记忆的国际责任

记忆是人脑对经验或事物的识记、保持、再现或再认,同时也是人脑对信息进行编码、保存和检索的过程。在人类社会发展的历史长河中,人类最初使用动作和语言表达思想,用人脑储存信息。但这些较原始的记忆保存方式由于受时间和空间的限制,使信息无法广泛传播,而且也存在因人脑遗忘产生的信息失真问题。为弥补这些缺陷,人类后来采用"结绳记事""刻木为契""编贝结珠"等记事方式,表达约定俗成的含义。但"它们毕竟都是标记和符号,没有记录语言,与有声语言不相联系,因此具有记事人的随意性,其意义仍是不确定的"[22]。自文字产生后,人类的记忆以语言符号的形式记录在不同的文献载体上,经过长期的积累才得以延伸。

世界记忆是人类发展印记的拟人化表述,是"被文献记载下来的世界各族人民的共同记忆——即他们记录下来的遗产——同时也是世界文化遗产的重要组成部分"[23]。1992年,联合国教科文组织和国际档案理事会(International Council on Archives,简称ICA)共同发起"世界记忆"(Memory of the World)计划,旨在推动国际社会关注和保护那些对人类文明延续具有世界意义的文献遗产,即包括手稿、珍贵文件、历史记录等在内的文献遗产。人类在社会发展历程中创造了几千年的文明,其中不乏人类物质文明和精神文明的精华。从横向的空间角度来说,各个国家和民族的文明共同构成了完整的世界记忆体系。不同文化之间的差异性和独特性越来越受到关注。从纵向的时间角度来讲,传统文化在淡化,新文化在不断涌现。但这些都反映了人类记忆的发展脉络和水平。历史是不容忘却的,我们应该对这些珍贵的历史记忆永久保存。"呵护传承、挖掘利用以至创造,使得有民族特征的文化记忆不断延续,应该是当代不可忽视的责任担当"[24]。

各个国家的记忆是世界记忆网络的重要组成部分。国家记忆铭刻着一个时代、一个社会对数千年过往的感怀和传承[25]。"任何一个民族的生存和发展,都离不开自己的历史记忆……一个民族丧失了自己的历史记忆，就是丧失了独立的民族文化，也就失去了自立于世界民族之林的基础"[26]。中国是具有五千年历史的文明古国，中华文化源远流长、博大精深。全国各族人民共同创造的丰富多彩的民族文化是国家记忆的瑰宝，更是全人类共同享有的财富。将中国记忆以文献的形式记录并保留下来，既是民族文化的积淀，也是中华优秀传统文化的传承。国家图书馆作为全国性的文化事业机构，理应尽可能地保存中华民族的历史记忆。这不仅是弘扬民族精神、实现中华民族伟大复兴的历史使命，也是永久保存世界记忆的国际责任。

第二节　国家图书馆的文献信息资源保障实践

在世界范围内，许多发达国家的国家图书馆文献资源保障已积累了丰富的经验。无论是出版物交存、国家书目和联合目录的编制，还是文献资源的保存都发展得较为成熟。英国、美国、法国、澳大利亚、加拿大等世界主要国家的文献信息资源保障都有其共性，表现在以下几个方面：①通过立法，将印刷资源、非印刷资源（特别是网络资源）的交存提升为国家义务，为文献信息资源的建设提供强有力的法律支撑。②注重战略规划和馆藏发展政策。世界主要国家图书馆制订战略规划，使国家图书馆文献资源建设具有更强的目标性，而其馆藏发展政策对馆藏建设的针对性更强、内容更具体。③把具有国家特色、民族特色的文献资源建设作为工作重点。除了尽可能全面地收集国家文献外，大多数的国家图书馆都始终坚持建设具有本国特色和民族特色的资源。④加强文献资源的保存和保护。把优化保存环境和实施灾害应急救援作为文献资源保障的最后一道防线。⑤开展广泛的合作。世界主要的国家图书馆开放性很强，联合图书馆上下游的机构和商业组织，开展全方位的合作。⑥领导整个国家图书的分类与编目工作。

一、通过立法确立国家图书馆接受出版物交存的权利

出版物呈缴制度指一个国家或地区为完整地收集和保存全部出版物，要求所有出版者必须向指定的图书馆或出版主管机关呈缴一定份数的最新出版物的制度[27]。目前，世界很多国家总体来说是以专门的出版物交存法或国家图书馆

法、版权法、行政法规等相关法的形式确立出版物交存制度。如日本的《国立国会图书馆法》(1948 年)、澳大利亚的《国家图书馆法》(2002 年)、英国的《法定缴存图书馆法》(2003 年)等(见表 2 - 1)。这些法律会对交存出版物的类型、交存数量、期限和罚则等均做出明确规定。从表 2 - 1 可以看出,出版物交存的类型繁多,有些国家图书馆还交存明信片、广告;交存的数量主要还是 1 份,其次是根据出版物的发行量确定交存的数量;交存期限以 1 个月最为普遍;出版物以无偿交存为原则,逾期未交存出版物的则会处以罚金,情节严重的甚至可能承担刑事责任。由于法律与法规或条例相比,具有强制性或更高的权威性,使出版物交存得以有效执行。从当前的立法来说,虽然出版物交存仍是出版商的义务,无偿交存尚属主流的交存方式,但为了交存制度的广泛实施,日本立法特别规定向非政府机构缴送者支付补偿金,极大地调动了非政府机构交存的积极性。在实践中,不少国家加大出版物交存之于国家和社会意义的宣传,对交存也采取广泛合作的方式不断优化和完善。例如,英国国家图书馆 2011—2015 年战略专门将"与文化、媒体和体育部、出版商、法定缴存图书馆及其他相关机构合作,出台相关条例,确保 2003 年《法定缴存图书馆法》的顺利实施"[28]作为战略重点。

表 2 - 1　国外传统出版物交存[29 - 33]

国家	依据文件	文献类型	交存数量	期限	罚则
日本	《国立国会图书馆法》(1948 年)[34]	图书、小册子、连续出版物、乐谱、地图、录音带等	政府出版物缴送 5—30 份;独立行政法人、地方公共团体及法人出版物缴送 5 份以下;民间出版物缴送 1 份	对民间出版物,要求出版后 30 天内交存	不缴者处以 5 倍以下罚金
澳大利亚	《国家图书馆法》(2002 年)	图书、期刊、报纸、小册子、乐谱、地图、计划书、插图、表格等	1 份	出版机构应在出版后 1 个月内交存	—

续表

国家	依据文件	文献类型	交存数量	期限	罚则
加拿大	《加拿大国家图书档案馆法》(2004 年)[35]	出版物	2 份	—	—
	《出版物法定呈缴条例》(2006 年)[36]	图书、期刊、唱片、多媒体出版物等	1 份	—	出版者经催缴仍不缴送者,将依《加拿大刑法》第787 条和本法规进行处罚
英国	《版 权 法》(1911 年)[37]	图书、小册子、单张印刷文字、单张乐谱、地图、平面图、个别出版之图表等	1 份	出版物正式出版后 1 个月内交存	不缴送者处以 5 英镑以下罚金
	《英国国家图书馆法》(1972 年)[38]	图书、手稿等	1 份	出版后 1 个月内交存	不缴送者要受到追究,经过裁决要支付一定金额的罚款
	《法定缴存图书馆法》(2003 年)[39]	图书(包括小册子、期刊或报纸),文本或音乐集,地图、图表等	1 份	伦敦出版的图书必须在 1 个月内向英国国家图书馆交存,而在地方出版的图书必须在 3 个月内交存;殖民地出版的图书必须在 12 个月之内交存	出版商不履行交存义务,法院可做出命令,要求出版商向交存图书馆支付损失

续表

国家	依据文件	文献类型	交存数量	期限	罚则
美国	《版权法》(1790年)[40]	地图、图表和图书	1 份	出版后 6 个月内交存	向作者或所有人收取 60 美分
	《版权法》(1978 年修订)	有图书、期刊等印刷品、电影片、音像资料、广播电视节目,也包括绘画、雕塑、音乐、戏剧、舞蹈作品	2 份	出版后 3 个月内交存	对不缴以至拒缴送者,视情节严重程度,分别处250—2500 美元的罚款
法国	1943 年 341 号法律	图书、小册子、连续出版物;地图、乐谱、绘画、广告、彩色明信片;各种视听资料;徽章、纪念章	印刷出版物(连续出版物除外)4册;发行量在 300册以下者,交存 1部;视听资料2 份	印刷品在发行出售 48 小时之前交存	—
南非	《法定呈缴法》(1998 年)[41]	文献	除了政府出版物之外,总数不得超过 5 份	出版者应在文献出版发行后 14天内交存	法定呈缴委员会命令,要求在 30天内交存

随着新型文献的大量涌现,一些发达国家的图书馆陆续实施电子出版物、网络出版物的交存。国外的电子出版物交存主要有 3 种形式(见表 2 - 2):①"法定交存",指国家通过立法的形式以"法定交存"的方式将电子出版物纳入交存范围;②"协议交存",是指国家没有立法强制规定交存电子出版物,而是通过与出版社协商,通过"协议交存"的方式对电子出版物进行保存,如荷兰国家图书馆是与国内外数据生产商之间的缴存协议来实现电子出版物交存的;③"自愿交存",指完全依靠出版社的意愿,只有新加坡等少数国家采取这种方式。其中,法定交存是保障交存实施的最有效的方式。交存制度制定前会组织有关部门进行讨

论,评审交存制度向电子出版物延伸的可行性,并向社会广泛征求意见。日本为此还成立缴送制度审议会,向馆长提出意见与建议,并提供网络出版物的咨询服务,从机构上保证缴送制度的制定与实施。2010 年,日本修订了《国立国会图书馆法》和《著作权法》,赋予国立国会图书馆采集网络信息资源的权力。随着新法的实施,日本国立国会图书馆开始大规模地采集、保存、整合和提供所有公立机构、部分私立机构以及个人发布的网络信息资源。2013 年 4 月,英国通过了《法定缴存图书馆(非印刷品)条例》[42],对各类型数字出版物的法定交存进行全面规定,网络出版物开始实施网络交存。对于电子出版物交存的执行,英国专门制订了咨询草案,对交存的内容、适用时间、交存作品的质量、获取交存作品的途径等在交存过程中出现的问题及其解决方案都在草案中给予说明。草案还规定将对该法案的实施效果予以评估。

表 2 - 2　国外电子/网络出版物交存[43 - 48]

国家	依据文件	内容
日本	《国立国会图书馆法》(2010 年修订)	为了达到协助国政审议的目的,国立国会图书馆有权采集国家与地方公共团体等公共机构在网站上发布的资料
	《著作权法》(2010 年修订)	国会图书馆基于法律收集网络信息资料,无须取得著作权人的许可
加拿大	《加拿大国家图书档案馆法》(2004 年)	非印刷出版物交存必须包括在线出版物; 需要先解除密码、移除出版物的存取限制,出版者须提供使用出版物的相关软件、使用手册; 在线资源则是图书馆提出要求时才需交存
英国	《法定缴存图书馆法(2003 年)》	拓展缴存范围和非印刷载体出版物,包括离线、在线出版物
	《法定缴存图书馆(非印刷品)条例》(2013 年)	确定了非印刷作品的范围、缴送媒介的选择、离线出版物缴送、在线出版物缴送、呈缴图书馆必须限制同时利用资料的数量、呈缴图书馆可以制作非印刷作品的复本
美国	《版权法》(1790 年)	强制缴送所有在美国出版的作品; 同时开发电子注册和缴送交付系统实行自愿缴送
澳大利亚	《版权法》(1968 年)	出版后 1 个月向国家图书馆缴送 1 份; 各地区有相关缴送法规

续表

国家	依据文件	内容
法国	《关于信息社会版权和相关权利的法律》(2006 年)	将法定缴存制度扩展到互联网领域; 通过电子渠道向公众传播的任何种类的在线资料皆应依法缴存; 国家图书馆有权采集和保存任何对公众开放的在线资料,采集时应将有关程序通知缴存义务人; 在线资料的采集可采取自动程序或者与缴存义务人协商确定的其他方式; 作者不得阻止国家图书馆等法定保存机构将其采集保存的在线资料提供给可信赖的研究人员使用
丹麦	《出版物法定呈缴法》(2004 年)	各类在线资料被纳入国家出版物法定缴存范围; 主要内容:法定缴存范围、缴存义务人应尽的义务、交存产生的费用负担、在线资料缴存的方式(主动采集、被动缴存)
德国	《德国国家图书馆法》(2006 年)	缴存人应自作品发行或者提供公众获取之日起一周内自费向国家图书馆免费缴存一个复本的完整和最佳状态的非实物形式作品,该作品应无使用期限限制且适于图书馆长期保存
德国	《向德国国家图书馆呈缴出版物的法令》(2008 年)	在线出版物缴存其商业版本及可通过商业途径获得的读取工具; 缴存对象包括在线出版物的所有组成部分、软件和各种以实物及电子形态存在的读取工具;确定无须缴存的在线出版物范围
意大利	《缴存公共文化资料条例》(2006 年)	就在线出版物的缴存做了专门规定;规定了缴存义务人依法主动缴存和国家图书馆主动采集两种方式,后者规定了协议缴存的在线文件类型、免责条款、交存资料的利用
奥地利	《出版法》(2009 年修正案)	在线出版物被纳入采集和缴存范围; 主动采集制;缴送制;对采集和缴送的在线资料的利用
荷兰	呈缴协议	《荷兰电子出版物呈缴计划》对电子出版物类分、界定电子出版物生产者、规定交存格式标准、交存方式、保存; 与Elsevier、Taylor & Francis、Springer、荷兰出版商协会等签订交存协议,内容包括交存版本、书目信息、存储、复制、可获得性、资金支持、保护条款、交存内容的利用等

中国国家图书馆的出版物交存法规政策则在国务院行政法规和部门规章中集中反映,这些法规和规章为出版物的交存提供政策支持和保障。

首先,国家制定法律法规,指定中国国家图书馆为出版物受缴单位。如 1952 年政务院公布《管理书刊出版业、印刷业、发行业暂行条例》,规定书刊出版后应向国立图书馆送缴样本。1953 年发布《关于区级以上各种报纸缴送样本办法》等规定图书馆是受缴单位之一。1955 年文化部颁布的《关于征集图书、杂志样本办法》明确规定:"凡公开发行的书籍、图书、杂志从第一版起,每出一版均应向……国立北京图书馆缴存"[49]。1979 年国家出版局修订颁布的《关于征集图书、杂志、报纸样本办法》也规定了北京图书馆作为受缴馆的法律地位。1981 年国务院《中华人民共和国学位条例暂行实施办法》第 23 条规定,"已经通过的硕士学位和博士学位的论文,应当交存学位授予单位图书馆一份;已经通过的博士学位论文,还应当交存北京图书馆和有关的专业图书馆各一份"[50]。2018 年 1 月 1 日正式实施的《中华人民共和国公共图书馆法》第 26 条规定,"出版单位应当按照国家有关规定向国家图书馆和所在地省级公共图书馆交存正式出版物"。可以看出,无论是国家法律法规,还是新闻出版主管机构的部门规章,都会明确中国国家图书馆作为受缴单位的地位。

其次,不同时期对出版物的交存范围、交存数量、交存期限以及罚则都根据具体情况通过立法的形式加以确立和调整。印刷出版物交存的数量经历了从最初的 1 本到图书杂志、报纸各不同再到交存 3 本的过程,其中也是考虑到出版物的保存、利用和流通之便。对于交存期限,相关的法规和规章中则体现了由模糊到清晰的转变,最终出版后 30 天作为交存期限才稳定下来。1985 年以前的文件中均从交存范围、数量以及期限对交存提出要求,但 1985 年《关于图书、期刊版权保护试行条例实施细则》首次提出了出版物交存的罚则。之后,罚则的内容几经变更,出版物交存立法才逐渐沿用了《出版管理条例》(2011 年)的罚则,不同类型出版物的罚则才实现统一。1991 年新闻出版署发布了(91)新出图字第 990 号《重申〈关于征集图书、杂志、报纸样本办法〉的通知》,对缴送范围、数量、期限等均做了明确规定,这是早期对图书、杂志、报纸等印刷出版物交存规定较为全面的文件。《中华人民共和国公共图书馆法》第 51 条明确规定:"出版单位未按照国家有关规定交存正式出版物的,由出版行政主管部门依照有关出版管理的法律、行政法规规定给予处罚。"[51]

第三,印刷物出版立法经过 60 多年的发展,基本形成了由国务院《出版管理条例》和新闻出版署就图书、期刊和报纸分别制定的规章相结合的立法体系。2001 年国务院《出版管理条例》颁布后,国家新闻出版总署连续制定了《期刊出版管理规定》《报纸出版管理规定》《图书出版管理规定》。《期刊出版管理规定》(2005 年)规定"期刊出版单位须在每期期刊出版 30 日内,分别向新闻出版总署、中国版本图书馆、国家图书馆以及所在地省、自治区、直辖市新闻出版行政部门缴送样刊 3 本",《报纸出版管理规定》(2005 年)规定"报纸出版单位须按照国家有关规定向国家图书馆、中国版本图书馆和新闻出版总署以及所在地省、自治区、直辖市新闻出版行政部门缴送报纸样本",《图书出版管理规定》(2008 年)规定"图书出版单位在图书出版 30 日内,应当按照国家有关规定向国家图书馆、中国版本图书馆、新闻出版总署免费送交样书"。自此,印刷出版物交存立法体系基本形成。

第四,中国的法律和部门规章也为音像、电子出版物交存提供了法律依据。1991 年新闻出版署《重申〈关于征集图书、杂志、报纸样本办法〉的通知》最早对音像出版物的交存做出了规定。1997 年,新闻出版署〔1996〕697 号文件《关于缴送音像、电子出版物样品的通知》,就音像、电子出版物样品缴送工作下发了专项通知。通知强调指出:"出版单位缴送样品的情况,将被列入音像、电子出版单位考核和年检工作的重要内容。对不按期缴送样品或不缴送样品的出版单位,将视情节轻重给予通报批评、核减中国标准音像制品编码和标准书号、年检时暂缓登记或不予以登记的处罚。"[52]此后,《出版物管理条例》均明确了中国国家图书馆作为音像出版物的交存馆,以及未缴送音像出版物的罚则。为了做好音像出版物的管理工作,国务院与新闻出版署分别于 2001 年、2004 年制定《音像制品管理条例》《音像制品出版管理规定》,重申了音像出版物交存问题。音像出版物基本上是出版后 30 天内向中国国家图书馆交存 1 份。但罚则则经历了一个演变的过程。2007 年《关于加强音像制品和电子出版物样本缴送工作的通知》的罚则沿用 1997 年《关于缴送音像、电子出版物样品的通知》的罚则。但 2011 年《出版物管理条例》颁布后,2011 年及 2016 年修订的《音像制品管理条例》的罚则就与条例实现了统一。

1987 年开始正式接受电子出版物的缴送。1996 年 3 月新闻出版署颁布《电子出版物管理暂行规定》，规定从出版之日起 30 日内向中国国家图书馆缴送。同年 10 月，新闻出版署在《关于缴送音像、电子出版物样品的通知》中进一步明确了电子出版物交存的范围，包括软磁盘（FD）、只读光盘（CD - ROM）、交互式光盘（CD - I）、图文光盘（CD - G）、照片光盘（Photo - CD）、集成电路卡（IC Card）等，交存数量为 1 份。为加强电子出版物的管理，国家新闻出版署也制定了专门针对电子出版物管理的部门规章。1997 年新闻出版署发布第 11 号令《电子出版物管理规定》，指出：“电子出版物出版单位在电子出版物发行前，应当向北京图书馆，中国版本图书馆免费送交样本”[53]。2008 年 3 月，国家新闻出版署正式颁布了最新的《电子出版物出版管理规定》。其中，第三章第 35 条规定“电子出版物发行前，出版单位应当向国家图书馆、中国版本图书馆和新闻出版总署免费送交样品”。第六章第 48 条中规定“委托复制电子出版物的单位，自电子出版物完成复制之日起 30 日内，须向所在地省、自治区、直辖市新闻出版行政部门上交本单位及复制单位签章的复制委托书第二联及样品。委托复制电子出版物的单位须将电子出版物复制委托书第四联保存 2 年备查”[54]。

二、以战略规划和馆藏发展政策指导文献信息资源建设

世界主要国家非常重视信息资源建设政策的理论研究与实践。目前，信息资源建设的政策体系已基本形成，表现在：文献资源建设被纳入国家图书馆的战略规划；将馆藏发展政策作为指导文献资源建设的重要指南。

战略规划是在正确分析组织内外环境的基础上，确立事物发展目标以及相应战略措施的过程与结果。世界主要国家的图书馆通常会在战略规划中指明其使命、价值、愿景，并将信息资源建设作为战略重点。德国国家图书馆 2013—2016 年优先战略规定[55]：到 2016 年之前，建立网络资源采访的整体方案；使数字化专著和连续出版物、灰色文献以及回溯采访达到预定的增长额。战略要求德国国家图书馆尽最大可能采取自动化方式来获取数字资源，对 2013—2016 年网络文献的采集工具、数字化专著的供应商、数字化连续出版物馆藏、电子报纸的增长额都有明确要求。美国国会图书馆在 2016—2020 年战略规划中，将面向美国国会和人民提供馆藏资源以供使用，同时也为子孙后代维护、保存全人类的

知识和创新记录作为其使命,并将知识馆藏和美国创新记录的获取、描述、保存作为战略目标[56]。日本国立国会图书馆一直以 1998 年制定的电子图书馆构想为蓝本,完善软硬件基础,不断地充实电子图书馆计划。为了适应新环境下互联网的发展,2016 年 3 月 29 日制定了资源数字化 2016—2020 年基本计划。2015年 12 月,日本国立国会图书馆已提供 250 万份数字化资料。在此基础上,该计划制定了今后 5 年图书馆数字化的对象和方法。

馆藏发展政策对馆藏的收集范围、馆藏的保存、资料的剔除与保留等做出一般性规定。以一般性馆藏发展政策为依据,一些国家图书馆从不同角度对馆藏发展政策予以细化。20 世纪中叶起,美国国会图书馆就不断对馆藏发展政策进行调整,并确立了三大基本原则,又称"精选标准"(canons of selection)[57]:入藏所有国会和各类联邦政府官员履行职责所必需的图书和资料;入藏所有记录美国人民生活和成就的图书和资料(无论原件或复印件);入藏记录其他社会历史和现状的文献,积累与美国密切相关的完整且有代表性的著作。对于具体的馆藏发展政策,一种是制定不同类型资源的馆藏发展政策。澳大利亚国家图书馆的馆藏发展政策涉及电子资源、手稿、口述历史与民间记录、照片、地图、音乐、舞蹈等领域。美国国会图书馆的馆藏政策则几乎涉及所有类型的资源,如儿童文学、喜剧和卡通、烹饪营养和食品技术、舞蹈、发展中国家、种族出版物、科幻小说、民间传说和民众生活、宗教、体育休闲、戏剧以及鲜为人知的语言等,政策对资源的收集范围、获取以及与其他机构和个人的关系都加以明确规定。法国国家图书馆也制定了专门的针对国外政府出版物和专藏文献的藏书政策。另一种是针对不同学科资源的馆藏发展政策。美国国会图书馆除制定不同类型文献的馆藏发展政策外,还从学科角度建立了具体的馆藏发展政策,对地球科学、环境科学、军事科学等诸学科文献的收集范围、馆藏水平、研究专长、与其他机构藏书水平的比较等都做了详细的说明[58]。

中国国家图书馆已制定《国家图书馆文献采选条例》《国家图书馆捐赠文献接受管理办法》《国家图书馆捐赠文献专藏管理规定(试行)》《国家图书馆剔除文献管理办法》等规章,为国家图书馆信息资源建设提供了参考和依据。2010 版《国家图书馆文献采选条例》修订了电子资源的采选范围和采选原则,并且将网络文献补充到了馆藏电子资源发展规划之中。其中采选原则规定[59]:在内容上,应注重与馆藏其他类型文献的协调互补;在类型上,重点采选收录范围广或在某一学科领域具有一定权威的工具型或学术型数据库;在语种上,侧重中文和英文资源,其他语种适当采选;在采购方式上,应充分利用多载体联合采购的价格优势。

三、注重具有国家特色和民族特色的文献信息资源建设

建设特色馆藏是世界各国国家图书馆文献资源建设的主要特点。一些国家图书馆坚持将馆藏建设与国家历史兼现代社会生活紧密结合,既展现国家的历史文化遗产,又突出当代社会人们的物质生活和精神追求。

国家图书馆将本国文献积累起来,用文献向人们讲述其发展足迹、政治军事、风土民情、艺术文化等,不仅对于文化传承和历史教育具有积极意义,而且开阔了人们的眼界,丰富了人们的精神生活。流亡文献作为德国国家图书馆的特色馆藏,受到了整个国家的重视。为了流亡文献的收集和保存,德国于 1969 年将"流亡文献 1933—1945 的采访与编目"写入《德国联邦图书馆法》。目前,德国官方和民间的基金会鼎力支持流亡文献的搜集和整理。另外,还专门建立了两个流亡文献档案馆作为特色专藏机构。截至 2012 年底,德国国家图书馆的流亡文献档案馆藏总量为 352 606 册(件),包括专著、期刊、手稿、传单、伪装书、缩微胶片和流亡人士遗物等[60]。俄罗斯作为世界军事大国,其国家图书馆保存了 16世纪至今的军事文献,其主要馆藏是在俄国军队(1811—1917 年)陆军总司令部图书馆的馆藏基础上建立起来的[61]。该馆馆藏保存了一些军事管理、俄国军服等珍稀的军事文献,有成千上万关于卫国战争的著作、苏联战地作家的笔记、前线报纸、海报和传单,辅助馆藏包括战争史、军事艺术以及阅览室用户需求很大的参考书、报纸、杂志和其他资源。日本国立国会图书馆在《我们的目标与任务:2012—2016》中,明确建立东日本大地震档案库,除了收集与东日本大地震相关的灾害记录以外,还要积极地收集保存受灾地区发生地震前的记录、重建过程的记录以及过去曾经发生过的地震、海啸和核电站事故等的记录。加拿大国家图书档案馆的土著居民遗产资料则囊括土著居民的艺术与照片、家谱与家族史、寄宿学校、土著女性作家、探险家故事等,集中全面地反映了土著居民的社会文化生活。美国国会图书馆的艺术与文化主题的馆藏包括音乐、建筑与设计、照片印

刷品与海报、卡通与喜剧、诗人与文学、民间艺术、戏剧与舞蹈、电影与电视。这些有很多都是美国最具代表性且具有全球影响力的文化艺术形式,既有很多像鲍勃·霍普、伦纳德·伯恩斯坦等艺术大师的专藏,也有对历史性建筑的调查,乃至可口可乐的广告。从体现现代人们的物质和精神生活角度来看,美国国会图书馆的馆藏资源更加贴近实际、贴近生活、贴近大众。该馆选择将食品、体育、休闲、娱乐等与公众密切相关的资源加以收集,以主题分类的方式向公众揭示近现代人们的休闲、娱乐、旅游活动与文化,并以文字、图片等形式表现出来。美国大众生活中心目前有人权史、职业生活、退伍军人史、民俗音乐家家族的馆藏以及普通人的故事等项目。StoryCorps 就是记录平凡人生活故事的手机 APP,它可以记录高质量的对话,并即时上传到美国国会图书馆。它的价值不仅在于回忆历史,更大的价值在于鼓励当下。

中国国家图书馆收藏的特色文献资源包括中华古籍资源、民国文献、国际组织与外国政府文献、博士学位论文、港澳台文献以及老照片等。其中大多数资源都反映了中华民族的文化特色。目前,中国国家图书馆制作古籍数字影像、以数字化回归或建设数字资源导航的形式丰富馆藏古籍资源;民国文献资源如民国图书、期刊的数字化也不断开展;为适应网络信息环境的变化,搭建了重要国际组织与外国政府的网络资源整合服务平台,建立特色资源导航;收藏了博士论文、部分重点院校硕士论文、博士后研究报告以及台湾和海外华人华侨学位论文;入藏港澳台学术水平和参考价值较高的图书;以及体现了时代特征的老照片。2012 年,中国国家图书馆启动"中国记忆"项目,整理中国现当代重大事件、重要人物专题文献,采集口述史料、影像音频等新类型文献,收集手稿、信件、照片和实物等信息承载物,形成多载体、多种类的专题文献资源集合。迄今,已完成"我们的文字""蚕丝织绣""中国当代音乐家""大漆髹饰""中国年画""东北抗日联军""中国远征军"等 24 个专题的文献资源建设。此外,中国国家图书馆还与山东、黑龙江、吉林、湖南、湖北、浙江、安徽、四川等省馆的馆藏特色资源比如湖南图书馆的湖南北方戏剧资源库和湖北省图书馆的非物质文化遗产专题资源库建立链接,形成国家特色资源馆藏体系。这些特色资源以视频、图片、历史人物图像的形式展现,不仅有具有浓郁地方特色的建筑、美术、木雕艺术图版,还有少数民族绘画艺术中富有艺术特色的文化遗产之一——藏族唐卡等。

四、将文献信息资源保存和保护置于重要的战略地位

由于受战争、文献保存环境以及载体等的影响,大量文献存在被焚毁或丢失的风险。因此国家图书馆应清晰地认识到文献对于保存国家历史遗产的重要性,以及在保护国家文献方面肩负的历史使命。国际图联的"保存保护计划"(Preservation and Conservation,简称 PAC)明确了其宗旨:"保证各种载体的图书档案资料,无论其是否出版,均以易于存取的方式尽可能长久地予以保存。"[62]一些国家图书馆为保护和维护其馆藏,制定基本原则以及保存战略,对文献信息资源的保存做出明确要求,此外对保存环境、灾害防备与应急响应也有相应的指南和策略。

1. 文献资源保存的原则

新西兰国家图书馆为保存馆藏制定了专门政策[63],明确文献资源保护的原则:①馆藏资源的保存应以方便人们的获取为根本宗旨;②以适当的方式保存馆藏资源;③保存要始终坚持尊重原始资料的完整性;④要认识到文献保存对历代人的美学、历史、技术、科学、社会、精神等价值;⑤要求达到对所有馆藏进行保护的基本标准,将损失降到最低;⑥任何对原始资料的修复、改变必须备有证明文件,并且尽可能地恢复原状。澳大利亚国家图书馆馆藏保存政策(2009 年修订)[64]也确定了馆藏保护的原则,赋予澳大利亚印刷型资源、电子资源和特色资源保存的优先权,要求具有国家意义的资料应制定特殊的存储、安全、处理和复制条款,规定国家图书馆资源保存的责任通过恰当的政策和行动计划予以声明;澳大利亚国家图书馆实现保存目标采取的方式则包括进行资源保存规划并制定政策、制定延长馆藏寿命的程序、专门的保护措施、复制保存标准。

2. 传统文献资源的保存

对于印刷型资料的剔除与保存,澳大利亚国家图书馆有专门的指南,这些指南都是基于两个基本的原则[65]:①除非澳大利亚人的专著资料具有很高的研究价值并且利用需求可能很高,国家图书馆通常不收集多个复本。在例外情形下,只保存两个复本。国外的印刷型馆藏一般只保留一本。图书馆为参考需要保存的额外的出版物一旦丧失其有用性即不再专门保存。②国家图书

馆是研究性图书馆,因此需要确保资料信息的完整性,确保长期获取。国外印刷资源的剔除坚持:确保国外印刷资源是唯一一本;剔除有残缺的国外印刷资源;剔除被其他版式替代的印刷资源;以及馆藏政策不再适用时收集的国外印刷资料。剔除资料很可能在处理前提供给其他澳大利亚图书馆或国外图书馆。鉴于资源的特殊分类,国家图书馆可能将剔除的重要资料提供给国内外的相关机构。

为实施印刷资源的保存和保护,法国国家图书馆采取的措施:(1)实施古籍保护计划。就中国古籍的收集与编纂项目与欧洲两个图书馆签署备忘录,制定"文化遗产修复和马里古代手稿的保护的报告和行动计划"。(2)政府提供专项资金。法国政府的决定案规定,从1980年起给予国家图书馆1000法郎的资金,用于抢救濒于毁坏的国内出版物。(3)保护的技术方法。法国图书馆建有一个书籍储存技术中心,除了开展馆藏数字化工作以外,也对珍贵文献进行各种保护与修复,特别是文献的脱酸工作也正在与德国的厂商进行合作[66]。将现代保护技术与传统保护方法相结合,既重视传统的修复方法,也积极尝试新技术的利用,如建设新书初始化处理系统、采用数字化的保护与修复技术、实现消毒技术的现代化和去酸技术的半工业化。为保护濒危文献遗产,英国国家图书馆实施"濒危档案计划"[67],调动在具体学科、地区或文化的研究人员、档案人员以及图书馆员申请相关馆藏的拨款,增强未来保存馆藏的能力。日本国立国会图书馆也着手推进以修复受灾资料为主的东日本大地震重建支援工作。

2007年1月,中国国家图书馆启动了"中华古籍保护计划"[68]。为抢救、保护民国时期珍贵文献,继承和弘扬优秀文化,2011年又联合国内文献收藏单位,策划了"民国时期文献保护计划"项目,主要工作内容有开展文献普查、海外民国文献征集、推进专题文献整理开发、积极开展项目宣传推广、推进文献保护研究与人员培训工作。"中华再造善本工程"是2002年正式立项建设的国家重点文化工程,由文化部、财政部共同主持,中国国家图书馆具体承办,北京图书馆出版社独家编辑、印制、发行[69]。2013年10月,中国国家图书馆、南京图书馆等共同启动了"民国时期文献酸化检测及国内外脱酸技术调研项目"[70]。为推进民国时期文献原生性保护工作,民国时期文献保护工作办公室于2015年组织设立"民国时期文献脱酸研究与脱酸设备研制"工作项目[71]。全国图书馆文献缩微复制中心坚持发掘与抢救中国古近代具有重要价值的文化典籍的编辑方针,其影印出版所涉及的内容与范围,主要包括珍贵、稀见的古籍文献资料[72]。国家图书馆古籍修复中心建立了纸张纤维检测系统、古籍修复档案管理系统,配备了显微镜、翻拍架、补书机等古籍修复和研究设备,利用古籍修复技术,完成了馆藏《赵城金藏》《永乐大典》、西夏文献等国宝级文献的修复任务,还专门开展了"古籍修复技术规范与质量要求"的研究[73]。

为使馆藏资源易于获取,确保印刷资源的长期保存,许多国家图书馆通过数字化等方式对其进行复制、转换,这些资源包括静态图像、实物、文件以及视听资料。英国国家图书馆制定了标准并对数字化质量进行监督。澳大利亚国家图书馆采取选择性数字化和按需数字化的措施,其中数字化资料的选择是基于以下主要的要素[74]:与图书馆的馆藏发展优先顺序及优势相结合;文化和历史重要性;对用户的有用性;作品的独特性或稀缺性;公众需求;资料的物理脆弱性;载体退化危及文献内容。日本国立国会图书馆也认识到具有历史价值的珍贵音源和视频以及其他资料上存在着散失的风险,将以数字化的方式对这些资料进行保存并完善其利用环境列入 2012—2016 五年计划中[75]。为实现特色资源的保存与保护,中国国家图书馆对特色馆藏资源进行数字化。编制了《古籍数字化工作手册》(试用本),形成古籍数字化技术标准与规范;制定了《国家图书馆拓片元数据规范》和《国家图书馆拓片对象数据加工规范》标准,规范拓片石刻元数据;通过对 MARC 和 DC 两种元数据格式的比较,石刻拓片数字化选用 MARC 格式进行数据加工,然后将其中核心数据转换成 DC 形式与影像挂接后进行网上发布[76]。

3. 数字资源的保存战略

国家图书馆不仅保存传统的印刷资源,数字出版物以及网络资源也是其保存的重点。国际图联在 2010—2015 年战略规划中,提到了要通过 PAC 计划和"国际图联—国家图书馆馆长会议数字战略联盟"(IFLA-CDNL Alliance for Digital Strategies,简称 ICADS)来促进信息与知识的保存。各国国家图书馆对数字资源保存的事项,从基础设施建设、数字内容和类型的选择、技术标准和实践、拓展与培训等进行规划和实施。英国、澳大利亚和新西兰等国家图书馆都有明确关于数字资源保存的发展战略、规划和政策(见表 2－3)。

表 2 – 3 世界主要国家图书馆数字资源保存战略

名称	数字资源保存战略	内容
英国国家图书馆	2013—2016 数字保存战略重点[77]（Strategic Priorities for Digital Preservation 2013—2016）	确保数字仓库可以存储长期保存的馆藏； 通过数字馆藏内容的生命周期对数字保存进行风险管理； 嵌入数字可持续性作为数字图书馆规划和发展的组织原则； 与其他的国家和国际组织合作实施数字保存计划
澳大利亚国家图书馆	数字资源保存政策第 4 版（2013 年）[78]（Digital Preservation Policy 4th Edition）	目的、图书馆数字保存的目标、图书馆数字馆藏的性质、数字信息资源获取面临的挑战、保存数字馆藏的方向（范围、保存的可获得性、模型和标准、政策实施）研究与标准发展、合作保存国家数字信息资源等
丹麦皇家图书馆	数字资源长期保存政策（2014 年）[79]（Policy for long term preservation of digital materials at the Royal Library）	目的、保存政策涉及的活动（资料采集、保存和保存数据的获取）、实施原则（标准、数据与数据格式、立法、技术基础设施、资金支持、与其他机构合作、人员）
新西兰国家图书馆和档案馆	联合数字保存战略（2011 年）（Joint Digital Preservation Strategy）	战略需求、授权、战略目的、战略范围、愿景、从战略到行动、角色与职责、审计和认证、与其他战略的关系及对数字保存概念的解释等[80]

　　美国国会图书馆非常关注珍贵历史资料数字化的标准与实践。如 2009 年该馆制订数字化活动项目规划,进行内容分类,确定数字化目标,对数字化活动进行整体规划,并对需数字化的文献进行分类。《扫描服务转换规格书》对原始纸质文件、缩微胶片和图片资料的扫描和文本转换提出了要求。关于数字转换技术标准,先后发布了《国会图书馆文本与图表资料数字转换的技术标准》（2006 年）、《文献遗产资料数字化的技术指南》（2010 年）、《音频模拟到数字转换器的性能》（2016 年）。关于视听资料的数字化标准,制定了《数字成像框架》（2009 年）、《文化遗产资料静态图像数字化的技术指南》（2015 年）、《电影胶片数字化:问题与样本的探索》（2015 年）、《移动图像和其他视听内容的

MXF 应用规范》(2015 年)、《音频数字化系统性能》。此外还制定了一系列视听资料元数据标准,有《TIFF 图像元数据》(2009 年)、《在广播波文件中嵌入元数据》(2012 年)、《在数字静止图像中嵌入最少描述的元数据》(2012 年)。在数字资源长期保存工作中,中国国家图书馆采用的保存技术包括更新、迁移、备份、仿真、数据恢复与数据考古、风干、规范化。由于磁存储介质的寿命较短、珍贵纸本文献易损毁,因此必须对中国国家图书馆的资源进行异质备份以实现资源的长期保存。异质备份主要使用缩微技术和数字文档技术,同质备份主要使用磁盘阵列和云服务来实现多个备份,以保证资源可用性。数字文档技术是利用数字存档机将数字文献转换成缩微胶片的技术,即把已经处理过的数字化图像转换到缩微胶片上,以便于数据信息的长期保存[81]。中国国家图书馆通过"数字资源保存备份"工作,对馆藏自建资源、网页资源采集资源等各类型资源进行梳理,实施"数字迁移"操作,针对不同类别、不同加工时期的数字化文件完成从光盘存储介质移植到磁带中存储,同时采用多份多地多介质的保存机制,保证馆藏资源的有效性、长期性,最终实现资源的长期保存。中国国家图书馆实施数字迁移项目,对单一光盘介质存储的馆藏音像、电子出版物、数字化特色资源进行介质迁移和数据规范化控制,充分参考原始光盘的数据存储结构,以光盘系列为组织单位,以元数据为组织条件,将同一系列的所有资源加以整合[82]。针对期刊论文、学位论文、视频、音频、图像资源等数字资源,中国国家图书馆制定了一系列元数据规范和著录规则以及加工标准和操作指南。此外,还制定了《长期保存数字资源交接流程》(2010 年)、《典藏数字资源长期保存归档检查规范》(2010 年)、《国家数字图书馆长期保存元数据规范和应用指南》(2013 年)等一系列操作流程和规范,并以项目形式从数字资源长期保存的系统架构、技术实现、标准规范、管理策略和相关法律环境等角度进行有益探索。

美国、澳大利亚、日本、英国、法国、挪威等国家纷纷着手实施网络归档项目,都明确了数字归档的内容(见表 2 – 4)。中国国家图书馆对网络信息资源的保存也经历了一个发展过程(见表 2 – 5)。2003 年开始实施的"网络信息资源采集与保存试验项目"(Web Information Collection and Preservation,简称 WICP),对表层网页实施镜像存档和专题存档,收集政府网站、电子期刊、大学网站、企业网站及媒体网站等100多家的静态网页信息。存档的专题包括2008年北京奥运会、非典专题、中国载人航天工程等。中国国家图书馆实施"网络数据库导航项目"（Online Database Navigation，简称ODBN），对深层网页进行保存，建立专业的网络数据库分类和索引，形成基于链接技术的分类导航[83]。国际组织与外国政府出版物网络资源整合服务平台是为对联合国等重要国际组织和外国政府实体与网络资源进行全面系统整合而构建的集资源导航与检索、用户交互于一体的网络服务平台，旨在揭示重要国际组织与外国政府网络资源。2017年，中国国家图书馆采集网络信息资源48.24TB，数字资源长期保存总量达1532.76TB。

表2-4　世界主要的国家图书馆网络信息归档项目的保存内容[84-85]

国家	项目	保存内容
美国	互联网档案馆（Internet Archive，简称 IA）	收录世界范围内的网络信息资源
	美国国会图书馆网络档案馆项目（Library of Congress Web Archive，简称 LCWA）	总统大选、2001年"9·11"事件、2003年伊拉克战争、2005年罗马教皇过渡、2006年达尔富尔问题、2009年印度尼西亚大选
	Web at Risk	加州政治博客、非洲政治活动、2003年加州罢免选举、2009年H1N1流感、2010年冬季奥运会
日本	网络归档项目（Web Archiving Project，简称 WARP）	公共机关的网站信息，包括国家机关、地方自治体、独立行政法人、国立公立大学等；民营的网站中以公益法人、私立大学、政党、国际的文化的活动、与东日本大地震相关的网站和电子杂志等为主要的收集对象，获得网站权利人的许可后进行保存
澳大利亚	澳大利亚网络文献资源保存与获取（Preserving and Accessing Networked Documentary Resources of Australia，简称 PANDORA）	政府的公开出版物、教育机构出版物、会议论文、电子期刊、索引和代理商提供的项目、在某主题领域运行三年以上和记载当前重要社会、政治等内容的网站（如选举网站、2000年悉尼奥运会网站等）

续表

国家	项目	保存内容
英国	英国网络信息保存联盟计划（UK Web Archiving Consortium project，简称 UK WAC）	英国国家图书馆：政治、民族文化、重大历史事件； 国家档案馆：政府部门的网络资源、联合信息； 系统委员会：远程高等教育、进修项目； 威廉图书馆：医疗信息
法国	法国国家图书馆网络归档（Bibliothèque Nationale de France Web Archive，简称 BnF WA）	法国大选专题、对法国网络信息（.fr）全面收集
挪威	数字资源保存、整理与检索（Preservation，Arrangement & Retrieval of Assorted DIGital Materials，简称 PARADIGMA）	网页、命名为 ftp〈机构〉.no 的 FTP 文件、所有在"no."域名下的网络新闻组和某些限制检索文件

表 2-5　中国国家图书馆网络信息存档大事记[86]

时间	事项
2003 年	中国国家图书馆开展中国互联网保存保护实验项目
2005 年	网络信息采集成果服务网站上线。该网站分为热点专题和政府网站两部分，提供存档资源浏览服务
2007 年	加入国际互联网保存联盟（IIPC）
2009 年	WICP 项目推出"中国事典"网络信息专题存档网站，再现中国年度重大历史事件，实现了对这些珍贵中华数字文化遗产的保存与展示
2010 年	网络信息采集知识库上线。该知识库是互联网保存保护中心对于国际网络采集领域的重要信息的收集、整理之后的结果展示
2011 年	网页资源获取平台立项研发。网页资源获取系统是中国国家图书馆开发的网络资源工作平台。系统注重于数字保存，将网络文档保存为符合 ISO 28500 标准的 WARC 文档，实现了网络资源的长期保存。同时系统集网络资源的采集、保存、编目和发布与服务功能于一身，为图书馆员提供了一个流畅的网络资源采编存阅的一体化平台

4. 文献资源的保存环境

文献资源的保存是有效获取的关键。国家图书馆为信息资源的安全存储，从温度、相对湿度、光照、空气质量和其他参数等方面，为易受损害的或重要的馆藏资料提供可控的环境条件；采取安全措施，确保保存的馆藏资料不被盗窃、破坏、损坏或丢失。如日本国立国会图书馆实施可持续的温湿度控制，2008 财年 8 个部门组成调查团开展防霉活动，2009 年建立国会图书馆环境控制委员会，开展一系列活动应对霉和高湿度问题，减少空调利用时间[87]。该馆实施病虫害综合治理，参考加拿大保护研究所绘制的"博物馆保存框架"，形成五阶段控制模型应对虫害和霉菌损害[88]。2013 年 4 月，中国国家图书馆启动了"民国文献库房建设规范"项目，旨在为民国文献库房的建设制定一项规范，使各单位修建或改善民国文献库房环境。规范的内容涉及建筑要求、温湿度要求、空气净化与通风要求、照明和紫外线要求、消防与安防要求、防虫与防鼠要求、装具要求等方面，其中空气净化与通风要求是本规范的核心部分。

5. 灾害防范与应急响应

图书馆会面临来自战争、洪水、台风、火灾等的风险，需要制订灾害防备计划和程序，对可能损害馆藏的紧急情况，进行应急响应和恢复。国际图联《灾害防范与规划简明手册》(2006 年)[89]引入风险管理的理念，为国家图书馆灾害防范与应急提供参考，其内容包括：对建筑外、建筑结构与服务、人为干扰以及响应程序等风险评估；实施灾害风险管理；从制订灾害防备计划、灾害防范责任团队的角色、规划的实用性、修订规划、人员培训、确定抢救的优先顺序、维护支持性文件、建立并维护与外部机构及个人的联系、聚集并维护应急设备等方面开展灾害防备。灾害响应则涉及灾害状况评估、记录保存、稳定现场、媒体公关、人员支持、受水损害资料的移除、分类以及干燥；灾害恢复。

美国、英国、澳大利亚以及日本等国家图书馆随即予以积极响应，制定灾害防范与应急响应政策。如美国国会图书馆对资源保存的风险管理提出了风险识别、评估和优先级以及减少、分散和转移风险的基本思路[90]。该馆启动美国文化遗产保护的"风险评估和规划"项目[91]，项目研究认为应急计划事关重大，文化遗产机构应实施风险评估；做出承诺制订应急和防范计划并提供行政和资金支持；邀请外部机构的保存与应急专业人员参与规划制订；确定完成计划制订的最后期限；制订计划并非防范的终结，应急计划应付诸实践并不断修改。为此，美国国会图书馆做出制订应急和防范计划的承诺并提供资金支持。英国国家图书馆对该馆应急响应团队和志愿者进行培训，全年提供 24 小时应急响应，以应对馆藏造成的不利影响。澳大利亚国家图书馆的《馆藏灾害计划》[92]规定了灾害防备政策和灾害响应人员分配。作为多地震国家，日本在灾害防范与应急响应方面制定了很多政策。如《日本国立国会图书馆灾害防备指南》(2010 年)内容包括：灾害防备原则(尊重生命、预防的重要性、确定馆藏优先顺序、维护灾害损坏的记录、专门知识和迅速响应、与国内外其他机构和专家合作)；灾害预防及其组织；应急响应(馆藏抢救、确定对馆藏的损害、抢救与恢复的专长、快速响应等)。2011 年 3 月日本大地震后不久，日本、韩国、澳大利亚、中国等国家图书馆在日本召开第 22 届国家图书馆保存论坛，就国家图书馆的灾害防范、应急响应与灾害恢复问题交流了经验[93]。

6. 国家文献战略储备库

在全球范围内，储备库的建设并不鲜见。美国、挪威、俄罗斯等发达国家已经相继开展了国家文献储存体系的建设，将文献资源作为一项重要的战略资源，从国家层面进行协调存储，建设国家文献战略保障体系。1992 年，挪威开始国家文献战略储备库建设，探索书库建设模式、温湿度和通风等环境控制、灾害防范和应急响应的措施[94]。美国国家储存图书馆产生于联邦寄存图书馆项目(Federal Depository Program，简称 FDLP)，由政府承担保障公众获取信息的职责，指定全国范围内的一些图书馆统一存储资源，并服务全国用户。该项目的管理制度在发展中不断完善，但是其基本指导原则始终不变。储存图书馆以国家政策和法律为依据(第二次世界大战后制订实施的《储存图书馆法案》)，所有的政府出版物都要依法提交到储存图书馆保存，并免费向所有公众开放，储存图书馆的运营成本由联邦政府和成员馆共同分担[95]。

中国清代就为存放《四库全书》建造了南北七阁，实施文献典籍异地保存。中国国家图书馆作为国家文献信息资源总库，集中保存了中国在几千年历史长河中形成的文化遗产，是国家的珍贵宝藏。为了在特殊情况下保护作为国家重要资源的文献信息资源不受损失，对文献资源的安全保存给予高度重视，将文献保存中心的建设上升到国家战略。2010 年，《国家图书馆"十二五"规划纲要》指出,中国国家图书馆将建设国家文献战略储备库,为国家图书馆文献与数据的安全筑就最后一道防线。2015 年 11 月,国家图书馆国家战略储备库建设工程经国家发改委批准立项,该工程选址河北承德,建设内容主要包括存储库区、数据资源存储及灾备中心、业务加工区、配套用房和地下车库及人防等内容,建成后将通过异地备份存储等方式,有效抵御文献资源受到火灾、地震、战争等自然或人为灾难造成的不可修复的毁损,最大限度地保障文献资料安全,为后世留存宝贵的历史资料。工程批复总建筑面积 69 670 平方米,总投资 8.4069 亿元人民币,计划于 2020 年基本完成主要建设任务。

五、开展广泛的信息资源建设合作与对话

国家图书馆的信息资源建设是一个庞大的工程,仅依靠自身的力量难以完成其基本任务,因此开展广泛的交流合作成为世界各国图书馆的共同选择。

1. 与国内外图书情报机构合作

国家图书馆与国内外图书情报机构合作的重要表现形式是信息资源共享。建立尽可能广泛的合作伙伴关系,可以将这些机构或个人的资源联系起来,增强合作馆藏建设的实力。因此,合作已成为各国国家图书馆的共识。信息资源建设的合作范围甚为广泛,主要包括联合编目、馆际互借、文献传递、资源调拨、出版物交换、数字基础设施建设、人员培训、标准制定、缩微复制等。随着全球书目资源共享的发展,世界上很多国家图书馆将其馆藏书目加入到世界联机目录WorldCat 中。国家图书馆主要从交换伙伴的交换文献目录中选取文献,收集价格昂贵的国外文献。美国国会图书馆联合世界 100 多个图书馆建设世界数字图书馆,实现信息在全球范围内的自由获取。2003 年,法国国家图书馆出面组建了因特网保存国际联盟,由美国国会图书馆、英国国家图书馆等欧美 11 家国家图书馆加盟,联盟在相互交流尝试经验的基础上保存网络资源。2017 年法语国家数字网络(Francophone Digital Network,简称 RFN)启动,通过法国数字图书馆Gallica 为 2.74 亿法语人群提供搜索和咨询服务。俄罗斯国家图书馆 2013—2018 年发展规划对该馆的资源建设做出规定,要求"与其他联邦图书馆、行业部门图书馆和个人图书馆开展国内外文献资源协作建设,以充实馆藏文献,实现到2018 年 90% 以上的俄罗斯国内出版物入藏俄罗斯国家图书馆"[96]。1957 年,中国国务院批准实施了《全国图书协调方案》，批准建立全国和地方的中心图书馆委员会和编制全国书刊联合目录两项计划。1999 年 1 月，在北京图书馆的召集下，全国各类型图书馆以及情报院(所)等 122 个单位参加了全国文献信息共建共享协作会议，签署了《全国图书馆馆际互借公约》，在全国范围内开展馆际互借、文献传递服务。21 世纪初，中国国家图书馆为开发西部图书馆特色资源，与西部地区图书馆签署协议展开合作。2012 年，联合 24 家公共图书馆共同推出"革命历史文献联合目录"系统，实现革命历史文献信息资源共建共享。同年，还启动了"民国时期文献保护计划"，全面开展民国时期文献的抢救与保护工作。截至 2017 年底，民国时期文献联合目录系统已汇聚中国国家图书馆、首都图书馆、南京图书馆、上海图书馆、重庆图书馆等 22 家文献收藏单位的书目数据 31 万余条、馆藏数据 60 余万条。

与党政军机关及其图书馆的协同资源建设。2001 年，中国国家图书馆与中央党校图书馆合作，两馆在文献保障体系的建立、馆藏文献资源开发的深入、特殊类型服务的提供、信息传递与反馈渠道的开辟等方面开展合作工作。2011 年，中国国家图书馆与全国政协办公厅合作建馆，全国政协共享"国家图书馆立法决策服务平台"的海量信息。中国国家图书馆先后与沈阳军区、第二炮兵和总后勤部合作，共建军队数字图书馆，为军队提供数字资源。2014 年，与农业部签署合作协议，以农业部图书馆为平台共建中国国家图书馆农业部分馆。农业部分馆的成立，既充实了中国国家图书馆馆藏，也便于其实时掌握农业部的信息需求，提供及时优质的信息资源。2015 年 12 月，中国国家图书馆与国内 30 多个公共图书馆、大学图书馆以及科研院所联合发布《全国图书馆界共同开展记忆资源抢救与建设倡议书》，加紧对"记忆资源"的征集、抢救性采访、摸底、编目、推广等工作，共建"中国记忆"。该倡议提出[97]：面向读者、面向社会征集记忆资源，纳入馆藏体系，并主动开展抢救性采访工作；对馆藏记忆资源进行摸底，并汇总成馆际记忆资源联合目录；将馆藏记忆资源向读者提供服务，并利用各种传播手段进行推广；组建工作队伍，培养记忆资源采访加工、编目、服务等专门人才；探索建立记忆资源建设的馆际沟通与合作机制，最终形成全国图书馆界记忆资源共建共享平台。

中国国家图书馆与国外的合作主要是对海外的中文古籍实施数字化(见表

2－6）并与相关保存单位建立联合目录，以及合作建设数字图书馆。与牛津大学博德利图书馆（Bodleian Libraries，University of Oxford）、钟瀚德基金会有限公司签署《关于中文古籍善本保护、修复和数字化的谅解备忘录》，针对中文古籍合作保护工作计划，合作开展中文古籍复制、数字化和保护问题达成一致。中国国家图书馆定期组织"中文文献资源共建共享合作会议"，与美国、新加坡等国的机构探讨各地区文献数字化的发展情况。除了中文古籍方面的合作，还与世界各国图书情报机构开展各种形式的合作与交流。2008 年 11 月 16 日，与美国国会图书馆签署《中国国家图书馆与美国国会图书馆世界数字图书馆合作协议》，双方合作发展世界数字图书馆。为配合国家"一带一路"战略，2015 年与突尼斯国家图书馆（National Library of Tunisa）、土耳其国家图书馆（National Library of Turkey）、阿塞拜疆国家图书馆（Azerbaijan National Library）、伊朗德黑兰大学中央图书馆（The Central Library and Documentation of the University of Tehran）签署合作协议，达成"共同保护、利用与展示丝绸之路"的共识，并筹备建立"丝绸之路"图书馆联盟和"丝绸之路"数字图书馆。2017 年 7 月 6 日，第二届金砖国家文化部长会议期间，中国国家图书馆与巴西、俄罗斯、印度、南非共同签署《金砖国家图书馆联盟成立意向书》，正式成立金砖国家图书馆联盟，各方就举办论坛、合作办展、共建数字图书馆、古籍保护及资源共建共享等方面达成共识。截至 2017 年底，中国国家图书馆已与 50 个国家图书馆建立人员交流与合作关系。国家图书馆国际交流中有一项特别的获取资源的方式就是国际交换，截至 2017 年底，中国国家图书馆已与世界 117 个国家和地区的 552 家机构开展国际交换，合作对象包括美国、加拿大、英国、法国、澳大利亚、新西兰等国家的大学图书馆、公共图书馆、研究所和情报中心等。

表 2－6　中国国家图书馆与国外图书馆的协同资源建设

时间	合作机构	内容
1991 年	国内外约 30 余家图书馆	"中文善本书国际联合目录项目"，建立中文善本书国际联合目录数据库，著录北美图书馆的几乎全部藏书以及中国图书馆的部分藏书，数据达到 2 万多条
1993 年	英国国家图书馆	"国际敦煌项目"（International Dunhuang Project，简称 IDP），对敦煌和丝绸之路考古遗址发现的手稿、其他考古文物和档案进行保存、编目、数字化和研究

续表

时间	合作机构	内容
2009 年	哈佛大学图书馆	开发哈佛燕京图书馆藏中文善本古籍,实现数字化
2009 年	东京大学东洋文化研究所	该所将中文古籍 4000 余种,以数字化方式无偿提供给中国国家图书馆,提供网络访问服务
2012 年	北美近十个东亚图书馆	古籍保护中心与其商讨各馆所藏古籍的保护,并初步达成合作意向
2012 年	普林斯顿大学葛斯德东方图书馆	古籍数字化合作项目
	加拿大哥伦比亚大学东亚图书馆	馆藏甲骨数字化合作项目
2015 年	法国国家图书馆	法国国家图书馆藏敦煌遗书数字化回归项目

与国际组织合作。联合国于 1946 年建立了托存图书馆制度,在各国各地区挑选一家或多家向公众开放的图书馆作为联合国资料托存图书馆,负责联合国资料的妥善收藏、管理和免费向读者提供借阅[98]。中国国家图书馆于 1947 年就正式成为联合国托存图书馆,成立专门的任务小组负责联合国托存资料的收藏整理和开发利用。2008 年,中国国家图书馆与 OCLC 正式展开合作,将部分书目记录输入到 OCLC 的联机书目数据库 WorldCat 中,并通过 OCLC 的馆际互借平台向世界其他图书馆提供服务。

2. 与档案馆、博物馆等文化遗产机构合作

图书馆、档案馆和博物馆都是公共文化资源保存部门,均承担保存与保护文化遗产的重任。世界各国的国家图书馆都重视与不同领域机构合作开展文献资源建设,特别是档案馆、博物馆等文化遗产机构。它们是文化遗产保护和历史文化传播的中流砥柱。图书馆、档案馆和博物馆都支持终身学习,保护社会遗产并提供信息获取[99]。为此,这些机构不遗余力地在文献资源的保存保护方面展开合作。澳大利亚国家图书馆于 1996 年实施澳大利亚网络文献资源保存与获取(Preserving and Accessing Network Documentary Resources of Australia,简称 PAN-DORA)项目。截至 2016 年 5 月,该项目已与 12 个澳大利亚各地的图书馆和文化遗产机构开展合作,对澳大利亚在线出版物、具有重要文化价值的网站开展长

期保存。日本国立国会图书馆以"圆桌会议"的形式邀请各机构的专家学者共同商讨促进图书馆、档案馆与博物馆在数字资源方面的合作。澳大利亚国家档案馆在2009—2010年预算中提供了充分的资金,保证国家档案馆、国家图书馆、国家影片与声音档案馆共同合作,探索针对数字资料的管理、保存并提供获取服务的方式与途径。2011年东日本大地震发生后,日本国立国会图书馆参与了文化厅组织的"文化财产抢救事业(Cultural Property Rescue Programme)",抢救在东日本大地震中受损的雕塑、照片、文化、档案和图书等文化遗产[100]。欧洲数字图书馆(Europeana)将图书馆、档案馆、博物馆和音像机构联合起来,提供文化遗产馆藏的共享和利用,2014—2017年发起"Europeana Sound"项目,由英国国家图书馆领导12个国家的24个合作伙伴,丰富古典音乐、传统音乐和民间音乐以及口述记忆,并通过众包语义丰富已有元数据来提供。

为实施中华古籍保护计划,从2007年开始,中国国家图书馆联合全国公共图书馆、博物馆和文物等系统的古籍收藏单位,对其古籍收藏和保护状况进行全面普查,建立中华古籍联合目录和古籍资源库。2011年,在文化部、财政部的大力支持下,中国国家图书馆牵头策划并启动实施了"民国时期文献保护计划",全面开展民国时期文献的抢救与保护工作,其中文献整理出版是推动民国时期文献保护工作的重要助力。2016年,中国国家图书馆发函各图书馆、档案馆和博物馆,鼓励各级图书馆、档案馆、博物馆联合其他文献收藏单位共同申报民国时期文献整理出版项目[101]。为抢救性保护中国消防影像文化历史遗产,由上海市公安消防总队大校警官、著名摄影家吴学华编创完成的《中国消防百年图录》于2011年出版,中国国家图书馆、中央档案馆、中国警察博物馆、中国消防博物馆联合举行吴学华消防摄影获奖作品和消防影像工程系列画册收藏仪式[102]。随着文化资源建设的推进,中国国家图书馆与档案馆等公共文化机构的联系越来越多,如"希望各国各地的图书馆、档案馆、学术机构、宗乡会、家谱编委会等组织和个人加入""中华寻根网"[103]项目建设,建成全球华人寻根中心、家谱资料中心和家谱研究中心,最终形成中华民族寻根问祖的总平台。

3. 国家图书馆的跨界交流与合作

国外国家图书馆文献资源建设宽领域、跨行业的合作趋势更为明显。为了实现印刷资源的保护和广泛获取,Google实施了图书馆计划,对美国国会图书馆馆藏进行数字化。Emerald 出版社也同英国国家图书馆合作，将 Emerald 出版的所有期刊进行电子化。随着数字出版的发展，国家图书馆与数字出版商的合作越来越紧密。国际图联与国际出版商协会（International Publishers Association，简称 IPA）于 2002 年发布的《IFLA/IPA：永久保存世界记忆——关于数字信息存档与保存的联合声明》指出，"国家图书馆受命获取和保存各国出版的文化遗产，而且大多数正在进行数字出版物的获取试验，这些图书馆应当担当起数字出版物长期保存的主要责任"[104]。数字资源的保存涉及数字内容和类型的选择、数字内容格式的统一、数字转换、数字迁移、元数据及知识产权等异常复杂的难题。因此，为了履行国家数字文化遗产保存的历史使命，国家图书馆必须加强国际合作和跨界交流与对话，解决技术、经济与法律难题。美国国会责成国会图书馆联合国内主要的大型机构、相关社会团体以及一些专门从事数字格式工作的私有机构等，开展全国性的数字资源长期保存。2016 年 5 月，由美国国会图书馆资助的"国家数字信息基础设施和保存计划"（National Digital Information Infrastructure and Preservation Programme，简称 NDIIPP）已有 320 余家合作者，包括联邦机构、国家和地方政府、科研机构、非营利性专业组织及商业实体。澳大利亚国家图书馆得到大学、媒体、政府甚至酒店在培训、陈列以及日常服务方面的支持。如澳大利亚全球商学院支持澳大利亚国家图书馆的 2018 年亚洲研究资助计划，为学生提供商业知识和就业技能的学习体验。

中国国家图书馆与出版社以及社会组织和个人开展广泛的合作，实现文献信息资源共建共享。一是与出版社的协同资源建设。2006 年河北出版集团与中国国家图书馆签署战略合作协议，双方将各自利用自己的资源，开发文献整理和图书出版等合作项目。2014 年，中国国家图书馆与《人民日报》《中国文化报》合作出版专版 2 期，对古籍保护进行宣传和推广。在《光明日报》设立"古籍普查拾珍"专栏，邀请专家撰稿，2014 年共出版 10 期[105]。二是与其他社会组织和个人开展合作。"中国记忆"项目作为国家记忆资源抢救和建设项目，中国国家图书馆组织开展广泛的合作，保证记忆资源建设。这些合作主体包括：战争、灾难、外交等重大事件的参与者和亲历者；学者口述史和学术资源库建设的合作对象为中国各学科领域的老学者；与文化部非物质文化遗产司合作，以主题方式进行非遗项目及传承人的抢救性记录工作；和社会组织合作，进行民众口述的收藏。

六、领导整个国家图书的分类与编目工作

国家图书馆是国家总书库,实现对国家书目的控制要求国家图书馆在图书分类与编目工作中发挥领导作用。

1.关注图书分类法的编制和适时修订

从国际上看,国家图书馆一般领导整个国家的图书分类与编目工作,例如美国《国会图书馆分类法》(*Library of Congress Classification*,简称 LCC)和《中国图书馆图书分类法》(以下简称《中图法》)的编制由国家图书馆组织和倡议,并由其进行维护和修订。

LCC 产生于 20 世纪初,是为适应美国国会图书馆图书分类和排架的要求而编制的大型综合性分类法。LCC 参考克特《展开分类法》,根据美国国会图书馆的藏书情况制定,由各个主题领域的专家,依据图书馆文献的特点,按照大类独立编制。LCC 分为 21 个大类,各大类根据需要逐级细分,在细分过程中,各大类几乎都编有多种专用复分表。LCC 采用拉丁字母和阿拉伯数字组成的混合号码。目前,LCC 已运用到大型学术性图书馆、研究图书馆以及部分公共图书馆。LCC 的修订依托美国国会图书馆,由编目方针和支持办公室负责,并由编目人员负责日常维护,以及时反映新的变化。LCC 的日常修订与编目实践紧密结合,编目员发现类表中未设置相应类目或类目存在问题时,即可提出增补或修订建议[106]。

《中图法》是在文化部的支持下,由北京图书馆倡议编制的综合性文献分类法,在吸取《中小型图书馆图书分类表草案》和第一次编制的《中国图书馆分类法》的成功经验的基础上,于 1975 年完成初版编制。目前,《中图法》被中国很多图书馆采用,已经成为中国应用最广泛的分类法。该分类法以马克思主义、列宁主义、毛泽东思想为指导,以辩证唯物主义和历史唯物主义为编制依据,"根据文献的实际情况,遵循从总到分、从一般到具体、从理论到实践的方式形成逐级展开的等级分明的类目体系"[107]。整个分类法分为五大基本部类和 22 个基本大类,并采用汉语拼音和阿拉伯数字结合的混合号码。为实施分类法的研究、编制、修订和管理,专门成立由中国国家图书馆领导的《中图法》编委会,下设词表组对类表进行日常维护和修订。随着信息化的发展,2000 年建立了《中图法》网

络版,建立与用户的联系。自 1973 年出试用版到 2010 年的第 5 版,正式版本的修订周期不断缩短。2010 年出版的《中图法》(第五版)修订幅度较大,新增 1631 个类目,停用或直接删除约 2500 个类目,修改类 5200 多个。

2. 进行主题法的编制和适时修订

美国《国会图书馆标题表》(*Library of Congress Subject Headings*,简称 LCSH)是美国国会图书馆编制的大型综合性主题词表。1909—1914 年,美国国会图书馆以本馆藏书目录为基础,编制和出版了 2 卷本的美国《国会图书馆字典式目录用标题表》,1975 年第 8 版改为现名,目前的最新版本是 2018 年 1 月发行的第 40 版。LCSH 已成为美国乃至世界范围内规模最大、使用最广泛的标题表。LCSH 由主表、副表和使用说明三部分组成,主表是由标题款目和非标题款目按字顺排列的一览表。其款目由标题与非标题、分类号、注释和参照项组成。LCSH 有印刷版、缩微版和机读版 3 种形式。美国国会图书馆编目部负责定期修订并备有《主题标题手册》等 4 种配套工具书,保证其使用的一致和规范。LCSH 由美国国会图书馆编目部负责定期修订,每周、每月、每季、每年都有标题及相应项目的修订,并及时提供给用户使用[108]。

1980 年,由中国科技情报所和北京图书馆主持编制的综合性叙词表《汉语主题词表》(以下简称"《汉表》")出版。《汉表》由主表、附表、范畴索引、词族索引和英汉对照索引组成。自 1985 年起,北京图书馆利用《汉表》的主题词进行图书编目。在分类法与主题法一体化趋势的背景下,北京图书馆在 1994 年主持出版了《中国分类主题词表》(以下简称"《中分表》")。《中分表》是在《中图法》类目和《汉表》主题词对应的基础上编制的,"实际上是《中图法》和《汉语主题词表》的兼容互换工具,使分类法与主题法两种标识之间建立联系"[109]。目前我国综合性图书馆一般依据《中分表》的主题词进行主题标引。2005 年,北京图书馆出版社出版《中分表》第二版及电子版,在此基础上还研制出 Web 版,使中国词表的编制技术、编制方式和编制水平达到新的水平。

3. 通过编制目录实现国家和世界范围内书目控制

一直以来,目录都是图书馆进行文献资源管理的重要工具。为了规范国家编目工作,各国国家图书馆不同程度地参与了文献信息著录规则的制定或修订。《英美编目条例》(第二版)(*Anglo-American Cataloging Rules 2nd ed.*,简称

AACR2)是由美国图书馆协会、英国图书馆协会、加拿大图书馆编目委员会、英国国家图书馆、美国国会图书馆联合提出的,于1978年出版。AACR2出版后,美国国会图书馆根据新版的《国际标准书目著录》(*International Standard Bibliographic Description*,简称ISBD)对它不断修订。为了规范中文图书编目,1979年,北京图书馆中文图书编目组编制完成《中文普通图书统一著录条例》。《中国文献编目规则》由中国文献编目规则小组于1996年编辑出版,为了适应网络环境下编目理论与技术方法的发展,中国国家图书馆于2002年开始对其进行修订,并于2005年出版了《中国文献编目规则》(第二版)。

美国国会图书馆抓住20世纪50—60年代计算机技术发展的契机,着手计算机在图书馆编目工作的研究。1966年,生产出试验性磁带,称为"MARCI",次年改进,并于1969年正式向全美发行MARCII的英文图书磁带。1973年ISO在审核MARCII格式后,将其定为国际标准。1986年,UNIMARC第二版中译本问世。当一个国家/机构决定开始使用机读目录,就面临着两种选择:是自己开发一种新的格式,还是采用一种现存的格式。20世纪各国确定MARC格式时,更多地基于本国编目实践的独特性。USMARC、UKMARC以及UNIMARC是MARC格式设计的三种范本,除了少部分国家直接采用,大多数国家都根据这三种格式开发本国MARC格式。一是基于USMARC的书目格式自主开发,包括法国格勒诺布尔大学图书馆开发的MONOCLE(1968)、加拿大CANMARC(1973;1999年与USMARC合并)、西班牙IBERMARC(1976)、韩国KORMARC(1978)、拉丁美洲MARCAL(1981)、巴西CALCO格式/IBICT格式(1981、1987)、印度尼西亚INDOMARC(1986)、匈牙利HUNMARC(1990)、挪威NORMARC、墨西哥、芬兰MARC21-Fin(2000)。二是基于UKMARC的书目格式自主开发,包括澳大利AUSMARC(1973;1991年转用USMARC)、法国联合比利时等国INTERMARC(1974)、芬兰FINMARC(1976;2000年转用MARC21-Fin)、泰国THAIMARC(1976;1992年转用USMARC)、马来西亚MALMARC(1977)、意大利ANNAMARC(1978)、丹麦DANMARC(1979)、新加坡SINGMARC(1979;1996转用USMARC)、印度INDIMARC(1985;2003年转用MARC21)、瑞典LIBRIS MARC和SWEMARC(2000年转用MARC21)等。三是基于UNIMARC的书目格式自主开发,包括捷克CSMARC(1980)、克罗地亚YU-UNIMARC(1980;2006年转用MARC21)、日本

Japan/MARC(1981)、南非 SAMARC(1980；1997 年转用 USMARC)、俄罗斯 RUS-MARC(2000)等[110]。

　　同样，受 UNIMARC 影响，1991 年北京图书馆等单位编写并出版了《中国机读目录格式》(以下简称 CNMARC)。1995 年修订后于 1996 年在北京图书馆的努力下，CNMARC 成为行业标准。CNMARC 奠定了中国图书馆联合编目基础，对馆际书目数据的共享起了先锋作用。此外，中国国家图书馆还先后编制了《中国机读目录格式使用手册》《汉语文古籍机读目录格式使用手册》《MARC21 书目数据格式使用手册》等。

　　国家书目要求收录一个国家领土范围内出版的所有出版物以及世界上用该国语言出版的出版物。1897 年，法国国家图书馆开始编印大型的图书馆书本式目录。1901 年起美国国会图书馆向全国图书馆发售标准的印刷式目录卡片。英国、德国、法国以及加拿大等国家于 20 世纪 70 年代先后编制发行了国家机读目录。中国第一本国家书目是 1987 年出版的《中国国家书目》，其收录范围包括汉语普通图书、连续出版物、地图、乐谱、技术标准、非书资料、少数民族语图书、盲文读物等。中国国家图书馆从 1988 年开始利用 CNMARC 格式编制和发行中文图书机读数据。

　　1956 年美国国会图书馆开始组织编辑《全国联合目录》。至 20 世纪 80 年代，参加馆逐步扩大到包括加拿大的 1500 多个图书馆，随后很多国家图书馆也相继编制联合目录。中国国家图书馆编辑全国书刊联合目录始于 1929 年，主持编制《中国国家书目》《民国时期总书目》《中国古籍善本书目》《珍贵革命历史文献名录》等 30 余种书目，建立起中文图书书本式目录体系。1959 年编制《全国西文期刊联合目录》，收录全国 168 个图书馆 1957 年底前入藏的西文期刊 2 万余种，《续编》补收 1961 年底前 142 个单位收藏的西文期刊 8600 多种。此外，还与上海图书馆等单位联合建设了《中国近代联合目录》《(1833—1949)全国中文期刊联合目录补编本》。1997 年 10 月，北京图书馆牵头建立了全国图书馆联合编目中心，在全国范围内组织和管理图书馆联机联合编目工作，降低成员馆及用户的编目成本，提高编目工作质量，避免书目数据资源的重复建设，实现书目数据资源的共建共享。目前，建成的目录数据库有中文图书书目数据库、中西文期刊书目数据库、民国图书书目数据库等，构成一个规模最大、覆盖面最广的中国国家书目数据库。2011 年,中心开始向所有成员馆免费提供书目数据服务,积极推动信息资源共建共享。编目中心在中国的港澳台地区以及日本、新加坡、泰国、英国、美国、德国等国家拥有一定的客户群[111]。截至 2017 年底,全国联合编目中心成员馆达 2713 家,数据用户达 3348 家,书目数据超过 1258 万条,规范数据超过 172 万条,馆藏数据 9000 多万条,全年上传数据 8.5 万余条,下载数据 1064.4 万条。

国家书目是国际书目的组成部分。世界书目控制,就是建立一个致力于书目情报交换与管理的世界系统,使人们能迅速而广泛地获得世界各国所出版的图书情报资料。早在 16 世纪,瑞士书目学家格斯纳就编制了《世界总书目》。随着世界各国机读目录的发展,1967 年世界上最早的图书馆联机网络 OCLC 成立。经过 10 年的发展,OCLC 已从最初的高校图书馆网络发展成为世界上最大的跨国联机合作编目网。2008 年,中国国家图书馆与 OCLC 正式展开合作,并于 2010 年 4 月加入 OCLC WorldCat 资源共享网络,迄今为止中国国家图书馆成功添加了 239 万条中文记录到 WorldCat 数据库中。为促进海内外中文古籍文献的整理与编目,中国国家图书馆与国外中华古籍保存单位合作,开展海外古籍调查对古籍书目进行有效控制。例如,国际敦煌项目数据库包括中国国家图书馆及英、法、俄、日、美等国多家收藏机构所藏敦煌西域文献的高清晰图片十余万幅以及多种敦煌西域文献目录、研究论著索引。2009 年 11 月,与日本东京大学东洋文化研究所签署合作意向书,对方将所藏中文古籍 4000 余种以数字化方式无偿提供给中国国家图书馆,并通过全文影像数据库提供给公众使用。徽州善本家谱印刷资料数据库是中国国家图书馆与法国远东学院的合作项目,收录中国国家图书馆藏善本古籍中徽州家谱 243 种 286 部。中国国家图书馆通过建立导航链接馆外资源,比如中华古籍善本国际联合书目系统、台北"故宫博物院"善本古籍资料库、《古今图书集成》数据库、日本所藏中文古籍数据库、东京大学东洋文化研究所汉籍目录、中国数字方志库、上海图书馆家谱数据库、京都大学人文科学研究所藏石刻拓本资料、续修四库全书数据库、海德堡大学汉学系资料库、国际汉学博士论文摘要资料库等。

第三节　国家图书馆文献信息资源保障的特点

纵观世界各国国家图书馆信息资源建设的历程可以发现,国家图书馆文献信息资源保障具有如下 5 个主要特点:

一、文献采集内容形式的广泛性

文献采集内容形式的广泛性包括:①采集对象的广泛性。文献信息资源采集的对象包括国家机关、出版社、数据库商、个人以及公共网站等。②涉及内容的广泛性。国家图书馆全面收集本国出版物和有关本国的文献,同时致力于收集世界其他国家的文献,向读者提供国外的重要出版物;馆藏应有广泛的学科覆盖范围,囊括广阔的知识领域。此外,对网络资源进行广泛地收集和保存。③保障形式的多样化。国家图书馆文献资源保障主要的形式是交存和购买,征集、征购、受赠、国际交换、复制、网络采集、数字化转换等也是获取文献的渠道。

二、文献资源在时间上的继承性

国家文献资源保障的继承性主要体现在:①馆藏要体现一个国家的历史传承。由于政权的更替,很多的国家图书馆都会接收大量在旧政权下收集的文献资源,作为新政权下国家图书馆馆藏的基础。但从世界图书馆史来看,新旧政权更替往往伴随着大批文献的焚毁与丢失。因此,我们应清晰地认识到文献对于保存国家历史遗产的重要性以及国家图书馆在保护国家文献时肩负的历史使命。②馆藏要在时间上保持连续性。国家图书馆的馆藏在横向上保持尽可能广泛地收集馆藏的同时,还要在纵向上保持覆盖一定的时间跨度。由于各学科发展迅速,知识更新日新月异,使得馆藏建设必须持续进行。时间上的间断必然产生用户信息获取的障碍。③馆藏建设工作要尊重前人的成果。文献资源建设中形成的一系列规章制度以及工作流程或工作方式是在特定时期以及特定条件下产生的,有其合理性。因此在改变它们时要坚持谨慎的态度,在尊重前人成果的基础上客观应对,不应全盘否定。

三、作为国际交流窗口的前瞻性

国家图书馆密切关注国际上信息资源建设的最新动态,把握其所处信息环境的变化,积极与各国共同探索文献资源建设的新内容、新技术和新方法。比如,IFLA《灾害防范与规划简明手册》(2006 年)引入风险管理的理念,为图书馆灾害防范与规划的主体内容提供了参考。美国、英国、澳大利亚以及日本等国家图书馆随即予以积极响应,制定灾害防范与应急响应政策。2011 年 3 月东日本大地震发生后不久,日本、韩国、澳大利亚、中国等国家图书馆在日本召开了第 22 届国家图书馆保存论坛,就国家图书馆的灾害防范、应急响应与灾害恢复问题交流了经验[112]。

四、馆藏及其建设主体的协调性

国家文献资源保障的协调性体现在:①馆藏资源的协调性。馆藏要保持不同学科、不同文献类型、不同载体形式文献的协调,使它们保持合理的结构和比例。②馆藏建设与用户实际情况相结合。馆藏要与国家的民族特点、人口结构、时政大事等实际情况相结合,满足社会现实的需求和潜在的需求。③国家图书馆与其他图书馆或文化遗产机构的协调性。国家图书馆在全国图书馆事业中具有领导作用,对国内不同地区、不同专业的图书馆信息资源建设起引领作用。在协助、指导各类型图书馆开展馆藏建设的同时也不断地提升这些图书馆信息资源建设的水平,推动全国图书馆事业统筹协调发展。此外,国家图书馆还与国内外档案馆、博物馆等文化遗产机构加强联系,开展资源建设的合作。

五、立法授予国家图书馆权威性

国家图书馆是"按法律或其他安排,负责收集和保存本国出版的所有重要出版物,并担负国家总书库职能的图书馆"[113]。在实践上,世界范围内很多国家图书馆履行总书库的职能主要是通过国家制定出版物交存立法实现的。目前,大多国家已制定相关的法律,由法律强制保证国家图书馆文献资源的全面收集。

第四节　中国国家图书馆文献信息资源保障发展展望

随着信息化的不断发展和人们对信息资源需求深入,国家图书馆信息资源建设的广度和深度都在向纵深拓展。在这种趋势下,中国国家图书馆既要立足眼前,巩固信息资源建设取得的成果,并发现当前存在的不足,也要放眼全球、展望未来,把握全球范围内新动态、新趋势,不断提升中国国家图书馆文献资源建设的国际化水平。

一、出版物交存立法保障国家文献全面收集

中国就出版物交存问题制定了相关的行政法规和规章,明确了出版单位对图书、期刊、音像及电子出版物的交存义务,《中华人民共和国公共图书馆法》明确规定,出版单位应向中国国家图书馆交存正式出版物。本次立法建立的出版物交存制度虽有重要突破,但因其并非为专门的出版物交存立法,相关规定较为简单,因此也存在一些比较明显的缺憾。例如,非正式出版物未能纳入交存范围,而公共图书馆对此类文献信息一般无法通过正常采购渠道获取,难以保障国家和地方文献的完整入藏,此外网络资源的交存问题没能实现突破,使中国国家图书馆对网络资源的归档难以有效开展。因此,未来需要国家立法机关制定专门的出版物交存法或国家图书馆法,或者通过修订著作权法明确与出版物交存相关内容,并建立问责机制。交存立法也需明确依法交存的网络资源的类型、范围、交存的方式和策略、交存资源的利用等问题。对于公共领域的网络资源、开放存取资源以外的资源,立法应有严格的授权方式确保所有权人的基本权益。

在法律规范尚未健全的情况下,可以由有关部门制定相应的管理办法和细则,弥补当前法律法规中存在的缺陷与不足。首先对当前出版物交存的困境和难点,制定相应的措施办法和细则。针对重印书交存问题,完善版本鉴定工作标准[114],制定"最优版本"细则[115],避免重印本交存一刀切,保证交存本的质量。其次,中国国家图书馆可以尽可能地争取国家有关部门的支持,尝试建立交存经济补偿机制,实施税收减免政策,减轻出版单位的经济压力。除此之外,由于出版单位对出版物交存的认识不足,造成出版物交存制度的实施存在障碍。因此,

为切实提高出版单位的认识,保证与出版单位的畅通交流与沟通,中国国家图书馆需要开展并扩大出版物交存咨询和宣传。通过对全国的出版单位实施周期性或巡回式的培训和宣传,使出版单位对出版物交存的社会意义和历史价值形成正确认识,实现出版单位由"被催缴"向主动交存的转变。

二、馆藏发展政策引领文献资源建设

馆藏发展政策是实施国家图书馆信息资源建设的直接性指导文件。从全球来看,世界上很多国家图书馆都重视馆藏发展政策的制定和及时修订。一方面,由于国外信息资源建设实践的强烈需求,使馆藏发展政策在长期的理论研究和实践探索中不断完善;另一方面,这些国家图书馆文献资源建设水平较高关键还得益于国外图书馆界积极响应国际图联、国际图书馆联盟协会(International Coalition of Library Consortia,简称 ICOLC)、美国图书馆协会等行业组织的信息资源建设指南、政策等[116]。馆藏发展政策内容的具体性和可操作性使其成为国家图书馆文献资源建设的指导性文件和必不可少的依据,在很大程度上推动了国家图书馆文献资源建设水平。中国《国家图书馆文献采选条例》(2010 版)与国外通行的馆藏发展政策相比,呈现原则性过强的特点,政策的系统性和完整性仍有待加强。

近 20 年来,国内关于国外的馆藏发展政策研究已比较深入。一些学者也在不断强调馆藏发展政策对中国图书馆信息资源建设的重要性,呼吁图书馆界重视馆藏发展政策的制定,并提出了一系列建议。因此,中国国家图书馆可以借鉴世界发达国家信息资源建设的实践,结合最新的理论研究成果,通过制定馆藏发展政策指导信息资源建设。在明确馆藏发展原则的指导下,对馆藏资源从学科、资源类型、馆藏等级和载体形式等不同维度进行结构性规划和协调,使它们保持合理的结构和比例,使不同学科的资源相互协调,印刷资源、网络导航资源与新媒体资源相互协调。一般性的馆藏发展政策对资源的收集范围、馆藏的保存、资料的剔除与保留加以规定,可以随着实际的发展不断分化成更为具体的馆藏政策,进一步制定针对不同载体、不同语种、不同学科和不同类型资源的馆藏发展政策,指明资源选择标准、资源评估、选择决策、谈判和定价策略、采购支付、资源撤销和采购支付等问题[117]。

三、特色文献资源建设广度不断拓展

由于中国国家图书馆的高度重视,特色资源建设,特别是古籍、民国资源的数字化、回归与保存等取得可喜的成绩。但特色馆藏(如民国文献)总量庞大、源流复杂、文献状况参差不齐,建设、整合的难度大,传统形式的特色资源,如民国文献,普遍老化严重,部分文献甚至濒临消亡,而且特色资源的挖掘还不充分,尚待深化。2008 年以后,中国国家图书馆缩微平片的入藏数量增加,数字资源的长期保存问题开始提上日程。国家立法层面对硕士学位论文交存,特别是电子版学位论文交存尚未做出明确规定,部分高校和科研机构仍以研究成果保密为由,拖延学位论文的缴送时间。这样不仅影响了论文资源的构建数量,也影响了论文资源的发布时间,导致中国国家图书馆的学位论文资源开放周期通常落后科研成果产生时间 1—2 年,这对时效性极强的科学研究极为不利。未来中国国家图书馆在继续巩固传统特色文献资源建设的同时,还需不断拓展特色文献的广度和深度。稳固并加强传统中国特色文献资源建设。《中华人民共和国国民经济和社会发展第十三个五年规划纲要》指出,构建中华优秀传统文化传承体系,加强文化遗产保护,振兴传统工艺,实施中华典籍整理工程。中国国家图书馆后续的工作包括:需要通过购买、交换或受赠等方式,收藏散佚海外的中国古籍原件;通过合作数字化、合作缩微化、合作出版等方式,收藏中国古籍的复制件;尽力收藏海外中国学与中国研究主题的文献,有计划地开展海外中国学、法律及其他重要学术性资料的缺漏补藏;重视各个历史时期缺藏文献的收集,重视非正式出版物和各类出版物替代品的收藏;加强对港澳台地区出版物的收藏,将新型载体文献和港澳台地区的出版物纳入保存本馆藏体系。

与此同时,还需与地方图书馆合作开展特色文化主题的资源建设。中华民族在长达五千年的发展历程中创造了璀璨的文化,为后人留下了极为丰富的物质文化遗产和非物质文化遗产。截至 2017 年底,中国共计拥有 52 项世界遗产,其中世界文化遗产 36 项,这些都应该成为中国国家图书馆开展特色资源建设极好的素材。作为多民族的国家,在民族融合和发展过程中,一些少数民族的语言、文字、习俗不断消失,因此反映少数民族语言文字等的文献资源也应该引起

足够的重视。为此,中国国家图书馆可以联合各地方图书馆,持续地对具有民族特色和地方文化特色的口述资料、照片、音频、视频、实物等进行收集、征集甚至实地采集,主题可以是服饰、建筑、饮食、戏曲、方言、杂技等。以丰富的文化资源为基础,中国国家图书馆就可以建设反映中国戏曲文化、饮食文化、服饰文化等的专题文献资源数据库。这对于丰富"中国记忆",乃至促进中国文化"走出去"具有积极的意义。

中国国家图书馆除巩固和加强传统特色文献资源建设的成果外,还应关注当代人的生活。不断聆听用户的声音,把反映当代中国人生活习惯和精神风貌的信息以各种形式收集并保存下来。通过多维、深度的组织和揭示,并以更生动鲜活的方式展现。与此同时,还需加强不同数据库中特色文献资源的集成化管理,使用户可以从任何一个检索点查找到不同类型、不同载体的相关资源。

四、多途径护航文献资源的长期保存

文献信息资源的保存是国家图书馆资源建设自然演进的必然结果。它涉及立法、组织、标准、技术、经费、人员教育等诸多因素。而且,文献生存能力的非永久性、信息获取需求的持续性、文献信息资源保存的高成本都使国家图书馆不得不考虑其战略问题。

中国国家图书馆文献资源急剧增长,对图书馆库容提出了严峻的考验。而且国家文献资源的保存会面临洪水、地震等自然灾害以及火灾、爆炸、水污染等问题。为了保证文献资源保存的整体性和安全性,建设文献储备库在国家文献资源保障体系的建设中的地位越来越重要。建设储备库的战略性表现在:保障国家图书馆文献信息资源的安全;为国家战略性资源提供高标准的环境控制;形成图书馆界灾害防范、应急响应和灾害恢复的机制和模式。通过国家文献战略储备库对中国国家图书馆馆藏文献进行异地战略保存,可以为国家文献数据安全提供重要防线,从而实现国家文献资源的可长期保存和永久安全。鉴于异地储备库是一种分布式的存储模式,在未来储备库文献资源建设时,还可以借鉴国外图书馆联盟合作贮存仓库的建设思路,从保存环境和资源利用等角度进行全国范围内的规划和布局。与此同时,中国国家图书馆可以与现有的保存条件优越的大学图书馆或公共图书馆合作,将这些图书馆作为异地储备库。此外,还需

要进一步加强风险管理,制定灾害恢复与响应政策,提高防范和应对自然灾害和突发事故的能力。

据英国国家图书馆估计,到 2020 年,全世界 70% 以上的文献将只以电子形式存在或以电子文件及其他形式共同存在[118]。数字保存的基础设施建设,对单一的图书情报机构来说,需要大量的资金投入。单枪匹马、孤军奋战不仅会产生庞大的人力财力消耗,而且可能会造成严重的资源重复,导致事倍功半的后果。当前,全国数字资源保存各自为政,没有建立起国家性的基础设施。国家至今未形成整体性的数字化战略规划。中国科学院文献情报中心研究人员在 2013 年开展的一项调查中显示,有 94.1% 的调查对象表示愿意参与国家数字保存体系建设[119]。中国国家图书馆是全国文献信息资源总库,针对目前数字资源保存各自为政的局面,可以由中国国家图书馆主导国家层面的数字资源保存计划,结合全国各区域的地域特色、经济发展状况、文化产业需求等因素,有选择地与图书馆和情报中心展开合作,建设国家数字资源保存的基础设施,建立基于云计算的全国范围内分级分布的数字资源长期保存中心。

五、广泛开展信息资源建设交流合作

国家图书馆代表一个国家的图书馆事业发展水平,因此要有国际先进的文献资源建设理念,从馆藏内容、技术等方面都要体现前瞻性。中国国家图书馆密切关注国际上信息资源建设的最新动态,把握其所处信息环境的变化,积极响应IFLA、UNESCO 等重要国际组织的政策号召,与各国共同探索文献资源建设的新内容、新技术和新方法。要实现共赢,还要开展同领域以及跨领域的交流,在交流互信的基础上才能达成合作共识,实现协同发展。要保持与其他类型图书馆或文化遗产机构的协调性,既要发挥在全国图书馆事业中具有领导作用,对国内不同地区、不同专业的图书馆信息资源建设起引领作用,也要与国内外档案馆、博物馆等文化遗产机构加强联系,开展文化遗产资源建设的合作。中国国家图书馆还需要不断扩大并推进与出版社、数据库商、搜索引擎的沟通和交流,建立长期的合作伙伴关系,实现互利共赢。

参考文献

［1］ LOR P J. Guidelines for legislation for national library services［R］. Paris：UNESCO，1997：15.

［2］ IFLA. About the national libraries section［EB/OL］.［2018 – 02 – 25］. https://www. ifla. org/about-the-national-libraries-section.

［3］ 曹之. 中国古代图书史［M］. 武汉：武汉大学出版社，2015：266.

［4］ 沈固朝，储荷婷，华薇娜. 信息检索（多媒体）教程［M］. 北京：高等教育出版社，2009：99.

［5］ 柯平. 书目控制发展概述［J］. 图书馆学刊，1984（3）：41 – 44.

［6］ 柯平. 试论以书目情报为基础的书目控制［J］. 图书馆理论与实践，1991（3）：8 – 12，62.

［7］ DUNLAP L W. Bibliographical services，their present state and possibilities of improvement［J］. The Library Quarterly：Information，Community，Policy，1950，21（1）：50 – 51.

［8］ Library and Archives Canada. AMICUS［EB/OL］.［2018 – 05 – 25］. http://www. collections-canada. ca/amicus/index-e. html.

［9］ 丘东江. 国际图联（IFLA）与中国图书馆事业［M］. 北京：华艺出版社，2002：241 – 254.

［10］ UNESCO. Strategic action plan for the implementation of the world heritage convention 2012—2022［EB/OL］.［2018 – 05 – 25］. https://whc. unesco. org/archive/2011/whc11-18ga-11-en. pdf.

［11］ IFLA. Strategic plan 2016—2021［EB/OL］.［2018 – 05 – 25］. https://www. ifla. org/strate-gic-plan.

［12］ 杨伯峻. 论语译注［M］. 北京：中华书局，1980：26.

［13］ 胡应麟等. 经籍会通（外四种）［M］. 王岚，陈晓兰，点校. 北京：北京燕山出版社，1999：115.

［14］ 梁启超. 清代学术概论［M］. 上海：上海古籍出版社，1998：28.

［15］ 欧阳修. 新唐书［M］. 北京：中华书局，1975：1422.

［16］ 薛应旂. 方山先生文录：卷二十二［M］. 刻本. 1554.

［17］ 雅克·巴尔赞. 我们应有的文化［M］. 杭州：浙江大学出版社，2009：70.

［18］ 雅克·巴尔赞. 我们应有的文化［M］. 杭州：浙江大学出版社，2009：3.

［19］ 路德维希·维特根斯坦. 文化与价值［M］. 黄正东，唐少杰，译. 北京：北京大学出版社，2012：8.

［20］ 季羡林. 季羡林谈文化［M］. 北京：人民日报出版社，2011：65 – 68，125.

［21］ UNESCO. Charter on the preservation of the digital heritage［EB/OL］.［2018 – 05 – 25］.

http://portal. unesco. org/en/ev. php-URL_ID = 17721&URL_DO = DO_TOPIC&URL_SEC-
TION = 201. html.

［22］冯惠玲,张辑哲. 档案学概论［M］. 北京:中国人民大学出版社,2001:19.

［23］李圆圆."世界记忆"的理论基础及实践价值［J］. 档案学研究,2011(3):16 – 18.

［24］叶梅. 不断延续有着民族特征的文化记忆［N］. 中国文化报,2016 – 07 – 05(3).

［25］黄凤平. 努力守护民族记忆积极传承民族文化［J］. 档案学研究,2011(4):49 – 53.

［26］于沛. 全球史:民族历史记忆中的全球史［J］. 史学理论研究,2006(1):18 – 31.

［27］中国大百科全书总编辑委员会《图书馆学情报学档案学》编辑委员会,中国大百科全书
出版社编辑部,中国大百科全书:图书馆学情报学档案学［M］. 北京:中国大百科全书出
版社,1993:32.

［28］British Library. The British Library's Strategy 2011 – 2015［EB/OL］.［2018 – 05 – 25］.
https://www. bl. uk/aboutus/stratpolprog/strategy1115/.

［29］任大山. 中外呈缴本制度及思考［J］. 图书馆建设,2007(6):64 – 66.

［30］史海建,钟永恒. 英国法定呈缴制度最新立法及其对我国的启示［J］. 图书馆学研究,
2013(24):48 – 51.

［31］柳英. 英国法定呈缴制度的起源与发展［J］. 国家图书馆学刊,2015(6):42 – 46.

［32］崔彤. 图书呈缴制度及其在我国的实施［J］. 北京图书馆馆刊,1993(Z2):86 – 93.

［33］缪园. 日本呈缴本制度的新动向［J］. 国家图书馆学刊,2001(3):76 – 78.

［34］National Diet Library. National Diet Library Law［EB/OL］.［2018 – 05 – 25］. http://www.
ndl. go. jp/en/aboutus/laws. html.

［35］Government of Canada. Library and Archives of Canada Act(S. C. 2004, c. 11)［EB/OL］.
［2018 – 05 – 25］. http://laws-lois. justice. gc. ca/eng/acts/L-7. 7/page-1. html#h-5.

［36］Government of Canada. Legal Deposit of Publications Regulations(SOR/2006-337)［EB/
OL］.［2018 – 05 – 25］. http://laws-lois. justice. gc. ca/eng/regulations/SOR-2006-337/in-
dex. html.

［37］Legislation of UK. Copyright Act 1911［EB/OL］.［2018 – 05 – 25］. http://www. legislation.
gov. uk/ukpga/Geo5/1-2/46/enacted.

［38］Legislation of UK. British Library Act 1972［EB/OL］.［2018 – 05 – 25］. http://www. legisla-
tion. gov. uk/ukpga/1972/54/contents.

［39］Legislation of UK. Legal Deposit Libraries Act 2003［EB/OL］.［2018 – 05 – 25］. http://
www. legislation. gov. uk/ukpga/2003/28/contents.

[40] United States Copyright Office. Copyright Act of 1790[EB/OL]. [2018 – 05 – 25]. www. copy-right. gov/history/1790act. pdf.

[41] Parliament of the Republic of South Africa. Legal Deposit Act[EB/OL]. [2018 – 05 – 25]. www. nlsa. ac. za/downloads/LEGAL DEPOSIT ACT. pdf.

[42] British Library. The Legal Deposit Libraries (Non-Print Works) Regulations 2013[EB/OL]. [2018 – 05 – 25]. http://www. legislation. gov. uk/uksi/2013/777/contents/made.

[43] 陈瑜. 日本国立国会图书馆网络信息资源采集保存项目介绍研究[J]. 图书馆杂志,2014 (3):91 – 94.

[44] 黄红华. 加拿大数字资源法定呈缴研究[J]. 图书馆理论与实践,2015(7):5 – 9.

[45] 张绚. 英国数字呈缴制度研究及其启示[J]. 图书馆建设,2013(7):53 – 56.

[46] 国家图书馆研究院. 不同国家网络电子出版物的管理[EB/OL]. [2018 – 05 – 25]. ht-tp://www. nlc. gov. cn/newtsgj/gtqk/tyck/2004nzml/35/.

[47] 翟建雄. 欧洲六国网络资源采集和缴存立法评析[J]. 新世纪图书馆,2011(12):17 – 21.

[48] 黄红华. 荷兰数字资源协议呈缴机制现状与思考[J]. 山东图书馆学刊,2015(1):105 – 115.

[49] 国务院法制办公室. 中华人民共和国法规汇编 1953—1955[M]. 北京:中国法制出版社, 2005:416.

[50] 中华人民共和国教育部. 中华人民共和国学位条例暂行实施办法[EB/OL]. [2018 – 05 – 25]. http://www. moe. edu. cn/s78/A02/zfs__left/s5911/moe_620/tnull_3133. html? authkey = s9pxn3.

[51] 十二届全国人民代表大会常务委员会. 中华人民共和国公共图书馆法[EB/OL]. [2018 – 05 – 25]. http://www. npc. gov. cn/npc/xinwen/2017-11/04/content_2031427. htm.

[52] 新闻出版总署出版管理司、国书音像电子出版物管理手册[M]. 北京:中国法制出版社, 2013:593 – 594.

[53] 新闻出版总署. 电子出版物出版管理规定(1997 年 12 月 30 日)[EB/OL]. [2016 – 05 – 20]. http://zzq. lawtime. cn/zzlawxglaw/2011102788397. html.

[54] 新闻出版总署. 电子出版物出版管理规定[EB/OL]. [2016 – 05 – 20]. http://www. gov. cn/gongbao/content/2009/content 1388688. htm.

[55] 何文波. 德国国家图书馆 2013—2016 年文献采访优先战略[J]. 图书馆建设,2015(8):44 – 54.

[56] Library of Congress. 2016—2020 Library of Congress Strategic Plan[EB/OL]. [2018 – 05 – 25]. http://www. loc. gov/portals/static/about/documents/library_congress_stratplan_2016-2020. pdf.

［57］ Library of Congress. Library of Congress Strategic Plan 2011—2016［EB/OL］.［2018 – 07 – 26］. http：//lcweb2. loc. gov/master/libn/about/documents/strategicplan2011-2016. pdf.

［58］ Library of Congress. Collections policy statements and overviews［EB/OL］.［2018 – 05 – 25］. https：//www. loc. gov /acq/devpol/.

［59］ 齐东峰,曹迁. 国家图书馆电子资源建设的现状分析与思考［J］.公共图书馆,2013(1):40 – 46.

［60］ 何文波.德国国家图书馆对流亡文献的获取与利用［J］.国家图书馆学刊,2015(1):88 – 93.

［61］ Russian State Library. Military literature collection［EB/OL］.［2018 – 05 – 20］. http：//www. rsl. ru/en/s2/d59/.

［62］ 丘东江.国际图联(IFLA)与中国图书馆事业［M］.北京:华艺出版社,2002:241 – 254.

［63］ National Library of New Zealand. Preservation policy［EB/OL］.［2018 – 05 – 25］. http：// natlib. govt. nz/about-us/strategy-and-policy/preservation-policy.

［64］ National Library of Australia. Preservation policy［EB/OL］.［2018 – 05 – 25］. https：//www. nla. gov. au/policy-and-planning/preservation-policy.

［65］ National Library of Australia. Guidelines for the discard and retention of library material［EB/OL］.［2018 – 05 – 25］. http：//www. nla. gov. au/policy-and-planning/discard-retention-library-material.

［66］ 全勤. 蓝天下四本巨大的书——访问法国国家图书馆［J］.新世纪图书馆,2012(1):83 – 86.

［67］ British Library. Endangered archives［EB/OL］.［2018 – 05 – 25］. http：//eap. bl. uk/.

［68］ 中国国家图书馆. 中华古籍保护计划［EB/OL］.［2018 – 05 – 25］. http：//www. nlc. cn/pcab/bhjh/jj/.

［69］ 国家图书馆出版社.中华再造善本数据库上线试用［EB/OL］.［2018 – 05 – 25］. http：//www. nlcpress. com/NewsView. aspx? IId = 80.

［70］ 中国国家图书馆.民国时期文献酸化检测及国内外脱酸技术调研项目［EB/OL］.［2016 – 05 – 20］. http：//mgwxbh. nlc. gov. cn/bhjh/mgwxbhjh/.

［71］ 中国国家图书馆.民国时期文献脱酸研究与脱酸设备研制项目［EB/OL］.［2016 – 05 – 20］. http：//mgwxbh. nlc. gov. cn/bhyj/ysxbh/201512/t20151223_201931. html.

［72］ 中国国家图书馆. 全国图书馆文献缩微复制中心［EB/OL］.［2018 – 05 – 25］. http：//www. nlc. gov. cn/newswzx/newswzxcgzs/index. htm.

［73］ 国家图书馆古籍修复中心［EB/OL］.［2018 – 08 – 10］. http：//www. nlc. cn/pcab/gjxf/gjxf_xfzx/201412/t20141203_93372. htm

［74］ National Library of Australia. Collection digitisation policy［EB/OL］.［2018 – 05 – 25］.

https://www.nla.gov.au/policy-and-planning/collection-digitisation-policy.

[75] 国立国会图书馆.「私たちの使命・目標 2012—2016」及び「戦略的目標」[EB/OL]. [2018 – 05 – 25]. http://www.ndl.go.jp/jp/aboutus/mission2012.html.

[76] 袁玉红.国家图书馆石刻拓片的数字化[J].图书馆理论与实践,2014(5):17 – 18.

[77] British Library. Strategic Priorities for digital preservation 2013—2016 [EB/OL]. [2018 – 05 – 25]. http://www.bl.uk/aboutus/stratpolprog/collectioncare/digitalpreservation/strate-gy/BL_DigitalPreservationStrategy_2013-16-external.pdf.

[78] National Library of Australia. Digital preservation policy 4th edition(2013)[EB/OL].[2018 – 05 – 25]. https://www.nla.gov.au/policy-and-planning/digital-preservation-policy.

[79] The Royal Library. Policy for long term preservation of digital materials at the Royal Library. [EB/OL][2018 – 05 – 25]. http://www.kb.dk/export/sites/kb_dk/da/kb/downloadfiler/DigitalPreservationPolicy-KB-DK-2014.pdf.

[80] 王聪聪.新西兰国家图书馆和档案馆联合数字保存战略及启示[J].图书馆学研究,2014(15):97 – 101.

[81] 宁三香.传统缩微与数字文档技术差异分析[J].农业图书情报学刊,2016,28(2):103 – 105.

[82] 季士妍.国家图书馆数字资源长期保存数字迁移实践[J].数字图书馆论坛,2015(2):21 – 28.

[83] 陈力,郝守真,王志庚.网络信息资源的采集与保存[J].国家图书馆学刊,2004(1):2 – 6.

[84] 刘青,孔凡莲.中国网络信息存档及其与国外的比较——基于国家图书馆 WICP 项目的研究[J].图书情报工作,2013,18:80 – 86,93.

[85] 马宁宁,曲云鹏.中外网络资源采集信息服务方式研究与建议[J].图书情报工作,2014,10:85 – 89,116.

[86] 刘青,孔凡莲.中国网络信息存档及其与国外的比较——基于国家图书馆 WICP 项目的研究[J].图书情报工作,2013(18):80 – 86,93.

[87] Naoko Kobayashi. Toward sustainable environmental control:temperature and humidity control at the National Diet Library of Japan[EB/OL]. [2016 – 05 – 20]. http://www.ndl.go.jp/en/publication/ndl_newsletter/197/976.html.

[88] National Diet Library of Japan. Countermeasures against pest and mold damage based on IPM by the NDL[EB/OL]. [2018 – 05 – 25]. http://warp.da.ndl.go.jp/info:ndljp/pid/8929227/www.ndl.go.jp/en/cdnlao/newsletter/068/681.html.

［89］ MCLLWAINE J. IFLA Disaster preparedness and planning［EB/OL］．［2018 – 05 – 25］．http：//www. ifla. org/files/assets/pac/ipi/ipi6-en. pdf.

［90］ Library of Congress. Risk management［EB/OL］．［2018 – 05 – 25］．http：//www. loc. gov/preservation/emergprep/insurancemain. html.

［91］ American Institute for Conservation of Historic and Artistic Works. Risk evaluation and planning program［EB/OL］．［2018 – 05 – 25］．http：//www. conservation-us. org/emergencies/risk-evaluation-and-planning-program.

［92］ National Library of Australia. Collection disaster plan［EB/OL］．［2018 – 05 – 25］．https：//www. nla. gov. au/policy-and-planning/collection-disaster-plan.

［93］ National Diet Library. The 22nd forum on preservation［EB/OL］．［2015 – 05 – 18］．http：//www. ndl. go. jp/en/iflapac/forum_preserve_22. html.

［94］ 孙伯阳,张红霞.挪威国家文献战略储备库建设［J］.图书馆,2013(3):61 – 68.

［95］ 介凤,詹华清,赵伯兴. 美国储存图书馆体系发展过程研究及启示［J］.图书情报工作,2011(1):89 – 92.

［96］ 于成杰,张军亮. 俄罗斯国家图书馆的发展规划研究——基于《2013—2018 年俄罗斯国家图书馆发展规划》［J］.图书与情报,2015(4):83 – 89.

［97］ 中国国家图书馆,等. 全国图书馆界共同开展记忆资源抢救与建设倡议书［EB/OL］.［2018 – 05 – 25］. http：//www. nlc. cn/cmptest/tjztwz/201512/t20151231_111924. htm.

［98］ 中国国家图书馆. 国际组织与外国政府出版物网络资源整合服务平台介绍［EB/OL］.［2018 – 05 – 25］. http：//www. nlc. cn/gjzzywgzfcbw/ptjs/.

［99］ 马海群. 发达国家图书档案事业结盟与合作战略规划综述［J］. 中国图书馆学报,2012(4):21 – 28.

［100］ IFLA PAC Regional Center for Asia. Cooperation for salvaging damaged materials［EB/OL］.［2015 – 05 – 20］. www. ndl. go. jp/en/iflapac/pdf/pac201208disaster. pdf.

［101］ 中国国家图书馆. 国家图书馆关于组织申报 2016 年民国时期文献整理出版项目的函［EB/OL］.［2018 – 05 – 25］. http：//www. nlc. gov. cn/dsb_zx/zxgg/201601/t20160115_112917. htm.

［102］ 中国消防在线. 吴学华首创公安消防影像文化工程获国家收藏［EB/OL］.［2018 – 05 – 25］. http：//119. china. com. cn/jdxw/txt/2014-11/07/content_7353913. htm.

［103］ 李洋. 国家图书馆开通"中华寻根网",上网可查家谱"寻根问祖"［EB/OL］.［2018 – 07 – 28］. http：//www. zjwh. gov. cn/dtxx/2011-03-07/97849. htm.

[104] 潘菊英,刘可静.国外数字资源长期保存和长效利用研究进展[J].图书馆,2011(5):72 - 76.

[105] 中国国家图书馆.2015 年国图年鉴[EB/OL].[2018 - 05 - 25].http://www.nlc.cn/dsb_footer/gygt/ndbg/nj2015/.

[106] 国家图书馆《中国图书馆分类法》编辑委员会.分类法研究与修订调研报告[M].北京:北京图书馆出版社,2007:1 - 10.

[107] 俞君立,陈树年.文献分类学[M].武汉:武汉大学出版社,2001:114 - 192.

[108] 王松林.资源组织(修订本)[M].北京:国家图书馆出版社,2013:162 - 165.

[109] 国家图书馆《中国图书馆分类法》编辑委员会.《中国分类主题词表》(第二版)及其电子版手册[M].北京:北京图书馆出版社,2006:33 - 35.

[110] 胡小菁,李恺.MARC 四十年的发展及其未来[J].中国图书馆学报,2010,36(2):83 - 89.

[111] 叶忆文.全国图书馆联合编目中心服务体系的建设和发展思考[J].四川图书馆学报,2013(2):37 - 40.

[112] National Diet Library. The 22nd forum on preservation[EB/OL].[2015 - 05 - 18].http://www.ndl.go.jp/en/iflapac/forum_preserve_22.html.

[113] ISO. Information and documentation—international library Statistics. In:ISO 2789:2003(E)[S].2003:35 - 43.

[114] 李丹.论出版物样本缴送中的重印书问题[J].国家图书馆学刊,2011(4):9 - 13,50.

[115] 雷亮.论法定缴送中的最优版本问题[J].国家图书馆学刊,2011(4):14 - 17.

[116] 裴成发,温芳芳.国外图书馆联盟信息资源建设制度研究进展(2005—2014)[J].图书情报工作,2015,59(15):122 - 132.

[117] 温芳芳.国外图书馆联盟信息资源建设制度研究[D].太原:山西大学:2016:6 - 7.

[118] 华东杰.英国图书馆数字保存战略研究[J].图书馆学研究,2013(19):97 - 101.

[119] 赵艳,尹高磊,张晓林.国家保存体系视角下的数字资源长期保存需求调查与研究[J].图书情报工作,2014,58(8):30 - 35.

（执笔人:黄如花　温芳芳）

第三章　国家图书馆与国家立法决策

本章所述国家图书馆主要指"国会图书馆兼作国家图书馆"的国家图书馆类型,包括美国国会图书馆、日本国立国会图书馆及具有立法决策服务职能的中国国家图书馆。同时,根据"国家图书馆与国家立法决策"内容的需求,本章还将具有国家性质的、专门为议会立法和决策服务的英国议会图书馆纳入讨论范围。

第一节　国家图书馆在国家立法决策中的角色

国家图书馆为国家立法和政府决策提供文献信息支撑服务,是兼作国会图书馆的国家图书馆、公共性的中央图书馆等类型国家图书馆的重要职能之一。国家图书馆在国家立法决策中发挥的职能和使命在其相关的法律条款规定、国家图书馆职责定位以及该类型国家图书馆的重大发展战略和规划中均有重要体现。

一、世界代表性国家图书馆服务国家立法决策的相关规定

1. 法律规定

美国国会图书馆、日本国立国会图书馆是国会图书馆兼作国家图书馆的代表性国家图书馆。他们为国会立法和政府决策的服务职能在美国《国会图书馆法》和日本《国立国会图书馆法》中均有明确规定。

美国《国会图书馆法》对国会图书馆服务于国会立法和联邦政府决策做出的规定主要体现在对国会研究服务部和法律图书馆的规定上。在第 166 条中明确国会研究服务部的法律定位是"国会图书馆的一个独立部门",具有最大限度的"独立行政权",其服务是客观独立的、"无党派偏见的"。国会研究服务部主要职能有三点:为国会提供最实际和最有效的服务;最迅速、最实际、最有效地满足国会的特殊需求;履行为国会服务的职责。具体的如"应需为参议院和众议院各

委员会、两院联合委员会立法提议的分析、评估和评价提供建议和帮助,或者通过总统或任何行政机构向国会提交议案,以便帮助委员会确定相关立法提案的可行性等"。对法律图书馆的规定则非常明确规定为"法律图书馆应当在国会参议院和众议院开会期间每天开放(第 138 条)"。

日本《国立国会图书馆法》对于国会图书馆和支部图书馆的人事任命、预算、机构设置、服务等做了明确规定。其中对于专司为国会服务的"调查及立法考查局"的职责规定如下[1]:

(1)根据要求,分析或评价两院委员会处于未决状态的法案或内阁送往国会的案件,辅佐两院委员会提出有效建议,并提供依据,促进其做出妥当决定。

(2)根据要求或者主动预测可能的要求,进行立法资料及其他相关资料的收集、分类、分析、翻译、索引和摘要制作、编辑、报告等,在资料的选择和提交过程中,不应存在党派或官僚式偏见,而应提供对两院、委员会以及议员有帮助的客观资料。

(3)在立法准备阶段,辅佐两院、委员会以及议员,提供起草议案的服务。但该服务仅限于在委员会或议员提出要求的情况下,如果没有提出要求,调查及立法考查局职员不得以任何立场自发进行立法提议和督促。

(4)在不影响为两院、委员会以及议员服务的前提下,向行政、司法各部门以及一般公众提供所收集的资料,供其使用。

除了美国《国会图书馆法》和日本《国立国会图书馆法》外,澳大利亚《国家图书馆法》中也有类似条款规定,如其在国家图书馆的职责中做出规定,国家图书馆代表联邦行使职责,除了提供适合的图书馆相关服务及图书馆资料,同时还应特别为国会图书馆、联邦各部及各机关、各领地和政府各专门机构提供服务[2]。

《中华人民共和国公共图书馆法》[3](2017 年 11 月 4 日第十二届全国人民代表大会常务委员会第三十次会议通过,以下简称"《公共图书馆法》")第二十二条规定:"国家设立国家图书馆,主要承担国家文献信息战略保存、国家书目和联合目录编制、为国家立法和决策服务、组织全国古籍保护、开展图书馆发展研究和国际交流、为其他图书馆提供业务指导和技术支持等职能。国家图书馆同时具有本法规定的公共图书馆的功能"。中国国家图书馆为国家立法和决策服务的职能,在国家立法层面等得到制度化的明确规定。

2. 发展规划及相关规定

美国国会图书馆不仅仅依法行使其为国会立法和政府决策的职责,而且还将其职责通过制定中长期战略发展规划予以具体实施。

美国国会图书馆 2016—2020 年战略发展规划[4]明确指出,"国会图书馆的核心使命是为国会、联邦政府和美国人民提供丰富多彩且持久的知识资源"。在其阐述七项核心职能中,第一职能即是"为国会和读者提供独一无二的参考咨询服务,无论这些读者是以到馆还是通过互联网,或者其他通讯方式利用国会图书馆"。规划将 2016—2020 年的国会图书馆五年战略发展规划分为 7 个方面,其中第一个方面即是"服务"。规划阐明,国会图书馆的服务首先且首要的是为国会提供权威、真实可信、无党派的研究、分析和相关信息,其次是联邦政府,第三位是美国人民。

中国国家图书馆主要承担国家古籍保护中心、国家典籍博物馆、国家文献信息资源总库(国家总书库)、国家书目中心、全国图书馆信息网络中心和全国图书馆发展研究中心的职责。在其具体十五项职责中,第五项职责明确规定:为国家立法、政府决策提供文献信息保障。第十一项规定,国家图书馆承担着为国家制定图书馆事业发展政策提供建议的职责。

二、国家图书馆立法决策服务的界定

国家图书馆立法决策服务涉及对立法和决策的理解与认识。"立法",是具有特定立法权的主体依据一定职权和程序,运用一定技术,制定、认可和变动法这种特定的社会规范的活动。立法的内涵包括:它是由特定的国家机关亦即立法主体以国家政权的名义,依据一定职权和一定程序,运用一定技术进行的活动;是直接产生法和变动法的活动,也是一项包括制定法、认可法、修改法、补充法和废止法等一系列活动的系统工程[5]。

"决策"的定义很多,通常是指某一主体(机构、组织或人)对未来目标所做的分析判断和抉择过程,具有超前性、目标性、选择性、过程性和科学性的基本特征[6]。对于决策的分类因标准不同而区分出多种类型,如国家决策与地方决策,战略决策与战术决策,政府决策与企业决策等。

综合上述定义,本章所谈国家图书馆立法决策服务即指由国家图书馆作为服务主体,面向国家立法机构的立法过程和政府机构的政策制定过程所提供的综合性文献信息服务。它是图书馆参考咨询服务工作的一种类型,其以文献信息资源为基础,以立法和政府机构需求为目标,通过参考咨询馆员系统梳理、组织,形成不同类型服务产品,从而完成为国家立法和政府决策的服务工作。

第二节　国家图书馆为国家立法决策服务实例解析

美国国会图书馆、日本国立国会图书馆是承担为国家立法和政府决策职能的最有代表性的国家图书馆。从立法决策服务机构设置,到高质量的立法决策服务,及至开展立法决策服务的法律制度保障等,都具有实际借鉴意义。英国上下两院图书馆不仅为议会立法和决策过程提供服务支持,更重要的是其在服务定位、工作机制、服务产品,以及管理模式等方面,都在世界范围的议会图书馆和信息服务机构中具有起源性的意义,影响深远。

一、美国国会图书馆

1. 美国国会图书馆的立法决策服务机构

美国国会图书馆成立于 1800 年,是世界上最大的图书馆,兼具国家图书馆和国会图书馆的双重职责。其服务既包括为美国国会立法工作,也包括为联邦政府政策制定提供文献信息支撑服务。美国国会图书馆下设国会研究服务部(Congressional Research Service,简称 CRS)、美国版权办公室(United States Copyright Office,简称 USCO)、馆长办公室(Office of the Librarian)、法律图书馆(Law Library)、图书馆服务部(Library Services)、国内外业务拓展部(National and International Outreach)和运作支持部(Office of Support Operations)[7]等部门。其中,国会研究服务部、法律图书馆和图书馆服务部下设的联邦研究部(Federal Research Division)是承担为国会立法和联邦政府决策服务的主要机构。

(1)国会研究服务部

国会研究服务部成立于 1914 年,截止到 2017 年底,下设 6 个管理部门、1 个支撑部门和 5 个研究部门。管理部门包括常务主任办公室(Office of Deputy

Director)、国会信息出版办公室(Congressional Information and Publishing)、主任顾问办公室(Counselor to the Director)、财务管理办公室(Finances and Administration)、信息管理与技术办公室(Information Management and Technology)、人力资源管理和技术办公室(Workforce Management and Technology);研究支撑部门为知识服务组(Knowledge Services Group);研究部门分别是美国法律部(American Law)、国内社会政策部(Domestic Social Policy)、外交、国防和贸易部(Foreign Affairs,Defense & Trade)、政府和财政部(Government and Finance)以及资源、科学和产业部(Resources,Science and Industry)[8]。

国会研究服务部的服务对象包括国会议员、国会各专业委员会和国会工作人员,主要职责是在国会立法过程中,提供"全面可信的分析、研究和服务",并"体现及时、客观、无党派和保密性的特点"[9]。据2016年9月30日数据,国会研究服务部员工总数为575人[10]。

(2)法律图书馆

法律图书馆于1832年7月14日经杰克逊总统签署法案正式成立,经过180余年的发展,馆藏已达2 920 000件[11],是世界上最大的法律图书馆。法律图书馆下设行政管理办公室(Operations)、全球法律典藏部(Global Legal Collection)、全球法律研究部(Global Legal Research)、立法与对外交流办公室(Legislative and External Relations)4个部门。法律图书馆成立之初,主要服务美国国会和最高法院,随着业务的发展,法律图书馆的服务对象逐渐扩展到联邦政府机构、全球法律机构和社会公众。其研究和服务范围涵盖了美国法、外国法、比较法和国际法等领域,据2016年9月30日数据,员工总数为81人[12]。

2.美国国会图书馆的立法决策服务

(1)国会研究服务部

国会研究服务部在其服务宗旨中指出,国会研究服务部为国会立法提供丰富、可靠的立法研究和分析。国会研究服务部的服务是及时的、独立客观的、权威的并且是保密的。

国会研究服务部的服务体现在国会立法和决策工作的全过程,其服务形式包括撰写政策研究报告,订制备忘录、编辑简报和提供咨询,召开专家讨论会,为国会论证提供支持,个性化咨询解答以及专题培训等。2015年国会研究服务部解答国会咨询 597 000 件,国会用户直接访问其主页 2 274 272 次[13],并且实现 100% 为国会议员和委员会的服务①;2016 年国会研究服务部解答国会咨询总量为 563 000 件,国会用户直接访问其主页为 1 742 258 次[14];2017 年国会研究部解答国会咨询总量为 563 000 件,国会用户访问 CRS 主页为 1 599 500 次[15]。2015 至 2017 年,三年平均每年解答国会咨询 574 333 件,国会用户访问 CRS 主页年平均为 1 872 010 次。

从 2015—2017 年国会研究服务部财年年度报告看,国会研究服务部的服务具有内容紧密贴近现实需求、产品形式多样、服务方式兼具传统与现代信息技术应用相结合的特点。我们仅以 2016 年财年报告为例,它通过年度主要议题,外交关系,国防和贸易,国内社会政策,政府与经济,资源、产业与环境,法律与正义等方面的上百个专题,全方位为国会议员和各委员会提供服务。

(2)法律图书馆的服务

美国国会图书馆的法律图书馆既为国会服务,也为联邦政府、司法机构、美国律师、国内外公职人员和社会公众提供服务。从 2016 年法律图书馆财年服务统计看,法律图书馆总计完成 30 861 件咨询,其中到馆咨询 23 006 件,信函咨询 320 件,电话咨询 4304 件,电子邮件咨询 3231 件。为国会和联邦政府机构及社会公众提供研究报告 751 份,法律文献阅览流通量为 23 416 件。另外,法律图书馆通过新技术手段和社交媒体方式推广其法律服务,其中推特访问量 56 254 人次,Congress. gov(法律信息网站)访问量 32 039 人次,Facebook 访问 33 578 人次,用户浏览全球法律网(Global Legal Monitor)551 705 次,浏览法律在线(Guide to Law Online)650 871 次[16]。

3. 美国《国会图书馆法》有关立法决策服务的相关条款[17]

美国国会图书馆在国家立法和决策过程中所发挥的作用和取得的成果为美国国会和联邦机构高度认可。究其原因首先是其具有独一无二的馆藏资源,其次是强有力的法律支撑。这一点我们可以从美国《国会图书馆法》的多项条款规定中非常清楚地看到。

---

① 根据国会研究部 2015 年财年年报的说明,国会研究服务部在 2015 年实现了对国会所有议员和委员会年均 1 次的服务。——笔者

（1）关于基础业务工作的规定

为保障对国会立法和决策过程中的各项服务工作，《国会图书馆法》明确规定，收藏在国会图书馆的《法令汇编》（*Statutes at Large*）不仅要由国会图书馆馆长负责保管 10 套，且要在最高法院法官开庭期间提供使用（第 144 条）。

在第 145 条、145a 款和第 146 条中，则对国会议事录和文件复本、委员会听证记录以及参议院和众议院议事录的收藏一一做出规定。这些规定具体细致到收藏的数量、使用人员的范围。

《国会图书馆法》对国会图书馆负责编纂各州立法索引和摘要也做出了规定。"国会图书馆馆长有权对美国各州立法每两年编纂一部索引，并附该时期重要立法摘要"（第 164 条），该索引和摘要"只能由官方发布、印刷和装订"，有固定的年度财政拨款 30 000 美元保证相关编制工作的开展。

对于服务国会立法过程的"立法信息检索系统"（Legislative Information Retrieval System），《国会图书馆法》则明确规定了建设该系统的目的、立法信息的定义，立法信息检索系统的开发、建设计划，以及公众获取立法信息系统的渠道等。

特别值得注意的是，在《国会图书馆法》的条款中，对于编写众议院历史（包括口述史）也做了相应的规定（第 183 条和 183a 款），要求"国会图书馆馆长应当咨询、委托，或吸引知名历史学家、众议院现任和前任议员参加"，以保证众议院历史撰写的客观性。

（2）关于法律图书馆的规定

《国会图书馆法》在第 134 条、135 条、137 条和 138 条中，专门对法律图书馆的开支、文献采购、开放时间以及使用等做出规定。"法律图书馆的杂项开支应当从国会图书馆拨款中列支"（第 134 条），"国会图书馆馆长应当在最高法院首席大法官的指导下，并按照其提供的目录为法律图书馆购买图书"（第 135 条），"最高法院法官可以自由使用法律图书馆，并且有权为在开庭期间使用法律图书馆制定规则，但不得与法律相抵触。且这些规则不能限制任何人从国会图书馆和法律图书馆借书，也不能限制任何人使用国会图书馆的权限"（第 137 条），"法律图书馆应当在国会参议院和众议院开会期间每天开放"（第 138 条）。

(3)关于国会研究服务部的规定

《国会图书馆法》有关国会研究服务部的规定主要集中在第166条。内容包括:国会研究服务部的命名,国会研究服务部的职能,国会研究服务部主任、副主任人选的任命,国会研究服务部的职责,国会研究服务部主任的职权,国会研究服务部的预算和拨款。

在该条中,首先明确国会研究服务部的法律定位是"国会图书馆的一个独立部门",具有最大限度的"独立行政权",其服务是独立的、"无党派偏见的"。

该条最核心的内容是有关国会研究服务部职能、职责,以及为确保这些职能和职责的履行,在专业研究力量的配备方面所做出的规定。

国会研究服务部主要职能有三点:为国会提供最实际和最有效的服务;最迅速、最实际、最有效地满足国会的特殊需求;履行为国会服务的职责。

具体职责主要规定如下:

①应需为参议院和众议院各委员会、两院联合委员会立法提议的分析、评估和评价提供建议和帮助,或者通过总统或任何行政机构向国会提交议案,以便帮助委员会——

a.确定相关立法提案的可行性;

b.评估相关立法提案及其选择方案可能产生的结果;

c.评价实现提案的不同方式;

以及,为上述目的提供委员会认为适当的其他研究和分析服务,另外,对立法提案和一般提议的正确评估和分析提供基本的帮助,并且,在履行上述职责时应经委员会的授权作为该委员会的代理人,满足美国政府各部和机构关于图书、档案、信函、备忘录、论文和文献的需求,同时,在履行上述职责以及其他相关职责时,国会研究服务部应当与相关委员会保持联系。

②在新一届国会履职初始,向参议院和众议院各委员会以及两院联合委员会提供一份在该委员会职权范围内的、依照现行法律的、计划在本届国会任期内完成的项目和活动列表。

③在新一届国会履职初始,向参议院和众议院各委员会以及两院联合委员会提供一份该委员会可能擅长深入分析的热点问题和政策领域的目录。

④根据需求,或是对需求的预测,以研究、报告、汇编、摘要、简报、索引、译文

及相关立法数据制作等形式,主动进行相关问题的收集、分类和分析等,并且将可用资料提供给参议院和众议院各委员会和两院联合委员会及其议员。

⑤根据需求,或是对需求的预测,主动向参议院和众议院各委员会和两院联合委员会及其议员准备和提供信息、研究、参考资料和服务,以帮助他们履行立法和代议职能。

⑥编制参议院或众议院提出的法律草案和普通公共性质决议的汇编和摘要。

⑦根据国会各委员会或议员的要求,准备并向有关委员会或议员提交国会各委员会已公告的听证会所涉及的一项或多项立法议案的简明备忘录,该备忘录应包含每一项立法议案的目的和影响的说明,国会之前提出的有类似目的和影响的其他立法议案,以及到目前为止,由国会或在国会范围内实施的其他相关立法议案。

⑧培养和保持高级专家、(一般)专家、其他雇员以及顾问的情报研究能力,以履行本款所规定的职责。

关于专家配备这一点,《国会图书馆法》明确规定"国会图书馆馆长有权在以下领域,根据国会研究服务部主任的提名,任命高级专家和(一般)专家:农业,美国政府与行政管理,美国公法,环境保护,教育,工程与公共事务,住房,产业组织与公司财务,国际事务,国际贸易与经济地理,劳动与就业,矿业经济学,货币与银行,国防,价格经济学,自然科学,社会福利,财税政策,科技,运输与交通,城市事务,退伍军人事务,以及国会研究服务部主任认为其他需要研究的领域。上述高级专家和专家,以及国会研究服务部所需的其他雇员,都应当为参议院和众议院各委员会和两院联合委员会及其议员,开展本条第(d)款规定的各项专门工作"。

二、日本国立国会图书馆①

1. 日本国立国会图书馆的立法决策服务机构

建于 1948 年的日本国立国会图书馆隶属日本国会,受两院议长领导,日常

---

① 该部分所引用日文文献,均参考并转引自张曙光、陈颖艳所著的《日本国立国会图书馆立法决策服务调研报告》第 108 页至 140 页的相关部分,相关数据及内容补充由陈颖艳更新到 2017 年。——笔者

业务受两院议院运营委员会管辖,是日本唯一的国立图书馆,也是日本最大的图书馆。日本国立国会图书馆的立法决策服务机构主要由为国会立法和为行政司法服务的两个部分构成。

(1)为国会立法服务的机构设置情况

根据日本《国立国会图书馆法》规定,日本国会的立法服务保障工作主要由国立国会图书馆的调查及立法考查局和两院法制局以及各常设委员会的调查室三大辅助机构共同构成。调查室和法制局主要围绕国会正在制定的具体法律开展工作,而国立国会图书馆调查及立法考查局主要从事立法的基础性调查。它既要对议员和内阁提出的具体法案提供资料和意见,又要通过各种渠道,对各方面的立法资料广为搜集并进行分类、分析、翻译、索引、摘录、编集,为国会立法活动提供参考。

截至 2017 年 3 月底,调查及立法考查局全职人员 183 人,其中专门调查员 14 人,共设有 12 个调查室、14 个课、2 个课内室及国会分馆[1],室和课共同受调查及立法考查局领导,除国会分馆直接受调查及立法考查局领导之外,各室对对应的各课也有业务指导和下达任务的权利和义务。在《国立国会图书馆组织规则》中明确对这种关系做了规定。

调查及立法考查局机构设置具体情况,参见表 3 - 1 日本国立国会图书馆调查及立法考查局机构设置一览表[18]。

表 3 - 1　日本国立国会图书馆调查及立法考查局机构设置一览表

调查室	课
综合调查室	调查企划课—合作协力室
	国会咨询课

① 2012 年 4 月 6 日修订的《国立国会图书馆组织规则》将国会分馆作为第 15 个课,但不少资料表述为 14 个课及国会分馆,考虑其特殊性,现将国会分馆做单独处理。2011 年 4 月,调查及立法考查局废除原有的电子信息服务课,新设合作协力课,后将合作协力课改为调查企划课的课内室(合作协力室),将原政治议会课的课内室宪法室升格为宪法课。转引自:张曙光,陈颖艳.日本国立国会图书馆立法决策服务调研报告[R]//图书馆立法决策服务工作调研报告.北京:国家图书馆出版社,2014:109.

续表

调查室	课
议会官厅资料调查室	议会官厅资料课
政治议会调查室	政治议会课
	宪法课
行政法务调查室	行政法务课
外交防卫调查室	外交防卫课
财政金融调查室	财政金融课
经济产业调查室	经济产业课
农林环境调查室	农林环境课
国土交通调查室	国土交通课
文教科学技术调查室	文教科学技术课—科学技术室
社会劳动调查室	社会劳动课
海外立法情报调查室	海外立法情报课
	国会分馆

（2）为行政司法机构服务的机构设置情况

为行政司法机构的决策制定过程提供服务，主要以在行政和司法机构设置支部图书馆的形式来实现。

1948 年日本国立国会图书馆在行政、司法机构创建支部图书馆。支部图书馆创建伊始旨在建立以国立国会图书馆为核心的政府部门图书馆间的大协作组织，从而实现"对政府所有部门提供基于文献的调查及咨询服务"。截止到 2017 年 3 月，支部图书馆已由初建的 18 个馆发展为 27 个[19]。其中在政府行政机构设立支部图书馆 26 个（具体参见表 3 - 2 日本国立国会图书馆支部图书馆一览表[20]），另外国立国会图书馆还在最高法院设立支部图书馆 1 个。

表 3 - 2 日本国立国会图书馆支部图书馆一览表

支部图书馆	行政及司法机构
国立国会图书馆支部审计院图书馆	审计院
国立国会图书馆支部人事院图书馆	人事院
国立国会图书馆支部内阁法制局图书馆	内阁法制局

续表

支部图书馆	行政及司法机构
国立国会图书馆支部内阁府图书馆	内阁府
国立国会图书馆支部日本学术会议图书馆	内阁府
国立国会图书馆支部宫内厅图书馆	宫内厅
国立国会图书馆支部公正取引委员会图书馆	公正取引委员会
国立国会图书馆支部警察厅图书馆	警察厅
国立国会图书馆支部金融厅图书馆	金融厅
国立国会图书馆支部消费者厅图书馆	消费者厅
国立国会图书馆支部总务省图书馆	总务省
国立国会图书馆支部总务省统计图书馆	总务省
国立国会图书馆支部法务图书馆	法务省
国立国会图书馆支部外务省图书馆	外务省
国立国会图书馆支部财务省图书馆	财务省
国立国会图书馆支部文部科学省图书馆	文部科学省
国立国会图书馆支部厚生劳动省图书馆	厚生劳动省
国立国会图书馆支部农林水产省图书馆	农林水产省
国立国会图书馆支部林野厅图书馆	林野厅
国立国会图书馆支部经济产业省图书馆	经济产业省
国立国会图书馆支部特许厅图书馆	特许厅
国立国会图书馆支部国土交通省图书馆	国土交通省
国立国会图书馆支部气象厅图书馆	气象厅
国立国会图书馆支部海上保安厅图书馆	海上保安厅
国立国会图书馆支部环境省图书馆	环境省
国立国会图书馆支部防卫省图书馆	防卫省
国立国会图书馆支部最高法院图书馆	最高法院

支部图书馆的设立,其实质是在国会立法与政府行政和司法机构的文献支撑服务方面,建立统一联合服务的机制,这种做法确保了国会图书馆的职责履行。日本国立国会图书馆支部图书馆的经验,也为中国国家图书馆在为中央和国务院组成部委服务中所借鉴(具体参见"第三节 中国国家图书馆与国家立法决策")。

2. 日本国立国会图书馆的立法决策服务

在 2011 年日本《国立国会图书馆年报》中,国立国会图书馆将调查及立法考查局的服务定位为"立法机关的智库"和"议员们的情报中心"[21]。作为"立法机关的智库",调查及立法考查局主要是面向国会立法工作开展多领域、高水平的、客观准确专业的综合调查;而为议员们提供迅速准确的资料信息,则是该局作为"议员们的情报中心"的另外一个重要任务。

根据《国立国会图书馆法》第十五条对调查及立法考查局的任务规定,主要包括如下 4 个方面:

①根据要求,分析或评价两院委员会处于未决状态的法案,或内阁送往国会的案件。辅佐两院各委员会,提出有效建议并提供依据,促进其做出妥当决定。

②根据要求或者主动预测可能的要求,进行立法资料及其他相关资料的收集、分类、分析、翻译、索引和摘要制作、编辑、报告等。在资料的选择和提交过程中,不应存在党派的或官僚的偏见,而应提供对两院、委员会以及议员有帮助的客观资料。

③在立法准备阶段,辅佐两院、委员会以及议员,提供起草议案的服务。但该服务仅限于委员会或议员提出要求的情况下,如果没有提出要求,调查及立法考查局职员不得以任何立场自发进行立法提议和督促。

④在不影响两院、委员会以及议员服务的前提下,向行政、司法各部门以及一般公众提供所收集的资料,供其使用。

根据《国立国会图书馆法》的规定,调查及立法考查局主要通过委托调查(即委托咨询)和预测调查(即预测研究)两种方式,为国会和议员提供高质量的服务。

据《国立国会图书馆年报》报道,2016 年度(2016 年 4 月至 2017 年 3 月的会计年度,以下同)调查及立法考查局完成委托调查的总件数为 39 212 件,其中为国会现议员提供的委托调查 36 236 件,为前议员提供 1246 件,为参众法制局、参众事务局等提供 117 件,为各党派提供 1613 件。如果从解答咨询的方式来看,口头咨询 1080 件,文献提供(借出、复制等)32 918 件,书面咨询(调查报告等)5214 件[22]。

从 2016 年度的服务统计数据来看,应国会议员(包括前议员)的委托所进行的调查占总服务量的 95.59%。而通过文献提供服务也高达总服务量的 83.95%。自 2007 到 2016 年的十年时间里,调查及立法考查局有七年平均委托调查量超过 4 万件,调查及立法考查局服务对象的集中性、文献提供服务的基础性以及连续十年服务的稳定性,成为该局为国会立法服务的主要特征。

从服务内容来看,2016 年度调查及立法考查局主要集中在政治与议会,宪法,行政、法务、警察,外交与国防,财政与金融,经济、产业与能源,农林水产与环境,国土、交通与信息通信,文教与科学技术和社会劳动等 10 个主题领域。具体涉及:

①政治与议会:国会的组成及管理、选举制度改革(18 岁选举权)、美国总统选举。

②宪法:皇位继承制度、宪法修改、外国宪法研究。

③行政、法务、警察:共谋罪、民法改革。

④外交与国防:东亚外交关系、美军基地问题、安全保障法制。

⑤财政与金融:金融政策、税制改革。

⑥经济、产业与能源:发展战略、核电。

⑦农林水产与环境:农业竞争力、地球温室效应。

⑧国土、交通与信息通信:防灾对策、国铁民营化 30 年、广播电视播放。

⑨文教与科学技术:教育的机会保障、奥林匹克与残奥会。

⑩社会劳动:育儿支援政策、贫富差距、劳动方式改革等。

预测调查则是调查及立法考查局对国会审议未来事项进行的预测性研究,预先进行调查。2016 年度总计完成预测调查 325 件,并面向国会议员及议员秘书举办了 19 次政策研讨会,解读预测调查的研究成果。

此外,调查及立法考查局还编制《日本法令索引》《国会会议录总索引》以及宣传资料、工作参考资料等,为国会提供服务。

3. 日本国立国会图书馆的立法决策服务保障制度

日本国立国会图书馆的立法和决策服务的保障制度主要体现在相关法律和具体服务运行工作中的管理制度的制定上。

（1）有关国会图书馆的法律

日本国立国会图书馆是依法而建。日本《国立国会图书馆法》第二条明确规定成立国立国会图书馆的目的是收集图书及其他图书馆资料，帮助国会议员履行职责，并对行政及司法各部门、日本国民提供本法律规定的图书馆服务。有关为国会立法和政府机构的服务，则主要集中在第六章和第七章的条款规定。

（2）有关支部图书馆的法律及制度

1948年2月9日日本《国立国会图书馆法》施行后，国会于1949年5月24日通过《关于根据国立国会图书馆法规定设立的行政各部门支部图书馆及其职员的法律》（简称《支部图书馆法》）。支部图书馆对于加强国立国会图书馆与政府部门图书馆的协作，提高国会图书馆为行政司法机构的决策服务能力发挥了重要而不可替代的作用。除了《国立国会图书馆法》作为支部图书馆发展的根本"大法"，对支部图书馆的定位（第一章第三条）、支部图书馆馆长任命及职责（第七章第十七条、第十九条）、支部图书馆财政预算（第七章第十八条）、新建支部图书馆（第七章二十条）等做出明确规定外，《支部图书馆法》还进一步对行政司法机构设置支部图书馆的名称（第一条）、支部图书馆馆长职数以及职员任免等做出明细规定。

在《国立国会图书馆法》和《支部图书馆法》的基础上，1949年6月28日，国会又通过《基于国立国会图书馆法的呈缴规程》。国立国会图书馆在体系化的法律制度建设和保障下，得以依法有效行使立法决策服务职能。

此外，自支部图书馆建立以来逐渐形成的协调沟通机制和会议制度，也是支部图书馆稳步发展的重要制度保障。

协调沟通机制主要通过国立国会图书馆联络调整委员会[23]、支部图书馆制度审议会、支部图书馆研讨委员会[24]的作用发挥，定期对支部图书馆在行政司法机构的定位、预算、运行过程中存在的问题进行沟通。

会议制度包括中央馆和支部图书馆协议会、兼职图书馆员（司书）会议，以及国立国会图书馆馆长和行政、司法各部门支部图书馆馆长谈心会等构成。中央馆和支部图书馆协议会是为加强支部图书馆的互相协作和图书馆服务的改进而设立，中央馆与支部图书馆的协议会以及该协议会的干事会每年分别举行2—3次会议[25]。2017年3月举办的中央馆和支部图书馆协议会，制定了《国立国会图书馆中央馆和支部图书馆中期运营指针 2017》,明确了中央馆和支部图书馆围绕咨询服务的拓展、图书收藏、资料数字化、人才培养等课题的四年行动指南。

兼职图书馆员(司书)会议是为加强中央馆和支部图书馆之间的合作与配合,顺利开展实际业务员层面的意见交换,任命支部图书馆的骨干职员为国立国会图书馆中央馆的兼职馆员(司书)。截至 2017 年 3 月共有 76 名兼职馆员,兼职馆员从事实际业务工作[26]。

国立国会图书馆馆长和行政、司法各部门支部图书馆馆长谈心会旨在探讨中央馆和支部图书馆间的合作关系,完善支部图书馆制度,该谈心会由中央馆馆长与支部图书馆馆长共同参加,每年举办 1 次[27]。

日本国立国会图书馆的协调沟通机制及会议制度并非法律条文规定,但是其在支部图书馆运行、管理以及推进国会图书馆与支部图书馆联合服务行政司法机构的决策工作方面起到了辅助性的机制保障作用。

三、英国议会图书馆

1. 英国议会的立法决策服务机构

英国议会创建于 13 世纪,迄今已有 700 多年的历史,被称为世界"议会之母"。议会是英国的最高立法机关,也是英国政治的核心,担负着为国家立法和政府决策的重要职责。作为英国最高的立法机关和政治核心,完备的信息服务保障机构的设立和体系化的服务,是英国议会履行立法决策职责的重要前提条件。

英国议会的信息服务保障机构主要由从属于两院的议会档案馆(Parliamentary Archives)和议会科学与技术办公室(Parliamentary Office of Science and Technology,简称 POST)以及隶属于上议院的上议院图书馆(House of Lords Library)和隶属于下议院的下议院图书馆(House of Commons Library)共同构成。

议会档案馆收藏自 1803 年以来的英国议会的议事录、议案、法案和各种议会文件,是英国政治制度史、立法和法制建设过程以及国家治理和发展的历史证明。议会科学技术办公室是应英国议会议员对科学技术领域的议题进行调查研究之需而于 1989 年成立的。

上议院图书馆创建于 1826 年。最初的馆藏来自于议会办公室的所有图书和根据特别委员会的建议购买的图书。该馆最初以收藏法律文献和议会相关文献为主导,随着为议会服务工作的开展,最终形成了以议事录和议会出版物,法律文献,历史、政治和传记类著作以及学术性和时事性期刊构成的上议院图书馆馆藏。2010 年上议院图书馆有 35 名工作人员,其中 7 名是研究人员[28]。

下议院图书馆建于 1818 年,是英国议会立法决策文献信息服务体系的重要组成部分,它不仅仅体现在拥有远远超过上议院图书馆的丰富馆藏,还体现在研究专家的配备、专业领域文献的深度研究和针对性的服务产品提供等方面。下议院图书馆由咨询服务部(Reference Services)、研究服务部(Research Services)、索引与数据管理部(Indexing and Data Management Section)和图书馆资源部(Library Resources Section)四个部门构成。分别承担解答议员相关图书馆馆藏、议会文件、法案法令、现行的或历史的议会文献信息等的咨询;提供相关商业与运输,经济政策与统计数据,国内事务,国际事务与国防,议会与宪法,科学与环境,社会统计与综合统计,社会政策等 8 个领域的文献信息研究;负责创建和维护议会信息管理服务系统(PIMS);以及负责下议院图书馆馆藏的采访、编目、分类和管理工作。该馆总计图书馆员 350 人,服务于 650 名下议院议会议员[29]。

2. 英国议会图书馆的立法决策服务

英国上下两院图书馆是英国议会立法决策文献信息保障服务机构设置的重要组成部分,其为议会及议员开展的服务工作与议会档案馆、议会科学与技术办公室以及议会各专门委员会,共同构成为议会立法和决策提供文献信息支撑的保障体系。

(1)上下两院图书馆立法决策服务基本情况

为上下两院议员及工作人员立法工作和政策制订提供文献信息支撑和保障,是上下两院图书馆的共同职责。其中信息咨询、编辑简报、整理综合信息、撰写预研报告以及图书馆服务培训等,是上议院图书馆服务上议院议员及工作人员的主要方式。仅从咨询服务来看,2014—2015 年度,上议院图书馆为议员和工作人员总计完成 10 122 件咨询,有 87.1% 的上议院议员使用图书馆服务(具体参见表 3 – 3 英国议会上议院图书馆 2014—2015 年度服务统计[30])。

表 3-3　英国议会上议院图书馆 2014—2015 年度服务统计

类目	议员使用图书馆	深度咨询	事实咨询	预研报告	一对一培训	图书馆简报	综合服务信息	实事摘要
数量	719 名	1624 件	8498 件	256 件	46 次	40 期	216 期	34 期

根据下议院图书馆《2015 年服务议会重要专题报告》统计,下议院图书馆为上届议会提供咨询服务总量为 1 100 000 件,本届议会的年咨询服务量平均约为 30 000 件[31]。其主要服务类型包括使用图书馆培训、咨询和研究服务。咨询和研究服务是下议院议会图书馆的服务核心,有约 70 位研究人员专职开展面向议会和议员的服务。具体围绕议员演讲、相关选区事务、媒体见面会、政策制定和议会各委员会的工作展开服务。2015 年,下议院图书馆为议员及其议会工作人员提供总计 16 个主题 74 个专题文献信息咨询服务。包括:

①政治与议会。2015 年大选结果、大选投票分析、选区与议员数量、议会与公众之间的关系、政党基金、议员与兼职工作、2020 年大选投票年龄等。

②地方分权。权力下放、对苏格兰的财权、英格兰问题等。

③社会变化。控制移民数量、人际关系、心理健康、人口老龄化、死亡的权利等。

④社会保障。福利救济、展望 2020 年的贫困儿童、21 世纪的儿童抚育、住房、赌博等。

⑤教育。为每一个孩子设置一个好学校、学院和免费学校的未来、私立高等教育等。

⑥健康。NHS① 与生产能力、健康与社会护理、抗菌素耐药性挑战、酒精销售价格等。

⑦司法。监狱人口、人权及监狱囚犯投票权问题、法律援助等。

⑧国防与安全。情报服务与斯诺登启示、是否介入海外军事行动、英国有能力保卫自己吗、网络犯罪与网络安全等。

⑨外交事务。俄罗斯、巴以冲突的希望在哪里? 东亚和东南亚的紧张局势、

————————

① 英国国民健康保险制度。——笔者

后 2015 年的目标、英国及其欧盟伙伴们、"2014—2019 年的欧洲议会,疑欧派的转折点?"

⑩经济与公共财政。利率与通货膨胀、2008 年金融危机的经验教训与银行业的调整、生产能力与生活水平、预算赤字、英国活期存款账户、减少公共开支、地方政府任期结束前的努力、企业增值税的未来。

⑪产业与基础设施。制造业、基础设施、寻找安全的英国农业未来等。

⑫就业。全国最低工资、临时工合同、繁荣的个体经营、就业法庭索赔、劳动力市场的年轻人等。

⑬消费者与个人理财。退休金、退休金储存、变化中的消费者、零售金融服务与消费者。

⑭能源与气候变化。2015:解决气候问题的成败之年、处于十字路口的能源问题、城市空气质量等。

⑮媒体。新闻管理预测等。

⑯科技①。大数据:21 世纪新型资产、暗网、物联网等。

上述 16 个主题领域的内容涉及政治、经济、社会、司法、教育、健康、外交、国防、科技、环境等。其中在外交事务类中,下议院图书馆专门就中国与周边国家包括越南、缅甸、菲律宾、马来西亚、日本等国争端问题做专题研究和服务。

此外,上下两院图书馆通过编辑《上议院图书馆简报》(House of Lords Library Notes)、《下议院图书馆研究报告》(Commons Library Research Papers)和《下议院图书馆参考简报》(Commons Library Standard Notes)等产品为议员们提供服务。

随着信息网络技术的快速发展,上下两院图书馆与时俱进,和议会科学与技术办公室、议会档案馆等机构共同建设完成了对上述服务产品的整合,并建成可供检索的"议会文献检索系统"(Search Parliamentary Material)。该检索系统整合了上下两院原有"简报检索系统"(Research Briefings)和立法文件、议员提案、委员会报告、议会议事录等资源,大大提高了服务效率。

---

① 该部分内容由英国议会科学与技术办公室(POST)提供。——笔者

（2）上下两院图书馆的服务原则

英国议会上下两院图书馆的建立始于英国议会立法和决策过程中的需求，其服务方式与英国议会以议员和不同党派之间的辩论为主要工作方式密切相关。作为信息服务机构，为不同党派和代表不同选区民意的议员在议会辩论中提供文献信息服务，是其重要职责。因此为议员提供独立客观的、可以信赖的、不具党派私利、保守秘密的文献信息保障服务，是上下两院图书馆共同遵守的服务原则。英国议会工作的辩论方式以及服务议会的信息服务机构所坚守的客观、独立、可信、不具党派私利的服务原则，对世界各国议会产生了深远的影响。

3. 英国议会文献信息服务的法制基础

英国议会图书馆从属于英国议会大的信息服务体系。服务于议会的信息服务体系内的各个信息服务机构，虽然服务领域明确有界，但是服务业务之间相互联系、互为呼应，共同服务上下两院议员及其工作人员。英国议会图书馆的信息服务体系之所以能够满足议会和议员履职过程中的信息需求，其重要原因是与英国议会和政府在相关信息管理和使用方面的法制建设环境密切相关。

1742 年英国议会发布了第一个关于印刷日志（Journals）的法令之后，规范、有序收集议会辩论产生的大量记录不仅仅是工作规范化的要求，更是法律明确的规定，因此，经过议会收集整理的辩论记录自然具有法律权威。

议会图书馆是英国议会信息服务体系中最重要的部分，也是历史最悠久的信息服务机构。1978 年《下议院行政管理法》[32]实施，该法案使下议院图书馆在议会作为独立建制机构的法律地位得以确定。

1984 年英国议会通过《数据保护法》[33]，这部法案赋予公众通过计算机查阅个人信息的权利。

1997 年 12 月，英国政府出版《你有权知道信息自由》[34]的信息公开白皮书，其中包括信息自由条件下的公民知情权、公民知情权与公共利益、公民个人信息权、浏览和申请阅读信息、公共信息、开放的政府和未来之路 6 个主要部分内容。

2000 年《信息自由法》[35]经议会批准通过，2005 年 1 月 1 日起正式生效。根据这部法案的规定，任何人，不管是否拥有英国国籍，也不管是否居住在英国，都有权了解包括中央政府至地方各级政府部门、警察、国家医疗保健系统和教育机构在内的约 10 万个英国公立机构的信息。被咨询机构必须在 20 个工作日之内予以答复。在重重立法规制之下,英国议会档案对所有人开放,只要持有效证件任何人都可以通过预约到议会档案馆查阅档案。上下两院的图书馆阅览室虽然不对公众开放,但图书馆的研究报告,科学与技术办公室的研究报告均可以从议会网站免费下载。议会辩论也是对外公开的,并以网络直播方式使更多的公众能够随时了解和监督议会的工作。

可以说,英国议会信息服务体系的形成是在政府信息公开的法律要求下得到推动、强化和保障的。

四、国家(议会)图书馆立法决策服务的共同经验

1. 服务的现实性

研究美、日、英三国国家(议会)图书馆为国家立法和决策的服务实践,其首要的经验是服务的现实性,即以国家立法和政府决策的现实需求为导向,开展相关文献信息的支持和保障服务。例如,互联网技术的快速发展不仅仅为美国和世界的发展带来前所未有的机遇,也产生了与之相伴的对国家现实安全的潜在隐患。美国的枪支管理越来越成为美国联邦政府在社会管理方面非常棘手的问题。自"9·11"之后,恐怖主义的危险逐渐成蔓延趋势,在世界不同国家和地区甚至愈演愈烈。这些情况在 2016 年美国国会研究服务部专题服务中都得到了反映。另外,日本国立国会图书馆的调查及立法考查局为国会提供的相关"安保法的完善(集体自卫权等问题)、历史认识问题、美军基地、领土问题、防灾及灾害对策、靖国神社问题"等专题,英国议会图书馆为上下两院议员提供的"控制移民数量、抗菌素耐药性挑战、情报服务与斯诺登启示、网络犯罪与网络安全、东亚和东南亚的紧张局势、英国脱欧"等专题服务,都是与各自国家所面临的国际国内形势密切相关。同时,我们还应该注意到的是,美、日、英三国的国家(议会)图书馆,无论为国会立法还是为政府决策,从其服务内容中也都能看到对中国问题的关注和研究。这些相关中国当今发展的重大问题,已经超越了国界的范围,成为国际性的关注焦点。

2. 服务的相对独立性

与美、日、英三国(议会)图书馆的服务现实性特点相关联的另外一个重要经验,即是其服务的相对独立性原则。英国上下两院图书馆申明自己的服务原则

是"为议员提供独立客观的、可以信赖的、不具党派私利、保密的文献信息保障服务"。美国国会研究服务部明确自己为国会的服务是提供"全面可信的分析、研究和服务",并"体现及时、客观的、无党派和保密性的特点";日本国立国会图书馆调查及立法考查局则将面向国会立法工作开展多领域、高水平的、独立准确专业的综合调查和为议员们提供迅速准确的资料信息作为自己的服务原则。

这种对独立性原则的重申和实际执行反映在为国会立法和政府决策提供服务过程中,即无论服务产品形式如何变化,服务手段如何与时俱进更新换代,都要求所提供的文献信息全面、客观,对某一个问题要多种声音的全面反映。议员通过文献信息服务,可以了解到关于某一个问题出现及其发展全过程,可以了解到关于该问题的不同观点,而不受党派观点左右。坚持服务的独立性原则实质上是对从事立法和决策的服务主体(即图书馆员)以及作为服务重要前提条件即图书馆服务主体所依据的(馆藏)文献信息资源的全面性提出深层次的要求。当然,我们这里谈的独立性原则也是相对的,特别是涉及由作为服务主体的"人"来把握独立性原则,自然会受其特定的历史文化背景、价值观、宗教信仰等多种因素影响。相比之下,文献信息资源的全面性更具有独立、客观的特点。

3. 法律制度保障

为国会立法和政府决策服务建立制度性的保障,是美、日、英三国(议会)国家图书馆第三个共同性特点。

美国《国会图书馆法》、日本《国立国会图书馆法》对于从事为国会立法和决策服务的专职机构、服务职责、财政预算、人员任命、服务团队,甚至具体的服务产品的制作都做了明细规定。而英国《下议院行政管理法》《数据保护法》《你有权知道——信息自由》《信息自由法》,对于议会图书馆的机构设置、居住在英国国土的任何人获取政府信息和议会服务的权利都做出了法律规定。应该说,美国《国会图书馆法》和日本《国立国会图书馆法》所做出的规定,更多的是要求国会图书馆服务于国会的国家意志在法律规定中的体现。而英国相关图书馆服务的法律,则从强调民众权利的角度,将民众利用和使用信息的权利,从法律制度层面转化为民众对英国议会图书馆等信息服务机构的信息服务需求。

另外,从美、日、英三国国家(议会)图书馆的立法实践看,注重国家图书馆法的体系化建设,进而在国家层面上达到高水准的法治文明建设目标,也是它们又一个共同的重要特点。

如在美国《国会图书馆法》长达 113 个条款中,就涉及《美国广播电视档案馆法》(第 170 条)、《国会图书馆数字馆藏和教育课程法》(第 184 条)、《国会图书馆监察长法》(第 185 条)、《年度拨款法》(第 132a – 1 条)、《补充拨款法》(第 132a – 1 条)、《外交事务法》(第 143a 条)、《立法机构拨款法》(第 162b 条)、《国家电影保护法》(第 179L)等。这些法律与美国《国会图书馆法》共同构成为国家立法和政府决策服务的法律保障体系。

日本《国立国会图书馆法》的实施则与《国会职员法》《国家公务员法》《法院法》《独立行政法人通则法》《国立大学法人法》《港湾法》《地方住宅供给公社法》《地方道路公社法》《扩大公共用地的推进法》《地方独立行政法人法》《冲绳振兴开发金融公库法》《株式会社国际协力银行法》《株式会社日本政策金融公库法》《原子能损害赔偿支援机构法》《日本银行法》《综合法律支援法》《日本私立学校振兴共济事业团法》《日本中央赛马会法》《日本年金机构法》《农水产业协同组合储蓄保险法》《存款保险法》《赛马法》《地方公共团体金融机构法》《日本下水道事业团法》和《支部图书馆法》互相关联,共同发挥法律强制力作用。

4. 专业化服务队伍

专业服务队伍是开展立法决策服务工作的核心。美、日、英三国国家(议会)图书馆在法律制度的框架下,不仅依法设立专职服务机构,同时在专业服务队伍配置和建设方面,也给予高度重视。我们比较一组数据:美国国会研究部 575 人服务参众两院 536 名议员(其中众议院议席 436 个,参议院议席 100 个)[36];日本国立国会图书馆调查及立法考查局 183 人,服务国会参众两院总计有 707 位议员(众议院议席 465 个、参议院议席 242 个)[37];英国下议院图书馆总计图书馆员 350 人(其中 70 人是专业研究人员),服务于 650 名下议院议员[38]。如果按照每一个图书馆员与服务议员数量之比来看,美国国会研究部是 1∶1.07,英国下议院图书馆是 1∶0.54,日本国立国会图书馆调查及立法考查局是 1∶0.26。人力配备强劲,显然是做好服务的基础。其次是服务队伍每一位图书馆员都具有专业的学科背景,确保了服务专业质量。

此外,日本国立国会图书馆重视对图书馆员自身的教育和培训,也是保持服务队伍专业化水平的重要方式。如,为提高支部图书馆职员的素质,日本国立国会图书馆在中央馆开展针对支部图书馆职员的各类培训。这些培训包括新入馆员工培训、馆员业务培训、专项培训等。其中馆员业务培训包括咨询技能培训、数据库知识培训、工具书使用方法培训等内容,专项培训包括高级内容培训以及图书馆参观等。如,2016 年度培训的内容包括业务知识培训、沟通管理能力培训、不同类型信息的收集及研究方法、外国法律的翻译研究、IT 研修、信息安全培训等[39]。

5. 多元化服务产品

为国家立法和政府决策提供高质量的文献信息保障服务,除法律保障之外,美、日两国国家(国会)图书馆和英国议会图书馆在为国家立法和决策服务中,以需求为导向,逐渐形成了多元的、系列的服务产品。如研究报告(包括常规研究报告、深度研究报告以及预研性研究报告)、立法动态(如美国各州立法摘要)、各类简报、主题索引(如《日本法令索引》《国会会议录总索引》)、专题数据库(如美国国会研究部建立的自 1970 年中期以来国会有关拨款法定程序的"财政拨款数据库",日本国立国会图书馆调查及立法考查局建立的"国会会议录全文数据库""帝国议会会议录数据库""日本法令索引数据库"等)、立法信息服务系统(如美国国会图书馆的 Congress.gov,英国议会图书馆的"议会文献检索系统"和"简报检索系统"),以及推特、Facebook 等新社交媒体手段的运用等。这些系列产品较好地体现了服务的及时性、内容的针对性、研究的深度性和使用的便捷性。既为国会议员履职提供高质量的服务,同时也成为连接图书馆与立法决策机构的重要桥梁和手段。

6. 服务市场的培育与经营

美、日两国国家(国会)图书馆和英国议会图书馆在为国家立法和决策服务中取得良好成效,其原因与高度重视立法决策服务的市场培育和经营密切相关。

首先,积极组织面向议员的讲座和培训,是美、日、英国家(议会)图书馆培育服务市场共同采用的重要方式。2015 年美国国会图书馆国会研究服务部组织各类研讨会和培训,总计 7438 人次参加,2016 年则有 9207 人次,2017 年是 8600 人次。2015—2017 年,平均年培训 8415 人次。英国议会上议院图书馆 2015 年开展面向议员的一对一培训达 46 次,在下议院图书馆为议员提供的约为 30 000 件咨询服务中,包括使用图书馆的培训。

其次,主动访谈新当选的议员(及其工作人员),开展宣传图书馆和使用图书馆服务的面对面讲解。日本国立国会图书馆 2014 年新当选议员 237 名,调查及立法考查局针对新当选议员开展了 69 次直接访谈,面向议员的工作人员访谈 68 次,同时在每次咨询服务完成后,都要同步向议员发放问卷进行调研,动态了解议员的反馈[40]。正是因为随时随地的访问、调研,在对议员主动宣传服务的同时,及时了解和掌握议员对调查及立法考查局服务的评价,为及时调整服务策略、提高服务质量提供有效依据。

积极组织讲座和培训,主动访谈新当选议员以及提供丰富多元的服务产品,种种努力也使得三国国家(议会)图书馆的立法决策服务取得了良好的成效。据美国国会研究服务部连续两年的财年报告,国会研究服务部已经实现了 100% 为国会议员和委员会的服务①,英国本届上议院议员共 760 人[41],有 87.1% 的上议院议员使用了图书馆服务。如此的服务成果,与他们持续不断的开展服务市场的培育和经营是分不开的。

上述美国国会图书馆、日本国立国会图书馆和英国议会图书馆为国家立法和政府决策的共同经验,虽然是在与我们不同体制下的国度产生、实践、积累而成,但是积极履行国家(议会)图书馆为国家立法决策服务的职责、发挥在国家立法和决策过程中的重要作用,则是值得我们认真学习并加以借鉴的。

第三节　中国国家图书馆与国家立法决策

中国国家图书馆是国家总书库,为国家立法机关和政府决策机构提供文献信息服务是其重要职责。国家立法机关和政府决策机构,是承担为国家立法和重大政策制定的主体,也是中国国家图书馆履行立法决策服务职能的主要服务对象。

中国国家图书馆(本节以下内容中所称"国家图书馆"一般情况下指中国国家图书馆)虽然从行政隶属上完全不同于美国国会图书馆、日本国立国会图书馆

---

① 根据国会研究部 2015 年和 2016 年财年年报的说明,即国会研究服务部连续两年实现了对国会所有议员和委员会年均 1 次的服务。——笔者

和英国议会图书馆,但是在多年立法决策服务中,形成了具有中国特色的立法决策服务业务体系。

一、中国立法决策机构设置与信息服务保障体系

1. 中国立法决策机构设置及特点

深入了解中国国家图书馆为国家立法决策服务职责的履行,应首先对中国立法机构的设置和信息服务保障体系的特点有所了解,这是从根本上认识国家图书馆立法决策服务职能的重要前提。

《中华人民共和国宪法》(以下简称"《宪法》")规定[42],中华人民共和国全国人民代表大会是最高国家权力机关。全国人民代表大会和全国人民代表大会常务委员会行使国家立法权(第五十七条、第五十八条)。中华人民共和国国务院,即中央人民政府,是最高国家权力机关的执行机关,是最高国家行政机关(第八十五条)。

根据《宪法》规定,中国最高立法机构和最高行政机构具有如下特点:

第一,中国最高立法机构是全国人民代表大会(以下简称"全国人大")和全国人民代表大会常务委员会。其职权包括修改宪法,监督宪法的实施,制定和修改刑事、民事、国家机构的和其他基本法律,重大人事任免等。

第二,中国最高国家权力机关的执行机关是中华人民共和国国务院,其职责是根据《宪法》和法律,规定行政措施,制定行政法规,发布决定和命令等,亦即国家最高行政决策机构。

第三,立法机构和行政机构是从中央到地方纵向的、垂直性的逐级设置。即省、直辖市、县、市、市辖区、乡、民族乡、镇均应设立人民代表大会和人民政府。自治区、自治州、自治县设立自治机关。

这样机构设置的特点,决定了中国立法决策机构信息服务保障体系的构成及其特点。

2. 中国立法决策机构信息服务保障体系

中国立法决策机构的职责定位,以及其机构纵向垂直、垂直性自上而下的设置特点,直接影响其立法和行政过程中特有的文献信息需求特点和保障服务机制的形成。

我们以全国人大为例分析中国立法机构信息服务保障体系的构成情况。作为最高立法机构,全国人大信息保障体系由内部信息保障体系和外部信息保障体系共同构成。内部信息保障体系由研究室、图书馆、信息中心和内部政务信息(包含全国人大档案和报送信息)构成。同时,全国人大与全国各省、直辖市、县、市、市辖区、乡、民族乡、镇设立的人民代表大会又形成自上而下的垂直信息报送系统。外部信息保障体系主要由国务院相关机构、科研教学机构的专家学者系统以及外协合作信息机构组成。

总体来说,全国人大的信息保障体系具备如下特点:

其一,自上而下和自下而上的双向建设、共享使用立法决策信息保障机制。由于全国人大作为最高立法机构的特殊性,服务于全国人大立法工作的信息保障系统具有独立性、系统性和保密性三性合一的特点。

其二,各级人大信息保障机构,既是立法信息的制定发布者,同时也是立法过程中的信息需求者。如设立于各级人民代表大会内部的研究室即突出地体现了这一特点。该特点又使其必须与外部信息服务机构建立既相互独立同时又协同合作的信息获取机制和服务机制。

其三,依据《宪法》,全国人大与国务院作为国家最高立法机构和最高行政决策机构,职责有分工,运行有合作,国务院对全国人大负责。《宪法》对全国人大和国务院规定的法律地位,决定了人大立法是对国家最高的决策,同时立法过程本身也是国务院及其组成机构针对相关决策制定的不断发展和推进的过程。

上述全国人大信息保障服务体系特点基本代表了中国立法机构和行政决策机构的信息保障服务体系的一般性特征。了解这一基本情况,有助于我们进一步了解中国国家图书馆为国家立法和决策机构提供文献信息支撑保障服务的职责。

3. 中国立法决策机构的信息需求特点

(1)需求的多样化和内容的综合性

中央立法决策机关的需求是伴随着国家立法和政策决策的科学化、民主化进程而不断发生变化的。从整体上看,这种需求已经从较为单一的文献信息服务的需求,向着更为多样化的方向快速发展。这种需求不仅仅体现在文献借阅和提供方面,更多地则体现在以专题文献咨询为核心,同时辅以决策参考(信息专报)、舆情监测、专题讲座、文献展览、数字资源配置、数字化信息服务平台建设以及中央国家机关图书馆信息服务机构改扩建方案的制订等多种服务方式的综合需求中。此外,立法决策信息需求方和服务方的关系也发生了很大变化,由原有的被动式单向委托服务,逐渐转化为需求方与服务方互为服务、共建共享服务成果的双向需求和双向服务的关系。

在服务内容的需求上,也由重点集中在单一学科领域转为跨学科、跨领域的综合性服务内容上。例如,有关环境保护问题,不仅仅是环境保护主管部门一家之责,还涉及技术监督、国有资产、工业化管理等领域。对某一法律和政策制定,通常表现为对某一领域、某一学科研究的精细化与多领域、跨学科综合化研究并行的特点。国家法律和政策的制定越来越需要多部门、多领域、多学科的合作,这样的合作已成为中央国家机关立法和决策工作中越来越普遍的工作方式。

(2)基础性准备工作细致而深入

从国家图书馆为中央国家机关服务的专题咨询统计数据看(2010—2017年),平均每年咨询量为1500件左右。深入分析这些专题咨询,突出反映的特点是,国家立法决策机构对立法决策过程中的基础性准备工作越来越重视,对反映相关法律和政策制定的国内外的经验总结和成果的研究越来越细致和深入。

例如,全国人大有关《中华人民共和国物权法》的法律制定工作。2007年3月,第十届全国人大第五次会议通过了《中华人民共和国物权法》。这一法律的通过,在国内外引起了广泛关注。物权立法不仅具有法律性、政治性和政策性强的特点,更为关键的是它既涉及国家的基本经济制度,也关系到民众的切身利益,因此社会关注度极高。

《中华人民共和国物权法》从1993年草案起草,到2007年十届人大第五次会议正式通过,历时15年的7次审议讨论,最终于2007年10月1日施行。与全国人大常委会7次审议工作同步,国家图书馆依托文献信息资源,先后8次全面系统梳理,分别提供《中外物权法研究背景资料》(2004年)、《物权法研究资料》(2004年)、《中外物权法研究资料》(2005年)、《物权法草案审议相关资料》(2005年)、《物权法草案审议相关资料》(2006年)、《物权法审议相关资料》(2006年)、《物权法相关资料》(2006年)、《物权法审议背景资料》(2006年)和《境外媒体对物权法审议情况报道》(2007年)等。

国家图书馆在上述审议过程中所提供的文献信息服务,内容涉及国外有关物权法方面的立法经验、法律实案、监督实施以及境外媒体评价等。这种对立法与决策制定过程中的基础性准备工作的重视，是国家立法和政策法规制定迈向科学化、民主化的重要标志。在文献信息需求方面，则主要表现在前期开展的广泛而深入的文献调研和成果梳理，力求以史为鉴，从而提高法律和政策制定的历史站位。

（3）时政性、现实性成为核心需求

需求的时政性和现实性既是中国面临国内外复杂多变形势的反映，也是中央国家机关履职需求最集中的表现，同时也是国家在某一特定领域的法律规范、政策制度建设方面存在着亟待解决问题的表现。以 2008 年中国国家图书馆编辑整理并提供服务的《汶川灾后重建信息专报》为例，2008 年 5 月 12 日，四川汶川发生地震，造成重大人员伤亡和财产损失。对于灾后如何开展重建工作，借鉴域外国家和地区有效做法，制定相关政策，成为中国政府开展灾后重建工作的最大信息需求点。

再如，国家图书馆为国家有关食品药品监管领域的立法和政策制定提供的系列服务，正是中国现阶段食药监管领域立法不够、监管不足，以至直接影响到百姓民生的现实性写照。类似的专题咨询，例如国外有关政府购买服务，移动互联网金融，实体经济与金融创新，英国、德国、法国、俄罗斯、美国、澳大利亚、新西兰、日本、韩国、新加坡、印度的反腐败立法，国外公职人员奖励制度，国外养老模式等，都突出地体现了党和国家目前所面临的重大问题。

（4）国际化成为立法决策者的重要视角

这个特点首先表现为注重国际社会的成文做法，吸纳发达国家先进经验，为制定适应中国国情的法律和政策提供借鉴。近年来，中国国家图书馆为中央国家立法决策机关提供的专题咨询中，涉及国外专题较多，如西班牙、葡萄牙、意大利的政党制度，国外食品安全监督检查员制度，美国转基因食品监管制度，国外有关政府购买服务，国外安全生产责任险的设立及管理，韩国和印度尼西亚的房地产税，德国联邦政府对东部地区经济调整政策，俄罗斯对工伤死亡赔偿法律和政策，爱尔兰、冰岛水资源、水环境问题，美国的养老服务产业，德国有关恐怖组织的法律规定和对恐怖分子的认定与制裁，国外公职人员奖励制度等。这些都反映了中央国家立法决策机关对国外政党建设、健康卫生、政府管理、社会保障、环境保护和反恐等重大选题的关注。

此外,中央国家机关的立法决策者更加关注国际社会如何看待中国,进而对中国自身的发展进行理性反思和总结。2015—2017 年国家图书馆的立法决策专题咨询服务就涉及了国外有关南海问题的研究,国外有关古代中国海洋权益研究,国外对海上丝绸之路的研究和"一带一路"战略的评价,国外有关中国政治及社会转型研究,国外有关中国新兴中产阶级研究,国外有关西藏研究,日本有关中日关系研究,国外有关创新、协调、绿色、开放和共享"五大发展理念"的研究等。

中央国家机关的立法决策者的这种国际化视野和站位,实际上是目前中国共产党和政府面对世界多极化、经济全球化、文化多样化、社会信息化的环境[43],在国家立法和政策制定过程中所必须采取的应对态度。注重国际社会的成文规定,吸纳发达国家先进经验,了解国际语境中的中国,制定国家法律和政策,也是中国与世界各国在求同存异中开展合作与共同发展的重要制度性保证。

二、中国国家图书馆的立法决策服务

1. 立法决策服务机构及其用户

国家图书馆自 1909 年创建以来,就承担着为国家立法和重大政策决策服务的职责。国家图书馆专职立法决策服务机构的设立始于 20 世纪 90 年代末。1999 年 12 月,参考研究辅导部正式加挂"国家立法决策服务部"牌子,突出强调国家图书馆为中央国家立法决策服务的职能,为提高中央国家立法决策机构对国家图书馆服务职能的认识,进一步开展面向中央和国家领导机关的服务奠定了基础。2007 年底,中国国家图书馆正式成立独立建制的立法决策服务部。2009 年 9 月,于国家图书馆百年馆庆之际,立法决策服务部加挂"海外中国学文献研究中心"牌子(后更名为"海外中国问题研究资料中心")。2012 年 8 月 15日,立法决策服务部加挂"国家图书馆中国边疆文献研究中心"牌子,明确该中心职责。至此,国家图书馆立法决策服务机构形成了以"一部两中心"为核心、以文献信息资源收藏为基础保障、以现代信息网络和数字图书馆技术为支撑的综合服务架构,为开展更为专业化的立法决策服务提供了机构建制上的保障。

国家图书馆的立法决策服务用户和范围主要包括执政党机关(中共中央)、

军事机关(中央军委)、国家主席、国家权力机关(全国人大及其常委会)、国家行政机关(中央人民政府即国务院)、国家审判机关(最高人民法院)、国家检察机关(最高人民检察院)、人民政协机关(全国政协)和社会团体机关(中华全国总工会、中国共产主义青年团和中华妇女联合会等社会团体)[44]。如果从国家立法和政府决策的角度说,中国国家图书馆的立法决策服务用户可以划分为"立法"和"决策"两大类用户[45]。立法用户主要包括全国人民代表大会、全国人民代表大会常务委员会和各专门委员会、全国人民代表大会的文献信息保障部门以及国务院各部委的法规制定部门;决策用户主要包括党和国家领导人、中共中央及其所属各部委、国务院及其所属部委以及中华全国总工会、中国共产主义青年团和中华妇女联合会等社会团体。由于中国立法体制的特点和立法决策服务用户范围的广泛性,中国国家图书馆的立法决策服务用户呈现多层面、多维度和多机构交织的特点。

2. 立法决策服务代表性项目

国家图书馆立法决策服务项目和服务产品的形成,源于国家立法机构和决策机关在立法和决策过程中的信息需求,主要依靠的基础是各类文献信息资源,通过参考咨询馆员的系统梳理和研究,为国家法律制定和政策决策提供辅助支撑。

国家图书馆立法决策服务项目和产品的类型可以根据服务对象、服务性质、服务方式等不同标准进行划分。不同的划分标准所产生的服务项目和产品类型,在具体业务实践中往往呈现出多向交叉、相互渗透甚至综合一体化的特点。如果从服务方式的角度划分,国家图书馆立法决策服务项目和产品大体上则可以划分为文献信息咨询、书目推荐、决策参考(信息专报)、参考阅览、专题讲座、用户培训、文献展览、预测研究、媒体监测、专题数据库、数字化服务平台等类型。

其中,国家图书馆的"两会"服务、部委分馆、立法决策服务平台和部级领导干部历史文化讲座为最具代表性的服务项目。

(1)"两会"服务

"'两会'服务"系指1998年3月国家图书馆在第九届全国人民代表大会第一次会议和中国人民政治协商会议第九届全国委员会第一次会议召开期间,首次推出的一项旨在为参会的全国人大代表和全国政协委员议案提案、参政议政提供全方位文献信息保障的参考咨询服务。截至 2018 年,该项服务已连续开展近 20 年,成为国家图书馆服务国家立法和决策的代表性服务项目,主要特点如下:

从服务对象看:"两会"服务创建初期,主要是以面向会议期间参加"两会"的代表和委员提供服务为主。经过多年的服务,该项服务已逐渐从会议期间的为代表和委员服务,扩展为全年面向全国人大常委会和全国政协委员会及其人大和政协各专门委员会、工作委员会的全方位服务。"两会"服务从阶段性的会期服务扩展到全年性的常规化服务。

从服务内容看:"两会"服务已从最初的仅限于会议期间的为代表和委员议案、提案之需的基础性文献提供服务,发展到以国家重大政策制定为需求指南,结合代表和委员的议案、提案的主题内容,进行相关文献的系统梳理、概括提炼,最终形成具有完整内容逻辑结构的文献研究成果。

从服务主体看:"两会"服务创建始自国家图书馆,但是最初的服务主体是由国家图书馆独立承担,与"两会"的大会服务系统完全独立。随着该项服务的不断拓展,国家图书馆积极主动,并通过高质量的文献信息支撑和保障服务,获得全国人大和全国政协的认可,并于 2011 年首次作为全国人大大会信息保障系统的合作单位参加大会的服务,与国家统计局、国务院发展研究中心等机构联合,实现了由自主单一的服务主体向着多机构协同合作服务"两会"的转变。

从服务方式看:"两会"服务已从最初主要通过在国家图书馆设立"两会"值班服务处并借助媒体宣传等方式开展阅览办证、文献借阅等基础性的主动推送服务,发展到直接参加全国人大"值班热线"、派员进驻大会现场、编制"两会"专题资料和"两会"专题文献信息专报、开展"两会"舆情监测、推出国家图书馆"两会"服务平台、开通国家数字图书馆、在驻地配置电子触摸屏的集数字化服务设施等多种服务方式于一体的继承性系统化服务。"两会"服务实现了传统服务与以现代信息技术为支撑的数字化服务的有机融合。

从服务管理看:"两会"服务初创阶段,国家图书馆对"两会"服务管理提出的基本原则是"咨询件件有着落、答复咨询不过夜、咨询结果送上门",同时对"两会"服务的接待用语、工作着装、咨询归档等做出相应规定。历经近 20 年的服务,"两会"服务的管理已经实现了包括财务预算、服务策划、人员培训、产品制作、会期服务、经验总结、档案归档等全流程的规范化、制度化的管理。例如，《"两会"服务工作要求》《"两会"专报编制手册》《"两会"服务纪律要求》，即是多年来服务工作中形成的工作规范和管理制度。

（2）部委分馆

国家图书馆部委分馆是国家图书馆借鉴日本国立国会图书馆的支部图书馆设立模式，于1999年创建的。第一家国家图书馆部委分馆是原国家图书馆人事部分馆。截至2017年底，国家图书馆部委分馆已达16家（具体参见表3-4）。

表3-4　国家图书馆部委分馆一览表

序号	名称	创建时间
1	国家图书馆人事部分馆 （现已更名为国家图书馆人力资源和社会保障部一分馆）	1999年
2	国家图书馆宏观经济分馆	2000年
3	国家图书馆劳动和社会保障部分馆 （现已更名为国家图书馆人力资源和社会保障部二分馆）	2001年
4	国家图书馆中共中组织部分馆	2003年
5	国家图书馆财政部分馆	2004年
6	国家图书馆中国民航分馆	2006年
7	国家图书馆民政部分馆	2008年
8	国家图书馆交通运输部分馆	2009年
9	国家图书馆中央社会主义学院分馆	2010年
10	国家图书馆中央编办分馆	2010年
11	国家图书馆国家行政学院分馆	2010年
12	国家图书馆水利部分馆	2010年
13	国家图书馆全国政协机关分馆	2011年
14	国家图书馆团中央分馆	2013年
15	国家图书馆农业部分馆	2014年
16	国家图书馆人民法院分馆	2015年

国家图书馆部委分馆的创建理念是致力于在国家图书馆与中央国家机关信息服务机构之间，实现人力资源、文献信息资源的共建与共享。与日本国立国会

图书馆的支部图书馆模式相比,中国国家图书馆部委分馆模式具有如下特点:

其一,国家图书馆与部委分馆之间的人财物各自独立,没有行政上的隶属关系,只在业务上建立指导与被指导的合作关系。

其二,部委分馆是国家图书馆服务中央和国家领导机关的前沿窗口。部委分馆在直接服务于本部委的领导和各司局的同时,也与国家图书馆合作,为本部委的法规和政策制定提供文献信息保障服务。

其三,部委分馆的资源收藏以服务于本部委职责需求为目的,具有专题性收藏的特色。因此,部委分馆的建设也是国家图书馆馆藏资源建设的延伸,是国家图书馆以部委分馆为依托开展专题资源建设的重要基地。

自 2011 年起,为了不断深化合作关系,国家图书馆与部委分馆在原有"一对一"定期交流沟通机制基础上,建立了"一对多"的年度"联席会议"机制。开展年度工作总结,讨论业务发展中出现的困难和问题,共商下一年度工作计划。有效的协调沟通工作机制的建立,不仅将国家图书馆与部委分馆之间密切联系在一起,同时也成为国家图书馆与部委分馆之间的重要沟通渠道,从而促进了国家图书馆辅助部委分馆创建更多适合其部委需求的服务项目和服务产品。这些服务项目和产品既包括了传统基础性的馆际文献互借、图书借阅和证卡办理,也包括近年来创新推出的资源联合采购,部委分馆改扩建方案制订和论证等新的服务项目。特别是伴随着部委分馆的建设,一批服务各部委的国家图书馆立法决策服务平台也相应建设并开展服务。立法决策服务平台在各部委的建立,不仅仅提高了国家图书馆为相关中央国务院部委的服务效率,而且在建设国家图书馆立法决策服务平台的同时,也将舆情监测、移动数字图书馆、电子触摸屏等新型信息服务产品联动推送到部委分馆,直接服务于相关部委的决策领导。

(3)国家图书馆立法决策服务平台

国家图书馆立法决策服务平台是以传统文献信息资源为基础,通过互联网和数字图书馆技术,将多种类型资源进行整合并提供给中央国家机关用户的信息服务系统。该平台于 2008 年 12 月正式发布,截至 2017 年,已建成面向中央编办、全国人大、全国政协、民政部、人力资源与社会保障部、国家发改委、财政部、交通部、农业部、最高人民法院等中央国家机关的国家图书馆立法决策服务平台。

国家图书馆立法决策服务平台具有综合性的特点。首先是平台系统的综合性,该平台集个性化门户系统、全文数据库系统、全文数据网关系统、文本挖掘系统、授权访问系统和内容协作管理系统于一体;其次是资源的综合性,即将国家图书馆专为服务对象定制的个性化资源和国家图书馆自建专题资源库、外购数据库资源统一集中在该平台上,用户可以通过一站式检索实现对该平台资源的使用;第三是服务方式的综合性,平台将书目推荐、国图决策参考、部级领导干部历史文化讲座、专题数字化服务平台、网上咨询等多种服务方式整合集中,为用户提供服务;第四是平台直接嵌入服务对象内网办公系统平台,实现了国家图书馆立法决策服务平台与中央国家机关内网平台的深度融合。国家图书馆立法决策服务平台的建设和开通,源于对中央国家机关需求的把握,丰富了国家图书馆为中央国家领导机关的服务手段,是国家图书馆面向单一特定服务对象向系统服务对象转变的重要标志。

(4)部级领导干部历史文化讲座

国家图书馆的讲座由文津讲坛、部级领导干部历史文化讲座(以下简称"部长讲座")和国图公开课组成。三个系列的讲座互为支持,在宣传图书馆社会教育功能、拓展图书馆服务领域等方面,产生了良好的效果。部长讲座是国家图书馆系列讲座的重要组成部分,创建于 2002 年,听众为在北京的副部级以上领导干部,由中央国家机关工委、文化部、中国社会科学院联合主办,国家图书馆承办。讲座选题分为中外历史、哲学文化、民族宗教、文学艺术、时事政治、社会经济六大类,主讲人均为国内外著名学者。截至 2017 年 12 月,总计举办 255 场,听讲部级领导干部逾 20 000 人。部长讲座创建十余年至今影响力不减,听众数量稳步增长,其原因可从主客观两个方面分析。从客观角度看,中国目前所处的国内外发展环境错综复杂,处于治国理政岗位的部级领导干部需要不断学习新知识、提高治国理政能力,部长讲座适应了中国发展的现实需求。从主观因素看,首先,部长讲座以国家重大方针政策制定的现实性需求作为选题策划的定位点,通过为部长们策划不同的讲座内容,实际上已使讲座本身成为国家图书馆服务国家立法决策的重要服务方式;其次,国家图书馆作为部长讲座的承办者,成为沟通决策者和学者的重要桥梁,部长讲座也成为学者思想智慧转换为部级领导干部决策思想的重要平台。如有关中国海疆海域选题中的"拥抱蓝色的海洋"

"南海问题的若干观察与分析",有关中国陆路边疆选题中的"构建中国的和谐周边与和谐边疆""国际视野下的西藏问题""中国西南边疆的形成及历史特点"和"高句丽与高句丽历史研究"等讲座,为部级领导干部从中国历史的角度认识中国与周边国家的关系,从国际视野反思中国民族政策、边疆政策提供学习和参考。

3. 立法决策服务保障机制

(1)立法决策服务规章制度

立法决策服务规章制度的建立是确保国家图书馆立法决策服务工作科学、规范、有效的重要保障。国家图书馆有关立法决策服务规章制度主要分为两类,即基础保障性制度和核心保障性规章制度。

基础保障性规章制度主要是从文献信息资源的采购、借阅和利用等业务环节进行制度建设和业务规定。这些规定主要包括《国家图书馆文献采选条例》《国家图书馆缴送工作管理办法》《国家图书馆特殊文献购买管理办法》《国家图书馆读者证卡管理办法》《国家图书馆基藏库入库证和参考咨询工作证管理办法》《国家图书馆文献利用条例》《国家图书馆文献利用数量规定》等。《国家图书馆文献采选条例》明确规定国家图书馆的职责定位、文献类型、采购渠道、文献用途、文献采选的总原则、具体原则、文献登记以及图书馆员素质要求等。该条例的第一条就开宗明义:国家图书馆是综合性研究图书馆,担负建设国家总书库以及为中央和国家领导机关立法与决策、重点科研、教育、生产单位和社会公众服务的职责。第五条则说明文献采选的总原则是中文求全,外文求精;国内出版物求全,国外出版物求精;多品种,少复本。国内出版的各文种、各类型、各载体文献应全面采集,尽可能保证入藏品种和版本的齐全,以履行国家总书库的职能并成为中国文献提供的最终基地;世界各国和各地区出版的有代表性的、有较高学术性和参考价值的文献应重点采选,以满足为中央和国家领导机关立法与决策、重点科研、教育、生产单位服务的需要。正是这些规定,确保了国家图书馆作为国家总书库的职责发挥,同时也为立法决策服务工作提供丰富的资源保障。

核心保障性规章制度主要包括《国家图书馆为中央国家机关立法决策服务工作条例》《国家图书馆为中央国家机关立法决策服务保密工作管理办法》《国家图书馆部委分馆管理办法》和《国家图书馆立法决策服务项目收费标准规定》

等馆级规章制度,以及有关节假日值班、网络信息安全管理、"两会"服务值班、《部级领导干部历史文化讲座工作手册》等部门一级的规章制度。

在《国家图书馆为中央国家机关立法决策服务工作条例》中(以下简称"《条例》"),主要对国家图书馆开展为中央国家机关立法决策服务的宗旨、服务对象、任务承接与办理、咨询服务规范、咨询档案的填写与管理等做出明确规定。《条例》总则中明确该《条例》的宗旨是"为全面履行国家图书馆为中央国家机关立法决策服务的重要职能,推动和促进中央国家机关制订国家大政方针的科学化和民主化进程,确保国家图书馆高质量完成为中央国家机关立法决策提供文献信息咨询服务",同时对国家图书馆立法决策服务对象明确做出规定。

在《国家图书馆部委分馆管理办法》中,则对"国家图书馆部委分馆的界定、国家图书馆部委分馆名称的表述、国家图书馆部委分馆的建立、国家图书馆部委分馆的运行机制、国家图书馆部委分馆的管理"做出了明确的规定。

针对国家图书馆立法决策服务工作应开展的有偿服务,在《国家图书馆立法决策服务项目收费标准规定》中也做了细致规定。

上述国家图书馆制定的馆级和部门级的立法决策服务规章制度,是伴随着国家图书馆立法决策服务业务的发展而逐渐建立和完善的。这些规章制度,将国家图书馆立法决策服务工作所涉及的各个业务环节和流程,通过制度化的方式固定下来,保证了立法决策服务工作有章可循,有据可依,为该项服务工作管理科学化和规范化提供制度性的保障。

(2)立法决策服务协调机制

建设立法决策服务的协调机制是立法决策服务保障机制的重要组成部分。国家图书馆在立法决策服务的协调机制建设方面主要体现在对内和对外两个方面。对内是以"立法决策服务部"为专职服务机构、馆内其他业务部门辅助配合的协调合作服务机制;对外,则通过成立"国家图书馆国情咨询顾问委员会""国家图书馆国情咨询专家委员会",建立"国家图书馆信息联络员制度",面向全国副省级以上公共图书馆建设"全国省级公共图书馆决策咨询服务协作平台"等,实现立法决策服务的协调、沟通和保障。

国家图书馆国情咨询顾问委员会和国家图书馆国情咨询专家委员会是国家图书馆为全面加强国家图书馆立法决策服务工作于2010年6月正式组建的。国情咨询顾问委员会聘请长期在党政军领导机关工作、具有较高政策理论素养的领导同志担任国情咨询顾问,首批聘请顾问34位。国情咨询专家委员会聘请学养深厚、在相关学科领域具有广泛影响力的专家学者担任国情咨询专家,首批聘请专家19位。

国情咨询顾问围绕国家大政方针和法律法规制定过程中的重点问题、热点问题提出立法决策服务咨询建议,为国家立法和重大方针政策制定提供科学依据。国情咨询专家为国家图书馆立法决策服务工作提供专业咨询,为国家立法决策的科学化、法制化、民主化进程提供参考。国情咨询顾问委员会和国情咨询专家委员会对于国家图书馆开展立法决策服务工作起到了"智囊团"和"思想库"的作用,在帮助国家图书馆进一步深化立法决策服务职能、拓展服务领域、提高服务水平、推进国家立法决策的科学化方面起到了重要作用。

在国务院组成部委建立信息联络员制度,是国家图书馆在国家图书馆与国家立法决策机构之间建立的有效沟通机制。2010年6月,由国务院法制办主办,在国家图书馆召开的"政府立法咨询服务座谈会"上,与会国务院各组成部委政策法规司的负责同志,共同确定了深化国务院组成部委与国家图书馆在国家立法和大政方针决策过程中的信息保障与服务沟通机制,由国务院组成部委的相关司局指定专人,负责与国家图书馆的联络,即为信息联络员制度的建立。信息联络员的职责主要是每年定期与国家图书馆沟通所在部委的法规政策制定计划,协调国家图书馆立法决策服务过程中出现的问题。该制度的建立在提高国家图书馆为国务院组成部委的立法和决策服务的针对性和工作效率上,起到了重要的桥梁作用。

"全国省级公共图书馆决策咨询服务协作平台"旨在通过国家图书馆与全国省级公共图书馆,以及省级公共图书馆之间的相互协作,共同构建面向各级立法决策领导机关的图书馆业界服务协作网络。该平台是国家图书馆根据国家立法决策机构的需求特点和全国公共图书馆决策咨询服务业务发展需要,于2013年正式启动建设的。协作平台既是国家图书馆联合省级公共图书馆服务各级政府立法决策机构的前沿窗口,同时也是国家图书馆与省级公共图书馆沟通协作联动服务各级立法决策机构的重要机制。

成立国家图书馆国情咨询顾问委员会、国家图书馆国情咨询专家委员会,建立国家图书馆信息联络员制度和全国省级公共图书馆决策咨询服务协作平台，是国家图书馆为保障立法决策服务工作的有序开展而在协调沟通机制方面所做的努力和尝试。

三、中国国家图书馆立法决策服务的特点

中国国家图书馆职责中明确规定"为国家立法、政府决策提供文献信息保障"，"为文化、教育、科研机构及企事业单位等组织和社会公众提供文献信息与参考咨询服务"，"开展图书馆事业发展研究与业务研究，为国家制定图书馆事业发展政策提供建议"，"为全国各级各类图书馆提供业务指导及文献与技术支持，促进图书馆间的交流与协作"。2017 年，全国人大常委会审议通过的《中华人民共和国公共图书馆法》以法律条文方式对国家图书馆的立法和决策服务职责进一步做出明确规定。中国国家图书馆的职责与其兼具国家图书馆和议会图书馆的双重属性，决定了中国国家图书馆立法决策服务的特点。

1. 服务对象的广泛性

中国国家图书馆立法决策服务对象包括党和国家领导人、中共中央、全国人大常委会、国务院、全国政协、中央军委、最高人民法院、最高人民检察院，中华全国总工会、中国共产主义青年团和中华妇女联合会等社会团体。涵盖执政党机关、军事机关、国家主席、国家权力机关、国家行政机关、国家审判机关、国家检察机关、人民政协机关和社会团体机关等全部国家机构。服务对象如此广泛，以及服务用户的多层级性、多维度性和多机构交织的特点，在世界国家图书馆中是很少见的。

2. 服务内容的现实性

服务内容的现实性，是具有服务于国家立法和决策职责的国家图书馆共有的特点。国家图书馆的设立本身就具有国家性，无论是作为国家总书库履行传承文明保护国家文化遗产的作用，还是以总书库为基础，服务国家、社会和民众，其总体上都是服务于国家的利益，服务于国家的发展。因此，承担履行国家立法和政府决策的立法和决策机构，其需求也必为国家所需。从美国国会图书馆、日本国立国会图书馆和英国议会图书馆的服务来看，都充分体现了这一特点。同样，服务内容现实性的特点亦贯穿中国国家图书馆立法决策服务发展的全过程。

3. 服务项目的多元性

从总体上看中国国家图书馆的服务项目已形成多元性的特征,这也是与美国、日本国会图书馆、英国议会图书馆具有的共同特征。例如:专题咨询、书目推荐、决策参考(信息专报)、参考阅览、专题讲座、用户培训、文献展览、预测研究、媒体监测、专题数据库、集成性数字化服务平台等。多元性服务项目形成的核心基础是文献信息资源,这是国家图书馆开展立法决策服务工作赖以生存的重要前提。同时,互联网计算机技术快速融入图书馆的建设与发展,中国政府电子政务工程的建设,国家立法和决策机构的与时俱进的需求,均是中国国家图书馆开发多元化的立法决策服务项目的动因。

4. 图书馆业界的示范性

图书馆业界的示范性是中国国家图书馆的立法决策服务区别于美、日两国国会图书馆和英国议会图书馆为国家立法和政府决策服务的最独特之处。中国国家图书馆开展的"两会"服务、部委分馆、新书推荐、国家图书馆立法决策服务平台、部级领导干部历史文化讲座等服务项目,自创建以来,即为图书馆业界所仿效。仅从"两会"服务一个项目看,截至2017年,全国32个省、自治区、直辖市的公共图书馆中(不含香港、澳门两个特别行政区),已有近90%的公共图书馆开展过面向地方人大和政协的"两会"服务。其中,浙江图书馆在多年开展的"两会"服务实践基础上,以省、市、区、县四级公共图书馆联动方式,形成服务有策划、过程有组织、成果有评价的规范管理模式。"两会"服务已形成以国家图书馆为牵引、地方省市级公共图书馆与国家图书馆互为联动的全国公共图书馆的立法决策服务项目。

第四节　中国国家图书馆立法决策服务发展展望

中国国家图书馆的立法决策服务与中国所处的国际环境和现阶段的特殊国情密切相关。不断拓展和提升立法决策服务能力,为国家立法和决策提供智力支持,既是国家发展的需要,也是中国国家图书馆立法决策服务自身发展的内在要求。

一、立法决策服务发展的影响因素

1. 国内外形势与问题

国家图书馆为国家立法和决策服务的职能定位,本质上是服务于国家利益的现实需要。这种现实需要首先是对国际形势和中国在国际社会所处的位置有一个基本判断,同时对我国自身发展阶段存在的问题也要有清醒的认识。

从国际形势来看,"和平与发展的时代主题没有变,世界多极化、经济全球化、文化多样化、社会信息化深入发展,世界经济在深度调整中曲折复苏,新一轮科技革命和产业变革蓄势待发,全球治理体系深刻变革,发展中国家群体力量继续增强,国际力量对比逐步趋向平衡。同时,国际金融危机深层次影响在相当长时期依然存在,全球经济贸易增长乏力,保护主义抬头,地缘政治关系复杂变化,传统安全威胁和非传统安全威胁交织,外部环境不稳定不确定因素增多"[46]。中国既要在如此多变复杂的国际环境中努力发展自己,同时还要在发展中不断巩固自身的国际地位。因此,要对多极化的世界、全球化的经济、多元化的文化和信息化的社会进行深入研究,要在新一轮科技革命和产业变革蓄势待发之际找出自己的发力点,要在地缘政治关系复杂变化的形势下制定国家安全战略,所有这些都是中国党和政府巩固改革开放成果、进一步发展壮大中国国力所需要弄明白的国际主题。

对于现阶段国内发展存在的问题,党的十九大报告中做了非常明确的概括,即"发展不平衡不充分的一些突出问题尚未解决,发展质量和效益还不高,创新能力不够强,实体经济水平有待提高,生态环境保护任重道远;民生领域还有不少短板,脱贫攻坚任务艰巨,城乡区域发展和收入分配差距依然较大,群众在就业、教育、医疗、居住、养老等方面面临不少难题;社会文明水平尚需提高;社会矛盾和问题交织叠加,全面依法治国任务依然繁重,国家治理体系和治理能力有待加强;意识形态领域斗争依然复杂,国家安全面临新情况;一些改革部署和重大政策措施需要进一步落实;党的建设方面还存在不少薄弱环节"[47]。这些问题总体上可以梳理为发展不平衡、生态环境、社会民生、社会文明、社会矛盾、依法治国、意识形态、重大改革以及党的建设等关键词。

2. 中国发展的内在需求

国际复杂多变的形势和国内存在的上述问题,是中国共产党和政府带领中国人民实现两个一百年"中国梦"所面临的现实问题。我国自 1978 年改革开放以来的快速发展,得到了国际社会的肯定,但是如何在国际环境中为自身的发展营建一个和平发展的环境,如何在自身快速发展过程中解决前所未有的困难和问题,则需要从国家层面进行战略布局并制定切实可行的具体措施,这是我国现阶段发展的内在需求,也是国家立法和政府决策机构对于国家图书馆开展立法决策服务的内在需求所在。从总体上看,这种需求主要表现在如下几个方面:

第一,思想理论。中华传统文化在中华民族历史发展中发挥了凝聚民族力量、传承民族精神、壮大民族发展的重要作用。中华文明绵延发展5000年不断,为世界文明发展史所仅见。但是历史发展到今天,特别是中国改革开放以来,中西文化对撞、多种理论思潮并存,需要吸收世界不同国家、不同民族的文化精髓,研究新思想,解决新问题。这是解决现阶段我国社会经济快速发展过程中存在问题的最重要内在需求。

其二,法律制度。中国的改革开放是在面向世界开放的国际语境下进行的。改革开放涉及政治体制、经济建设、社会发展等各个领域。在充分发挥社会主义制度优越性的前提下,既有法律规章制度仍需要不断补充、修订和完善,以适应新的发展需要。我们可以从全国人大连续多年的立法计划和原国务院法制办①立法工作计划中,看到国家在法律法规制定方面的努力。

其三,经验教训。中国共产党人现在所进行的改革事业前所未有。发达国家的先进经验,特别是与我国当今发展时期曾经有过相似阶段的其他国家的建设发展经验,更具有可比性和可操作性。当然,先进的现代科学技术,也是我们必须积极学习和掌握的。

3. 依法治国的政策环境

中国经过改革开放近40年的探索和实践,综合国力和人民生活水平不断提高。党的十八大以来,以习近平同志为首的党中央制定"全面建成小康社会、全面深化改革、全面依法治国、全面从严治党"的"四个全面"的战略布局。全面依法治国是全面深化改革的法治保障,着眼于解决法治与人治的关系问题,实现党和国家长治久安。实现依法治国的目标既要在法律规范、法治实施、法治监督、

---

① 2018年3月,根据第十三届全国人民代表大会第一次会议批准的国务院机构改革方案,将国务院法制办公室的职责整合,重新组建中华人民共和国司法部,不再保留国务院法制办公室。

法治保障等方面形成中国特色的法律体系,同时还要实现法治国家、法治政府和法治社会的一体化建设。推进依法治国,更要求立法工作的精细化,需要不断健全依法决策机制,建设完备的法律服务体系。虽然,2011 年 3 月 10 日,全国人大常委会委员长吴邦国在十一届全国人大四次会议上宣布,"一个立足中国国情和实际、适应改革开放和社会主义现代化建设需要、集中体现党和人民意志的中国特色社会主义法律体系已经形成",但是除现行《宪法》外,我国现行有效的法律还远远不能满足党中央"四个全面"战略布局的需要。截至 2016 年 12 月底,中国除现行《宪法》外,现行有效的法律共 256 件[48]。目前,据笔者不完全统计,我国现行有效的宪法相关法约 40 部,民法商法 30 余部,行政法 85 部左右,经济法 65 部左右,社会法 20 部左右,诉讼与非诉讼程序法 10 余部。可以看出,我国法律资源分享和配置格局与党中央"四个全面"的战略布局的需要,还存在一定的距离。

上述三个重要影响因素,既是中国国家图书馆深化和创新立法决策服务工作的困难和压力,也是全面提升立法决策服务能力的挑战和机遇。

二、立法决策服务发展的战略目标

2017 年 11 月 4 日,第十二届全国人民代表大会常务委员会第三十次会议通过的《中华人民共和国公共图书馆法》将"为国家立法和决策服务"明确为国家图书馆职能之一。至此,国家图书馆立法和决策服务从国家法律层面具有了制度基础。而中国深化改革开放发展的内在需求,党中央"四个全面"的战略布局,都对国家图书馆的立法决策服务提出更高的时代要求。

1. 国家智库服务体系的重要组成部分

2012 年 11 月,党的十八大报告在论述"坚持走中国特色社会主义政治发展道路和推进政治体制改革"中提出:"坚持科学决策、民主决策、依法决策,健全决策机制和程序,发挥思想库作用";2013 年 4 月,习近平总书记对建设中国特色智库做出重要批示,其后,党的十八届三中全会(2013 年 11 月)、中央全面深化改革领导小组第六次会议(2014 年 10 月 27 日)又分别对建设中国特色新型智库进一步明确提出了要求,2015 年 1 月 20 日,中共中央办公厅、国务院办公厅正式印发《关于加强中国特色新型智库建设的意见》(以下简称《意见》)。《意见》明确建设中国特色新型智库的重要意义是"党和政府科学民主依法决策的重要支撑"，"国家治理体系和治理能力现代化的重要内容"，"国家软实力的重要组成部分"，它的宗旨是服务党和政府科学民主依法决策。

中央有关建设中国特色的新型智库的指示精神，为中国国家图书馆立法决策服务职能的履行提供了新的发展契机。作为国家图书馆，应以《意见》的"积极推进不同类型、不同性质智库分类改革，科学界定各类智库的功能定位"为指导，从国家级智库的角度深化理解中国国家图书馆"为国家立法和决策服务"的职能，将国家图书馆作为"党政部门、社科院、党校行政学院、高校、军队、科研院所和企业、社会智库"的中国特色新型智库体系的组成部分，从顶层设计开始，把国家图书馆为国家立法和决策服务作为"十三五"期间国家图书馆的中心工作，在管理体制、制度保障、组织领导等方面，做好规划，推进立法决策服务工作的深化和发展。力争通过五年的努力，将国家图书馆建设成支持国家立法决策的新型智库。

2. 国家文献信息服务的战略储备基地

作为国家智库服务体系的重要组成部分，其在国家新型智库体系中的特色在于其国家图书馆的文献储备以及基于文献信息所提供的全面、独立、客观的文献信息咨询服务。在未来发展中，中国国家图书馆除切实履行"承担国家文献信息战略保存、国家书目和联合目录编制"职能外，还应力争在馆藏文献储备方面实现全面性与专业性相结合，综合性与专题性相结合，传统纸质文献与数字多媒体信息相结合。将专业性和专题性文献的建设、开发与服务，作为提升文献信息储备品质、展现为国家立法和决策服务支撑保障能力的重要任务。依托专职立法决策服务机构，建设并形成适合国家立法和决策需求的专题资源和服务产品，使国家图书馆成为具有较高保障能力和保障水平的立法决策文献信息资源基地。

3. 国家立法决策与社会需求的转换平台

作为国家图书馆，其立法和决策服务职能不仅仅表现在为中央国家领导机关的立法和大政方针政策制定提供服务上，还表现在通过为社会公众提供服务，实现对国家法律政策的宣传和教育上。同时也将社会公众对党和国家治国理政方针的认识，对于中国在现代化发展进程中所出现问题的关注，作为理解党和国家制定政策、立法立规的切入点。可以说,百姓关心的问题也是党和政府关心的问题,也是推动国家立法和政策制定的牵引力之一。国家图书馆在服务于国家立法决策和社会公众的双面角色中,实际上成为国家立法决策与社会需求的转换平台。美国国会图书馆、日本国立国会图书馆和英国议会图书馆,在致力于为国会服务的同时,也积极推出面向社会公众的服务项目和宣传教育。通过"走进国会"、举办各类培训、讲座和展览等项目,让更多的读者和社会公众了解国会的职能,认识国会履行职责的过程实际上是与每一位公民的利益息息相关。对这个转换平台的建设,是国家图书馆全面提升立法决策综合服务能力的当然内容。

三、立法决策服务发展的行动计划

吸收借鉴美国、英国和日本的有益经验和做法,结合党和政府在新时代的要求,国家图书馆应按照《国家图书馆"十三五"规划纲要》要求,主动将立法决策服务与国家和社会的发展方向结合起来,与党和国家重大决策需求结合起来,与国家立法决策部门的重点工作结合起来,全流程嵌入立法决策过程,有针对性地不断升级立法决策服务。

1. 提升立法决策文献保障能力

以中国国家图书馆馆藏文献为依托,兼及世界主要国家图书馆及网络文献资源,加强立法决策服务相关文献的收集与整理工作,特别是依托中国国家图书馆海外中国问题研究中心、中国边疆文献研究中心,提升为国防、外交等国家重大决策提供文献支撑保障的能力,使国家图书馆成为具有较高保障能力和保障水平的立法决策文献信息资源基地。在既往整理完成的《钓鱼岛图籍录》《南海诸岛图籍录》基础上,继续中国边疆文献文库的建设工作。

2. 提升立法决策研究支撑能力和服务能力

紧紧围绕党和政府决策急需的重大课题和重点领域,开展前瞻性、针对性、储备性政策研究,通过与国务院研究室、国家海洋局等智库机构的合作,对经济社会发展中的热点问题、国家海疆海域领域前沿问题,开展国家战略文献的整理研究。通过与中央和国家机关所属政策研究机构的密切合作,直接介入国家立法和决策过程,为党和国家工作大局提供专业化文献信息服务。通过与国外重要智库机构的合作,及时掌握智库机构的研究成果,特别是这些机构有关中国问题的研究成果,既可以补充中国国家图书馆馆藏在特殊类型的文献信息资源领域收藏的薄弱缺项,同时可为国家立法和政府决策提供相对客观、理性的研究建议,也有助于推动立法和决策工作的科学化和民主化。

3. 完善立法决策服务机制

充分发挥国家图书馆国情咨询顾问委员会和国家图书馆国情咨询专家委员会的作用,建立对国家政治外交大局变化的快速响应机制,与国务院各部委建立有效的信息沟通和日常联系机制,加强部委分馆建设,为国家政治、经济、文化、社会和生态等重点领域和重大问题提供热点研判和及时服务响应。

4. 健全全国立法决策服务网络

依托全国省级公共图书馆决策咨询服务协作平台,通过合作共建、资源共享、交流研讨,建立起与各省级公共图书馆之间的立法决策联合服务机制,为各级图书馆服务地方立法决策提供有效支持。

参考文献

[1 - 2] 卢海燕. 国外图书馆法律选编[G]. 国家图书馆立法决策服务部,编译. 北京:知识产权出版社,2014:102.

[3] 中华人民共和国公共图书馆法[EB/OL]. [2018 - 05 - 09]. http://www. npc. gov. cn/npc/xinwen/2017-11/04/content_2031427. htm.

[4] Library of Congress Strategic Plan. FY2016 Through FY2020 serving the congress and the nation. [EB/OL]. [2017 - 06 - 07]. https://www. loc. gov/portals/static/about/documents/library_congress_stratplan_2016-2020. pdf.

[5] 中国大百科全书数据库(第二版). 立法[EB/OL]. [2016 - 09 - 12]. http://dportal. nlc. cn:8332/zylb/zylb. htm#.

[6] 中国大百科全书数据库(第二版). 决策[EB/OL]. [2016 - 09 - 12]. http://dportal. nlc. cn:8332/zylb/zylb. htm#.

[7 - 8] Library of Congress Organizational Chart[EB/OL]. [2018 - 05 - 09]. https://www. loc. gov/portals/static/about/documents/lcorgchart_072817. pdf.

[9] CRS Annual Report Fiscal Year 2016[EB/OL]. [2017 - 05 - 29]. https://www. loc. gov/crsinfo/about/crs16_annrpt. pdf.

[10 - 12][16] Annual Report of the Librarian of Congress for the Fiscal Year Ending September

30,2016［EB/OL］.［2018 – 05 – 09］. https://www. loc. gov/portals/static/about/reports-and-budgets/documents/annual-reports/fy2016. pdf.

［13］CRS Annual Report Fiscal Year 2015［EB/OL］.［2018 – 05 – 10］. https://www. loc. gov/crsinfo/about/crs15_annrpt. pdf.

［14］CRS Annual Report Fiscal Year 2016［EB/OL］.［2018 – 05 – 10］. https://www. loc. gov/crsinfo/about/crs16_annrpt. pdf.

［15］CRS Annual Report Fiscal Year 2017［EB/OL］.［2018 – 05 – 10］. https://www. loc. gov/crsinfo/about/crs17_annrpt. pdf.

［17］卢海燕.国外图书馆法律选编［G］.国家图书馆立法决策服务部,编译.北京:知识产权出版社,2014:485 – 526.

［18］国立国会図書館組織図［EB/OL］.［2018 – 05 – 09］. http://www. ndl. go. jp/jp/aboutus/outline/organizationtree. html.

［19］国立国会図書館総務部編集. 国立国会図書館年報 平成 28 年度,2017:91［EB/OL］.［2018 – 05 – 10］. http://dl. ndl. go. jp/view/download/digidepo_11002781_po_nen28. pdf?contentNo = 1&alternativeNo = .

［20］卢海燕.国外图书馆法律选编［G］.国家图书馆立法决策服务部,编译. 北京:知识产权出版社. 2014:110.

［21］国立国会図書館総務部編集. 国立国会図書館年報 平成 20 年度,2008:17［EB/OL］.［2018 – 05 – 10］. http://dl. ndl. go. jp/view/download/digidepo_1000782_po_nen20. pdf?contentNo = 1&alternativeNo = .

［22］国立国会図書館総務部編集. 国立国会図書館年報 平成 28 年度,2017:95［EB/OL］.［2018 – 05 – 10］. http://dl. ndl. go. jp/view/download/digidepo_11002781_po_nen28. pdf?contentNo = 1&alternativeNo = .

［23］国立国会图书馆.行政・司法各部门支部图书馆要览:平成 17 年度版［M］.东京:国立国会图书馆,2006:6 – 8.

［24］金凤吉. 日本国立国会图书馆的支部图书馆制度［J］.北京图书馆刊,1999(2):94 – 101.

［25］国立国会図書館総務部編集. 国立国会図書館年報 平成 23 年度,2011:26［EB/OL］.［2018 – 05 – 10］. http://dl. ndl. go. jp/view/download/digidepo_4020281_po_nen23. pdf?contentNo = 1&alternativeNo = .

［26］国立国会図書館総務部編集. 国立国会図書館年報 平成 28 年度,2017:99［EB/OL］.［2018 – 05 – 10］. http://dl. ndl. go. jp/view/download/digidepo_11002781_po_nen28. pdf?

contentNo = 1&alternativeNo = .

[27] 国立国会図書館総務部編集. 国立国会図書館年報 平成 27 年度,2016:25[EB/OL]. [2018 - 05 - 10]. http://dl. ndl. go. jp/view/download/digidepo_10224291_po_nenpo27. pdf? contentNo = 1&alternativeNo = .

[28] 李嘉,卢海燕. 英国议会信息服务调查报告[R]//国家图书馆立法决策服务部. 图书馆立法决策服务工作调研报告. 北京:国家图书馆出版社,2014:54.

[29] House of Commons[EB/OL]. [2018 - 05 - 09]. http://www. parliament. uk/business/commons/.

[30] House of Lords Library Impact Report 2014 - 2015[EB/OL]. [2016 - 04 - 03]. http://www. parliament. uk/lords-library.

[31] Key Issues for the 2015 Parliament[EB/OL]. [2016 - 04 - 03]. http://www. parliament. uk/business/publications/research/key-issues-parliament-2015/.

[32] House of Commons Administration Act 1978[EB/OL]. [2016 - 06 - 12]. http://www. publications. parliament. uk/pa/cm197879/cmacts/036/19780036. htm.

[33] Data Protection Act[EB/OL]. [2016 - 06 - 12]. http://www. legislation. gov. uk/ukpga/1984/35/pdfs/ukpga_19840035_en. pdf.

[34] Your Right to Know-Freedom of Information[EB/OL]. [2016 - 06 - 12]. https://www. gov. uk/government/uploads/system/uploads/attachment_data/file/272048/3818. pdf.

[35] Freedom of Information Act[EB/OL]. [2016 - 06 - 12]. http://www. legislation. gov. uk/ukpga/2000/36/contents.

[36] Membership of the 115th Congress:a profile[EB/OL]. [2017 - 06 - 02]. https://www. senate. gov/CRSpubs/b8f6293e-c235-40fd-b895-6474d0f8e809. pdf.

[37] 会派名及び会派別所属議員数[EB/OL]. [2018 - 05 - 07]. http://www. shugiin. go. jp/internet/itdb_annai. nsf/html/statics/shiryo/kaiha_m. htm.

[38] House of Commons[EB/OL]. [2017 - 06 - 02]. http://www. parliament. uk/business/commons/.

[39] 国立国会図書館総務部編集. 国立国会図書館年報 平成 28 年度,2017:57[EB/OL]. [2018 - 05 - 10]. http://dl. ndl. go. jp/view/download/digidepo_11002781_po_nen28. pdf? contentNo = 1&alternativeNo = .

[40] Hiroyuki Okuyama. Major initiatives to improve the quality and value of the research service:current topics and challenges at the National Diet Library,Japan. Presentations from IFLA

PARL 2016 posted[EB/OL].[2016 - 09 - 11].http://www.ifla.org/node/10370.

[41] Membership of the House of Lords[EB/OL].[2016 - 09 - 11].http://www.parliament.uk/about/mps-and-lords/about-lords/lords-types/.

[42] 中华人民共和国宪法[EB/OL].[2018 - 05 - 09].http://www.npc.gov.cn/npc/xinwen/2018-03/22/content_2052621.htm.

[43] 胡锦涛在中国共产党第十八次全国代表大会上的报告[EB/OL].[2016 - 09 - 17].http://news.xinhuanet.com/18cpcnc/2012-11/17/c_113711665.htm.

[44] 中华人民共和国国家机构[EB/OL].[2018 - 05 - 10].http://www.china.com.cn/zhuanti2005/node_5176435.htm.

[45] 王磊,卢海燕.国家图书馆立法与决策服务十年历程回顾与思考[J].国家图书馆学刊,2008(1):10 - 15.

[46] 中共中央关于制定国民经济和社会发展第十三个五年规划的建议[EB/OL].[2017 - 06 - 06] http://news.xinhuanet.com/fortune/2015-11/03/c_1117027676.htm.

[47] 决胜全面建成小康社会　夺取新时代中国特色社会主义伟大胜利——在中国共产党第十九次全国代表大会上的报告(2017 年 10 月 18 日)[EB/OL].[2018 - 05 - 13].http://www.xinhuanet.com/2017-10-27.

[48] 中国法治建设年度报告(2016)[EB/OL].[2018 - 05 - 13].http://legal.people.com.cn/n1/2017/0614/c42510-29339803.html.

（执笔人:卢海燕　陈颖艳）

第四章　国家图书馆与国家创新发展

国家图书馆是一个国家重要的文化基础设施,也是支持国家创新发展的重要力量。世界各国国家图书馆的发展历程证明,国家图书馆在国家的智力资源建设、知识服务、教育科研、工商业发展和创新创业等方面发挥着不可替代的作用。中国国家图书馆同样在国家的科技驱动创新、建设创新性国家、支撑国家的"大众创业、万众创新"的进程中肩负着重要的责任和使命。

第一节　国家图书馆支撑国家创新发展的意义与作用

在知识经济时代,创新决定着一个国家的竞争力,创新与科技、企业、文化等要素密不可分。作为一个国家知识基础设施的重要组成要素,国家图书馆在国家创新发展过程中具有基础性的地位,有必要主动融入国家创新发展战略,通过其强大稳固的信息资源、全方位的信息服务和创新文化环境的培育,对创新起到支撑、保障和推进作用。

一、国家图书馆支撑国家创新发展的意义

1.体现国家图书馆的使命要求

国家图书馆必须在国家创新发展中积极发挥基础作用是由其性质和使命决定的。国家图书馆的建立与发展是建立在制度保障的基础之上,通常通过国家图书馆法确立,并由政府专门部门负责管理。在英国,根据 1972 年的《英国国家图书馆法》,英国国家图书馆由专门成立的国家图书馆理事会管理。《南非国家图书馆法》规定,南非国家图书馆的主管部门是艺术、文化与科学技术部,实际管理国家图书馆的是部长任命的国家图书馆理事会。中国国家图书馆在中华人民共和国成立后始终直属于国务院文化主管部门。作为国家制度层面的一环,国家图书馆与政府存在着密切的关系,为此,国家图书馆的使命与职能规定必然与

国家发展战略和需求相衔接。

英国国家图书馆将其使命划分为五个方面：保证后代对信息的获取，保证任何有研究需要的人对信息的获取，支持研究团体参与经济社会发展，丰富全国人民的文化生活，领导和共同参与人类知识的创新。这些使命都反映了英国国家图书馆在国家发展过程中通过发挥文化和知识的作用，推动实现国家社会经济各个层面的发展目标。美国国会图书馆 2016—2020 年战略规划提到"图书馆的产品和服务要结合国会重要事项和研究需要，配备专业人员，以更好地满足国会需求"。中国《国家图书馆"十三五"规划纲要》提出其建设和发展的指导思想是"顺应经济社会发展环境和人民群众精神文化需求的变化，秉持'传承文明，服务社会'的办馆宗旨，继承和发扬百年国图精神，以传承和弘扬中华优秀传统文化为主线，为加快构建现代公共文化服务体系，推动国家创新发展，实现中华民族伟大复兴的'中国梦'做出新的更大贡献"[1]。这些国家图书馆的发展规划都鲜明地指出了国家图书馆使命、职能与国家发展之间的高度相关性。

2. 增强图书馆系统的社会地位

创新驱动就是创新成为引领发展的第一动力。实现创新驱动是一个系统性的变革[2]。因此，建设国家创新体系是提高自主创新能力，支撑创新型国家发展和提升国家竞争力的战略性举措。国家创新体系是一个各类创新主体协同互动和创新要素顺畅流动、高效配置的生态系统，为创新驱动发展的实践载体、制度安排和环境提供保障。在这一系统中，一个国家的公共和私有部门等组成网络，通过良好的制度设计，各参与方紧密联系和协调互动，使得各类科技创新活动高效开展，加速新知识和新技术的创造、扩散和使用，提升自主创新能力，支撑引领经济和社会又好又快发展，增强国家的核心竞争力[3]。

国家创新体系包括知识创新系统、技术创新系统、知识传播系统和知识应用系统[4]。其中，科研机构和企业是知识创新和技术创新的主体；政府从总体制度上对科学技术知识的生产、扩散及其应用进行规划和引导；图书馆通过互联网将四大系统有机地联系在一起，使之形成互动关系，对信息资源配置进行宏观调控，协调系统间知识的互相转移，为知识创新、技术创新提供信息资源保障，使得国家创新体系具体化并具有实践意义。为此，政府可通过图书馆为各系统知识创新、技术创新提供资源保障，并在运行和动态中寻求资源和图书馆知识资本的最优配置。因此,图书馆在知识保存、管理、传播和服务方面,具有促进国家创新体系中知识流动、转化,推进知识经济发展的重要作用。

国家图书馆作为图书馆系统的引领者,其资源、技术和人力是其他类型图书馆无法比拟的。而国家图书馆既具有面向企业、高校、科研单位的情报研究职能,又具有面向社会公众的知识服务职能,同时还具有面向全国图书馆系统的行业指导职能。与其他图书馆相比,国家图书馆的这种多重功能使其更能够胜任国家创新系统中的协调者角色,特别是针对创新系统中知识流、文献信息流的协调治理。所以,国家图书馆积极融入国家创新发展战略中,能够增强图书馆系统整体的创新服务实力,并起到示范作用,使得图书馆系统更好地实现知识聚集、传播和服务作用,证明图书馆在国家创新发展战略中的价值所在。

3. 促进国家图书馆转型与变革

这些年来,国际图书馆界都在探索从以书为主体向以知识为主体的图书馆转型,其中最典型的是英国伦敦哈姆雷特区的"概念店"。1999 年,该馆放弃图书馆的名称,改称"概念店",与社区其他相关功能合作,形成集图书馆、信息、培训于一身的社区文化设施,在图书馆原有的借阅服务基础上举办社区学校,设立研讨空间、电脑教室、展示空间和舞蹈空间等,还配有咖啡、钢琴等休闲设施。"概念店"是 20 世纪末英国文化部发起的"人民的图书馆"运动的产物。该运动呼吁图书馆要加快转型,并融入互联网。"概念店"的成功为全球图书馆转型树立了样板,为塑造和培育第三代图书馆发挥了探索和示范作用。第三代图书馆将更加注重人的需求、可接近性、开放性、生态环境和资源融合,致力于促进知识流通、创新交流环境、注重多元素养和激发社群活力[5]。

第三代图书馆代表着未来图书馆的发展理念与方向,其内涵与国家创新发展战略相符合。从这一角度看,国家图书馆参与和支撑国家创新发展,也是其改革发展理念和服务模式,促进图书馆由"资源"向"知识"转型的历史契机。大多数国家的国家图书馆都承担着国家总书库的职能,同时也是国家的书目中心和文献传递中心。时至今日,收藏本国所有出版物和最大限度收藏世界范围内出版物仍然是国家图书馆的核心职能。资源的全面收藏是为后世保存本国文化遗产,但这并不是唯一目的。系统整理、挖掘和整合资源,并创新服务方式与环境,为当代用户提供开放、多元的知识查询与获取服务,满足其各种需求,实现知识的流动、共享与应用,继而创造出更多新知识,这才是知识螺旋式增长的良性循环过程。一方面,资源藏以致用,充分发挥了国家图书馆资源优势和价值;另一方面,知识创造与积累,为国家创新发展提供有力支撑。为此,国家图书馆有必要融入国家创新发展战略,以此为机遇,不断完善创新服务空间与设施及服务措施,促进自身的长远发展。

二、国家图书馆支撑国家创新发展的作用

国家图书馆在支撑国家创新发展过程中,主要起到资源与服务的基础保障作用,同时培育创新文化,促进创新思想的传播,为创新发展创造良好的外部环境,减少创新的非技术因素阻力。

1. 为国家创新发展提供基础保障

国家图书馆在资金、人力、物力、信息资源、服务能力等各个方面,通常都拥有其他类型图书馆和信息服务机构无可比拟的优势,在为全社会创新活动提供基础保障方面具备最为有利的客观条件。

在资金保障方面,国家图书馆有稳定的国家财政拨款。国家图书馆作为国家的文化象征和文化遗产保存机构,同时是国家公共文化体系的核心组成部分,是国家大力支持发展的重点对象。如 2010—2017 年,中国国家图书馆的年度财政预算由 3.73 亿元增长至 8.34 亿元;2014—2015 年,美国国会图书馆的预算经费由 8.3 亿多美元增长至 8.5 亿多美元(包括专用基金和非专用基金)[6];英国国家图书馆 2015 年财政拨款达到 11 700 多万英镑,其中 79% 的经费由英国文化、媒体和体育部(Department for Culture, Media and Sport, 简称DCMS)划拨[7]。国家图书馆因拥有国家财政作为稳定的资金来源,能够有效地支持各项业务和创新活动的开展,同时也可持续地与各类单位开展多方位的合作。

在信息资源方面,国家图书馆拥有国内最为丰富的馆藏。从收藏范围上看,国家图书馆全面收集保存本国出版物,广泛收集保存世界各国出版物。在时间跨度上,内容既包括古籍,也包括现当代出版物。同时国家图书馆还能够利用资金优势积极采购各类商业数据库,利用技术和资源优势自建各类特藏数据库。在内容形式上,馆藏资源的格式包括文本、图片、音频、视频等。国家图书馆通常是一个国家馆藏量最大的图书馆。例如,世界上最大的图书馆——美国国会图书馆,拥有全球范围内无与伦比的资源,各类藏品收集数量高达16 400多万件,包括3860多万件在编图书和其他470多种语言的印刷型资料,7000多万篇手稿,北美最大的珍稀图书馆藏,以及世界上最大的法律资料、地图、电影胶片、乐谱和有声资料馆藏[8];英国国家图书馆保存各类收藏15 000多万件,包括手稿、地图、报纸、杂志、版画和绘画、乐谱和专利等,保存藏品的书架,其长度超过625公里,并以每年12公里的速度在增长[9];截至2017年底,中国国家图书馆馆藏文献已达3768万件,并以每年近百万件的速度增长。宏富的馆藏资源规模使其得以为科研单位和其他各类机构的知识发现与创新提供有力保障。

在馆舍设备和人员方面,国家图书馆同样表现出强大的实力。在馆舍面积上,美国国会图书馆总建筑面积达32万平方米,主要由位于国会山上的三座建筑组成,分别是建于1897年、1938年和1981年的托马斯·杰斐逊大楼、约翰·亚当斯大楼和杰姆斯·麦迪逊纪念馆,另外还分别在马里兰米德堡和弗吉尼亚库尔佩珀的帕卡德校园建设了高密度存储书库与视听资料保存库[10]。位于伦敦的英国国家图书馆主馆建筑面积超过11.2万平方米,建筑高度达14层,地下5层,地上9层,是英国20世纪面积最大的公共建筑[11]。中国国家图书馆由早期的文津街旧馆,发展到现在的新馆南区和北区,总面积达28万平方米。各国家图书馆内设施优良,采用各类新技术,为用户提供最佳体验。国家图书馆工作人员数量众多,是为国家创新发展服务的重要智力资源。截至2017年底,中国国家图书馆总在编人员1511人,而2015年美国国会图书馆工作人员达3094人[12]。这些人员具有多样性的学科背景和技术能力,可以很好地为科研单位和其他各类机构开展服务。

在信息服务方面,国家图书馆一般都致力于保存、整理、宣传及提供本国文明记录,支持全国研究活动中的信息获取,支持其他情境下的信息获取等服务[13]。美国国会图书馆分七大部门实施其服务功能,即馆长办公室、国会研究服务部、美国版权办公室、法律图书馆、图书馆服务部、国内外业务拓展部及运作支持部,其中,国会研究服务部作为直接面向国会提供服务的核心部门,通过提供各种综合、可靠的法律研究以及及时、客观、权威和保密的分析,为国家立法服务;美国版权办公室通过管理和保持有效的国家版权系统促进创新,对原创作品的著作权登记来说至关重要;法律图书馆作为国会图书馆中最大的部门,主要收集外国、国际及比较法律资料,保管资料,并提供各项服务[14]。2015 年,美国国会图书馆到馆读者约 160 万人次,在线访问量 8610 万人次,页点击量 4.825 亿次;解答国会参考咨询请求 59 600 件,传递文献约 2040 卷;为个人读者提供各类参考咨询服务 45 742 人次;版权登记 44 312 件[15]。英国国家图书馆从保管、研究、商业、文化、学习和国际化等方面定位本馆的服务目标[16]。其中文献传递服务是目前世界上规模最大的。2015 年,到馆人数达 414 000 人次,服务满意度达到 97%;成立于 2006 年的商业与知识产权中心,主要为各类企业提供免费的综合性商业业务、市场研究和知识产权专业服务,其用户量已高达 50 多万[17]。中国国家图书馆除基本文献信息服务外,还提供参考咨询服务,国家立法决策和智库服务,面向重点企业、科研单位的深度竞争情报服务等。中国国家图书馆完整的服务体系惠及到了各类用户,特别是针对国家政府和各类企业及科研单位的深度服务,对促进知识流动、加快知识创新具有重要意义和影响。

2. 为国家创新发展营造创新文化

知识始终是思维或理性的产物,理性思维是形成知识的源头活水。因此,知识创新就需要思维方式创新,培养和提高理性思维能力。实质上,知识创新是极其复杂的精神性生产活动,因而必须坚持怀疑、批判精神,特别是自由精神。而自由创新精神的形成是根植于一国的社会文化与制度背景的。因此,创新不能只局限于科技领域,它是整体性的,是全社会的活动。建设创新型国家,除了要考虑技术的创新之外,同时也必须考虑非技术方面的创新。文化与制度就是非技术因素的重要方面。创新文化与创新制度是知识创新的重要保障。从广义上讲,创新文化是以创新为意旨的文化精神与文化理念的最终形成,包括创新观念文化和创新制度文化两个方面。一方面指与创新有关的价值观、态度、信念等文化精神,即创新观念文化;另一方面指有助于创新的制度、规范等文化环境,即创新制度文化。创新制度是在创新观念文化的基础上形成的具有社会约束力的规则。这二者代表着一种塑造创新主体的总体文化精神和文化环境,是一切创新活动的思想与社会文化基础。

图书馆是公共文化服务体系的重要组成部分,国家图书馆可以通过面向公众的公共文化服务实现创新观念、思维的引导、传播和扩散。在资源数量上,国家图书馆占有绝对的优势,各类形式和内容的资源本身就是兼容并包的结果,体现着图书馆开放多元的文化精神。同时图书馆坚守的"以读者为中心"的服务精神,最大限度保障着人们的基本文化权益。用户在这种环境中可以自由地获取所需信息,与各类信息、思想交互,拓宽视野,启发心智。而国家图书馆与时俱进,积极采用新技术,更新服务方式,人们在图书馆中可以潜移默化地感受到创新的成果与价值,从而更愿意接受和支持创新活动。另外,国家图书馆通过各种宣传服务,传播科学发展方略和创新思想,积极引导公众观念的转变。可以说,国家图书馆在自身服务理念、资源环境建设和服务形式等方面,都营造出一种创新氛围。为了支持、鼓励创新,国家图书馆还可以积极参与到有关知识管理和保护制度的探索与建立,优化创新制度环境,保证知识创新顺利开展。例如,建立知识管理制度,促进知识转化;加强知识产权保护宣传,打造知识创新公平环境;推进知识创新政策制定,激励知识创新活动开展;探索科研管理机制,参与国家创新科研项目管理;推动抵制学术不端制度建设,引导知识创新健康发展等。

第二节　国家图书馆支撑国家创新发展的实践案例

一、英国国家图书馆

英国国家图书馆自 1973 年正式成立以来,始终坚持知识服务的使命[18]。英国国家图书馆是最早支持国家创新发展的国家图书馆之一,主要表现在根据内外部发展环境制定支持创新服务战略规划、建立商业与知识产权服务中心、联合不同机构建设知识园区等。

1. 制定支持创新服务战略规划

自 1985 年发布第一个战略规划以来,英国国家图书馆始终与时俱进、不断创新,分析发展环境,评估现有服务,重新定义使命与愿景,确定战略重点,制定符合现实需求、动态变化的战略规划,推动图书馆的变革、创新与转型。英国国家图书馆一直致力于为科技的进步和企业的发展服务,并将其作为发展战略重点纳入战略规划。英国国家图书馆 1985—1990 年战略规划中明确提出"设立科技与商业部,重点收藏革新、工商业类文献,提供科技服务,满足科学技术研究与工商业发展需要"[19];在 2006 年内容战略中特别强调"科研人员与商业用户是其首要的两大类用户"[20];在 2008—2011 年战略规划中提出"通过创新服务与综合流程支持英国的科学研究,将图书馆发展成为文化、科学、经济发展的中心,为企业图书馆等用户调研和构建共享图书馆服务模型"[21];在 2011—2015 年战略规划中进一步提出"重点支持核心领域的科研团队,提供定制的科研服务支持前沿研究,促进社会与经济的发展"[22],确保英国保持在科学创新最前沿[23];在 2015—2023 年战略规划中提出"将知识、创新和创造力方面的投入置于国家长期、根本的经济增长方略的核心,在'企业服务'战略方面通过向跨国公司、中小企业、社会企业和创意产业等不同形式的企业提供科研成果、专利和咨询服务,支持英国的创新与经济发展"[24]。

2. 建立商业与知识产权服务品牌

为支持中小企业主、企业家和投资者的发展,在伦敦发展署(London Development Agency,简称 LDA)支持下,英国国家图书馆于 2005 年成立商业与知识产权中心(Business & IP Center,简称 BIPC)[25]。BIPC 不仅免费提供丰富的馆藏资源,还组织实践研讨会、一对一咨询会话和鼓励性会谈服务,特别为小企业主提供价值 1 万英镑的专家建议来成功启动新业务并扩大规模[26]。2008 年,英国国家图书馆与英国文化、媒体和体育部(Department for Culture,Media and Sport,DCMS),创新、大学与技能部(Department for Innovation,Universities and Skills,简称 DIUS)及商业、企业和管制改革部(Department for Business,Enterprise and Regulatory Reform,简称 BERR)三部门签订 2008—2010 年资助协议,通过建设和加强 BIPC 及其服务支持企业家与中小企业发展,通过促进商业的建设与发展及企业经济的加大、信息与交流服务和技术的可用性与有效利用进而推动经济增长①[27]。

英国国家图书馆首席执行官罗利·基廷(Roly Keating)提出,"公共图书馆对于地方社区有着巨大的价值,作为熟悉和值得信赖的公共场所以及大量免费信息的访问点,图书馆有作为创新和增长引擎的巨大潜力"[28]。2013 年 7 月,英格兰艺术委员会(Arts Council England,简称 ACE)联合英国社区与地方政府部

---

① 2009 年,BERR 与 DIUS 合并为商业、创新与技术部(Department for Business,Innovation & Skills,简称 BIS),2016 年 BIS 与能源与气候变化部(Department of Energy and Climate Change,简称 DECC)合并为商业、能源与工业战略部(Department for Business,Energy & Industrial Strategy,简称 BEIS)。

（Department for Communities and Local Government，简称 DCLG）与英国国家图书馆启动图书馆企业服务（Enterprising Libraries，简称 EL）计划[29]。EL 计划的第一阶段主要由英国知识产权局（UK Intellectual Property Office，简称 UKIPO）及 6 家城市图书馆建立的 BIPC 网络联合品牌支持政府创新驱动发展计划；第二阶段实施地方图书馆资助计划，BIPC 中央网络提供核心基础设施支持、品牌推广与数据库许可证等企业相关知识、国内外公司信息、网络相关规定、研讨会、高级培训班等服务[30]。BIPC 平均每年可以帮助创造 550 家新企业和 1200 个就业岗位，每 1 英镑的公共资金投入可以产生 8.80 英镑的价值。它的目标是，到 2020 年底英国的公共图书馆开放 20 个企业与知识产权中心，形成一个全英国范围内的企业与知识产权中心网络，支持当地的经济增长和创新并在全国范围内提供免费的商业支持[31]。

3. 联合不同机构建设知识园区

为支持创新、合作与知识分享，2014 年 12 月，英国国家图书馆联合周边地区的学术、文化、研究、科学和媒体机构合作组成了"知识园区（Knowledge Quarter，简称 KQ）"。知识园区成员不仅包括英国国家博物馆、伦敦艺术大学、数字经济技术与创新中心、惠康基金会、英国卫报和可汗学院，还包括政府投资 4200 万英镑创建的创新型阿兰·图灵数据科学研究中心总部，体现了政府长期经济计划重点确保英国位于科学创新最前沿[32]。截至 2016 年 5 月，KQ 的合作伙伴约 60 家。KQ 通过促进和鼓励跨领域合作伙伴的知识交流与合作来创造与交流思想，通过加强合作资源的访问和创造具有社会和经济效益的机会支持本地社区，通过联合本地政府等机构识别、促进和支持工作改善本地可持续发展的环境。2016 年，KQ 还推出在线技能平台促进知识交流，启动第一个高等教育实习计划，举办初级职业会议，与决策者共同探讨创新集群的意义[33]。

二、美国国会图书馆

1800 年，美国总统通过了在华盛顿建立国会图书馆的法案，旨在为国会议员提供信息访问获取，支持立法活动。随着社会的发展，它的服务对象延伸到了本国及全球的科研人员。在支撑国家创新方面，美国国会图书馆立足国家智库核心职能，不断拓展支持创新服务使命，深化知识服务战略目标。

1. 立足国家智库核心职能

美国国会图书馆最初是作为参众两院的研究性图书馆[34]。目前，它的首要任务仍然是满足国会研究的需要。下设的国会研究服务部，通过研究当前国家政策，结合议员在立法过程中的信息需求，为国会提供全面、可信、及时、客观、权威的研究与分析服务，支持立法辩论，被称为"国会智库"[35]。1995—2015 年 20 年期间，国会研究服务部连续发布 20 份年度报告，报告显示 CRS 年度收到约 60 万次的服务请求，生成 1200 份新的报告和其他在线产品[36]。此外，该馆还下设版权办公室，基本职能包括版权注册登记管理与法定交存，版权相关的学术研究、版权相关的立法决策服务等。该办公室 2016—2020 年战略规划在服务方面的战略目标提出：①有效、高效、灵活地管理美国版权法，为作者和公众服务；②为作者、企业等需要的人提供便捷获取和广泛使用版权资料的服务；③向国会、各行政机构和法院提出的版权法律与政策问题提供公正的专业帮助；④为个人、企业等其他组织提供高质量的信息服务、培训项目、权威出版物等专业资源[37]。

2. 拓展支持创新服务使命

美国国会图书馆第六任馆长史邦福在任职期间（1864—1897），秉持杰斐逊的理念，把国会图书馆建设成了美国的国家图书馆。从美国国会图书馆的战略规划来看，其使命在不断拓展与完善。其 2008—2013 年战略规划提出，国会图书馆要"确保国会和全国人民利用馆藏资源，为后代保存通用的知识与创新资源馆藏"[38]；2011—2016 年战略规划演变为"支持国会，履行宪法规定职责，促进知识进步与创新，服务美国公民"[39]；最新的 2016—2020 年战略规划提出要"为国会、联邦政府和美国公民提供丰富、多样、持久的知识资源，丰富、启发和吸引用户使用，进而支持智力创作与创造"[40]。由此可见，美国国会图书馆的使命已经从资源保存演变为基于资源利用的知识创造与创新。为了配合业务拓展，它还调整了传统的组织机构部门设置，新组建"国内外业务拓展部"，负责管理国内外的公共项目与活动，通过拓展合作伙伴加强图书馆的意识与使用[41]。美国国会图书馆的自我定位不仅是一个图书馆，而是同时兼具美国的国家档案馆、国家立法者的研究中心、海量网络资源的收藏机构、创新性的保护者、阅读与文学中心、课堂合作伙伴、国际研究中心、表演艺术中心、著名的展览馆、信息出版商、国家传统文化的保护者、保存实验室、国际数字引领者、国家图书馆等功能[42]。

3.深化知识服务战略目标

美国国会图书馆的战略目标从最初的提供资源服务发展为提供分析服务,实现了从资源服务向知识服务的转变。特别是图书馆的主要职能已经从为国会提供参考和借阅服务,扩展到为国会议员和各类委员会提供研究和政策分析服务。早在其1993—2000年战略规划提出的三种"未来机会"中,就包括"与科学界、商业界联盟"和"参与未来以知识为基础的经济发展"。该馆2011—2016年战略规划提出的首要战略目标是"向国会提供权威的研究、分析和信息",具体内容包括:①国会研究服务部分析和提供详尽的研究报告与调研资料,确保国会议员和委员会获取有关公共政策的最佳资料和思路;②法律图书馆向国会提供外国、竞争对手国家、国际以及美国法律的综合研究报告,同时提供其他法律参考服务等,最后达到"拥有做出明智决策所需的服务和资源"的公共效益。2016—2020年战略规划将此服务拓展到所有用户,即"为国会、联邦政府和美国公民提供权威、真实、无党派的研究、分析和信息",包括:①图书馆的产品和服务要先于和同时满足国会的优先事项和研究需要,工作人员的专业知识要最好地满足国会的预期;②以用户为中心,提供高质量的服务满足当前和未来的立法信息需求,满足国会议员、国会工作人员和公众的需求。

三、中国国家图书馆

中国国家图书馆一方面积极履行行业发展的智库职能,为政府主管部门和行业组织制定实施图书馆领域相关法律、政策、制度及标准规范等提供研究支撑;另一方面坚持将教育科研企事业单位作为重点服务对象,不断拓展专业咨询服务内容,创新服务手段,在全国图书馆界探索为创新创业服务方面发挥引领示范作用。

1.履行行业发展智库职能

作为全国图书馆事业发展研究中心,中国国家图书馆在国务院文化主管部门指导下,长期参与公共图书馆法、古籍保护条例等国家法律法规、全国公共图书馆事业发展中长期规划以及公共图书馆总分馆建设、公共数字文化项目管理、公共图书馆法人治理结构改革等重点领域政策制度的研究起草工作,同时主动跟踪调查国内外图书馆事业发展动向,对有关重点、热点、难点问题进行研究分析,通过编制《中国图书馆年鉴》《中国图书馆事业发展报告》《图书馆决策参考》等方式,为各级图书馆及其上级主管部门、社会各界关心图书馆事业人士全面客观了解我国图书馆事业发展状况,有效参与图书馆事业的管理决策提供参考[43]。此外,中国国家图书馆作为中国图书馆学会、中国古籍保护协会、全国图书馆标准化技术委员会、全国文献缩微影像技术标准化技术委员会等社会组织的秘书处挂靠单位,充分发挥平台优势,组织开展行业行为准则、道德规范及业务标准的制修订工作,面向全国图书馆界组织开展各类培训辅导,为全国图书馆事业的创新发展做出了积极努力。

2. 引领探索创新服务模式

《国家图书馆"十二五"规划纲要》提出:要创新服务模式与方式,拓宽服务范围与渠道,不断提高服务水平和服务能力;以用户需求为导向,形成文献信息研究、参考咨询、文献提供、讲座培训等多元服务链;从跟踪国家重大战略领域和重点建设项目的需求入手,建立学科馆员制度,加强面向重点教育、科研与生产单位主动提供深层次、专业化信息咨询服务的能力;参与科技创新,为国内诸多科研机构提供文献信息咨询服务[44]。"十二五"期间,中国国家图书馆不断开展理念创新、服务创新、技术创新,带动全国图书馆事业发展,促进现代公共文化服务体系建设。重要的战略工作包括:①国家文献战略储备库项目立项,为保证国家重要文献的战略安全筑造了"最后一道防线";②馆藏文献达到 3500 万册,网络信息资源、活态记忆资源纳入馆藏资源,为经济社会发展提供了重要文献保障;③国家级公共开放课程平台"国图公开课"正式上线,为公众免费提供高品质终身教育资源;④为海外中国文化中心提供数字资源服务支持,围绕国家发展战略的国际交流与合作务实推进。"十三五"时期,中国国家图书馆的目标定位是致力于建设成为"国内最好、世界领先"的图书馆、传承和弘扬中华优秀传统文化的重要基地、支持和推广全民阅读的主要阵地、国家经济社会发展的知识中心与新型智库、图书馆界科技创新和服务创新的示范基地、联结国内外图书馆及相关信息服务机构的开放合作平台[45]。

3.升级面向教育科研企事业单位的专业咨询服务

为社会各界提供文献信息和参考咨询服务是中国国家图书馆非常重要的专业服务。2005 年,中国国家图书馆简报中心更名为企业信息服务中心,正式向企业提供商业信息服务[46]。它依托丰富的馆藏资源和现代化的监测技术,坚持"深度开发、一站服务"的指导思想,面向国家重点教育、科研、生产单位和社会公众,开展各种信息咨询服务,为各行业、各领域用户提供信息监测、整理、分析和评估的专业参考咨询服务[47]。它的产品与服务包括媒体监测服务,进行实时/历史媒体监测和提供媒体传播效果评估报告;舆情分析服务,定期监测舆情与分析突发舆情事件、分析热点舆情事件和分析舆情态势;信息参考服务,提供竞争情报及分析和决策参考。2008 年,中国国家图书馆数字图书馆工程子项目企业信息服务平台系统投入使用,建立有效的信息采集、信息管理和信息推送的电子平台,更加及时、准确地为广大企业提供信息服务。中国国家图书馆从跟踪国家重大战略领域和重点建设项目的需求入手,切实加强对教育、科研与企业用户的服务,逐步完善由一般咨询服务、定题咨询服务、馆际互借服务、文献传递服务、文献复制服务等构成的咨询服务体系。2015 年,中国国家图书馆开始筹建科学评估中心,面向科研和教育用户提供科学评价类咨询和论文收引查证服务,为科研院所和高等院校开展科研教育工作提供文献支撑,完成国家图书馆企业信息服务平台改造升级工作。

四、其他国家图书馆

1.俄罗斯国家图书馆:承担专业与行业研究职能

俄罗斯国家图书馆前身为苏联俄罗斯联邦共和国的国家图书馆,1992 年苏联解体后更名。根据《俄罗斯联邦图书馆事业联邦法》的规定,俄罗斯国家图书馆作为科研机构开展图书馆学、目录学和图书学研究,是国家科学情报和文化中心,并参与制定和实施图书馆事业联邦政策。具体的工作包括:①参与制定、组建以及实现联邦和地方图书馆事业政策;②科学保障国家图书馆主要职能的实现;③科学保障俄罗斯图书馆事业的健康发展等[48]。俄罗斯国家图书馆 2013—2018 年战略规划提出"为科研与实践、创新服务等提高构建现代化的信息基础设施,具体包括揭示馆藏、举办信息活动、建立统一的信息社会图书馆发展问题科学研究部等"[49]。

2. 澳大利亚国家图书馆:构建服务影响力评估模型

1960年,依据澳大利亚《国家图书馆法》,澳大利亚国家图书馆从国会图书馆分离出来,负责维护与建设馆藏资源,确保资源可为个人与机构所用,为国会图书馆、联邦当局、管辖区、专业性质机构提供服务。澳大利亚国家图书馆战略规划将"确保所有公民能够访问、使用记录澳大利亚生活和社会的全国性馆藏,运用于学习与知识创新,支持创新性、智力性活动"作为目标[50-51]。2014年策略之一是"向国家领导人传递文献",包括向澳大利亚图书馆与收藏机构提供一系列IT服务,主持和参与各类活动提高本国公众与国际社团对澳大利亚文化馆藏与信息资源的利用率[52]。该馆2016—2020年战略规划将目标扩展为"通过建立、管理和保存馆藏,激励、启发和教育国民,利用资源和服务扩大对当代重要问题的理解,加强社区关系和巩固领导能力"[53]。澳大利亚国家图书馆利用立法与制定战略规划的方式明确建设目标,通过年度报告监督实施效果,在最新战略规划中还特别提出利用评价机制提高对图书馆在国家经济发展和公民利益方面影响力和价值的认识,包括评估和构建认识和评价图书馆服务的社会、经济和文化影响力模型。

3. 日本国立国会图书馆:承担国家智库的职能

日本国立国会图书馆具有双重职能,既是日本的国会图书馆,也是其国家图书馆。日本《国立国会图书馆法》明确指出,该馆的服务对象为国会议员、政府机关、普通国民,在基于图书等资料支持国会议员完成公共事务的同时,为行政和司法部门及日本国民提供法律所规定的图书馆服务。由此可见,日本国立国会图书馆的首要服务对象是国会,承担了国家智库的职能。《国立国会图书馆法》明确规定了立法决策服务的职能、职责、服务内容、服务形式等,从制度上保障服务的顺利开展。为了从组织上保障国会的服务,该馆建立了调查及立法考查局,专门承担为日本国会服务的职责,并配备了专门调查员等学科领域的高级专家,致力于成为"立法机关的智库(多领域高水平的客观准确专业的综合调查)"和"议员的情报中心(迅速准确地提供所需资料信息)"[54]。该馆的立法调查产品主要包括"被动型"的委托调查服务,对法案议案进行分析评价,形成法案纲要;也有"自主性"的预测调查,对国会未来审议的事项进行预测性研究。

4.荷兰国家图书馆:探索解决问题导向的服务

荷兰国家图书馆作为国家图书馆的使命是把人与信息连接在一起,提供便捷、持续、可行地获取馆藏图书服务,提供免费获取服务以启发新思路和交流新想法,提供科研服务以更熟练、灵活和具有创造力[55]。特别在科研服务方面,荷兰国家图书馆与荷兰科学研究组织(Netherlands Organization for Scientific Research)、荷兰国家艺术和科学院(Royal Netherlands Academy of Arts and Science)并列为教育、文化和科学部(Ministry for Education, Culture and Science, 简称OCW)资助的三大国家级科研机构。荷兰国家图书馆2015—2018年战略规划将用户归纳为三层的金字塔型:全体国民、学术研究型用户和具有成长的研究开发人员。鉴于目前第二层用户对跨地域和针对性服务和第三层用户对数据服务的需求,荷兰国家图书馆将在未来的3年内,基于便捷地获得任何所需信息、拥有荷兰出版物进行研究的平台、获得更多的数字内容和最大范围地自由获取资源、在任意客户端体验到高效服务等基础服务,响应欧洲2020地平线计划和荷兰重点行业计划通过扶持研究及创新来寻求社会和经济问题解决方案的政策提供有效的问题解决方案[56]。

第三节　国家图书馆支撑国家创新发展的主要模式

国家图书馆在立法决策、行政管理、科学研究、教育培训、社会治理、社会服务等各个方面全方位地支持国家创新发展。在顶层的制度设计和制度安排上,国家图书馆是国家立法决策体系中的重要支撑,主要通过高质量的信息服务和知识服务提升决策水平,国家图书馆也是国家智库体系中的核心要素。在国家创新系统中,国家图书馆能够发挥不同系统间知识流、文献信息流的协调治理职能,实现协同创新。在具体服务模式和实施方式上,国家图书馆基于网络化服务、嵌入式服务、定制化服务以及普惠性服务等各类服务手段有力地支持了国家科研和教育活动。在逐渐形成的开放式创新环境中,国家图书馆可以成为开放环境中的知识引擎,从国家层面发力带动创新社会的形成。

一、发挥智库咨询职能,支撑国家战略决策

国家图书馆作为国家级机构,服务于国家发展战略是义不容辞的责任。国

家图书馆可以发挥在知识汇聚、知识管理、知识服务上的优势,成为国家级智库,同时也可以成为国家智库体系的保障平台和基础设施。

1.国家图书馆在国家智库体系中的定位

现代智库是一个国家思想创新的源泉,也是一个国家软实力和国际话语权的重要标志。建设高水平、国际化的智库已经成为全球化的趋势[57]。综观当前世界各国的智库发展现状,可以发现欧美、日本等发达国家的智库发展水平较高,智库体系也较为健全。国际权威的宾夕法尼亚大学2015年《全球智库排名报告》[58]显示,在全球顶尖的前20大智库中,美国占据10席达到一半,英国占3席,德国占2席。日本作为前20名中的唯一亚洲国家占据一席。而且在这些国家中,各类智库已经形成了官办与民办、综合性与专业性、商业性与公益性、国际性与区域性相结合的智库体系。在智库发展较为完善的国家,同样存在着功能强大的国家图书馆和健全的图书馆服务体系,比如美国国会图书馆、英国国家图书馆、日本国立国会图书馆等,这些国家图书馆不仅直接承担了国家智库的职能,而且为国家智库体系提供了知识和服务的保障。

一个国家的智库体系和图书馆服务体系不是相互孤立的,而是相辅相成、相得益彰的关系,这两大体系都是国家知识基础设施的构成要素。一个国家的国家图书馆是这个国家的总书库,是国家的文化记忆保存机构,也是国家的知识库,而国家级的智库则是一个国家的"思想库"和"智力库"。从"书库""图书馆"到"知识库",再到"思想库""智库",这其实反映的是从"文献"到"信息",从"知识"到"智慧"的价值升级过程。因此,国家图书馆作为一个国家图书馆系统的核心和中枢,也应是国家智库体系的保障和基础。

2.直接支持国家智库与决策咨询工作

在国家智库体系中国家图书馆的定位和角色首先是直接发挥国家智库的作用,履行智库的职能。在国家图书馆直接承担国家智库功能的模式中,最为典型的案例就是美国国会图书馆。美国国会图书馆下设的国会研究服务部被称为"国会智库"[59],主要为国会提供现行政策的深度研究与建议,其中包括律师、经济学家、社会科学和自然科学领域的科学家以及专业图书馆员,设置6个专家小组。国会研究服务部的主要研究成果——CRS报告(CRS Report)以"深入、准确、客观、及时"著称,为国会立法工作提供重要支持,被誉为"十大最值得获取的政府报告"之一[60]，服务产品还包括简报、组织研讨会与培训、一对一咨询以及电话咨询等多种形式。以上所有这些工作都是为了履行国会研究服务部的使命——为国会在当前和未来的政策议题上提供研究和分析，对议员在立法过程中的信息需求给予及时的帮助，以高质量的信息服务保障国会履行好人民赋予的使命。这些使命和职能都很好地体现了"智库"的内涵和价值。美国国会图书馆国会研究服务部的案例也体现了国家图书馆与国家智库功能的统一。

中国国家图书馆凭借丰富的资源，为中央和国家领导机关和重点科研、教育、生产单位提供了重要的信息支持。每年"两会"期间，该馆都会启动"两会"服务，为人大代表和政协委员提案、议案提供文献信息资源服务。"国家图书馆立法决策服务平台"已经由"两会"期间的阶段性服务向全年、面向全国人大代表的常态化服务转变[61]。中国国家图书馆的"两会"服务在国家立法、决策的科学化和民主化进程中发挥了积极作用[62]，也体现出了智库的属性和价值。此外，该馆还通过建立部委分馆以及提供日常的舆情跟踪和专题信息报送等服务，满足国家各个部委等特定机构用户的专业化信息需求，致力于真正成为中央国家机关政策制定中的智库型参谋机构[63]。

3. 作为智库服务的保障平台和基础设施

除了直接承担国家智库的功能，国家图书馆主要是作为智库服务的保障平台和基础设施，提供文献、技术、工具、空间、服务等资源。

从图书馆体系和知识库体系的关系上来说，各国的国家图书馆首先在该国的图书馆服务体系中具有龙头示范作用。早在1976年联合国教科文组织就通过一项政策声明指出了国家图书馆在国家情报系统中的作用，即提供必要的中心图书馆服务，领导国家情报系统中的图书馆成员，积极参加国家情报系统建设发展并制定全面规划[64]。时至今日，各国国家图书馆的龙头示范作用主要表现在承担该国的图书情报中心和全国总书库、国家书目中心、图书馆网络枢纽、图书馆技术创新和推广中心、图书馆学研究基地和学术中心、图书馆对外交流中心等职能。与此同时，图书馆体系在信息价值链上又是智库体系的基础和支撑，国家智库中诞生的思想应该建立在该国高质量的知识积累和信息保障基础之上。因此，国家图书馆对于一个国家的智库发展具有重要的作用，除了国家图书馆自身的直接推动，还在于国家图书馆引导全国的图书馆服务体系为智库提供系统、全面的支撑。

在国家图书馆直接作为智库服务的保障平台和基础设施方面,各国的国家图书馆一般都坐落于该国首都,而一国首都也是该国智力资源和精英群体云集之地,是很多国家级乃至世界级智库的所在地。例如,美国首都华盛顿既是国会图书馆所在地,同时也是全球拥有智库最多的城市,高达 350 家[65],其中不乏布鲁金斯学会、卡内基国际和平基金会和约翰·霍普金斯大学高级国际研究学院等全球顶级智库。据统计,美国五分之一左右的智库都聚集在华盛顿[66]。而英国国家图书馆所在的伦敦,也云集了伦敦国际战略研究所、皇家国际事务研究所等著名智库。基于这样的区位优势,国家图书馆一方面可以在智库的输入端为智库研究提供信息保障,另一方面也可以在智库的输出端广泛地收集保存智库的各类研究成果。

国家图书馆和各类智库一起共享首都的区位优势和知识资源,共同形成知识集群的效应。国家图书馆可以近距离地为智库提供文献服务、信息咨询、会议研讨、空间场地等方面的支持。位于首都的智库也更方便前往国家图书馆进行文献查询。而在国家图书馆引领全国图书馆体系为智库服务方面,国家图书馆一般是新理念、新技术、新手段的先行者和推广者,国家图书馆为智库服务的最佳实践可以推广至全国各地方的图书馆体系和智库体系。例如,中国国家图书馆的"两会"服务就已经在全国的公共图书馆起到积极的示范作用,通过对全国省级和地市级图书馆的支持为地方"两会"服务。而英国国家图书馆在全国推广伦敦地区的"知识园区"项目,在英国多地建设新的"知识园区",旨在整合区内的智力资源和知识资源。这些都是国家图书馆智库服务在全国推广的典型案例。

二、强化知识服务能力,推动国家知识创新

知识创新是一个国家发展的重要动力,国家图书馆是国家知识创新的重要引擎。国家图书馆对国家创新战略的支撑能力来自于其知识服务能力。国家图书馆从国家层面和战略高度促进知识的生产、扩散、保存、转移、利用和创新,同时对接和支撑国家的决策系统、科研系统、教育系统、商业系统等,在核心领域通过知识驱动创新。

1. 国家图书馆在国家创新系统中的定位

国家创新系统的概念最早由英国经济学家弗里曼（C. Freeman）于 1987 年提出，主要是指一种由公共部门和私营部门共同建构的网络，这些机构的活动和相互作用影响了一切新技术的发起、引进、改良和传播[67]。在日本，国家创新系统概念在 20 世纪 80 年代的提出准确描述和概括了日本经济在当时的高速成长和国家实力的快速崛起，得到了各国的普遍关注。经济合作与发展组织（Organization for Economic Co-operation and Development，简称 OECD）于 1994 年启动了国家创新体系研究项目，并在两年后相继发表了《以知识为基础的经济》和《国家创新体系》等报告，标志着国家创新系统从理论研究层面逐步进入到政府决策层面。其中 1996 年发表的《以知识为基础的经济》报告被公认为是宣告了知识经济的到来，是知识管理领域的重要文献，也带动了从 90 年代中期一直持续至今的知识管理实践热潮。

由此可见，国家创新系统和知识经济、知识管理、知识服务从一开始就具有密切的关联。知识经济时代是国家创新系统的重要背景，知识基础设施是国家创新系统的重要支撑。国家图书馆作为国家知识基础设施的重要组成部分，在国家创新体系中具有不可替代的地位和作用。OECD 将国家创新系统认定为由政府、企业、大学、研究院所、中介机构等为了一系列共同的社会和经济目标通过建设性地相互作用而构成的机构网络，其主要活动是启发、引进、改造和扩散新技术。国家创新系统的本质可以理解为促进知识流动的网络。技术知识是知识的一种类型，国家创新系统的知识传播与知识创新活动也是国家图书馆职能中的应有之义。

从知识角度理解国家创新系统，就能够更加清晰地看到国家图书馆在其中的定位和作用。国家创新系统是由不同属性的机构所组成，而国家图书馆既具有面向企业、高校、科研单位的情报研究职能，又具有面向社会公众的知识服务职能，同时还具有面向全国图书馆服务体系的管理职能或指导职能，国家图书馆的这种多重面向使其更能够胜任国家创新系统中的协调者角色，特别是针对创新系统中知识流、文献信息流的协调治理。因此，国家图书馆在知识保存、知识管理、知识服务方面的优势对于提升国家创新系统中的知识流动效率、提升知识经济的性能具有重要的作用。

2. 为国家创新战略提供知识服务支撑

国家创新战略是一个国家为适应世界科技经济发展变化、提升自身创新能力和竞争力而对科技创新发展方向和目标进行的全局性谋划[68]。在知识经济环境下，国家创新体系要实现强健发展，就必须依靠完善的国家创新战略的有效牵引。为了在日趋激烈的国际竞争中站稳脚跟，世界各国都在积极地制定和维护各自的国家创新战略，欧盟自 1984 年至今已经先后发布了 8 个科技创新计划，最新的创新战略为《地平线 2020》计划[69]。美国自奥巴马政府开始，也发布了明确的国家创新战略，于 2009 年、2011 年和 2015 年连续三次发布美国创新战略，充分显示美国政府对国家创新战略的重视。我国党的十八届五中全会明确提出坚持创新发展，必须把创新摆在国家发展全局的核心位置，并且把创新驱动发展作为国家的重大战略。

从以上这些国家创新战略和各国的国家图书馆工作实践，可以清晰地看到国家图书馆在国家创新战略中的重要支撑和对接作用。在 2015 年版《美国国家创新战略》中，提出了促进创新的六大要素[70]。美国的国家创新战略主要旨在维护美国在国际上的创新优势地位。为呼应国家创新战略，美国国会图书馆在其 2016—2020 年战略规划中明确指出[71]：20 世纪美国在工业、军事和外交权力上承担了更重要的角色，国会图书馆大幅增加了对在美国以外创建的、以上百种语言呈现的书籍和资料的采购。国会图书馆开发了一些组织和获取不同知识的方法，尤其是立足于国会对紧迫的全球问题日益增加的关注之上。而在 21 世纪，新技术开创了一个全球范围内即时通信和信息共享的互联网时代，国会图书馆的馆藏和服务需要有效满足身处网络世界的用户，能够整合不同系统和来源的多样性。这一点又和《美国国家创新战略》中建设一流的数字基础设施、提供更高效的数字服务传递等要求相呼应。

国家图书馆通过知识服务支撑国家创新战略，其本质是为创新体系中的各个要素的健康运行提供知识供给和制度供给。知识供给包括国家图书馆提供的数据、情报、文献等信息，而制度供给主要是由国家图书馆及其所领导的全国图书馆体系所提供的知识服务模式和资源配置手段的集合。

3. 支撑和推进国家知识创新的服务

未来的创新活动是以知识为基础的创新，国家知识创新是一项系统性工程，需要各个参与要素的协调和配合。因此对于国家图书馆来说,支撑和推进国家知识创新需要面向不同的维度,既从系统整体上加以支持,又要与系统中的各个元素进行有针对性的对接。

从国家创新系统整体上看,国家图书馆的作用在于在国家层面和战略高度促进知识的生产、扩散、保存、转移和利用。国家图书馆作为国家创新系统中的一个子系统,应该发扬自身的知识属性,成为整体系统中的大脑和智库。面对数字化、网络化的环境,国家图书馆需要在传统的文献保存和文献信息服务基础之上,拓展知识服务的范围并提升知识服务的水平。例如,美国国会图书馆2016—2020年战略规划、英国国家图书馆2015—2023年战略规划中,在传统的馆藏管理职能之外,还强调了"提升IT水平""促进在线知识分享""支持和鼓励科研活动""助力企业创新和成长"等职能[72]。需要指出的是,各个国家图书馆的创新支持职能是和其图书馆定位、社会发展水平和国家创新战略的内容相适应的。

从国家创新系统的内部组成要素上看,国家图书馆需要面向以企业为主体的技术创新体系、以高校科研院所为主体的知识创新体系、以政府为主体的制度创新体系以及科技中介服务体系,分别提供有针对性的服务。国家图书馆面向企业用户主要是提供其亟须的市场信息、科技信息、技术和专利信息等;而面向政府则是提供立法、决策和管理信息支持。国家图书馆既可以作为知识中介和知识服务机构,又是知识基础设施,在提供知识服务的过程中,应特别注意国家图书馆的公共性、公益性和全局性,这也是国家图书馆和其他知识中介服务机构的主要区别。国家图书馆在统筹推进国家知识创新的过程中,应特别注意弱势群体、贫困地区、小微企业、个人创新者等群体的创新动力和创新需求,并对其加以支撑和复制,以实现创新过程中的社会公益最大化。

三、提升科教支撑水平,有机嵌入用户过程

国家图书馆自身作为重要的文化、教育和学术研究机构,具有较强的科研实力,同时需要发挥其服务能力有机嵌入教育和科研过程,以更好地适应科学研究范式和创新模式的发展。

1.国家图书馆支持科教活动的内容与层次

对于国家图书馆来说,除了完整保存本国知识及文化遗产的职能外,满足全

国的科学研究活动的情报需要是其另一项基本职能。而且很多国家的国家图书馆也把满足一般民众的学习、文化需求纳入自身的目标。国家图书馆的服务对象和任务具有多样性,这决定了它对教育科研活动的支持分为不同的层次。

国家图书馆支持教育科研活动首先表现为对于重点教育科研机构的支持。研究院所和高等院校是一个国家知识创新体系的主要组成部分。这一类机构的知识生产模式符合吉本斯等学者所提出的传统"模式 I",即知识生产是高度制度化和学科化的,与传统的科学技术学科分类相一致。各个科研机构虽然大多也有下属的图书情报服务部门,但是其收录内容大多局限于单一学科或专业领域。但是当前时代的知识生产活动开始呈现出新的"模式 II",即新知识产生于应用过程,并且多产生于跨领域跨学科的交叉地带,生产者也包括了大学、研究所、企业、智库、咨询机构等更多主体。在这种环境下,国家图书馆可以发挥其综合性和基础性的优势,一方面提供集成性的知识供给,另一方面嵌入知识生产和知识创造的一线提供服务。例如,英国国家图书馆 2015 年提出,支持人们在摒弃传统界限的跨学科的研究领域实现知识创新[73]。

除面向专业科研教育机构,普通社会民众的研究、学习、阅读、自我完善和教育也是很多国家图书馆支持的内容。例如,英国国家图书馆关注公民科学家和私人的研究需求,新加坡国家图书馆在该国国民网络素养教育中发挥重要作用,中国国家图书馆利用品牌效应、媒体宣传、组织阅读推广活动等促进全民阅读活动的开展,以上这些都是国家图书馆在全社会层面广泛支持科研教育活动的典型案例。此外,大部分的国家图书馆本身就是独立的科研机构,负责研究和推广现代图书情报技术,组织和带动图书馆学研究,成为一个国家的图书馆学与图书情报技术研究与应用推广中心。

2. 国家图书馆支撑国家科研活动

国家图书馆支撑国家科研活动有两种主要模式,首先是提供基于图书馆的实体空间场所或网络平台的服务,其次是嵌入科研一线和科研场景的专业化、定制化服务。

进入 21 世纪以来,在基于实体空间场所提供服务方面,各类图书馆都掀起了建设新馆和旧馆改造的热潮,这其中也包括国家图书馆,而服务于科研、为科研活动提供场所是图书馆空间改造运动中的重要考量。例如,中国国家图书馆白石桥馆区北区于 2008 年正式建成开馆,南区于 2012—2014 年进行维修改造,配备了大量现代技术设施与设备,成为国内最先进的信息网络服务基地之一。英国国家图书馆则在伦敦及周边地区创建了新一代科研场所——媒体咨询中心,以支持基于协作和数字化的新型研究工作模式。

在基于数字空间所提供的服务方面,各国的国家图书馆在数字时代都在持续不断地开发高品质、简单易用并富有使用价值的在线服务。例如,英国国家图书馆网站专门设置了面向科研人员的专栏,集成了各类馆藏、服务和专家资源。基于网络空间的国家图书馆基础设施可以有机融合全国乃至全球不同领域、不同格式的知识信息内容以及不同专业的研究人员,从而成为科研人员着手其研究的起点。

随着科学研究范式、科技创新模式的转变,图书馆等传统知识服务机构的服务模式也需要做相应的改变。国家图书馆作为国家级的研究型图书馆,为了更好地满足全国研究活动的情报需求,更需要积极探索新的科研支持方式。这其中重要的一点就是在维持文献资源保障及其检索获取服务的基础上,把知识服务嵌入到科技发现过程中[74]。例如,英国国家图书馆在其战略规划中就明确指出期望越来越多地参与到英国的卓越研究当中,主动参与研究过程,并且重塑文献服务的面貌,在未来将英国图书馆及其合作馆的全部馆藏直接推送到用户的桌面。

3. 国家图书馆支撑国家教育活动

国家图书馆支撑国家教育活动主要反映的是国家图书馆的社会教育职能。从广义上讲,国家图书馆所提供的阅览、借阅等服务都是为民众提供学习和自我教育的机会,能够实现教化作用。而在这里主要是指国家图书馆所开展或支持的专门性的教育活动。在当前的网络环境下,图书馆履行社会教育职能主要通过线下和线上两种模式,这两种模式之间的区别并不明显,并且越来越趋于融合。

在互联网时代到来之前,以线下为主导的活动是国家图书馆开展社会教育活动的主要样式,如利用图书馆的场所开展培训、讲座、展览、音乐会、体验活动等。很多国家图书馆都是所在国家重要的文化设施,是面向社会公众的文化和教育场所。国家图书馆也是支持民众继续教育、促进文化包容的重要阵地,是培育思想、开展协作和讨论的公共空间。国家图书馆的线下活动也不仅仅局限于馆舍之内，往往也通过延伸服务和拓展服务遍及全国范围。例如，中国国家图书馆所承担的"送书下乡工程"[75]、"阅读推广进校园"[76]等活动，都很好地发挥了国家图书馆社会教育的职能。

网络打破了图书馆传统的空间限制，使国家图书馆可以凭借其资金、技术和内容优势，通过网络为公众提供更为丰富的教育手段，如数字阅读、网上报告厅、网上公开课等。此外还可以借助网络、新媒体、移动端等新技术的力量，将线下线上活动结合起来，如新书推荐、书评、读书竞赛等[77]，从而提升教育活动的效果，扩大教育活动的范围和影响力。美国国会图书馆的"美国记忆"项目（American Memory Project）就是国家图书馆在线上开展国家教育活动的典范。"美国记忆"项目由国会图书馆推动，将国会图书馆中对于美国历史与文化具有重要意义的馆藏进行数字化，并免费将这些珍贵的历史资料提供给学生、学者和社会公众，为了支持基于这些内容的教学活动，其网站还专门为教师提供相关的课程计划和说明等。

四、全面融入开放创新环境，助力创新创业

开放式创新是创新理论和实践的发展趋势，国家图书馆要想在未来履行好支撑国家创新的使命，就必须重视和融入开放创新环境中，成为开放环境下的知识引擎，同时通过公共服务推动全社会开放创新氛围的形成。

1. 作为开放式创新环境中的知识引擎

进入21世纪以来，全社会的开放创新环境日益形成，这也被称为创新2.0时代。这意味着创新行为不再像以前一样仅仅发生在研究机构的实验室、企业的研发部门内部，而是全社会各个角色都可以参与的活动。

在这种开放式创新环境中，一个组织无论资金多么雄厚、内部知识积累多么丰富、研发能力多么强大，也不可能拥有创新所需要的全部资源，过去那种靠单个机构单枪匹马、闭门造车式的创新模式已经难以为继[78]。因此，组织机构和个人都需要借助于外部资源和开放资源的力量，实现外部资源和自身内部资源的连接和整合，才能创造出新的价值。此外，在开放式创新模式影响下，大量的开放性要素开始大量释放和涌现如开源软件、开放平台、开放硬件、开放社群等，传

统的知识环境和创新环境逐渐改变。

开放知识资源可以使中小企业、初创企业和个人创业者在短时间内快速积累知识基础,形成竞争力,从而提升全社会的创新效率。例如,已有很多研究报告指出开放获取资源能够为中小企业带来显著益处,企业使用开放获取的知识能够减少新产品的研发周期,提高创新潜力,快速弥补因资源缺乏带来的知识缺口[79-81]。但是开放知识资源当前也面临着来源多样、数量巨大、内容庞杂、格式多样、结构异质等知识管理和知识组织上的挑战。作为国家图书馆,具有其他图书馆乃至其他类型知识服务机构不可比拟的内容和资源优势,因此可以成为开放式创新环境中的知识引擎。首先,国家图书馆具有全国独一无二的知识存量,而开放知识资源的价值只有在内部知识存量和外部知识增量相结合后才能最大限度地发挥,因此国家图书馆一方面要建设维护好内部馆藏资源,同时也要做好外部资源的链接和整合;其次,很多国家图书馆同时服务于教育、科研、生产和社会群体,是不同领域、不同机构、不同群体的知识中枢,可以发挥知识集成、知识融合的功能,承担资源链接者的角色;最后,国家图书馆可以凭借其强大、系统、灵活、普惠的服务手段将集成化的开放知识资源推送到有知识需求的创新者手中,特别是通过知识服务扶持小微企业、创客等新生的社会创新力量。

2. 通过公共服务推动创新与创业发展

当前世界各国都已经认识到创新驱动发展的重要,并将其上升到国家战略的高度。2015 年《美国国家创新战略》指出,要营造一个创新者的国家,要建设创新型政府服务大众,提升政府解决社会问题的能力,推动社会创新[82]。中国自2012 年以来先后提出创新驱动发展战略、大力推进大众创业、万众创新等战略举措,有力地推动了全社会创新创业活动的开展。

在这一过程中,对于大量新出现的初创企业、小微企业、创业团队和创客个人,政府除了给予有形的政策扶持、资金支持、提供场地(如创业大街和创客空间等),也应关注他们无形或隐性的知识需求。因为很多创新者和创业者在一开始无法拥有像大企业那样的雄厚的研发资源和知识积累,而受制于知识获取能力和资金等方面的局限,又不可能在短期内获取大量技术专利授权,所以相关的公共服务和知识服务必须对此加以关注。在这方面,国家图书馆及其所引领的全国图书馆公共服务体系发挥着不可替代的作用。以英国国家图书馆所主导创建的企业知识产权中心和"创新图书馆"项目（Enterprising Libraries）为例,这些公共服务项目旨在将图书馆系统打造为小企业和企业家之间的枢纽,成为促进创新和经济增长的引擎[83],有力地说明了国家图书馆在帮助企业创新和成长过程中发挥的重要作用。

国家图书馆可以和地区、社区的公共图书馆体系建立起联动的创新创业保障体系,并且有效介入和全程参与创新企业从初创到发展壮大的全过程,为企业家提供关于创建、维持和发展其业务的培训和指导,并为其提供市场信息、专利信息、政策信息和法律信息。国家图书馆还可以发挥自身在知识领域的优势,为企业主提供知识产权申报、保护、转让等方面的指导。同时国家图书馆的定位也更利于将创新服务过程中收集的中小企业创新者需求反馈给立法部门、决策部门和行政部门,继而从宏观上推动创新创业环境的优化。

第四节　中国国家图书馆服务国家创新发展的未来展望

国家图书馆与国家创新发展密不可分,共同的目标就是推动知识创新。在知识经济时代和开放创新环境中,在我国重视知识创新的背景下,中国国家图书馆作为我国知识基础设施的重要组成部分,与国家创新发展的联系进一步加强,并且承担了更加重要的使命和责任,也面临着许多新的发展机遇。这要求中国国家图书馆以创新为导向,以高度的使命感和责任感,敏锐地捕捉和识别时代发展趋势和知识服务工作的发展变化,巩固和发扬自身使命,发现和培育新的发展方向,与国家创新发展谐振共生。

一、国家图书馆与国家创新发展谐振共生

在不断深化的改革背景下,中国国家图书馆的地位和作用也经历着同样程度的变革,通过拓展服务范围,由原来的重视加工数据、发展信息技术的战略,转变为重视知识应用的发展,并以此来提高国家图书馆的创新能力。知识创新是变革的核心,而建立图书馆创新体系是实现这一变革的基础[84]。20 世纪 90 年代初期,我国创立了技术创新理论流派——国家创新系统理论。该理论从社会经济的宏观角度出发,将技术创新的所有相关要素集成在一个框架内[85],为中国

国家图书馆研究我国创新系统发展战略问题提供了理论指导。创新型国家的发展战略对中国国家图书馆提出了全新的要求,从人才贮备、知识资源、技术应用、支持政府决策等方面充分发挥国家图书馆自身的优势,实现从传统服务到创新服务的战略转型,促进国家的创新发展。面向创新型的国家建设,中国国家图书馆在其核心功能、服务层次、关键资源和运作模式上都面临着全新定位。十七大报告明确提出:提高自主创新能力,建设创新型国家。习近平总书记在十二届全国人大四次会议上强调"创新发展理念首要的是创新",要"保持锐意创新的勇气",并指出"要抓住时机,瞄准世界科技前沿,全面提升自主创新能力"。显而易见,国家图书馆的创新发展只有面向国家创新型建设,与国家创新发展谐振共生,才会具有生命力,才能实现可持续发展。

1. 在国家创新发展中的角色更加重要

国家创新发展主要体现在知识创新、知识传播、知识应用、技术创新等四个方面[86]。中国国家图书馆担负着国家总书库的职能,是全国图书馆事业的推动者,其知识服务与情报服务在国家创新发展中扮演着中介和组成要素的角色。作为整个图书馆体系中拥有独特地位和作用的中国国家图书馆,由原来保存国家文化遗产、查询公众文献信息,逐步转变为知识的应用与转化,并将这种知识转化为现实生产力,促进国家的创新发展。目前,创新被放在国家发展全局的首要位置,中国国家图书馆需要高度重视创新发展,围绕创新驱动制定发展战略,为加快全面创新做出新的更为重要的贡献。国家图书馆的地位和功能也决定了其在国家创新发展中扮演着日益重要的角色。中国国家图书馆需要遵循"创新、协调、绿色、开放、共享"这五大发展理念,明确长期的发展方向和着力点,力求从理论、制度、实践等方面做到创新,让创新贯穿中国国家图书馆的各方面工作,并推动国家的创新战略的实施。

为公众提供公益性知识服务与文化服务是图书馆的基本职能。中国国家图书馆作为公共信息机构,在为公众提供服务的基础上,还注重其学术性机构的性质,凭借其独有的信息资源和知识资源,针对国家创新发展的个性化需求,不断改进其服务模式,为国家的创新发展提供一站式集成服务。中国国家图书馆人才贮备中的学科情报专家是支撑国家创新发展的知识专家库。情报专家运用学科的系统化知识,能够及时解决国家发展在创新中所遇到的问题,并为其提供决策支持。

人才是创新的基础,同时也是创新的中心要素。国家的创新发展实质上也是人才的建设和发展。中国国家图书馆要把重点放在吸引和培养人才上,尤其重视集聚创新人才。为了加快形成一支富有创新精神的、敢于承担风险的、规模结构合理的创新型人才队伍,中国国家图书馆敞开大门,广招四方之才,择天下英才而用之。为了支撑国家的创新发展,中国国家图书馆充分发挥现有人才的作用,同时积极探索聚集人才、充分发挥人才作用的体制,进一步完善相关保障措施和激励机制,创造一个人尽其才的政策环境,激励优秀人才充分发挥其主观能动性。中国国家图书馆需要顺应创新发展的需要,凭借其桥梁的作用,联合国际和社会的多种力量,在国家创新发展中发挥不可替代的作用。

2. 与国家创新发展的联系更加密切

21 世纪,信息爆炸的社会环境下出现了很多新的挑战。为了更好、更快地适应这种挑战,中国国家图书馆在持续建设全面、完整的馆藏资源体系的同时,积极寻找创新性措施。知识创新是技术创新的根基,技术创新是促进企业生存发展的源泉。知识创新系统和技术创新系统共同组成了国家创新体系,知识创新系统的主要功能是知识的生产、传播和扩散[87]。文献是知识的载体,国家图书馆是文献的总书库,信息资源开发利用的本质是知识的开发利用。中国国家图书馆作为重要的知识宝库必然是国家知识创新系统的重要组成部分,也必然成为国家创新体系的一个有机组成部分[88]。中国国家图书馆将培养具有创新意识和能力的高素质人才,调整人才结构和管理方法,扩展教育职能,培育情报工作新增长点等内容归入创新体系。

为了进一步促进知识的传播和运用,中国国家图书馆设置专门从事信息搜集与加工的岗位,进行知识的管理与服务,一直从事着知识的生产工作,将知识创新与技术创新这项庞大而复杂的工程有条不紊地进行下去。中国国家图书馆的重要职能之一就是满足国家机关研究的需要。由于国家相关研究的文献和材料数量的呈指数增长,政府人员对信息有效利用的要求越来越高,自发地搜索信息和资料已不能满足自身的需要,迫切需要中国国家图书馆为其提供信息保障和信息服务。中国国家图书馆一直担负着为中央国家机关提供信息咨询与决策的职责。如今,已然发展成为一个能够迅速整合、及时提炼并实时交流的知识服务机构,借此帮助政府人员及时获得最新信息和所需资料,这也是中国创新发展能够快速启动的重要因素之一。

中国国家图书馆是信息、知识、文化的公共服务机构,其基本职能是对信息的查找、加工、储存及整合,并转化成知识加以传播和利用[89]。中国国家图书馆的工作实质是辅助实现国家创新体系的基本功能,即知识的创造、传播和利用,并提供信息保障。其主要表现为国家创新是建立在前期成果或其他国家创新成果的基础之上,而中国国家图书馆是我国知识文化的总宝库,历来是搜集和储存知识成果的机构。如今,信息时代带动了我国的创新发展,而国家发展不断产生大量的信息,通过信息再利用进行创新,产生更多的新信息,以此推动我国的创新发展。中国国家图书馆借助自身优势,运用现代化技术大大丰富了其馆藏资源,形成数字化、虚拟化与网络化一体的信息库,为我国的创新体系提供了充足的信息与知识,有利于更好地支撑国家的创新发展,发挥着更加重要和关键性的作用[90]。

3. 在国家创新发展中价值更加凸显

知识创新以人类知识的积累为基础,知识的积累以文献保障为基础,国家图书馆以其传统职能成为知识创新系统的一个基础性职能部门[91]。自主创新是创新型国家建设的核心,而创新发展的过程包括知识、信息、智慧等多个环节的操作,国家图书馆作为最大的知识存储库,必然会成为此过程中最为关键的环节之一,其价值在国家的创新发展中也越来越得到体现。

国家图书馆是以信息和知识的搜索、分析、组织、整合的能力为基础,基于国家创新发展的大环境,充分融入创新主体,在提出问题和解决问题的过程之中,为知识应用、知识创新、支撑政府决策提供相关咨询服务。在我国创新发展的过程中,中国国家图书馆直接参与其中,根据创新发展要求,为其提供连续性的知识服务,并将服务贯通于整个发展过程之中。一方面中国国家图书馆通过其丰富的知识资源,实现了从信息到知识的过渡,为国家创新发展开发出更具价值的知识,并增强了创新主体信息获取和加工的能力;另一方面,中国国家图书馆在参与知识创新的过程中也培养了自身的核心能力,促进了知识的开发和再利用,实现了知识的增值,并赋予了知识更高的价值。中国国家图书馆提供的知识服务作为支撑要素参与我国创新发展的全过程,将开发和提供的知识创新转化为促进社会经济发展的生产力,成为国家创新发展顺利进行的活力因子。知识创新和知识管理不仅仅是一般意义上的信息搜集、加工整合与再利用,而是为科学研究创造条件。由此看来,国家图书馆在国家创新发展中的价值还将进一步得到更加突出的体现。

二、承担更重要的社会责任与角色

国家创新体系是包含有知识生产、传播和应用的综合系统。科研部门、高校是知识创新系统的核心承载单位,负责知识的生产、扩散和转移;企业则肩负了技术创新系统赋予的重大使命,负责技术的研发和创新;而技术的传播又由高校、科研机构、企业和信息服务机构共同构建,负责创新知识的传播。总而言之,知识应用系统由社会各应用部门共同组成,协同合作,以达到应用新知识和新技术,推进国家创新发展,促进生产力。国家图书馆知识服务是每个子系统所必需的元素。

国家图书馆能够在充分了解知识信息资源的具体位置、资源类型、质量以及数量的前提下,提供知识资源生产的原料,以确保知识生产的科学性与合理性。在此基础上,国家图书馆将提供知识信息资源传播的办法和途径。一方面,具有强大现代高端信息技术背景的国家图书馆,能够依托网络平台,实时向大众传播新知识资源;另一方面,知识信息资源的获取在国家图书馆的知识服务系统中至关重要,并同时承担着提供创新主体向国家图书馆寻求服务帮助的向导义务,同时培养创新主体的在知识层面的自主服务能力。国家图书馆同样承担着知识应用反馈的责任与义务,由于国家图书馆的向导作用,知识在创新实践中得以应用,随着国家图书馆对知识在此实践中应用的跟踪,能够及时将此过程中产生的新的认知和增值服务追加到知识信息资源系统当中,形成更为全面的、前沿的知识信息资源服务综合系统,从而在知识创新的层面实现领先的局面,带动国家创新发展的新局面。具备以上功能的国家图书馆知识服务无疑成为国家创新体系的基础性要素。创新型国家建设的战略要求国家图书馆实现从基于信息的传统服务到基于内容的知识服务的战略转型,面对创新型国家的建设战略,国家图书馆的知识服务在关键资源、核心功能以及服务层次等多方面都面临重新定位的挑战[92]。

1. 收集传播多样化优质信息资源

随着现代社会法制建设需求的不断激增,坐拥极为丰富的馆藏资源、专业信息分析能力、资源提供综合服务系统的中国国家图书馆的作用与价值越来越受到重视,并参与到立法决策的过程中,为法律的制定提供咨询资料与相关材料,为立法人员提供科学合理的判断基础与论证材料,在立法创新的格局中扮演强有力的推动角色,带动国家的创新发展进程[93]。

作为整个国家知识基础设施最为聚集的机构之一,中国国家图书馆无疑成为知识创新的基础与平台。知识创新是指通过科学研究获得新知识的过程。中国国家图书馆提供各类知识材料,并服务于科研体系。而科学研究正是保证知识创新的肥沃土壤,为大量的知识创新提供良好的环境,以此促使科学研究更具创造性,进而产出大量知识创新的成果[94]。当代国家图书馆不仅需要保证传统的知识信息的存储管理工作,随着当代互联网概念、物联网概念、通信技术、数字技术的运用,国家图书馆更要完成互联网背景下新型国家图书馆的转型,如虚拟国家图书馆、移动国家图书馆、智慧国家图书馆,国家图书馆势必成为国家创新体系的新兴信息资源战略基地。

2. 招聘使用高水平人才资源

图书馆学家哈里林说:"即使是世界第一流的图书馆,如果没有能够充分挖掘馆藏优势、有效率和训练有素的工作人员,也难以提供广泛有效的读者服务。"中国国家图书馆的建设需要大量优质人才资源的投入,这些人才的知识和智慧将成为国家图书馆建设和发展的巨大助力,是确保中国国家图书馆稳步发展的重大力量。随着知识信息时代的到来,中国国家图书馆将对建设人才资源提出更高的要求,不仅要求他们具有管理信息、利用资源的基本能力,还须综合考量知识、经验、管理、协调、专长等方面,具有快速获取信息的本领、数据处理与分析等能力[95]。当代社会,人才创新是所有国家创新的核心,因此拥有高素质、高技能的中国国家图书馆工作人员,是推动中国国家图书馆发展创新的重中之重,由高质量人才资源组成的专业团队是国家创新体系人才队伍中必不可少的元素。

国家创新体系的另一重要组成部分是资源的创新,这是创新活动的基础要素,资源的创新离不开人才对资源的建设与管理。通过中国国家图书馆自身的数字化、网络化、全球化建设所提供的优质的信息服务,将培养和造就大批社会精英与专业人士。中国国家图书馆将为国家创新体系提供这些高素质的中国国家图书馆精英与专业的人才资源。正是这些优质的人才,成为实现国家创新的人才资源的基础保障。同时,国家创新也需要高素质的民众基础,中国国家图书馆在此方面同样在国家创新体系中担负重要的责任[96]。

3.开发利用先进技术资源

技术创新是指学习、革新和创造新技术的过程。技术创新是企业发展的根本,技术的创新同样涉及除企业外的科研机构、高等院校、国家图书馆、信息咨询机构等。中国国家图书馆在技术创新方面同样可以为国家创新发展做出很大贡献。首先,中国国家图书馆是国家技术创新的动力保障。创新以信息和知识为基础,以人为载体。人们在中国国家图书馆的学习与研究带来了科学研究的阶段性成果,从而促进了知识的增长与发展,纳入到知识创新的体系中,为国家创新提供强有力的助力保障。在技术创新系统中,中国国家图书馆利用自身的馆藏和专业人员优势,并针对企业的特定需求开展了文献信息兼容的市场信息咨询、参考咨询、网络建库、技术预见、市场调查、竞争情报服务等服务[97],以建设企业分馆的模式不断创新服务模式和服务理念。其次,中国国家图书馆是创新的基础保障。中国国家图书馆是协调统一用户和信息资源的平台。它通过科学研究的分析处理、科研成果的评价等参与到科学研究中,成为整个科研过程不可分割的组成部分,直接成为知识创新活动中的一环。中国国家图书馆作为我国科学体系的组成部分,其自身的发展,带动着整个科学体系和整个社会的发展,中国国家图书馆自身的知识创新和技术创新,也将成为全国科学体系和全社会创新发展的重要组成部分。

三、积极参与国家创新发展

随着国家发展和社会进步,国家图书馆在国家创新发展过程中的地位和作用必然越来越重要。这也要求国家图书馆必须把握趋势、解放思想,在新环境中继续发扬自身使命,同时识别和培育新的发展和服务方向。

1.参与国家创新发展的战略研究与咨询

为中央和国家领导机关提供咨询服务一直是中国国家图书馆的重要职能[98]。近些年来,中国国家图书馆在履行重要职能的过程中,积极探索,开创了

"两会"咨询服务新模式,为每年举行的全国人民代表大会和中国人民政治协商会议提供有针对性的文献信息咨询服务,并逐渐参与到国家创新发展制定研究战略之中,为深化中国国家图书馆职能增添了新的内容,为国家创新发展的战略研究和国家大政方针的决策制定提供全方位的信息咨询服务中发挥了更大的支撑作用。

中国国家图书馆作为一个国家级信息服务研究机构,拥有一支训练有素的服务队伍,在信息查找、加工、整合、存储以及对用户需求的研究等长期服务实践环节中拥有丰富的经验,这种专业优势是一般文献服务机构所无法企及的。根据我国国家创新发展的信息咨询与战略研究的相关需求,中国国家图书馆采取一定介入式的服务模式,通过开展信息咨询服务工作,深入研究为国家创新发展制定相关战略研究提供信息服务的特点与规律,使信息咨询服务真正参与到国家的创新发展之中,成为我国创新体系中一个重要的支撑环节,进而在一定程度上达到服务的一体化和协调发展[99],为国家创新发展做出重要贡献。

随着新世纪的到来,国家在制定创新发展的政策方针时更注重科学化、法制化和民主化,对有关知识信息的需求日益增长。针对这一需求变化的趋势,中国国家图书馆依据自身的馆藏资源,发挥主观能动性,不断加大咨询服务的力度,针对政府、"两会"热点问题进行深度挖掘,走出一条外向联合之路,为更好地支撑国家创新驱动发展战略、推动创新型国家建设做出一份自己的贡献。

2.支撑国家创新发展的战略咨询与决策

中国国家图书馆为政府提供的决策支持服务是一项对专业性、政策性和技术性等各方面要求都很高的服务。中国国家图书馆履行着国家智库的职能,为重点科研单位开展课题研究和政府机构制定决策提供智力支持,通过建立决策数字化服务平台,结合传统服务的方式,推进国家创新发展战略的进一步实施。

国家创新发展战略的源泉来自于国家智库,所以,建设高水平、国际化的智库已然成为我国发展的趋势[100]。中国国家图书馆应充分发挥其资源优势、人才优势、资金优势和特有的社会认可度,为国家的创新发展提供战略咨询与决策支持。

2016年是"十三五"规划的开局之年,国家对创新发展的重视到了一个全新的高度。中国国家图书馆不断开拓新型业务,深化面向政府及企业的舆情监测服务,舆情监测及时准确的分析报告及建议,为用户了解国内外舆论倾向、判断事态进展、做出决议决策提供了重要参考依据[101]。同时,中国国家图书馆凭借丰富的资源,为国家机关提供重要的信息支撑,在其未来的发展战略中,可根据国家创新发展的专业需求,制定更为详细的、有针对性的研究纲要,全面实现从信息咨询到决策支持的转化和深度拓展,逐步形成以文献提供、专题检索、深度行业咨询、文献综述、舆情监测为主线的多维立体服务格局,以便更好地满足多类型客户的多方面需求,能够真正在政府机关立法决策和企业决议的过程中起到关键性作用。

3. 促进国家创新发展的成果应用与转化

知识服务是信息与知识进行价值转化的一个过程,这种转化过程即是知识创新的过程。这种转化包括两个方面:一是图书馆将资源利用知识服务的方式传递到创新主体的手中,利用参与创新的过程来实现知识价值的现实转化;二是与之对应的创新成果转化。中国国家图书馆充当知识创新者的角色,而国家机关和重点科研单位是众多知识的使用者。中国国家图书馆知识服务的任务之一就是系统化整理创新所产生的创造性新知识,利用各种现代化媒体,以各种现代化工具为媒介,促进国家创新发展的成果应用与转化,并将转化成果用来解决实际问题,实现创新成果循环利用的目标。中国国家图书馆作为国家重要的知识集散中心,不仅要参与到创新的过程之中,更重要的是要及时整理创新成果,以实现知识化、系统化和普及化创新成果[102]。当前,我国科技成果转化不畅、自主创新能力不足,已成为制约创新驱动发展战略实施的重要瓶颈。中国国家图书馆坚持深入实施创新驱动发展战略,积极响应创新发展号召,不断推进大众创业、万众创新,使我国的创新发展更上一层楼。

四、加强国家创新发展的部门协同

国家创新体系包括知识创新系统、技术创新系统、知识传播系统以及知识应用系统。其中,知识创新系统和技术创新系统是国家创新体系的重要核心内容。在互联网的大背景下,国家图书馆通过信息资源配置调控将上述系统协调起来,形成统一体系,促进知识创新与技术创新,快速推进国家体系向具体化迈进[103]。中国国家图书馆为大众提供信息咨询的服务、信息市场的展示、科技成果的产出、科技产品的展览等服务,究其本质,是在为推动国家创新事业发展而开展的传播与应用,通过对知识的传播和对信息的应用,实现科技产出和转化,以促进知识的创新。

1. 推动国家创新发展实施进程

国家图书馆发展方向和策略制定将会影响到全国图书馆事业的整体发展及国家创新体系的建设进程。中国国家图书馆不仅应明确自身在国家创新体系中的角色定位,在保持制度创新、知识创新的优良传统的同时,还要积极制订并大力推行国家数字化创新战略,同时广泛开展国内外的交流与合作,保证中国国家图书馆在世界范围内整个行业中的前瞻性与先进性。互联网及数字化信息的环境给图书馆界带来了前所未有的深远影响,既为各国国家图书馆提供了良好的发展环境,也带来了一系列新的挑战。中国国家图书馆已着手制定本馆的数字化发展创新战略,拟订在互联网与大数据环境下的战略方案与计划,并推进实施[104]。各国国家图书馆之间的交流与学习,也将为国家图书馆在国家创新系统中更好地发挥作用带来新的理念与创新办法。

在国家图书馆创新战略的实施过程中,如何有效利用知识信息依然需要我们更加重视,思考优化方案。当前,我国知识传播以及知识转移、转化的环境并不是很成熟,导致大量科技知识在生产后得不到应用,知识的传播受到一定程度上的阻碍,知识创造者与知识利用者之间需要一条连接的纽带,才能促进科技知识创新的社会功能,进一步推进国家创新体系的发展。因此,中国国家图书馆应加强知识的利用率与有效性,加强科技成果的保护,保证知识信息的创新在国家创新体系中发挥更加充分的作用。

2. 促进创新发展中的各部门协同

作为创新体系中各领域的聚集地与纽带,中国国家图书馆应确保国家创新发展中各部门的协调工作能够顺利实施,并为国家创新发展打下坚实的基础。在未来的发展中,中国国家图书馆也可以在其他方面有所作为,如依托国家图书馆立法决策服务平台的全面发展,为国家创新体系建设相关立法工作提供支持;推广数字资源扩展授权使用范围模式,以中国国家图书馆为中心,建立国家数字资源储备联盟,扩大知识资源的储备,为更多科技创新成果提供良好的创新环境;探索专业化、精细化、定制化服务,培养专家型人才服务团队,为国家创新体系的建设提供智力支持;建立特色资源共享机制,构建共享网络,响应国家号召,推进国家资源开放共享的建设,扩大可参与国家创新发展的资源基数[105]。

　　此外,中国国家图书馆应开展合作以实现资源的优化配置。全球范围内,大部分著名的国家图书馆都有同其他机构合作的优良传统,在国家图书馆的国际合作潮流下,我国国家图书馆更应紧跟国际潮流,用更加创新的理念与资源加强与其他机构的深入交流与合作。

参考文献

[1] 中国国家图书馆. 国家图书馆"十三五"规划纲要[EB/OL]. [2018 – 05 – 17]. http://www. nlc. cn/dsb_footer/gygt/ghgy/.

[2] 中华人民共和国国务院新闻办公室. 国家创新驱动发展战略纲要[EB/OL]. [2016 – 12 – 11]. http://www. scio. gov. cn/xwfbh/xwbfbh/wqfbh/33978/34585/xgzc34591/Document/1478339/1478339. htm.

[3] 仲伟俊,梅姝娥,黄超. 国家创新体系与科技公共服务[M]. 北京:科学出版社,2013:21.

[4] 李黛君. 从知识资本理论看图书馆在国家创新体系中的价值[J]. 江西图书馆学刊,2012(1):12 – 14.

[5] 吴建中. 走向第三代图书馆[J]. 图书馆杂志,2016(6):4 – 9.

[6] [12] [15] Library of Congress. Financial Statements 2015[EB/R]. [2017 – 05 – 21]. https://www. loc. gov/portals/static/about/reports-and-budgets/documents/financial-reports/fy15. pdf.

[7] [17] British Library. British Library Annual Report and Accounts 2015/2016[EB/R]. [2018 – 05 – 28]. https://www. bl. uk/aboutus/annrep/2015to2016/annual-report2015-16. pdf.

[8] [10] Library of Congress. General information[EB/OL]. [2018 – 05 – 28]. https://www. loc. gov/about/general-information/.

[9] [11] British Library. Facts and figures[EB/OL]. [2018 – 05 – 28]. https://www. bl. uk/aboutus/quickinfo/facts/index. html.

[13] 于良芝. 图书馆情报学概论[M]. 北京:国家图书馆出版社,2016:248 – 249.

[14] 张红琳. 美国国会图书馆的服务功能及思考[J]. 情报杂志,2004(2):125 – 126,129.

[16] [24] British Library. Living knowledge:the British Library 2015 – 2023[EB/OL]. [2018 – 05 – 28]. http://www. bl. uk/britishlibrary/ ~ /media/bl/global/projects/living-knowledge/documents/living-knowledge-the-british-library-2015-2023. pdf.

[18] 魏蕊,初景利,王铮,等. 大英图书馆三十年(1985—2015)战略规划解读[J]. 国家图书馆

学刊,2015(5):16 – 24.

[19] MACARTNEY N. The British Library strategic plan:a review article[J]. Journal of Librarian-
ship and Information Science,1986(18):133 – 142.

[20] British Library. The British Library's content strategy—meeting the knowledge needs of the
Nation[EB/OL]. [2018 – 05 – 28]. http://www. bl. uk/reshelp/findhelpsubject/busmanlaw/
contentstrategy. pdf.

[21] British Library. The British Library's Strategy 2008 – 2011[EB/OL]. [2018 – 05 – 28].
http://www. bl. uk/aboutus/stratpolprog/strategy0811/strategy2008-2011. pdf.

[22] [23] British Library. Growing knowledge:the British Library's Strategy 2011 – 2015[EB/
OL]. [2018 – 05 – 28]. http://www. bl. uk/aboutus/stratpolprog/strategy1115/strategy1115.
pdf.

[25] 刘娅,洪峡. 英国典型科技信息服务机构运行机制分析及启示[J]. 数字图书馆论坛,
2009(12):30 – 37.

[26] British Library. About the Business & IP Centre[EB/OL]. [2018 – 05 – 28]. http://www.
bl. uk/business-and-ip-centre/about.

[27] British Library. British Library Funding Agreement 2008/09 – 2010/11[EB/OL]. [2018 –
05 – 28]. http://www. bl. uk/aboutus/foi/pubsch/funding0811. pdf.

[28] [31] [83] British Library. Library funding boost to help more entrepreneurs,Enterprising Li-
braries across the country will receive over £ 650,000 to support entrepreneurs[EB/OL].
[2018 – 05 – 28]. https://www. gov. uk/government/news/library-funding-boost-to-help-
more-entrepreneurs.

[29] Arts Council England. Envisioning the library of the future[EB/OL]. [2018 – 05 – 28].
http://www. artscouncil. org. uk/sector-resilience/envisioning-library-future.

[30] Arts Council England. Enterprising Libraries:about the fund[EB/OL]. [2018 – 05 – 28].
http://www. artscouncil. org. uk/funding/enterprising-libraries.

[32] British Library. Knowledge Quarter launched at the British Library[EB/OL]. [2018 – 05 –
28]. http://www. bl. uk/press-releases/2014/december/knowledge-quarter-launched-at-the-
british-library.

[33] Knowledge Quarter. Knowledge Quarter 2015 Annual Review. [EB/OL]. [2018 – 05 – 28]. ht-
tp://www. knowledgequarter. london/wp-content/uploads/KQ-AR-2016-artwork-for-web. pdf.

[34] 张英. 美国国会图书馆的历史及现状[J]. 河南科技学院学报,2016,36(5):48 – 51.

[35][59] WILLIAMSON E. You'd know if You were congressional[EB/OL].[2018 – 05 – 28]. http://www. washingtonpost. com/wp-dyn/content/article/2007/03/21/AR2007032102043 _ pf. html.

[36] Congressional Research Service. CRS Annual Report：Fiscal Year 2015[EB/OL].[2018 – 05 – 28]. http://www. fas. org/sgp/crs/crs15. pdf.

[37] United States Copyright Office. Strategic Plan 2016 – 2020：positioning the United States Copyright Office for the future[EB/OL].[2018 – 05 – 28]. http://www. copyright. gov/reports/strategic-plan/USCO-strategic. pdf.

[38] 美国国会图书馆. 美国国会图书馆 2008—2013 年战略规划[J]. 图书情报工作动态,2008(6):1 – 8.

[39] 美国国会图书馆. 美国国会图书馆 2011—2016 年战略规划[J]. 图书情报工作动态,2011(4):1 – 9.

[40][71] Library of Congress. Strategic Plan FY2016 through FY2020：Serving the Congress and the Nation[EB/OL].[2018 – 05 – 28]. https://www. loc. gov/portals/static/about/documents/library_congress_stratplan_2016-2020. pdf.

[41] Library of Congress. About the Library[EB/OL].[2018 – 05 – 28]. https://www. loc. gov/about/.

[42] Library of Congress. Voice Script and Onscreen Bullets[EB/OL].[2016 – 05 – 11]. https://www. loc. gov/about/more-than-a-library/presentation-transcript/.

[43] 国家图书馆. 国家图书馆年鉴 2015[M]. 北京:国家图书馆出版社,2016:6 – 13.

[44] 国家图书馆. 国家图书馆"十二五"规划纲要[EB/OL].[2018 – 05 – 28]. http://www. nlc. cn/dsb_footer/gygt/ghgy/201111/W020120216547698208484. pdf.

[45] 韩永进. 国家图书馆"十二五"期间服务功能全面提升[N]. 中国文化报,2015 – 12 – 09(6).

[46] 黄伟杰,罗嘉,陈晓莉. 利用数字图书馆技术创新企业信息服务模式——国家图书馆企业信息服务平台系统概述[J]. 科协论坛,2013(7):148 – 150.

[47] 中国国家图书馆. 国家图书馆企业信息服务中心简介[EB/OL].[2018 – 05 – 28]. http://www. nlc. cn/newqyzx/zxjj/.

[48] 王美英,宋振佳. 俄罗斯国家图书馆的发展历史、现状及展望[J]. 当代图书馆,2011(2):62 – 66.

[49] 于成杰,张军亮. 俄罗斯国家图书馆的发展规划研究——基于《2013～2018 年俄罗斯国

家图书馆发展规划》[J].图书与情报,2015(4):83-89.

[50] 澳大利亚国家图书馆.澳大利亚国家图书馆 2009—2011 年战略目标[J].图书情报工作动态,2010(2):1-2.

[51] 澳大利亚图书馆.澳大利亚国家图书馆 2012—2014 年战略方向声明[J].图书情报工作动态,2012(10):1-3.

[52] National Library of Australia. Annual Report 2014-2015[EB/OL].[2018-05-28]. https://www. nla. gov. au/sites/default/files/nla-annual-report-2014-15-web2. pdf.

[53] National Library of Australia. Corporate Plan 2016-2020[EB/OL].[2018-05-28]. http://www. nla. gov. au/sites/default/files/corporate_plan_2016-2020. pdf.

[54] 张曙光,陈颖艳.日本国立国会图书馆立法决策服务考察[J].国家图书馆学刊,2011,20(1):18-23.

[55] National Library of the Netherlands. Our mission and vision[EB/OL].[2018-05-28]. https://www. kb. nl/en/organisation/organization-and-policy/our-mission-and-vision.

[56] National Library of the Netherlands. KB Strategic Plan 2015-2018[EB/OL].[2018-05-28]. https://www. kb. nl/sites/default/files/docs/strategicplan-2015-2018. pdf.

[57] 蒋华栋.国外如何推动经济智库建设[N/OL].经济日报,2015-09-15(10).[2018-05-28] http://paper. ce. cn/jjrb/html/2015-09/15/content_256697. htm.

[58][65] McGANN J G. 2015 Global go to think tank index report[EB/OL].[2018-05-28]. http://repository. upenn. edu/think_tanks/10/.

[60] The Center for Democracy and Technology. 10 most wanted government documents[EB/OL].[2018-05-28]. http://www. govspot. com/lists/documentswanted. htm.

[61] 王蕊.国图 2010 年"两会"服务呈现新亮点[N/OL].中国经济网,2010-03-05.[2018-05-28]. http://book. ce. cn/ssjj/201003/05/t20100305_21060643. shtml.

[62] 国家图书馆创新方式服务全国两会[EB/OL].人民网,2015-03-13.[2018-05-28]. http://culture. people. com. cn/n/2015/0313/c172318-26686140. html.

[63][93][105] 葛艳聪,白云峰.国家图书馆的部委分馆建设与发展——面向特定机构用户的参考咨询服务[J].国家图书馆学刊,2014(1):33-37.

[64] UNESCO. Design and planning of National Information System (NATIS)[EB/OL].[2018-05-28]. http://unesdoc. unesco. org/images/0001/000150/015036eb. pdf.

[66] 知远.华盛顿的智库:我们自己的工厂[EB/OL].[2018-05-28]. http://mil. sohu. com/20121006/n354358221. shtml.

［67］弗里曼. 技术政策与经济绩效:日本国家创新系统的经验［M］.南京:东南大学出版社,
2008:22 - 42.

［68］刘红玉,彭福扬.国家创新战略演化研究［J］.科技进步与对策,2009,26(10):191 - 195.

［69］European Commission. Horizon 2020［EB/OL］.［2018 - 05 - 28］. http://ec. europa. eu/
programmes/horizon2020/.

［70］国际财经中心. 美发布 2015 版《美国国家创新战略》［OB/OL］.［2018 - 03 - 01］.
http://afdc. mof. gov. cn/pdlb/yjcg/201512/t20151214_1613281. html.

［72 - 73］British Library. Living knowledge:the British Library 2015 - 2023［EB/OL］.［2018 -
05 - 28］. http://www. bl. uk/britishlibrary/ ~ /media/bl/global/projects/living-knowledge/
documents/living-knowledge-the-british-library-2015-2023. pdf.

［74］张晓林.研究图书馆 2020:嵌入式协作化知识实验室［J］.中国图书馆学报,2012(1):
11 - 20.

［75］国家图书馆:新年送书下乡　京郊农民获益［N/OL］.中国新闻出版网. (2007 - 01 -
05).［2018 - 05 - 28］. http://www. chinaxwcb. com/2007-01/05/content_30250. htm.

［76］马子雷. 国图启动"阅读推广进校园"活动［N/OL］.网易新闻. (2011 - 04 - 06).［2018 -
05 - 28］. http://news. 163. com/11/0406/17/70VLCTVJ00014JB5. html.

［77］万仁莉.从引领全民阅读看中国国家图书馆的社会教育职能［J］.图书馆学研究,2011
(8):71 - 73.

［78］王铮. 面向创新的开放知识资源管理若干理论问题研究［J］.图书情报工作,2015,59
(3):31 - 39.

［79］MARTIN B,TANG P. The benefits of publicly funded research［EB/OL］.［2018 - 06 - 11］.
https://www. sussex. ac. uk/webteam/gateway/file. php? name = sewp161. pdf&site = 25.

［80］PARSONS D,WILLIS D,HDLLAND J. Benefits to the private sector of open access to higher
education and scholarly research［EB/OL］.［2018 - 06 - 11］. http://wiki. lib. sun. ac. za/
images/5/5c/Report-to-oauk-benefits-of-open-access. pdf.

［81］Denmark's Electronic Research Library. Access to research and technical information in Den-
mark［EB/OL］.［2018 - 05 - 28］. http://www. deff. dk/uploads/media/Access_to_Research_
and_Technical_Information_in_Denmark. pdf.

［82］The White House. Fact sheet:the White House releases new strategy for American innovation,
announces areas of opportunity from self-driving cars to smart cities［EB/OL］.［2018 - 05 -
28］. https://www. whitehouse. gov/the-press-office/2015/10/21/fact-sheet-white-house-re-

leases-new-strategy-american-innovation.

[84][87][95] 陈谨.知识创新与建立图书馆创新体系[J].国家图书馆学刊,2005(1):49 –
52.

[85] 黄颖,陈兰.国家创新系统中的图书馆[J].图书情报工作,2001(6):13 – 15.

[86][92][102] 罗贤春.面向创新型国家建设的图书馆知识服务定位[J].国家图书馆学刊,
2010(1):59 – 63.

[88] 杜跃华.图书馆知识创新平台的构建研究[D].大连:辽宁师范大学,2009.

[89] 薛固文.图书馆在国家创新体系中的重要地位和作用[J].图书情报工作 2001(z1):1 –
2,43.

[90][96] 张立英.图书馆在国家创新体系中的地位和作用[J].图书情报工作,2000(4):65 –
66.

[91] 宛福成.图书馆在国家创新体系中的位与为[J].图书馆学刊,2000(1):28 – 29.

[94] 向文,高菊亭.图书馆与国家创新体系[J].图书馆学研究,2001(1):35 – 36.

[97] 胡茹婷.国家图书馆企业信息服务创新研究[J].科技创新与应用,2012(22):310.

[98] 国家图书馆概况[EB/OL].[2018 – 05 – 28]. http//www. nlc. cn/dsb_footer/gygt/lsyg/in-
dex_4. htm.

[99] 王磊,卢海燕.国家图书馆立法与决策服务十年历程回顾与思考[J].国家图书馆学刊,
2008(1):10 – 15.

[100] 国外如何推动经济智库建设[N/OL].经济日报,2015 – 09 – 15.[2018 – 05 – 28].
http://paper. ce. cn/jjrb/html/2015-09/15/content_256697. htm.

[101] 吴春丽,王丽娜.创新参考咨询服务提升图书馆核心竞争力——以国家图书馆为例
[J].吕梁学院学报,2013(3):72 – 75.

[103] 李黛君.从知识资本理论看图书馆在国家创新体系中的价值[J].江西图书馆学刊,
2012(1):12 – 14.

[104] 吴慰慈,蔡箐.国家图书馆发展战略研究[J].国家图书馆学刊,2008(2):15 – 20.

（执笔人:初景利　魏蕊　栾冠楠　王铮　杨志刚）

第五章　国家图书馆与国家公共文化服务

文化作为一个国家的软实力,在当今时代的综合国力竞争中彰显出越来越重要的地位。面对世界各种思想文化相互激荡的大环境,促进本国民族文化的繁荣发展、提高本国民族文化的世界影响力成为各国的重要文化战略。文化同时也是基本民生,关系着公众基本精神需求的满足,也推动着公民素养的整体提升,随着经济社会的发展,保障民众的基本文化权益成为各国面对的紧迫任务。因而,世界各国都非常重视公共文化服务建设,制定国家层面的文化发展法律制度,如中国颁布《中华人民共和国公共文化服务保障法》、美国发布《阅读卓越法》、韩国制定《读书文化振兴法》;调动各级各类机构广泛开展文化活动和提供文化资源,切实保障公众享受文化成果的权利;广泛开展国际文化交流与合作,扩大国家文化的世界影响。其中,国家图书馆是国家公共文化战略的重要内容,也是国家公共文化的制度性机构,不仅以其恢宏的建筑、宏丰的馆藏、先进的技术、浓郁的文化氛围塑造和展现自身的文化形象,而且以其广泛的服务网络、标准化的服务规范、全面的服务内容、持续增强的服务能力提供和创新自身的公共文化服务,成为保护和弘扬本国文化的重要节点、提高公民素质的基本平台、促进本国公共图书馆协同发展的引领力量、维护公共文化服务均衡发展的保障机构和完善世界公共文化服务体系的重要枢纽。

第一节　国家图书馆开展公共文化服务的意义与定位

公共文化服务一般是由政府主导推动,吸纳各种社会力量共同参与,为满足公众基本精神文化需求而提供的公共文化设施、文化产品、文化活动及相关服务。国家图书馆作为根据相关法规政策设立、由公共财政支持建立的机构,为公众服务具有内在的必然性,需要自觉肩负起公共文化服务建设的重要职责,开展信息和知识获取、全民阅读、社会教育和特殊群体服务等大众服务内容,引领国内图书馆和协同国际图书馆提升服务能力,促进传统文化与现代文化、本土文化与外来文化交融,为更大范围的公众提供公共服务。

一、国家图书馆开展公共文化服务的意义

1. 体现国家图书馆公共性的必然要求

国家图书馆的公共性首先表现为它是由政府主导设立的公共文化设施,主要由公共财政建立并给予长期拨款支持,在公共事务管理的相关规定指引下运行,是政府履行公共文化职能的表现之一[1]。澳大利亚《国家图书馆法》(1960)指出,国家图书馆代表联邦从事相关活动,包括在图书馆事务方面与国内外的图书馆相关机构和个人进行合作[2];我国颁布的《中华人民共和国公共图书馆法》(2017)为国家图书馆设置了专门条款,并明确规定"国家图书馆同时具有本法规定的公共图书馆的功能",从法律层面确立了国家图书馆的公共性质[3]。因而,国家图书馆理应将其资源向公众开放,为公众提供公益性服务,不断扩大免费服务范围。

其次,国家图书馆的公共性表现为它要为最广大、最长远的公众利益服务。国家图书馆是一个国家文化信息及其服务资源的集大成者,这些资源对于提高国民素质、提升国家文化气质具有重要意义。放眼全球,一个国家图书馆的资源反映了独特的国家特色,对于增进各国人民之间的了解及国际知识信息交流也具有重要作用;纵观历史,国家图书馆的资源是一个时期国家资源的累积,对于后人了解历史与当今文化奠定了坚实的基础。而要让这些资源发挥效益,最重要的路径之一就是要使其为最广大的公众所共享。在国家安全许可的情况下,在横向空间上,既要为本国公共文化服务,也要为国际用户提供服务;在纵向时间上,既要为当前的公共文化服务,也要为未来的公共文化服务,正如法国国家图书馆在其使命陈述中所指出的那样,作为一个公共机构,其使命之一是使国家文献资源遗产为更广泛的公众所获取[4]。因而,为公共文化服务应成为国家图书馆自觉承担的历史使命。

再次,国家图书馆的公共性还表现在其服务原则和服务方式上。为了达成增进公共利益的目的,国家图书馆必须要考虑公众的需求,秉承开放的服务理念,减少服务限制,扩展服务范围,丰富服务形式,提高服务质量,关注用户反馈。

为此,很多国家图书馆都在减少年龄、身份、地域、语言、收费、时空等方面的限制,扩大服务群体,如新西兰国家图书馆在其"获取政策"中指出,国家图书馆的馆藏资源除非有合理理由限制其获取,否则都应该是免费可获取的[5];各国国家图书馆都在不断增加资源的开放范围,利用数字化、虚拟现实方式在线展示馆藏珍品,通过网络化、移动化方式为公众利用提供便利,为不同类别的用户提供不同的服务项目。当然,国家图书馆也有其长远利益和国家利益的多重考量,因而,其服务方式也仍然存在对当前用户的某些限制,但是从宏观和历史的角度来看,这些限制依然符合公众的根本利益,依然没有违背国家图书馆公共性的本质。

2. 增强图书馆公共文化服务整体实力的现实需求

图书馆公共文化服务体系建设是保障公众基本文化权益的重要途径,而要达到良好的服务效益,服务能力是前提和支撑。国家图书馆无论是在建筑空间和环境、馆藏规模和质量、技术能力与基础设施,还是馆员数量和专业化水平、服务完备性和体系性上均具有独特优势,这种独特优势不仅通常是本国公共文化服务体系中其他公共图书馆所难以替代的,而且有些也是世界其他国家图书馆所难以比拟的。因而,国家图书馆为公共文化服务毫无疑问能够极大地增强图书馆公共文化服务体系的整体实力,更充分地满足公众文化需求,这是其作为公共文化服务参与者所具有的重要意义。对于很多国家来说,公共图书馆体系尚不够完善,图书馆总体实力较弱、分布不均,国家图书馆作为整个国家图书馆体系的重要组成部分,以力之所及对公共图书馆服务提供补充、支持和保障,也是现实所需,如中国国家图书馆就是公共图书馆的国家、省、市、县、乡、村六级服务设施网络中的重要层级。

其次,国家图书馆不仅仅是公共文化服务的参与者,它还是重要的引领者、规划者和协调沟通者,如《中华人民共和国公共图书馆法》就明确指出国家图书馆要为其他图书馆提供业务指导和技术支持等[6]。就实践而言,国家图书馆通过自身服务项目、服务规范、服务规划、战略愿景、年度报告等展现公共文化服务所能达到的专业化水平,发挥对全国乃至全球图书馆公共服务的引领作用;通过建立和管理全国性的图书馆协作网络、数字图书馆虚拟服务网络、书目信息报导与传递网络、虚拟参考咨询网络等,构建分级分布式公共文化服务体系,延伸国家图书馆的服务,并推动图书馆公共服务联盟建设;通过参与制定全国图书馆事业发展中长期规划、公共图书馆服务标准和规范、公共服务评估指标体系,开展专业业务培训和研讨等,促进图书馆业界服务意识与能力的整体提升;通过发挥在图书馆界内部的活动能力,帮助协调行业内的业务关系,同时作为图书馆对外的重要代表,建立和增强业界与其他行业机构、其他国家之间的联系。通过所有这些工作,国家图书馆能够更好地促进本国图书馆公共服务的能力和体系建设,达到公共文化服务体系的总体完善,确保更多的公众能够享受更好的服务。

3. 传承国家和民族文化的历史担当

文化软实力具有深刻的影响力和辐射力,是一个国家和民族发展的根基。这一实力的形成非一朝一夕之功,而需要长期的历史累积;这一实力的发挥也不能是曲高和寡的孤鸣,而需要一代又一代人的传承和发展。国家图书馆文献资源是在长期的历史累积中形成的,是国家和民族文化的高水平浓缩和凝聚,在进一步积累资源巩固文化实力的同时,它需要承担更多发挥文化软实力的职责,如公共文化服务就是要通过多种不同的服务形式向本国公众传播国家和民族的文化传统,给公众营造国家民族文化氛围和空间,支持公众对传统文化的领悟、运用、创新和进一步传播。

国家图书馆作为一个国家文化的代表之一,其对国家和民族文化传承还体现在时空的不同维度上。在空间维度上,要增进世界其他国家和地区公众对本国文化的了解,因此,它需要将国家和民族文化中的精髓资源进行收集整合并提供浏览检索,通过自身网络平台或合作平台进行展示和传播;在时间维度上,国家图书馆不仅要为当前的公共文化服务,还要为后代公共文化服务,因而它的服务就不能只考虑当前的结果,而应是可持续的、可累积的进程。要做到这一点,除了要将我们这一代人的知识、文化记忆连同前人的一并留存以帮助后代公众了解和延续外,更重要的是不能将资源束之高阁,而要在传播利用中保持文化传统的活力,这才是确保国家和民族文化经久不衰并生生不息的根源。如此,国家图书馆的公共文化服务具有更多的意味,它超越了当下时空,而平添了无限的空间广博感和历史厚重感。

二、国家图书馆公共文化服务的定位与作用

1. 在本馆工作中的定位与作用

国家图书馆除了为公众提供服务外，还承担着国家文献信息战略保存、决策咨询、国家智库等多重职能，面向政府机关、立法机构、重点科研单位等提供专门服务，因而，它自然面对着如何处理各种职能、各种服务对象间关系的问题。而回答这一问题需要探究到其创建的本源——为国家和人民的战略利益、长远利益、全局利益服务是国家图书馆一切工作的起点和终点[7]。由此来看，国家图书馆所开展的各项活动，虽然在服务对象、内容和方式上有所不同，但从服务目的来看，国家文献信息战略保存职能奠定了国家和民族文化知识的坚实基础，支持国家知识创新服务，增强了国家文化向前发展的活力，为政府和立法机构提供决策咨询提高了国家决策的科学性，这一切都与公共文化服务一起保障了国家、民族和公众的根本利益，都具有公共性。不仅如此，国家图书馆所承担的各项职能及开展的相关活动在一定程度上互相关联、互相促进，如发展和维护一个与所在国有关的所有文献数据副本进行文献的战略储备能为公共文化服务提供更为坚实的保障，为政府和立法机构提供决策咨询、支持国家知识创新服务过程中所发展出的技术、方法有助于提高公共文化服务水平；反过来，在为公共文化服务的过程中，国家图书馆对于公众的需求能有更深入的了解，也有助于在开展其他工作中提供更好的选题和服务。正如英国国家图书馆在《英国国家图书馆 2020 愿景》中阐述的使命——确保后代的信息获取（guarantee access for future generations）、保障任何有研究需求的人获取信息（enable access to everyone who wants to do research）、支持研究团体参与社会经济发展（support research communities in key areas of social and economic benefit）、丰富国民文化生活（enrich the cultural life of the nation）、领导和合作促进世界知识发展（lead and collaborate in growing the world's knowledge base）都是统摄于其总使命"发展世界知识"（explore the world's knowledge）[8]之下，其中公共文化服务是国家图书馆所需承担的多种职能之一，要与其他工作一起，共同为推动国家和民族文明传承和创新发展服务。

当然，各国国家图书馆在性质上并不完全相同，还可能兼具公共图书馆、议会图书馆、大学图书馆、专业图书馆等不同特性，因而在服务方向和内容上会有

一定差异;从各项服务所需资源的掌握、开发和利用情况来看,公共文化服务相对而言可较多由其他公共图书馆来分担,而由国家图书馆担任本国公众公共文化需求的最终资源保障,因此,有些国家图书馆对自身各项职能的优先级进行了规定和告知。如美国国会图书馆兼具国家图书馆和议会图书馆性质,其服务优先考虑的是持续性地为美国国会提供知识和创意,其次是获取、组织、保存、保全和维护有关美国历史和创意的广泛记录以及人类知识的世界馆藏以为国会当前和未来所用;再次才是通过网站方式使其馆藏最大限度地让国会、政府和公众可获取;最后是提升图书馆基本馆藏的解释与教育价值,从而凸显图书馆对国家健康发展和未来发展的重要性[9]。澳大利亚国家图书馆通过《国家图书馆法》也明确了其业务工作的优先级:第一,保持和发展一个国家级藏书,包括广泛收集与澳大利亚及其人民的资源;第二,使图书馆的国家藏书被理事会所认为能最大限度发挥其价值的个人、机构所用并采取对应的策略;第三,使理事会认定合适的、与图书馆事务和资料有关的其他服务可资利用,尤其是议会、联邦政府、领地、其他《公共服务法》所规定的其他机构更是服务重点[10]。

2. 在国内图书馆公共文化服务体系中的定位与作用

任何一个国家的图书馆公共文化服务都是由数量众多、分布广泛、层次多样的图书馆及其集群来构成。在此其中,国家图书馆的作用可概括为:引领、指导、带动、保障。"引领"表现为国家图书馆应与其作为国家书目与联合目录编制中心、图书馆信息网络中心、现代技术研究与应用中心的地位相适应,在服务理念、服务能力、服务规范、服务方式、技术手段、服务水平等方面都应展现出最高水准,从而成为国内图书馆公共文化服务的行业标杆、示范基地以及学习的最佳实践。

"指导"表现为国家图书馆通常是本国图书馆发展研究中心,不仅应对国内外图书馆业界公共文化服务的发展状态、新兴态势、未来趋势进行追踪、扫描和分析,为图书馆界提供理念指导、事业发展政策建议和国内外成功案例借鉴,而且应在公共文化服务的具体实践方面,组织制定相关标准或规范,开展相关业务培训,提高国内图书馆公共文化服务的能力。例如,中国国家图书馆推出《中国图书馆事业发展报告》《中国图书馆年鉴》《国内外图书馆学理论研究与实践进展》等追踪行业发展,支持和参与编制《关于我国公共图书馆服务体系建设的建议提纲》《公共图书馆法》《公共图书馆服务规范》《图书馆视障人士服务规范》《图书馆参考咨询服务规范》《公共图书馆评估系列标准》等一系列规划和标准以指导行业服务，开展"全国图书馆未成年人服务提升计划"巡讲、图书馆参考咨询业务培训班等为业界培养人才。

"带动"表现为国家图书馆应以自身体量和优势为基础、以具体项目为依托，带动其他图书馆共同建设，促进全行业的共同发展。在与其他外部机构合作过程中，国家图书馆也应以国内图书馆的代表和领导者角色，带动其他图书馆共同参与。如澳大利亚国家图书馆自 1998 年起，通过实施"澳大利亚图书馆门户"服务，联合了约 5200 家国内图书馆和文化机构，由国家图书馆为每个机构成员提供唯一密码，让它们自主升级或修改本机构信息，以共同展现所有机构的馆藏和服务；"澳大利亚图书馆群"（Libraries Australia）作为一个资源共享项目，也是由国家图书馆联合国内 1200 多家图书馆共同打造的，提供国家级资源查询、获取、咨询服务；它还联合各州图书馆共同实施"国家与州图书馆电子资源联合体"（National and State Libraries Australasia E-Resources Consortium）项目[11]，通过这些项目的开展，澳大利亚国家图书馆将各个不同层面的图书馆联合起来，遵循资源共享、优势互补、互惠互利的原则，有力整合了业界资源，提升了图书馆界的总体服务水平。

"保障"表现为国家图书馆作为国家的信息基础设施之一，在文献资源储备、书目信息报导、文献获取和传递、网络资源保存等方面应成为本国图书馆向用户提供信息服务的重要保障，也就是说，当其他图书馆无法满足用户需求时，可以向国家图书馆发出请求，由国家图书馆以自身资源来提供答复，或通过国家图书馆指引、联系到国内外其他机构，从而满足用户需求；当其他图书馆在技术、人才、服务等方面的建设中有难以解决的问题时，也可向国家图书馆寻求支撑。例如，2007 年 10 月，受"圣安娜风"影响，美国南加利福尼亚州发生山林大火并迅速蔓延，一些私立和公立图书馆馆藏在大火中受损，美国国会图书馆紧急更新其保存网页进行应急服务，从而保障了这些图书馆能够继续提供服务[12]。

3. 在国际公共文化服务中的定位与作用

国家图书馆作为一个国家的代表，在国际图书馆公共文化服务体系中展现的是国家形象，应在国际文化交流和公共文化服务中显示出本国图书馆事业的最高水平,代表国家执行有关对外文化协定如国际书刊交换和国际互借工作的规定,代表本国图书馆界和广大读者利益参与有关国际组织或国际图书馆界的服务项目、与其他国家图书馆界开展交流合作,共同开展面向全球公众的服务活动。例如,英国国家图书馆就很注重与世界其他机构合作开展服务活动和项目,与一批国家图书馆包括中国、印度、肯尼亚、伊朗等签署谅解备忘录,建立了国际性的战略伙伴关系,共同开展了"国际敦煌项目",成为国际合作的典型示范,此外还参与"世界馆藏项目"(World Collections Program,简称 WCP),并成为美国NDIIPP 项目咨询委员会中唯一的欧洲成员[13]。

其次,国家图书馆通常是一个国家文化资源的最大集聚地,不仅全面搜集本国出版的文献和存档本国所有网络资源,而且广泛搜集世界范围内有关本国的文献,在国际公共文化服务体系中,这也成为它最大的服务特色和优势。因而,国家图书馆应借助网络化、数字化技术,成为本国文化资源在国际范围内的最大服务提供者,成为满足国际公众对本国文献需求的最重要的保障机构,如中国国家图书馆确立的国家数字图书馆的建设目标之一就是"在互联网上形成超大规模的、高质量的中文数字资源库群,并通过国家骨干通信网向全国及全球提供服务"[14]。同时,在能力范围之内,它还将着眼于全球视野,建立其他语种或国度或地区的特色馆藏并提供服务。例如,美国国会图书馆是世界上最大的图书馆,同时也是亚洲之外中日韩资料最大的聚集地、世界上藏文馆藏最大的馆藏地之一、俄罗斯之外俄语文献的最大馆藏地、世界上最大的法律图书馆及北美最大的珍本馆藏地,它还与世界上其他国家图书馆合作,共同建设"世界数字图书馆",这些使其不仅为美国其他公共和研究图书馆服务,而且成为世界图书馆引领者和服务者[15]。

再次,国家图书馆应成为国内外图书馆公共文化服务的枢纽、桥梁和纽带,一方面它接收来自海外公众的服务请求,并通过自身服务或转介到国内其他机构的方式来提供满意的回复;另一方面它也向海外发出请求,为自身所无法满足的国内需求寻求答复,通过对内对外的服务转接实现对国内外公共文化服务需求的满足。

第二节　国家图书馆的公共文化服务状况

世界上主要的国家图书馆在悠久的发展历史中,都在不断根据社会环境和公众精神文化需求的变化,围绕全民阅读、社会教育、特殊群体服务、信息和知识获取,开展、调整和创新自身的服务内容和形式,形成了各自的服务特色。对其进行调研总结,将有助于开阔眼界,汲取先进经验,为提高中国国家图书馆服务水平提供更多借鉴。

一、信息和知识获取服务

国家图书馆作为所在国家的总书库,拥有全国规模最大、种类最齐全的馆藏资源,在世界范围内也往往是本国文献资源最为丰富的存储基地和服务基地,因而,各国国家图书馆都依托宏富而有特色的文献资源,借助检索系统、咨询系统和文献传递系统,为国内外读者提供文献线索、摘要、原文、综述或回答咨询问题,从而满足他们的信息和知识获取需求。

1. 美国国会图书馆

美国国会图书馆作为世界上馆藏文献量最大的国家图书馆,在文献资源和数字资源的数量、内容、范围、质量上均有突出优势,在信息的组织、描述、咨询和保存上也具有世界范围的引领地位,这为它提供信息和知识检索、获取和咨询服务奠定了坚实基础,不仅覆盖国际国内文献,而且获取资源类型丰富,资源揭示的细分程度深入,还特别突出了对美国本土资源的组织与提供,成为世界图书馆界的典范。

在信息检索方面提供的服务主要包括:第一,通过联机检索目录(Library of Congress Online Catalog)的统一检索平台,向全球用户提供了各种类型资源的一站式检索,覆盖了国会图书馆的大部分馆藏资源信息。该检索框被设置在国会图书馆网站的所有页面,任何读者均可在世界任何地点、通过国会图书馆网站的任一页面,选择分类浏览、简单检索、高级检索和关键词检索等信息查询方式进行信息查询并浏览权限范围内可获取的资源。第二,建立了档案查询帮助(Archival Finding Aids)、国家图书馆联机目录(NLS Online Catalog)、印刷与图片联机目录(Print and Photographs Online Catalog)、版权办公室目录(Copyright Office Catalog)、电子资源联机目录(E-Resources Online Catalog)等 12 个专门检索目录和工具,可实现对档案、残疾人图书馆资源、图片、知识产权办公室、电子资源、音乐资源等的检索,提供关联数据、叙词表和主题标目、规范档的检索和浏览服务以及 Z39.50 的书目查询入口[16],从而不仅为普通公众,也为世界各地图书馆员提供了更加细化、更具针对性的馆藏检索渠道和编目数据。第三,提供国会图书馆馆藏书目、研究指南清单和发现帮助(Finding Aids),其中前两者按字母、学科、文献类型排列[17],发现帮助可以检索按照档案编码著录(Encoded Archival Description,简称 EAD)这一国际元数据标准所形成的档案、手稿信息,提供分主题、题名、作者、索取号等途径的浏览方式以及自由检索方式[18]。第四,在虚拟参考书架(Virtual Reference Shelf)中精选在线研究资源,按主题进行排列,每一主题下汇集相应的网络资源列表和网址链接[19]。第五,围绕美国历史、美国内战、美国建筑、美国城市、美国政府法律与政治、世界文化与历史、战争、本地历史与生活、地理等建立了特色数字资源,提供按主题和载体形式的排序浏览[20]。第六,与世界其他国家共同建设"世界数字图书馆",提供有关 193 个国家、涵盖公元前8000 年至 2000 年的 15 834 个条目的检索和分主题浏览[21]。

在信息获取方面,对于在馆浏览,美国国会图书馆主要限制为 16 岁及以上读者,部分阅览室有特殊要求。对于数字资源的全文获取,国会图书馆通过与"互联网档案馆"公司合作,由其扫描并数字化国会图书馆馆藏。截止到 2016 年2 月,约扫描了 13.6 万册图书。用户可以在馆藏检索结果中通过限定条件获得全文,不过通过图书馆网站所能获得的图书全文主要是超出美国版权法保护期限的 1923 年以前的出版物,以及图书馆年报、历史、馆藏图文指南等[22]。如果需要文献全文,美国国会图书馆主要提供了两种途径:一是文献的复制服务,可提供数字化扫描件、PDF 文档、纸本的影印件、数字化打印文件、缩微胶卷的复制品,但不包括音频、视频和其他多媒体资料,根据文献类型不同,复制费用不一[23]。二是馆际互借服务,该服务不对个体用户开放,个人必须通过所在的当地图书馆提交请求。美国国会图书馆与本国其他图书馆之间通过合作形成了全国性的馆际互借网络,通过这一网络所提交的馆际互借请求是免费的;而对于国际用户而言,则会收取一定费用,个体用户要通过所在的图书馆来提交请求,并由图书馆通过 OCLC ILLiad 馆际互借系统或直接向美国国会图书馆来发出申请[24]。此外，美国国会图书馆采用响应式网页设计，可自动适应电脑、手机、平板电脑等多种电子设备，也符合无障碍设计要求[25]，从而为包括残疾人在内的所有读者提供更好的浏览体验。

在参考咨询服务方面，美国国会图书馆提供了面对面、电话、传真、电子邮件、在线咨询表单、实时对谈等多种咨询方式。咨询内容从主题上来看，包括商业、生活、人文社科、国内外法律、地方史与家谱、诗歌文学、科学技术；从载体形式来看，包括音频、数字资源、视频、手稿、地图、缩微品、报纸、表演艺术等；从语言和地区来看，包括亚非、中东、欧洲、西班牙语地区[26]。此外，美国国会图书馆与 OCLC 及全球多家图书情报机构合作，在 2002 年共同推出了 QuestionPoint 这一全球范围内的合作虚拟参考咨询服务项目，提供表单咨询、实时咨询和同步浏览功能，不仅为用户解决问题，而且向其直观演示问题的解决路径[27]。

2. 澳大利亚国家图书馆

澳大利亚国家图书馆信息和知识获取服务的特色主要体现为以开放、合作的理念，提供一站式的资源展示、检索与获取。首先，澳大利亚国家图书馆通过澳大利亚图书馆门户、澳大利亚图书馆群、国家与州图书馆电子资源联合体等项目，形成了与国内各州图书馆及其他文化机构的合作，为用户检索提供了非常广泛的信息渠道。其次，以数字化的资源建设扩展电子资源的用户获取权限。澳大利亚国家图书馆的电子资源按访问权限不同主要分为三类：264 个全网免费开放的资源库，全球用户都可以通过互联网访问、浏览或者进行下载；126 个读者需要登录其国家图书馆账户方可访问和使用的资源库；176 个需要到图书馆内使用图书馆设备访问的数字资源库，不论是直接到图书馆去，还是在世界上的任何地区，社会公众都拥有一定的权限访问和使用图书馆的数字化资源[28]。再次，澳大利亚国家图书馆以开放的心态面对移动网络、社交媒体资源，积极将其纳入资源揭示和获取的范畴，推出了移动书目（Mobile Catalogue）、移动音乐资源（Forte：Sheet Music for iPad）的检索途径，其馆藏书目可通过网站或可免费下载的图书馆APP 来进行查询；将资源建设、检索和获取范围从馆藏资源扩展到社交媒体和移动网络，推出了 TROVE 服务，并将其逐步发展为一站式的资源检索平台。下面将对这一服务进行详细介绍。

TROVE 是澳大利亚国家图书馆最有特色的资源检索和获取服务,它最早可追溯到 2008 年该馆所实施的一个旨在建立所有澳大利亚国家图书馆"图书馆在线资源发现门户"的项目,但现在 TROVE 已经演变为对于不同用户而言的不同服务,如社区、一系列服务、元数据集或一个不断增长的全文数字资源库[29]。TROVE 最初从澳大利亚 1000 多个机构处收割元数据,2010 年扩展到澳大利亚图书馆订购的电子资源,之后还广泛号召各类机构和个人提交资源,如用户可上传自己拥有的照片到"图片、照片和实物"资源库中,以供更多的人查看和分享。目前,利用 TROVE 可以检索超过 578 493 440 条澳大利亚和网络资源,类型包括图书、图片、旧报纸、地图、音乐、档案等,这使用户可以实现一站式检索,即一次单一的检索可以从许多资源中获取大量丰富的信息及文本类型。此外,在注册和登录账号后还可使用"My Library"系统的个性化服务,以更高效地进行资源检索和收藏、获得资源推荐、上传自己拥有的资源等[30]。

为了更加简便、快捷、有效地获取 TROVE 资源,它采取了多种方式,包括:通过图书馆、亚马逊、尼尔森书目数据、维基百科及用户增加的资源浓缩数据,为用户的资源获取提供文摘、评语、标签等信息基础;允许资源的免费获取,任何人都可以在线浏览或下载,有版权限制的资料也可以申请浏览,但在一些特殊情况下则需要提交获取申请;对资源所在馆名称、位置及是否可公开访问提供标识信息;提供远程复制服务,对于澳大利亚国家图书馆拥有副本的条目均可采用直接复制来免费获取。该服务主要应用于用户免费获取书的某些章节、档案、手稿、图片等的数字化拷贝或复印本等情形,同时还为用户免费提供在线条目的高分辨率版本;对于无法借阅的资源,TROVE 则提供与其有联系的书店列表,为用户提供购买渠道[31-32]。该服务很成功,不仅检索便捷、获取方便、检索资源具有特色,而且用户参与的积极性高,利用频繁,每小时的用户检索数量在 3 万次以上。TROVE 平台还开设了用户论坛,为用户搭建了一个交流、讨论、分享资源和思想的平台,为推动社会公众信息获取和参与知识交流做出了努力。

3. 中国国家图书馆

中国国家图书馆在为大众提供信息和知识服务上做出了突出成绩。首先,不断放宽用户的知识信息获取限制。中国国家图书馆自 1998 年起取消了对读者办证的所有限制,之后进一步简化入馆手续,读者凭二代身份证就可到馆阅览;作为全国图书馆系统免费开放的试点单位,自 2008 年起率先实现基本服务项目全部免费;2010 年开设少年儿童图书馆,面向 6—15 岁学龄儿童开放;2013年又进一步放宽入馆年龄,公共服务区域面向未成年人全面开放,中外文文献开架阅览区,接待读者年龄由年满 16 周岁调整为年满 13 周岁;国家图书馆少年儿童馆接待 15 周岁(含)以下少年儿童[33-34]。通过这些措施,中国国家图书馆不断扩大读者的阅读范围、降低阅读限制,其开放程度在世界范围内也是屈指可数的。

其次,大力发展数字图书馆,提供多种信息知识获取的接口方式,扩展信息知识获取的用户范围。中国国家图书馆自 1996 年开始承担"中国试验型数字式图书馆"项目以来,发展已有 20 余年,目前已建成世界上最大的中文数字信息保存基地,形成国家数字图书馆与国内各大公共图书馆数字资源的无缝传递和服务,信息服务已经覆盖到物理馆舍、互联网、移动通讯网和广播电视网[35]。同时,自 2005 年起通过"中国国家数字图书馆地方分馆"建设项目、"县级数字图书馆推广计划"、"数字图书馆推广工程"项目等,将国家图书馆的资源获取推广到全国,覆盖城乡。

再次,强化开放合作,扩展信息知识获取的来源渠道。中国国家图书馆与北京大学、清华大学、中国科学院文献情报中心等重要学术研究机构的图书馆以及各地的重要图书馆之间建立了长期合作关系。通过开展馆际互借与文献传递,牵头组建全国省级公共图书馆立法决策咨询服务协作平台、全国图书馆参考咨询协作网和全国公共图书馆讲座联盟等方式,为这些图书馆提供其读者所需要的文献,提供图书馆业务工作、计算机信息系统平台搭建等方面的技术支持和人员培训,提供数字资源、讲座师资与课件资源、优质展览资源等方面的共享等。2012 年 3 月,中国国家图书馆与首都图书馆等在京的 110 余家图书馆联合成立了"首都图书馆联盟",为首都的社会公众提供了一个内容丰富、方便快捷的图书馆服务网络,使首都人民能够充分利用联盟内各图书馆的资源。中国国家图书馆更是与首都图书馆之间实现了读者卡的双向认证、部分数据库的双向互访和外借图书的通还[36]。

最后,整合多种载体类型资源,提供一站式的信息资源检索服务。"文津搜索"整合了中国国家图书馆自建数据和部分已购买了服务的数字资源,数据量近

2 亿条,类型包括图书、古文献、论文、期刊报纸、多媒体、缩微文献、文档、词条等,实现了资源的一站式发现与获取[37],提供中文、英文两种语言检索,并对不同类型的用户开放不同的资源获取权限[38]。

二、国家图书馆的全民阅读服务

阅读是将知识文化内化于个人认知结构、完善个体修养的重要方式。推广全民阅读将有助于提升国民的整体素养,增进国家文化形象,传承优秀文明成果,促进经济社会发展,事关国家和民族的未来,因而很多国家图书馆都非常重视全民阅读服务,开展多种阅读活动,大力推广阅读,其中美国、新加坡具有较强的代表性。

1. 美国国会图书馆

美国国会图书馆早在 1977 年就依据《美国公共法案》(编号 PL95 - 129),在图书馆服务部的合作与拓展项目部下设立了"图书中心",意图利用国会图书馆的资源和声望,推动全民阅读,激发国民对书籍和阅读的兴趣。图书中心成立后的第二年,就与哥伦比亚广播公司合作开始阅读推广,在其所有电视节目放映之后附加 30 秒的"阅读多一点儿"(Read More About It)信息。该活动一直持续到 1999年,类似活动也在其他广播、电视媒体开展,这些活动以电视、广播这些当时的新媒体途径使全民阅读观念深入人心[39]。从 1984 年起,图书中心开始在各州设立分支机构,目前已遍布 50 个州及哥伦比亚特区和维京岛地区,此外,还发起"阅读推广伙伴计划",已与国内外 80 多家机构合作,使全民阅读活动的影响力推行到国内外[40]。自 1987 年起,则开始全面推广全国性阅读活动,当年的活动主题是"全国读者年",在 20 世纪 90 年代期间基本上会每年推出一个主题,到 21 世纪则侧重于深化现有主题(见表 5 - 1),从而使其全民阅读形成了持续的影响效应。

表 5 - 1　美国国会图书馆图书中心主要阅读推广活动(1987—2010)[41 - 42]

年份	主要活动主题
1987	全国读者年(Year of the Reader)
1989	青少年读者年(Year of Young Reader)
1990 年至今	提升素质(Promotes literacy)
1991	终身读者年(Year of Lifetime Reader)

续表

年份	主要活动主题
1992	探索新世界——阅读（Explore New Worlds—READ!）
1993—1994	书籍改变生活（Books Change Lives）
1993 年至今	文学通信比赛（Letters about Literature Contest）
1995—1996	塑造你的未来——阅读（Shape Your Future—READ!）
1995 年至今	词汇之河（River of Words）
1996 年至今	书籍与超越（Books & Beyond）
1997—2000	建设阅读之国（Building a Nation of Readers）
1998	全美阅读日（Read Across America Day）
1998 年至今	一城一书活动（One City, One Book）
2001—2003	讲述美国故事（Telling America's Stories）
2001 年至今	国家图书节（National Book Festival）
2002 年至今	诗歌 180 首（Poetry 180）
2003 年至今	阅读益智（Reading Powers the Mind）
2008 年至今	"全美青少年文学大使"选拔（National Ambassador for Young People's Literature）
2010 年至今	随机接龙活动（The Exquisite Corpse Adventure）
2010 年至今	好奇的乔治（Curious George）

目前，美国国会图书馆图书中心开展的全民阅读活动，从服务对象上看，进行了多角度细化，面向少儿、青少年、成人、教育者和家长等不同人群，发展了各种不同的推广活动和资源。其中，对少儿和青少年尤为重视，于 2009 年设立了专门的青少年读者中心（Young Readers Center），直接面向青少年开放，时间为周一至周五上午 9 点到下午 4 时 30 分，节假日不开放，提供纸本书刊、影像资料及筛选后的优质电子资源。书刊依靠捐赠或赠书基金购置，不计入国会图书馆正式财产，也不外借，但鼓励读者返家后向其社区图书馆借阅以完成阅读[43]。除此之外，还开展了丰富多彩的青少年阅读推广活动，如设立"全美儿童、青少年文学大使"，借助知名作家的影响力，推动人们对儿童阅读习惯和青少年文学的重视；举办"词汇之河""读者救援""随机接龙"等各种比赛和互动游戏，以活泼有趣的

形式引领青少年儿童充分地参与到阅读和写作活动当中去;开列各种书单,通过阅读培养儿童对经典文献及美国历史、人物、地理等的了解[44]。

从服务方式来看,主要包括:①开展专题阅读推广活动,采取图书节、竞赛、游戏等形式,目前已形成一系列具有显著影响的阅读推广品牌,如"国家图书节""文学通信比赛""词汇之河"等。②发布各类推荐书目,如"塑造美国的书"(Books That Shaped America)、"经典图书"(Classic Books)、"探索新世界书目"(Explore New World Booklist)等,也会针对儿童、成人等不同人群开列不同书单,并提供在美国国会图书馆的馆藏链接。③进行阅读大使选拔和设立不同类型奖项,鼓励创作和阅读,如选拔全美儿童、青少年文学大使、美国国会图书馆文学奖(Library of Congress Literacy Awards)、美国国会图书馆小说奖(Library of Congress Fiction Awards)等。④开展作者与读者互动,如在网站上设立专门的"作者网络传播"(Author Webcasts)栏目,举办作者签名、演讲和与读者交流活动等。

以下选择国会图书馆开展全民阅读中最突出的活动略做介绍:

(1)"国家图书节",自2001年开始于每年9月前后举办,由国会图书馆图书中心组织,各州图书馆及其他阅读推广机构积极参与,共同面向全国公众推出一系列大型阅读推广活动。图书中心在其中主要负责图书节的规划管理、全权制作宣传册和网站内容文案、发展和协调进行签售和演讲的美国作家、组织各州附属图书中心及其合作伙伴参与图书节[45]。图书节举办地点从最初位于华盛顿特区的美国国家广场,到2014年迁至沃尔特华盛顿会议中心,显示了阅读推广从纸本扩展到数字载体、移动客户端的变化。在图书节期间的主要活动包括:汇集优秀的作者、故事作家和图书爱好者进行阅读交流;评选"桂冠诗人"以推动诗歌艺术的传播;搭建多个展馆,包括不同主题书籍的展馆、美国各州展示地方文化特色的展馆等,公众可选择感兴趣的展馆参加阅读分享活动等[46]。经过16年的发展历程,"国家图书节"已经成为美国最重要的文化盛事之一[47]。

(2)"文学通信"比赛既是一项全美范围的读书征文活动,也是图书中心主要的全国性青少年读写项目。其前身是20世纪80年代初期的"图书改变生活"(Books Change Lives)散文写作比赛,1993年改为要求参赛者在读了一本书、一首诗或一篇演讲以后,给已故或在世的作者写封信讲述自己感受及作品对自己的影响。之所以采用这种模式是因为图书中心不只关注儿童和青少年纯粹的阅读经历,而认为"对阅读的回应与反思才是有效收获"[48]。参赛者是4—12年级的青少年,分为4—6、7—8、9—12三个年级级别,比赛会在州和全国两个层次上评选优胜者。国会图书馆图书中心为此活动面向师生提供参考资料,包括教师教学指南、课程计划、写作样本、评审清单、写作技巧、教师反馈调查等[49]。

(3)"诗歌180首",由美国桂冠诗人(Poet Laureate)比利·柯林斯(Billy Collins)建立,隶属于Poetry & Literature板块,为美国在校高中生提供最适宜发声朗读的诗歌,鼓励学生思考生活的意义[50]。比利·柯林斯建议学生每天从"诗歌列表"中选择一首诗歌来听或读,利用"发声阅读技巧"掌握朗读诗歌的方法,通过"诗歌与文学中心"链接阅览网站全部诗歌、作者与事件,形成知识链路。比利·柯林斯认为,诗歌是生活里快乐的源泉,"诗歌180首"将是美国高中生乃至所有在校生校园生活的重要组成部分[51]。

2. 新加坡国家图书馆

新加坡国家图书馆分别于1980、1988和1993年开展了3次国民阅读调查,发现与英、美、日等国相比,新加坡人的阅读水平还存在一定的差距,需要大力改善国民阅读环境,发展公共图书馆系统,促进国民阅读[52];1994年,新加坡发表《图书馆2000》报告,提出的战略目标之一就是建立灵活的公共图书馆系统,并由此确定需要强化优秀的组织领导,提议设立常设的专门管理局;1995年,依据《国家图书馆管理局法》设立了新加坡国家图书馆管理局(National Library Board,简称NLB),负责统筹全国图书馆系统运作,其中公共图书馆体系采取总分馆制,从规模上分为国家图书馆、区域图书馆、社区图书馆、社区儿童图书馆,国家图书馆即是全国的中心馆,即总馆,其本身也下辖多个中心和图书馆[53],它在国家图书馆管理局的总体指导下,开展了诸多全民阅读活动,取得了显著成绩,并以READ冠名开展了多项阅读活动,产生了较强的品牌效应。

新加坡国家图书馆的全民阅读服务特点之一是开展了长期的、全国规模的、声势浩大的阅读行动。其中2005年以来开展的"读吧！新加坡"行动,从最初每年5—8月持续3个月的集中活动到2013年转为全年活动,是最为持久和突出的国家阅读行动,下文将详细介绍;2005年开办的kidsREAD活动至今也已有十余年时间了,仅2014年服务的儿童数量已达到27 537人,而且从2015年起对其服务对象的条件要求从之前家庭收入低于3500美元扩展到低于6000美元或家庭人均收入低于 1500 美元,从而可以服务更多低收入家庭儿童[54];2014 年至今设立了一年一度的"READ! Fest"阅读节,每次节日持续两个月时间,在此期间,将举行超过 170 项文化活动[55];2016 年发起"国民阅读行动"(National Reading Movement),该活动以"多读、广读、共读"(Read More,Read Widely,Read Together)为口号,是一项为期 5 年的运动,主要为促进人们从自己的舒适阅读区跳出来,探索更多样的阅读文本,实现更广泛的阅读[56]。

特点之二是阅读服务覆盖群体广泛,注重针对不同对象提供专项阅读服务。如针对 0—3 岁婴幼儿的"Born to Read,Read to Bond"[57]、4—8 岁低收入家庭儿童的 kidsREAD、面向 6 岁以上青少年的 Early READ、7—17 岁学生的 READ@ School 等活动、面向 0—12 岁少儿提供 Go Kids 电子刊物、面向青年和成人的 Go Library 电子刊物、面向职场人士的"Read@ Work"[58]、面向 50 岁以上中老年图书馆用户的 Time of Your Life 活动和发布同名季度刊物等;针对不同职业、不同社会角色、不同阅读兴趣的公众提供相应的阅读资源和活动,如针对家长的 Expert Series、Ready…Get Set…Read 等活动,在"读吧! 新加坡"活动中会选择出租车司机(2005 年)、发型师(2006 年)、医护人员(2007—2008 年)等群体作为重点对象[59],根据小说和非小说类的区分及进一步细分来提供相应的推荐书目等。

特点之三是重视数字阅读,积极采用各种新颖方式推广阅读。电子阅读(eRead)服务致力于促进读者对电子图书、杂志、报纸等的阅读。eRead 项目的网站提供资源的分类浏览,同时不断向读者推荐优秀的图书,如"2016 年度最佳非小说类作品"(Best Non-fiction 2016)、奥巴马最爱的书(Obama's Favorite Books)、"我们爱读的书"(Books We Love)、"你可能错过的好书"(Good Titles You Might Have Missed)等[60]。大力发展有声书(Audio Book),精选最有特色、最能凸显新加坡日常生活经验、地点、观察等状况的 82 首诗[61]。针对手机普遍使用的现状,NLB 于 2011 年推出了 MobileRead 免费服务,使阅读爱好者可以随时随地阅读 4 种官方语言的短篇故事,包括"读吧! 新加坡"自举办以来入选的故事。针对年轻群体开发"因电玩而阅读"(Game2Read)活动,以书刊讨论和游戏竞赛为特点,启发和引导游戏者在玩游戏的同时阅读与游戏内容相关的书籍[62]。

新加坡国家图书馆开展的系列读书活动取得了显著成效,据 2016 年全国阅读习惯调查发现,80% 的新加坡居民一周至少阅读一次或是图书或是杂志或是网络新闻或是社交媒体信息;93%的人在过去一年中至少读过 1 次,其中 66% 的人能阅读英语和母语文本;人们仍然阅读图书,在过去一年至少阅读 1 本图书的比例为 69%[63]。

"读吧!新加坡"从 2005 年开展至今,每年都会举办。其创意受到了在欧美多个国家成功开展的"一城一书"活动启发,采取了类似形式,即统一推荐国民共同阅读的书籍,略有差异的是推荐书籍不止一本,而是号召国民至少读其中的一本,而且由于新加坡有 4 种官方语言,因此每年推荐的阅读书目都会兼顾 4 种语言的书籍。活动最初集中在每年的 5—8 月举行,2010 年推广至网络空间,2013年 NLB 认为阅读是多数人全年随时可进行的爱好,而不只是推广时才拾起书本,因而将"读吧!新加坡"扩展成全年活动,2014 年起设立"READ! Fest"阅读节,到 2016 年已举办 3 届,主题依次为"缕缕书香,悠悠我心""新加坡作品""冒险";2014 年起设立为期一周的"母语阅读节"(Mother Tongue Language Festival)和为期一月的"老年节"(Senior's Festival);2015 年设立阅读创新奖[64]。

表 5 − 2 "读吧!新加坡"历年的活动主题[65 − 67]

年份	活动主题	活动主旨	主要服务对象
2005	总结来时路,盼望新天地(Coming of Age)	塑造阅读文化,让阅读滋润国民心灵	出租车司机
2006	向内看,向外看(Looking In,Looking Out)	通过阅读了解不同文化	美发师
2007	情相系,心相连(Ties that Bind)	通过阅读增强社区和家庭的凝聚力	公务员和医药界人士
2008	故土情,异乡梦(Home and Away)	在全球化时代思考和反省身份认同、家国归属问题	医护人员、服务业人员及其顾客
2009	梦想与抉择(Dreams and Choices)	变化的时代让梦想帮助你做出抉择	家长和青年
2010	敢为梦想走天涯(Roads Less Travelled)	在重拾书本的过程中重燃梦想	15 岁以上的公民

续表

年份	活动主题	活动主旨	主要服务对象
2011	转变(Transitions)	以阅读提升能力,应对生活中的任何转变	8—10岁的儿童
2012	七彩长虹筑心桥(Bridges)	认识不同文化、年代、社会阶层之间的差异,思考如何弥合差异	7—14岁的儿童
2013	同一片天(Under One Sky)	通过推荐的书籍让读者看到来自不同文化、社会和年代的人所能形成的友谊和联系	

在"读吧!新加坡"活动过程中,将会进行阅读图书甄选、宣传、导读与讨论,举办各种不同形式的分享和讨论会,其选书要求:①主题鲜明,必须符合多方面的道德观念;②内容必须反映一般新加坡人的观点,必须能够激发广泛的讨论空间;③主题必须能引起社会各阶层人士参与讨论的兴趣;④所选读物在市面上应该可以买到,不宜太长,无须太多时间即可读完。选书过程注重专家精选与大众推荐相结合。首先,鼓励大众通过互联网、手机短信和免费明信片来推荐一种语言的阅读书目;图书甄选专家小组再从大众推荐作品中精选出5篇,公布到网上供大众投票;票高者当选为当年指定的某种语言的阅读书目。2013年起新增了青年选书委员会,为7—14岁少儿挑选和推荐24本四种官方语言的书籍[68]。总体而言,推荐书目的特点是重视本土作品,多种语言并重、鼓励跨族群阅读,善于借助大众文化的影响来推介原著,篇幅短小、注重阅读实效[69]。

"读吧!新加坡"活动的宣传推广采用了全方位立体化的方式,利用了报纸、电台、电视台、网站、社交媒介、移动通讯、广告牌等一切可能的宣传方式,尽可能覆盖全国、覆盖全民。并且,宣传推广充分利用名人效应,邀请部长、议员、广播员、歌手等担任阅读大使。比如,2008年有声光碟中英文版本的前言由新加坡总理李显龙亲自录制;2010年由歌手孙燕姿来带动青年人的阅读[70]。

3. 中国国家图书馆

中国国家图书馆在阅读推广方面注重对传统媒体与数字媒介的结合运用,

注重专家作用与公众参与相结合,采取多种方式创新阅读推广形式,具有较强的持续性。

首先,中国国家图书馆设立了公益性的图书评奖活动——"文津图书奖",并围绕这一奖项举办了多种活动,实现全民阅读互动、参与和推荐。该奖项自 2004 年开始设立,每年举办一次,评选对象是前一年度公开出版、发行的汉文版图书,侧重社会科学和自然科学类的大众读物,尤其侧重于大众关注的能够传播知识、陶冶情操,提高公众人文素养和科学素养的普及类图书。在活动前期准备中,国家图书馆建立专门网站,提供参评图书阅读、投票、书评和图书推荐等功能。在评奖过程中,充分重视广大读者的意见,通过各方推荐、社会投票和专家评审相结合进行评选,最终评选出优秀图书奖 10 个和推荐图书奖 60 个,两者均可空缺[71]。推选结果出来之后,还举办颁奖礼及系列活动,获奖及推荐图书名单通过媒体和专门网站予以公布,引导读者阅读和推荐家庭藏书,在国家图书馆经典图书区设立"国家图书馆文津图书奖专架",在馆内电子触摸屏和虚拟阅读站等各种数字设备上提供历届获奖图书的相关信息,举行"文津图书奖读书分享会"[72],并在全国范围内举办巡回展览[73]。2009 年,该奖项获得中国"全民阅读活动优秀项目奖"。2014 年,借助中国国家科技支撑计划项目"公共文化数字资源传播服务关键技术研发与示范"课题"以书为媒介的大众阅读互动平台研发与应用示范"平台的研发,"文津图书奖"实现了线上与线下的互动,进一步加大了社会公众参与的力度,扩大了阅读推广活动的社会影响力。2004—2018 年共评出 128 种获奖图书和 513 种推荐图书[74-75],被誉为"公众阅读的风向标",在鼓励作者写好书、出版社出好书和引导读者读好书方面发挥了积极作用。

其次,推出"文津读书沙龙"。这一公益性的读书俱乐部是配合"文津图书奖"同在 2004 年推出的活动,不过其活动具有一定的独立性,目标旨在以作者、专家、学者和读者互动的方式,为读书人提供一个互动交流的平台。活动形式多样,包括围绕文津图书奖获奖和推荐图书举行访谈活动,邀请获奖作者、出版社及评审专家担任主讲人[76];也包括以历史文化题材为主题,选择当今社会上引起强烈关注和热烈讨论的书籍和相关话题,力求从现象入手,深入探讨其文化底蕴;还包括国家图书馆学术讲座。"文津读书沙龙"强调读者的互动性,以几位专家为核心组成讨论组,与会读者可自由参与讨论[77]。

第三,开展"M地铁·图书馆"活动,将阅读引入地铁,在地铁站内备用房、灯箱、外包车等广告平台展示国家图书馆优质资源,每三个月推出一期主题活动,每期活动推荐与主题相关的10本经典著作,乘客通过扫描站内车内的二维码就可以免费在线阅读全书及平台内的5万余册图书资源和300余种期刊资源,通过深入到公众之中的互动,营造了一个亲切温暖的阅读空间,取得了显著成效,并获得2016年国际图联国际营销奖前十[78]。

第四,以互联网和手机为平台推出了"文津经典诵读"栏目。该活动是响应中共十七届六中全会提出的"加强对优秀传统文化思想价值的挖掘和阐发,维护民族文化基本元素,使优秀传统文化成为新时代鼓舞人民前进的精神力量"的号召,于2012年8月1日推出的,旨在引领大众进行传统优秀文化鉴赏,倡导社会阅读风尚。该栏目的特点之一是从浩瀚如烟的中华典籍中选取具有代表性的名言警句,每日更新并推送服务。中国国家图书馆组织专门力量,每日为读者和广大百姓推出脍炙人口、广为流传的经典诵读内容,引导读者群体感受和领悟中华民族传统文化的魅力,从厚重的中华优秀文化中汲取精神食粮。之二是通过互联网、手机等新媒体提供服务。读者可以通过互联网打开中国国家图书馆官方网站,在首页最醒目位置,通过图文和音频欣赏经典诵读的美文。中国国家图书馆开通了手机服务,读者也可以采用手机短信的方式接收此项服务内容。之三是诵读内容与文献链接,并增加分享功能,提升服务效益。在发布诵读内容同时,中国国家图书馆还将与之相关的各类文献书目和馆藏地进行详细提示,读者可以点击相关链接查阅更多感兴趣的馆藏资源。在中国国家图书馆网站,读者可以便捷地将喜爱的格言词句通过各类微博、社交网站进行分享[79]。

第五,大力推广数字阅读和移动阅读。中国国家图书馆从2006年起就开始策划移动服务,之后陆续推出了在各类移动终端上的服务。2013年,中国国家图书馆联合全国各地公共图书馆借助数字图书馆推广工程,推出"数字图书馆移动阅读服务平台"并不断改进,面向全国范围的认证读者提供公益阅读服务。在平台中集合海量正式版权的电子图书、期刊、图片、学位论文、视频讲座等资源,以WAP网站服务形式,集搜书、评书、看书、藏书、听书于一身,通过简版、彩版、触屏版三个版本界面,为拥有多种操作系统的智能手机、平板电脑等移动终端用户提供知识化、个性化、区域化的移动服务,以实现用户的随时随地随身阅读。平台中的资源强调版权明晰、内容积极健康、种类齐全、定位明确，以图书资讯类信息为主，侧重社科教育、经管励志、历史军事、科普科幻、青春都市等类别，资源来源包括自建公有版权资源、与资源商合作建设优质畅销电子图书资源及各地公共图书馆上传特色数字资源，目前平台中资源数量庞大，截至 2017 年 11 月，阅读平台包括 5 万余册图书、300 余种期刊、18 000 余集听书及文津经典诵读资源，以及各公共馆的特色数字资源[80]，能较充分地满足读者需求。

第六，关注儿童阅读。除了在少儿入馆年龄和阅读范围进行扩展外，还自 2011 年起全面启动《全国少年儿童图书馆(室)基本藏书目录》编制工作，成果每年度更新，为了解和获取全国少儿图书奠定了基础；与中国图书馆学会、全国各级少儿图书馆、公共图书馆和中小学图书馆共同开展"全国少年儿童阅读年""全国少年儿童数字阅读推广月""全国家庭亲子阅读推广月"等，在全国各地开展持续性的多种活动；举办"全国图书馆未成年人服务论坛""全国图书馆未成年人服务提升计划""少儿阅读推广人"等会议和培训，提高少儿阅读服务人员素质；发布《温暖童心绘本书目》《家庭亲子阅读指导书目》《2013 年全国少年儿童阅读年推荐书目(科普类)》等推荐书目；开通少儿数字图书馆，提供一个网上绿色阅读平台，提供服务的数字资源总量达 10TB。综合考虑不同年龄段孩子的发展特点，设置了书刊查询、小读者指南、书刊阅读、展览讲座、校外课堂、才艺展示等多个板块。依托国家图书馆丰富的馆藏数字化资源，采用视频、音频、多媒体动画等表现形式，提供多种少年儿童喜闻乐见的资源内容[81]。

三、国家图书馆的社会教育服务

社会教育服务主要是面向社会大众，进行具有一定科普性的知识服务工作，实施形式主要包括讲座、展览、公开课、信息素养培训等，目的是提高公众的基本文化素质和信息素质，辅助学校教育，促进终身学习。讲座和展览是图书馆较为常见的社会教育服务方式，不过对于国家图书馆而言，讲座和展览往往具有较强的民族文化特色和品牌特色，并结合新技术、新用户、新环境、新需求而不断创新形式和拓展范围，向着数字化、智能化、可视化方向发展；公开课则主要是在云计算、大数据、社交网络、移动网络等技术共同促进的基础上发展而来，以网络学习、泛在学习、协同交互式学习等为特点，大大拓展了传统远程教育的参与对象、参与范围,改进了参与方式和参与效果,为大众的终身学习提供了更加灵活的途径和更加丰富的资源。其中,大规模开放在线课程(Massive Open Online Course,简称 MOOC),又名慕课,自 2008 年提出以来逐步获得广泛关注,并且取得了一定的成绩,在世界范围都具有较强的影响力,一些国家图书馆也开始了这方面的探索。在信息爆炸、大数据的时代环境中,掌握信息设备和技术使用技能、明辨信息真伪、高效获取所需信息、具备正确的信息意识具有重要意义,作为信息、知识的聚集地,国家图书馆在提高国民信息素养上担负着重要使命。在开展社会教育服务方面,英国国家图书馆和新加坡国家图书馆具有显著特色。

1. 英国国家图书馆

在讲座服务方面,英国国家图书馆提供众多有偿和无偿讲座,读者可登录官网中的"谈话与讲座"(Talks & Discussions)主页查找是否有自己感兴趣的讲座,并可点击讲座链接,进一步了解该讲座的主题、时间、主办地点等内容,如果该讲座为有偿性质,还可通过该主页提供的咨询电话、邮箱以及价格信息进行订票[82]。在英国国家图书馆的讲座中,以潘尼兹讲座(Anthony Panizzi)最具代表性。它由 Panizzi 基金会资助开展,该基金会成立于 1982 年,之后由凯瑟琳·德斯瓦斯夫人捐赠设立一个信托基金,其收入被用于支付公共演讲的费用。受托人的角色是基金的管理层,包括英国国家图书馆的主席和行政总裁以及董事会成员。演讲者及其课题由选拔委员会决定。潘尼兹讲座创设于 1984 年,在每年的 11 月或 12 月举行,聘请学者作一系列与英国国家图书馆典藏资料有关的报告,报告内容于次年以专书形式出版,自 1985 年以来,Panizzi 讲座涵盖了各种形式的内容[83]。

英国国家图书馆还开展形形色色的展览活动,有意向的读者可以通过英国国家图书馆官网中的"展览"主页获悉各展览的简介、开展时间、展览地点、有偿与否、订票方式等具体内容[84],有些展览还以国内外联展、巡展方式进行,如2016 年为纪念莎士比亚逝世 400 周年,英国国家图书馆举办了题为"莎士比亚的十幕"(Shakespeare in Ten Acts)的展览,其中展示了珍贵的莎士比亚手稿、签名及罕见的印刷品、照片、服装、道具等历史资料,以及 400 年来人们对莎士比亚戏剧的继承、发展和在全球推广相关资料[85];它还通过"大英图书馆在中国:共享知识与文化"(The British Library in China: Connecting through culture and learning)这一大型文化交流项目,在中国多个城市举行以"从莎士比亚到福尔摩斯:大英图书馆的珍宝"(Shakespeare to Sherlock: Treasures of the British Library)的巡展活动[86]。英国国家图书馆自 2014 年 2 月起开始提供 MOOC 服务,开启了全球国家图书馆提供 MOOC 的先例,课程内容委托"未来学习"(Future Learn)公司制作,在"未来学习"慕课开放学习平台上免费提供[87]。2015 年 2 月,英国国家图书馆宣布与诺丁汉大学合作,在平台上推出"日常生活中的意识形态宣传"(Propaganda and Ideology in Everyday Life)课程,将诺丁汉大学专家的最新学术见解与英国国家图书馆的政治馆藏等结合起来,以地图、政治宣传手册、海报、漫画等形式,探讨对有关自由、社群、场域、公正、选择等观点的理解,并鼓励学生分享自己的政治观点和意识形态见解[88-89]。

此外,英国国家图书馆官网中的"探索与学习"主页提供一系列教育资源,帮助使用者规划课程、设计工作方案和设置作业任务[90]。截至目前共有以首字母排序的 182 项教育资源,所有资源以语言、课程、年龄段、学科、主题等特征进行分类导航[91],使用户可以更加快捷地找到自己所需的教育资源。以"教师项目指南"(A Project Guide for Teachers)为例,使用者可以通过该主页所显示的内容了解该资源所属课程、所用语言、适用年龄群体、所属学科和出版日期相关的具体内容,以了解该资源是否符合个人需求;同时使用者可以通过学习该资源了解如何规划其课程,并可下载以便详细阅读[92]。

2. 新加坡国家图书馆

新加坡国家图书馆在社会教育服务方面最有特色的项目之一是自 2013 年以来面向新加坡公众开展的名为"S. U. R. E——向新加坡人传递信息素养意识"(S. U. R. E—Promoting Information Literacy Awareness to Singaporeans)的信息素养计划,其宗旨是宣传信息搜索和判断能力的重要性。因该项目开展规模较大,活动设计精心,注重品牌塑造,营销手段丰富,营销效果显著,在 2014 年获得第十二届国际图联营销奖第三名[93]。项目名称 S. U. R. E. 是溯源(source)、理解(understand)、深究(research)、判断(evaluate)的首字母缩写。其中,溯源是指核实信息来源,确保信息来源可靠;理解是指理解所阅读的信息,寻找事实,而非观点;深究是指进一步求证并深入了解,在下结论之前进行深入调查、查找和对比不同信息来源;判断是指寻求平衡、公正的判断,从不同角度看待问题,任何事情都至少有利弊两个方面。

S.U.R.E. 的理念是：在 21 世纪,以一种有意义的方式查找、获取、判断、分析和使用信息的能力是一项重要生活技能。作为信息专业工作者,图书馆员有责任与公众分享他们在信息搜索与判断方面的热情与专业知识,以提高公众的信息判别能力。其目标是通过提供公众意识、组织培训和鼓励公众参与等方式,让公众开始思考他们每天获取的各类信息及其来源。对此,新加坡国家图书馆计划所采取的行动和措施包括：①通过装饰图书馆、报摊、餐馆等公共场所传递 S.U.R.E. 理念;②通过举办相关活动提高公众意识;③通过 Facebook、手机应用、网上学习资源等社交媒体与公众互动;④为教师和学生提供学习资源、举办研习会;⑤通过专属学生的 S.U.R.E. 俱乐部活动培养下一代信息搜索专家;⑥通过开展全国调查、与科研院所合作、组织举办相关会议等方式推动信息素养研究工作[94]。

从 S.U.R.E 的实际开展情况来看,新加坡国家图书馆管理局开办了相关讲座、面向成人和儿童的 InfoLit 研习班及面向教师的研习班,将信息素养模块写入教科书,发起 S.U.R.E 俱乐部,建立 S.U.R.E 门户,设计发布项目标识,在广播、电视、报纸和博客上进行推广宣传[95],随着项目的持续进行,还举办了"Are You Sure? Quiz"竞赛、面向低年级中学生的"Prove IT"竞赛,设立了"教师网络日"(Teacher's Networking Day)[96]。截至 2016 年,S.U.R.E 项目已为 9000 多名教师提供了信息素养技能培训[97]。

新加坡国家图书馆另一社会教育特色是对本国传统文化和多种族文化的弘扬。新加坡是一个多元文化的移民国家,主要由华人、马来族、印度裔和欧亚裔等族群构成,因此,促进民族融合、建立新加坡自身身份识别受到重视,国家图书馆在此方面开展了多种活动。以下仅列其二：①在全国范围内开展"新加坡记忆项目"(Singapore Memory Project),号召个人、组织、公司、社会团体等各方力量,上传保存的老照片、家庭视频或用文字记录珍贵瞬间,从而共同建立国家记忆,每个新加坡人在其网站上都可以拥有一个记忆账号来存储记忆和故事。目前在其网站中已收集了 1 076 582 条记忆信息,建立了"I Remember Alkaff Mansion""Passion Arts Festival 2017""SG Heart Map""I Remember Bookstores""I Remember Style""The Greatest Gift of a Generation"等一系列专题馆藏;形成了从 1220 年到当前的新加坡记忆时间线,按年份来展示当年不同月份的记忆图片,还提供了分类或基于地理位置的展示途径,对信息提供者、被访问最多的记忆做了排行榜,进行了记忆推荐[98]。②围绕新加坡历史、地理、文化、经济等举办各种专题展览,不仅有日常讲解,还有馆长带领的讲解,并且长期展览,如"土地法:新加坡宪法文件要点展"(Law of the Land:Highlights of Singapore's Constitutional Documents)展出了新加坡从1819年到1965年发展历程的珍贵宪法文件,开展时间从2016到2021年,跨度长达5年。还有一些是永久性展览,如"新加坡文艺先驱的光辉——文物展"(Singapore Literary Pioneers Gallery),特别呈现了新加坡四种官方语言的30位文艺名人对其文艺创作所做出的贡献,展示作家用于创作的文房四宝、打字机、笔记本及荣获的奖项,也采用多媒体和录音设备帮助参观者欣赏这些作家的作品和影像记录,还扩展介绍新加坡文艺发展历程和文艺奖项,其设立的目的就是为了提高民众对新加坡文学的认识,激发更多的本土创作[99-100]。

3. 中国国家图书馆

中国国家图书馆历来重视推进国民素质提升,在社会教育服务方面已形成了"国图讲座"、"文津讲坛"、国家典籍博物馆展览、"国图公开课"等特色服务品牌。其中,"国图讲座"从20世纪50年代开办,迄今已有60多年的历史。当前,它已成为中国国家图书馆面向社会、面向大众推出的双休日学术文化活动,目的是结合现代社会发展,汲取中国优秀传统文化精华,培养中华文化传人,发挥继续教育和社会教育的功能。讲座以国图宏富的馆藏为基础,加之学术界的广泛支持而展开,邀请国内外著名专家学者莅馆开讲,深入浅出地讲授他们毕生研究的菁华,同时还在线提供精选的国图讲座视频资源,以便让更多的优秀文化为大众所共享[101]。"文津讲坛"即国家图书馆古籍馆讲座,2001年元旦被中华人民共和国文化部列为国家图书馆有特色的文化工作之一,2003年元旦正式定名"文津讲坛"。讲坛继承"保国粹而惠士林"的文化传统与人文精神,高扬爱国主义旗帜,旨在服务社会、服务大众、弘扬中华民族优秀文化传统,用中华民族优秀文化彰显和培育"爱国至尊""爱国至贵"的人生观、价值观、道德观,增强民族凝聚力。讲坛主讲人均为知名学者,演讲内容涉及文史政经、音乐舞蹈、书法绘画、文博考古等各个领域,受到广大读者的热烈欢迎。由中国国家图书馆编辑出版的讲座精华《文津演讲录》系列丛书三册,也颇受读者青睐[102]。此外,中国国家图书馆还开展了"科学家讲坛""教育家讲坛""艺术家讲坛""企业家讲坛"等专人讲座,"中国典籍与文化""中关村创业讲坛""国际知识与中国外交""联合国与中国讲坛""地方文献与地方文化系列讲座""百年辛亥专题研究系列讲座""中国古今经典小说研究系列讲座""唐宋诗词赏析"等专题讲座[103],讲座资源丰富,具有明确的指向性,能够满足多个专业和不同行业读者的需求。

在展览方面,中国国家图书馆充分发掘文献典籍的价值,并结合现代科学技术创新成果,采用5D技术,推出了"古籍普查重要发现暨第四批国家珍贵古籍特展""'中华古籍保护计划'成果展""中国传拓技艺展""艰难与辉煌——纪念中国共产党成立90周年馆藏珍贵历史文献展""中华珍贵医药典籍展""百年记忆——国家图书馆馆史展"等在线展览[104],给人如临其境之感。中国国家图书馆在展览方面的创新拓展是成立了国家典籍博物馆。国家典籍博物馆于2012年7月正式挂牌成立,是国内首家典籍博物馆。它依托于国家图书馆宏富馆藏,以展示中国典籍、弘扬中华文化为宗旨,集典籍收藏、展示、研究、保护、公共教育、文化传承、文化休闲于一体,是中华典籍文物的收藏中心、典籍文化的展示中心、典籍文化的研究中心、世界典籍文化的交流中心、文化教育基地和公众文化休闲中心,还将建设成为重要的青少年教育基地和传统文化传播基地。国家典籍博物馆于2014年对公众免费开放,运用现代化展陈手段,践行"让书写在古籍里的文字活起来",系统展示国家图书馆馆藏精品,开馆以来共策划举办"甲骨文记忆展""红色记忆——纪念中国共产党成立九十五周年馆藏文献展""从莎士比亚到福尔摩斯:大英图书馆的珍宝""世界插画大展——国际安徒生奖(终身成就)50周年展"等各类型展览120余场次,社会反响热烈,吸引近330万人次到馆参观。建设"青少年中华优秀传统文化教育基地",与200余家中小学校合作探索开展中小学生研学游,举办"走进典籍博物馆大课堂"系列活动。牵头成立"全国图书馆文化创意产品开发联盟",举办图书馆文化创意产品开发培训班,通过自主研发或与社会力量合作开发文创产品共计130余种。借鉴MOOC的大规模、开放、在线的教育理念,中国国家图书馆于2015年4月23日上线了"国图公开课",创新打造互联网时代图书馆社会教育与阅读服务平台,目标主要定位于服务国家文化战略、传播中华传统文化、提高公众文化生活品质、发挥国家图书馆资源优势,从而推进国民通识教育,推动建设学习型社会;内容定位于一方面侧重于通识教育,将传统文化与现代世界结合;另一方面侧重于国民教育,将国家时事与社会生活、国家与个人之间进行相互关照。"国图公开课"以专题形式设置课程,推送多种形态的学习资源,采取线上线下相结合的互动模式开展:线上主要包括单人演讲、双人访谈、多人对话、高端论坛,视频、图片与PPT相结合;线下开展积分累积互动,参与现场录制、举行阅读之旅、读书会、国图公开课听友会等活动;线上线下互动以服务效能为导向,就选题、主讲人、讲授方式等收集读者的评价和反馈信息。截至2018年6月,百部经典、典籍鉴赏、名著品读、非遗漫谈、抗战风云、阅读之旅等特色栏目内容不断丰富,邀请海内外知名学者和权威专家录制专题课程767讲1471节。实现对全球121个国家和地区用户的全面覆盖。专题网站累计访问量达5700万人次,日均访问量超过5万人次,海外用户点击量逾67万次。

此外,中国国家图书馆还设立了读者培训处,每天定时组织培训,介绍馆情、馆藏及特色服务项目,举行形式多样、内容丰富的读者免费培训,并在国家图书馆主页增设读者培训栏目,开展读者远程培训;在图书馆数字共享空间举行"数字资源与服务"读者培训,辅导读者利用国家数字图书馆海量信息资源,提升读者信息素养[105];结合讲座、展览及全民阅读活动,开展丰富多样的培训,包括数字共享空间读者培训、典籍博物馆大课堂培训、国图培训中心社会培训等。

四、国家图书馆的特殊群体服务

特殊群体主要是由于身体、智力、年龄等限制而存在特殊需求的群体,为体现平等服务原则,国家图书馆也在建筑设备、文献资源、服务活动等方面采取了不同的服务对策,降低他们的图书馆使用门槛,保障他们的需求满足。

1. 美国国会图书馆

美国国会图书馆是世界上最早面向盲人服务的国家图书馆之一。1897年,约翰·拉希尔·杨(John Russell Young)在国会图书馆建立盲人阅览室,开创了为盲人服务的先河[106]。目前,美国国会图书馆的盲人与残障群体服务(National Library Service for the Blind and Physically Handicapped,简称NLS/BPH)依据美国法典第2卷135a、135a－1、135b实施[107],最早始于1931年发布的《史慕特法案》(Pratt-Smoot Act),之后经过多次修订:1934的修订包含了录音资料,1952年的修订将儿童纳入服务范围,1962 年的修订提供音乐资料;1964 年的修订拓宽了盲人的概念,凡是因身体或视力限制而无法阅读传统印刷资料的读者均为其服务对象;1966 年的修订指出,凡是无法阅读传统印刷资料的人均为其服务对象[108],从而将服务对象不断扩展,实际上不仅包括盲人和残障群体,还包括老年人。

从 NLS 的服务职责来看,主要包括:为盲人和身体残疾人士选择和采购有版权许可阅读材料;直接或通过州和地方合作网络库分配相关书目信息;设计、开发和采购音频复制设备,直接或者通过合作机构进行分配;建立标准和质量保证的产品和服务;培训、指导和协调志愿者增加国家和地方的资源;管理全国馆际合作项目和一个国际礼品、交换和馆际的计划;为盲人和身体残疾人士准备目录和其他出版物的印刷和其他媒体,以确保充分利用国家计划;在各方面为盲人和身体障碍人士提供全国参考和推荐服务;以特殊格式开发、维护和流通全国的音乐乐谱和文本馆藏;监控网络图书馆以便在每个站点有效利用 NLS/BPH 资源,提供指导方针和程序手册[109 - 110]。

从服务内容来看,主要包括盲文馆藏与服务的检索与提供服务、视障残障人士免费邮寄服务、盲文数字化服务、盲文转录和校对课程认证等。盲文馆藏与服务的检索与提供服务主要包括对全国图书馆残障群体服务的检索和 NLS 自编盲文读物目录服务。NLS 依据 1982 年修订的美国《国会图书馆法》的规定,承担对全国合作图书馆网络进行宏观管理和调控的职责,其合作图书馆网络包括 55 个地区图书馆,32 个副区域图书馆和 14 个咨询推广机构[111]。这一基础网络使得 NLS 可以管理全国的图书馆残疾人服务项目,通过相应检索系统,用户可以检索各州甚至各县提供残障群体服务的图书馆。在本馆服务方面,NLS 拥有一套盲文材料和有声材料的数据库系统,方便用户检索并下载所需内容,同时还有专门针对儿童用户的检索系统。每两个月 NLS 会出版一期《盲文读物书评》和《有声读物专题》,向用户介绍最新的盲文读物和有声读物的信息。

视障残障人士免费邮寄服务主要是根据《邮政法》,美国邮政总局接受 NLS 邮政联络顾问提供咨询服务,并承担通过合作图书馆网络借出的 NLS 所有的产品(包括音频阅读材料、盲文、大字体图书、音乐资料和特殊播放机)在 NLS、个体用户、合作图书馆网络、机器维修的志愿者之间的直邮。无论是发出还是返回,用户都享受"资源到家、服务到人"的免费服务,国会动用基金予以补贴[112-114]。

盲文音频阅读下载(Braille and Audio Reading Download,简称 BARD)服务是 NLS 非常核心的业务,是一项为国内外美国视障残障公民提供盲文书刊、音乐的音频和盲文资源的免费服务。BARD 系统中包括将近 8 万册资源,而且每日更新,用户通过在线申请可注册使用,也可通过苹果商城和 Google 商城下载 APP,在 iOS、Android 系统支持的各类移动设备和 Kindle 电子阅读器上享受移动服务[115]。为适应数字化、网络化环境,NLS 进行了很多努力:①升级了综合性邮件列表系统(CMLS),使其从用于分配杂志和出版物的订阅数据演变成全国用户数据总库,与盲人和残障人士详细目录控制系统(BPHICS)合并,用来跟踪和控制 NLS 自有的设备借给网络机构、网络机构再借给用户的全国清单,以便及时获取反馈网络机构间的用户传输信息。②开发和提供数字化有声读物和播放机。NLS 大约每年生产 2000 个新书标题,网络图书馆请求特定的数量,而且联合请求范围从 100 提高到 2000 册;为用户提供专门的免费或商用有声读物播放机。③于 2013 年 9 月 24 日推出"口袋图书馆"[116],以新兴技术为切入点,开发基于 iOS 操作系统和 Android 操作系统所使用的主流移动设备,内置高对比度、屏幕放大和语音合成技术,外部可以连接盲文点显器,为用户提供全新的阅读体验,大大增强阅读的吸引力。

NLS 还提供盲文转录和校对课程认证服务。NLS 通过与美国盲人联合会下设的杰尼根研究所合作,由其开设数学、音乐、文学等类别的盲文转录和校对课程,通过者将由 NLS 颁发结业证书,并提供相关机构名录以便通过者找工作[117]。

2. 法国国家图书馆[118]

法国国家图书馆作为法国大型公共服务场所之一,致力于为最需要的人提供多样化无障碍服务。第一,它在馆舍建设上遵循《残疾人机会均等、参与和公民权法》所要求的无障碍建设规范进行,在馆区外部建设有声光指示的防滑路径,并设有轮椅导轨无障碍通道,以指引行动不便、听力或视觉障碍者顺利进入馆区;为残障读者提供工作人员专用的停车场,位置便利,可直达图书馆大厅;在馆区内为残障读者开辟专用电梯,并在阅览室为残障读者预留特殊的座位,更衣室提供租借轮椅服务;允许残障读者及其陪同人员免费进入图书馆的阅览室和展览区,同时工作人员可为来馆不便的残障读者提供上门送书或是陪同服务。

第二,提供残障人士所需的指引和设施设备。根据《政府机构网站无障碍标准》,法国国家图书馆从 2014 年 6 月起选择了一家专门从事网络无障碍访问和改善残障人士使用感受的咨询公司 Atalan 进行合作,共同改进国家图书馆网站的无障碍访问效果;在官方网站上详细列出到馆的公交换乘路线,并提示该路线是否有台阶、电梯、扶梯;网站上还附有法国国家图书馆访问和参观的手语版介绍视频,每一网页都设有阅读帮助,可把网页文字转化为音频;提供辅助设备,如便携式电子放大镜、视屏放大机和适用于数字版本和多种语言版本的阅读器;为听觉障碍读者提供手语和即时语音转录服务;举办展览时考虑到视觉障碍读者,提供大字号及盲文的讲解手册、语音讲解、触摸屏等设备,为听力障碍读者提供手语讲解[119]。

第三,提供残障人士所需的数字馆藏。法国国家图书馆从 2010 年起投入使用数字作品安全传输平台(Plateforme de Transfert des Ouvrages Numériques,简称 PLATON)。这个平台改善了阅读障碍,增加了盲文作品(包括大字号字体)的出版,推广了音频数字化。为了满足残障读者的需求,让其接触更多文学作品,法国"让文学无障碍"协会联合法国国家图书馆、法国出版工会、法国国家图书中心在 PLATON 上更新了 49 家出版社的 233 种图书,将各类适合残障读者的图书转成可在数字设备上阅读的 XML 格式,并且文字内容可根据设备的特性以最适于阅读的方式显示,以便于读者利用,如含有字幕的图像、可发声的网页文本。此外,为方便残障大学生利用资源,2014 年 4 月,法国国家图书馆与格勒诺布尔大学共同开发了访问国家图书馆数字资源的平台。残障学生可以利用这个基于大学网站的数字共享服务(Le Service Informatique Mutualisé du Site Universitaire,简称 SIMSU)和大学文献服务的合作平台以特定的格式访问特定的资源。一旦有学生将对某本图书的需求发送至法国国家图书馆,该资源就将会在安全条件下转化为数字形式传送至格勒诺布尔大学。到达后,由残障读者服务主页为读者转化为更方便利用的形式(如大字号、音频书等),而在为读者利用后,这些数字资源将自动删除。转化后的文件将只为特定读者即提出要求使用的残障学生利用,读者必须遵守有关大学图书馆借阅文本的版权保护条例。

第四,开展远程馆员咨询服务,为听觉障碍读者提供全新的通讯方式。听障读者可通过Acceo及其运营商平台,下载 Acceo 插件,选择通信模式,包括视频直播手语或者即时语音转录字幕,利用视频电话远程实时联系图书馆工作人员。其需要的设备包括连接网络的电脑、耳机、话筒、摄像头(方便接受手语)。

第五,开展残障读者活动。法国国家图书馆注重丰富残障人士的文学创作,从 2005 年起,法国国家图书馆和残疾人社会基金会共同设立了残障人士图书奖(Le Prix Handi-Livres),从 6 种文学体裁(小说、传记、指南、改编作品、青少年文学、儿童文学)中推选出残障人士创作或以残障人士为题材的优秀文学作品。法国国家图书馆为残障人士图书奖提供初选结果,每种体裁选出 5 部候选作品,最终由残疾人社会基金会推荐的 15 位来自文学界、媒体界及从事残障相关工作和残障群体的评委评选出最终结果,获得该奖项的作品得到了图书馆及社会各界大力推广,受到社会各界的关注。设立这个奖项,有助于人们跨越认识和交流的障碍,更多地了解残障人士的生活状况,为残障人士提供均等的公共文化服务,满足残障人士的精神文化需求,也为残障人士写作者提供出版支持。在展览服务方面,法国国家图书馆继推出为视力障碍读者特定的常设展参观路线后,还组织残障读者参加教育研讨会,如与残疾戏剧研究中心合作举办特殊服务项目,视障参观者可免费选择艺术系的学生陪同参观并为其讲解信息。

第六,聘用残障人员、培训馆员和志愿者。在残障服务人员配置方面,法国国家图书馆除了依法聘用残障人士以外,还对馆内员工和志愿者进行全面培训,内容包括如何接待残障读者,介绍针对残障读者设定的参观路线、特定服务和设备,并让馆员和志愿者体验能力受限的感觉,如坐在轮椅上行动、模拟视觉或听力缺陷,从各个角度亲身体验残障读者的不便以改进服务。

3. 中国国家图书馆

中国国家图书馆从 21 世纪初就开始了为残疾群体提供专门服务的努力,包括建立专门的残疾人阅览室、建设中国盲人数字图书馆和残疾人数字图书馆、发布知识助残行动倡议,成立全国残疾人阅读指导委员会等,保障残疾人平等地享有文化权益。

2001 年,中国国家图书馆为残障群体建立了专门的残疾人阅览室,根据残疾人的特殊需要,提供无障碍环境、无障碍信息资源以及无障碍信息获取服务,该阅览室不仅提供国际互联网信息查询与浏览、音像资料视听等服务,还依托中国国家图书馆宏富的馆藏文献,为残疾读者提供快速、便捷的信息服务,盲人可利用计算机、手机等终端设备来下载书籍,阅读更方便。与此同时,根据残疾朋友们的需求,还组织开展了多种中小型文化活动,或与其他组织和机构联合举办服务于残疾人的各类文娱活动。2011 年 4 月 23 日,中国国家图书馆与中国残联联合成立全国残疾人阅读指导委员会,通过指导、组织残疾人开展多种形式的读书活动,促使残疾人多读书、读好书,让他们在阅读中获取信息、学习知识、增长技能、陶冶情操,提高自身素质和生活技能,平等共享公共文化服务,从而更好地融入社会[120]。

在数字时代,保障残障群体的参与具有重要意义,有利于降低他们的信息获取障碍,让残障群体共享数字文明的发展成果。为此,中国国家图书馆于 2008 年 10 月,在国家科技部、文化部、中国残联的大力支持和共同努力下,正式开通了中国盲人数字图书馆网站。该网站遵循 WCAG2.0 进行无障碍网页设计,符合 XHTML1.0 技术规则,适用于盲用读屏软件,全网站页面可用键盘操作,不限于鼠标,设置导盲砖快捷键,所有图片均标示文字说明,所有链接均添加提示文字,提供网站浏览辅助工具,可自动朗读网页内容,对网页的显示比例、文字及背景颜色进行定制,支持多语言版本,提供语速、音量调整和放大显示等个性化设置[121]。网站涵盖的资源类型包括电子图书、有声书、音乐、在线讲座、新闻动态等,其中,电子图书部分涵盖了经济管理、经典文学、军事、普通医学、历史、哲学宗教、政治法律、社会科学、科普、英语、中医医学、医学保健、推拿按摩、小说、教育等现代作品,以及按经史子集四部来分类提供的古典优秀典籍,资源非常丰富[122]。在盲人数字图书馆建设的基础上,2011 年 4 月 23 日,由中国国家图书馆、中国残联信息中心共同建设的"中国残疾人数字图书馆"也正式开通。在内容上,它在中国盲人数字图书馆的资源基础上,特别增选了"阅读中国"、方正电子书等中文图书数据库和中外文期刊数据库,还加入了老照片等馆藏特色资源库;面向残疾读者中的少儿群体,精选适合资源内容,为孩子提供在线阅读、书籍推荐等服务。为保护著作权,以上资源均需通过读者登录系统,经过中残联残疾人人口库的对接认证,方可浏览使用[123]。

2013 年中国国家图书馆联合中国残联发出《图书馆知识助残行动倡议书》,呼吁全国各级各类图书馆一起行动起来,与残疾人组织、各级民政部门、特殊教育学校等机构共同协作,深入开展面向残疾人的无障碍、针对性、多样化信息服务,构建覆盖全国的残疾人知识援助协作网,为残疾人创造良好的学习和信息获取环境,缓解并逐步消除残疾人的知识贫困,使残疾人能够平等、充分地参与社会生活。为践行倡议,举行"图书馆文化助残系列活动",开设文津·阳光讲坛,为残疾人创造更为良好的学习和信息获取环境。该讲坛旨在通过举办知识讲座形式开展文化助残活动,以文化类题材为主、选择残疾人普遍关注的话题,通过直观的交流消除残疾人获取文化信息的困难,为残疾人建构时代常识,分享文化人生[124]。

在老年读者服务方面,一方面借助中国盲人数字图书馆和中国残疾人数字图书馆的无障碍浏览和检索功能,为视力降低或身体不便的老年人提供服务;另一方面,中国国家图书馆自2011年起,不定期地开展老年读者培训和读书沙龙,为帮助老年人乐享新科技带来的便捷,充实老年生活,中国国家图书馆于2014年正式推出了"关爱夕阳"老年课堂,对老年人提供专项公益培训服务,开设了悦知文津、手机世界、数字生活、光影奇迹等课程,根据老年人需求,采取分层分级教学和预约报名机制以及课程一对一辅导,并招募了高校大学生做志愿者。在授课模式上,一方面,通过开展"野外读书会""重返阅读时光"等活动来构建立体化阅读与交流平台;另一方面,创办"我来当主讲",给老年人提供发挥自己特长和展示的空间,让图书馆成为老年人发现自我价值和得到社会尊重的场所[125]。

第三节　国家图书馆公共文化服务特点

与其他公共图书馆相比,国家图书馆的公共文化服务围绕着其性质、职能进行,具有鲜明的特色,展现出广博的宏观服务视野、先进的服务手段、繁多的服务项目、巨大的服务规模、显著的服务效益,同时也在服务于国家利益和公众利益的冲突中寻求合理的均衡。

一、着眼于国家视角、历史使命和全球角色提供公共文化服务

国家图书馆的公共文化服务多具有宏观视野,是从保障本国公众文化需求、担当本国文化传统传播的历史使命、促进全人类文化发展的高度来开展的,通过

国家图书馆法、图书馆战略规划和具体的服务实践来进行保障或反映。首先,国家图书馆的公共文化服务具有国家视野,它服务于国家文化战略,通过以其保持和发展建设的国家级馆藏满足国内广大用户的多层次需求,支持本国国民的终身学习、阅读、创新、素养提升,支持国家文化教育事业,从而不断增强本国文化整体实力和竞争力,提高国民整体素质和文化品位,提高国家整体文化软实力。如新加坡国家图书馆管理局在其三份重要的发展规划——《图书馆2000》(*Library 2000*,*L2000*)、《图书馆2010》(*Library 2010*,*L2010*)和《图书馆2020总体战略规划》(*Library 2020 Masterplan*,*L2020*)中,始终强调对国人学习能力、阅读能力的促进和国家文化风气的塑造,要将新加坡打造成一个优雅社会,并为此,通过有计划地多途径、多方式在全国各阶层和各年龄层,开展相应的阅读内容和活动,培育各年龄阶段的读者[126-127]。

其次,任何一个国家都有自己的文化传统,国家图书馆都会在服务中强调对本国文化传统传承和发展的历史使命。例如,澳大利亚国家图书馆在服务章程中明确指出其职责之一就是保持和传播澳大利亚的文化传统,并对保持澳大利亚文化和传统的活力做出贡献[128],其在1990年首次提出的战略目标口号就是"创造未来,保存过去"(Shaping Our Future,Preserving Our Past)[129]。中国国家图书馆在国家数字图书馆工程建设之初就确立了"在互联网上展示我国的历史、文化"[130]的目标,其后也通过服务内容、时间节点、方式的策划来反映出这一点,包括:创建"中国记忆项目实验网站",通过在线浏览、多媒体展览、专题讲座等形式传播我国文字、年画、蚕丝织绣等传统文化精髓;开展非物质文化遗产保护讲座与展览、中国典籍与文化讲座、文津经典诵读项目,弘扬中华民族传统美德与非物质文化遗产;开办"国图公开课",在内容上也以中华传统文化为重要选题范围。对历史使命的担当还表现在国家图书馆会考虑到资源服务的当前与未来用户,考虑国家文化传统的延续,避免和减少资源在服务中的损失。例如,英国国家图书馆在其服务中明确指出它的服务既面向当前读者,也面向未来读者,他们可能会在若干年后寻找和利用图书馆服务,图书馆有责任平衡这两者,为此可能会影响到当前对读者的服务[131]。

第三,在全球化、国际化日趋明显的背景中,国家图书馆的服务视野也扩展到世界,服务目标上既要汇集全球知识,并为国内公众开拓通往世界文化知识的入口,也要为全球公众提供多通道的知识渠道;在服务对象范围上涵盖了国内外公众;在服务战略上增强了从世界角度的审视;在服务方式上突出了多语种服务、网络化不间断服务;在服务内容上提供多样化的世界馆藏。如英国国家图书馆在2008—2011、2011—2015年的战略规划标题中都强调了“世界”,分别为“传承世界知识”“促进世界知识增长”,通过数字化、网络化技术将文化服务范围扩展到全球,加强图书馆与信息管理活动的国际化,其2013—2015年的内容策略、2015—2023年战略规划中都指出其承担全球角色,要为世界各地知识的进步以及联结知识与公众做出贡献[132];在它的网站上提供了19种语言的介绍版本[133];馆藏包含了来自全球各地的重要出版物,覆盖大多数的常用语言[134];运行着世界上最大的文献传递服务,每年为世界各地的用户提供上百万项资源[135],从2011年至今,还通过嵌入交互式服务向人们展示全球遗产资源[136]。法国国家图书馆同样在其网站提供了多种语言版本,包括西班牙语、法语、英语、德语、意大利语、葡萄牙语、俄语、阿拉伯语、中文、日语,并为残障人士提供了入口;还专门建立了“国际数字图书馆”(International Digital Libraries),收录和提供服务的资源涉及全球[137]。美国、俄罗斯、澳大利亚、新加坡、新西兰等国的国家图书馆也都将服务规划调整到全球视域。

二、注重法律、规范和战略规划保障

世界各主要国家的国家图书馆都重视通过法律来规定自身定位、职能、服务对象、服务范围、服务基础,重视遵循国际和所参加的国际组织法规和规范来提供服务,重视提出和遵守服务承诺,重视宏观规划和构建面向未来的建设方案,从而保障服务目标的实现。

首先,国家图书馆的公众服务在其总体服务中所处的地位、服务范围等问题常常以专门的国家图书馆法或专项法律条款、政策制度来予以界定,它在知识产权保护、信息披露等方面又需要考虑遵循如著作权法、隐私保护法、保密法等其他法律法规。因而,很多国家图书馆注重将其服务约束在法律法规的规定范围之内,或为自身服务寻找法律依据,从各国国家图书馆网站的介绍中基本都会说明所依据的相关法律规定;在国家图书馆所提供的各项具体服务的说明中,也基本都会在首要位置说明所遵守的具体法规。如澳大利亚国家图书馆就声称其服

务要符合《国家图书馆法》(*National Library Act* 1960)、《公共治理、绩效和责任法》(*Public Governance, Performance and Accountability Act* 2013)、《公共利益披露法》(*Public Interest Disclosure Act* 2013)规定。

其次,各国国家图书馆都非常重视服务战略规划。不仅会订立愿景、使命、目标、宗旨并通过各种公开方式发布,从而确立明晰的奋斗目标和发展的价值观,以此作为图书馆服务的指导,而且会在分析现实环境变化、评估图书馆服务现状和预测未来趋势的基础上动态调整服务愿景、目标、策略,形成具有连续性、动态性的战略规划体系,其战略规划对于国内外图书馆来说往往具有重要的参考价值。如英国国家图书馆自 1985 年发布第一个战略规划以来,截至 2015 年,共制定了 8 个中长期发展战略规划,规划年限从 3 年到 8 年不等[138];澳大利亚国家图书馆从 1990 年开始提出其战略目标,2000 年公布其战略发展指南,此后平均每三年更新一次;美国国会图书馆于 1996 年便制定了国会图书馆 1997—2004 年战略规划,之后至少每三年就会评估或更新一次战略规划[139],其他国家图书馆也同样会制定不同时长的战略规划。而在所有这些规划中,服务都是一个重要主题,如英国国家图书馆的战略规划始终以知识服务为其发展方向,其 2015—2023 年战略规划的六大核心陈述中就有"文化""学习"两大部分与公共文化服务紧密相关[140]。

第三,国家图书馆服务的规范性强,各类服务标准、服务政策、服务规范、服务承诺完备,对具体公共文化服务范围、服务要求、责任归属、反馈机制进行了明确规定,目标是通过高质量的、聚焦于用户的服务为公众提供图书馆馆藏。如英国国家图书馆发布有《服务规范》(*The British Library Code of Service*)、《读者与访客服务规范》(*Code of Service to British Library Readers and Visitor*s)、《远程用户服务规范》(*Code of Service to British Library Remote Users*)、《投诉政策》(*British Library Complaints Policy*)[141],澳大利亚国家图书馆发布有《服务宪章》(*Service Charter*),中国国家图书馆发布有《国家图书馆服务规范》《国家图书馆员工文明行为规范》等。不仅提出了应遵守的规则,而且多以数据形式提出了具体承诺,如澳大利亚国家图书馆承诺 45 分钟内在线传递 90% 的馆藏资源,在截止时间的两小时内满足 90% 对珍藏馆藏的需求,一周内回应收到的 90% 的咨询请求,确保图书馆网络在 99.5% 的情况下可被 7 天 24 小时访问等[142]。结合新的服务方式,还会订立专门的服务政策予以规范,如澳大利亚国家图书馆最早制定《社交媒体政策》,其中对员工作为国家图书馆的代表利用私人账号发表评论或从图书馆的品牌角度利用社会媒体渠道进行沟通时的言行进行了规范,包括注意服务的礼仪态度、遵守公共服务价值观和图书馆政策、提供公共记录或真实信息等[143]。同时,各国国家图书馆普遍会发布年报,对过去一年中包括服务投入、服务活动、服务效益等进行统计、总结、报告,并在网站上进行公开,供社会公众了解和监督,因而,在美国、英国、中国、澳大利亚、新西兰、新加坡、加拿大等国的国家图书馆网站上都可以方便地查阅历年来的年报或年鉴。

三、服务辐射面广,业务格局宏大,服务效益显著

在其宏观服务视野的指导下,国家图书馆的公共文化服务活动也往往展现出与众不同的开阔景象,通过建立四通八达的服务体系扩展服务辐射面,服务主题立意高远,服务项目多样,显露出宏大的格局,因而,所取得的服务效益通常也是非常显著的。

从服务辐射面来看,国家图书馆不仅以其自身的雄厚实力开展在馆和在线服务,而且通过协作构建了立足于业内外、国内外层面的服务体系,进一步扩展和增强了服务能力和效益。其协作服务体系首先突出表现为以国家图书馆为主导力量、以共建共享理念为指导、以网络分布式信息系统为工具,联合国内其他公共图书馆建立各种服务联盟或服务延伸体系,有一些图书馆如美国国会图书馆、英国国家图书馆在海外还设有办事处,服务体系延伸的范围更广泛;其次表现为与国内其他图书馆系统和其他行业机构合作,开放接口实现资源服务的互联互通;再次表现为与国际图书馆系统和其他行业机构合作,共同建设世界级数字图书馆,提供开放的资源服务。以中国国家图书馆为例,它在服务体系的构建中充分利用了以上多种方式:一是主导建立了多个全国范围的图书馆服务协作网,如1998年牵头组建的全国图书馆信息咨询协作网是我国图书馆界参考咨询网络化协作的开端,通过协作网传递国家图书馆服务;二是在各地建立国家数字图书馆分馆,将国家图书馆的数字资源分发给各地公共图书馆,弥补地方馆的馆藏,并依靠地方图书馆的物理和网络平台,扩大国家图书馆的服务广度,增强服务的便利性;三是与CALIS、NSTL等文献保障机构合作,完成了与CALIS"馆际互借与文献传递系统"相应的接口设计调试,明确了与NSTL合作开展具体文献传

递业务的方向,将其服务体系与高校、专业图书馆服务体系形成对接,也是延伸自身服务的有效方式;四是参与了国际服务项目,如中国国家图书馆与美国国会图书馆合作,参与"世界数字图书馆"建设,与英国国家图书馆合作参与"国际敦煌"项目,成为国际文献信息系统中的重要一员,切实将服务扩展到全球范围。

从服务业务来看,国家图书馆的公共文化服务职能涉及公众阅读促进、文化休闲、社会教育、信息咨询等多种需求的满足,与此相对应,其业务类型也很多样,一般包括馆藏查询与借阅、文献传递与馆际互借、信息咨询、阅读推广、讲座、展览、公开课、创新空间、面向弱势群体的服务等。尽管这些服务业务在其他公共图书馆也会开展,但在服务格局上,国家图书馆则更胜一筹,往往从国家、民族、历史高度确定服务选题,开展全国性甚至世界性的服务项目,展现出宏大气象。如美国国会图书馆就宣称其不只是一个图书馆,其公共文化服务项目主要有为全球用户提供规模巨大的文献资源阅览与获取服务,提供国家文化服务的"美国记忆";提供包括退伍老兵口述历史、美国文化遗产、音乐家、作家、说书人记录等信息;为少儿提供"美国图书馆中的美国故事"(America's Story from America's Library);通过"教育在线"(The Learning Page)为教师提供课程资料,主办工作室和会议,为教育者提供在线咨询台,在全国巡展以展示馆藏如何与课程结合;每年开展国家图书节,评选"桂冠诗人",开展多个全国性阅读项目以激发公众阅读热情;为残障人士提供服务;是著名的展览馆,珍藏有许多罕见的乃至唯一的人类历史记录,并通过在馆和在线方式提供展示。

国家图书馆的服务效益从绩效和成效来看都是非常突出的。从服务绩效来看,它的接待读者数量、开展活动数量、提供资源数量巨大。英国国家图书馆在其网站上所公布的数据显示,其每天在馆和在线读者超过 1.6 万人,服务对象覆盖英国和世界范围,每年在线书目的搜索量达 600 万次,阅览室来访人数达 40万,为全世界用户提供馆藏超过 1 亿件次,每年增加 300 万件新馆藏[144];另据其2016—2017 年度报告显示,它的服务项目实际的利用数量均超过预定目标,图书馆学习网页的访问量达 7 041 000 次,超过预定目标 19%,174 000 件法定送存的数字出版物加入到馆藏中,超过预定目标 14.5%[145]。

从服务成效来看,国家图书馆的服务成效集中反映为用户的满意度,也可以从经济价值的角度侧面予以反映,英国国家图书馆在此方面具有突出的代表性。

它在 2004 年《衡量我们的价值》(*Measure Our Value*)报告中第一次用成本效益比、多标准分析等方式评价了图书馆的服务成效,表明它每年为英国经济创造的价值保守估计达 3.63 亿英镑,其中 0.59 亿英镑是直接服务所创造的价值,3.04亿英镑是间接价值,即通过延伸服务而间接产生的,公共资金的投资效益比为4.4:1,如果没有英国国家图书馆,那么英国每年将失去 2.8 亿英镑的经济价值;2013 年它再次发布了同样的报告,其中显示 2011—2012 年为其用户和英国社会创造的经济价值达 4.19 亿英镑,公共资金的投资效益比增至 5.1:1,用户对阅览室每年的价值判断为 7000 万英镑,固定存在的公共场所价值达每年 4.128 亿英镑[146],其价值是非常高的,并在不断提升。从用户评价来看,英国国家图书馆的用户满意度也是很高的,据 2015—2016 年度报告显示,用户对阅览室服务的满意度高达 97%,超过预期的 92%,对展览的满意度达 96%,高于预期的 93%[147]。

四、平衡馆藏保存与公共文化服务的关系,采取多种方式分散服务压力

国家图书馆集国家总书库、中央图书馆、研究图书馆、公共图书馆等多种角色于一身,决定了它必须承担许多不同于一般公共图书馆的职能,而这些职能之间很可能存在冲突,因而,需要国家图书馆从宏观和历史角度进行服务平衡。如国家总书库职能决定了国家图书馆应格外重视各类馆藏的良好存储与长期保存,而这很可能影响对公众开放借阅需求的满足,但从总体和长期的角度来看,国家图书馆更为完整的馆藏为满足公众在其他图书馆无法满足的信息需求提供了更好的保障,为了使更多的人和子孙后代享有这份保障,通过限制外借达到谨慎使用的目的是合理的,正如法国国家图书馆管理者所说:"我们几个世纪以来采取的严格保护措施,其目的就是为了能够让公众长久地阅读它们。"但这项制度毕竟给使用者带来了不便,所以,几乎所有的国家图书馆都会通过替代方式向用户提供服务[148]。此外,国家图书馆无论建筑、馆藏、人员、设备资源如何丰富,服务体系和服务能力如何坚实,都是有限的,这也决定了它难以以一己之力满足国内外公众的各种需求,因而,国家图书馆都会采取多种措施分散其服务压力。

第一,明确陈述其服务优先等级,如之前所述的美国、澳大利亚国家图书馆;或者明确指出可能会出现的服务矛盾以获得公众理解,如英国国家图书馆在其《服务规范》中就明确指出它的服务既面向当前读者,也面向未来读者,他们可能

会在若干年后寻找和利用图书馆服务,图书馆有责任平衡这两者,为此可能会影响到当前对读者的服务[149]。

第二,为了降低对当前读者的影响,各国国家图书馆也会采取替代性服务以满足公众对馆藏的获取需求,如通过发达的"馆际互借与文献传递"服务为外地用户提供方便,同时,越来越多的国家图书馆通过文献数字化、缩微品、电子文献等形式向用户提供馆藏文献的替代品。

第三,采取分层服务方式,控制服务流量,提高服务效率。分层服务是一种区别服务的方式,通过对读者需求的深层次细分,提供不同的服务内容和服务方式[150]。在具体实施中,主要会根据用户需求和图书馆服务目标采取一些限制性措施和针对性措施,最经常采取的方式一是限定服务范围,如法国国家图书馆只提供其他图书馆没有的文献服务,而不论读者的身份如何[151];英国国家图书馆规定,阅览室的使用以及阅览证的有效期限将取决于用户的研究需要,并明确声称不收藏标准文本的多份副本,一般不适于大学课程作业[152]。二是限定读者范围,如英国国家图书馆指出通常不会为18岁以下的人士办理阅览证,除非有明确证据表明其有查阅某些资料的需要,而且其他图书馆没有这些资料[153];法国国家图书馆包括研究书库和学习书库两类书库,其中研究书库对认证的读者开放,认证条件包括:年满18岁,证明出于大学研究的需要(职业或个人),并且有查阅研究书库馆藏的需求;学习书库则对所有16岁以上的读者开放,办理阅览证即可进入,但办证前,读者应向咨询台了解自己所需资料是否能在图书馆中获得,并应通过咨询台旁屏幕查询阅览室中是否有空座位[154-155]。三是限制服务时间,各国国家图书馆多数在周末和公众假日休息,有的馆会根据情况对各个阅览室规定不同的开放时间,如美国国会图书馆对于研究者的开放时间会有所不同,多个阅览室周六也关闭,平时有些时间下午4:30就会关闭,有些仅上午开放1小时[156],所有的馆舍在每周日、感恩节、圣诞节、新年假期都对公众关闭,麦迪逊和亚当斯大楼在所有联邦假期都对外闭馆;在恶劣天气或其他状况时,图书馆开放状态与联邦政府运行状态一致[157]。四是针对不同读者采取不同的收费方式,如进入法国国家图书馆的两类书库均需要付费,而且根据证件有效时间不同收费和入馆要求不同,当然,对于弱势群体会采取免费或减价的方式予以支持[158]。五是针对不同读者需求提供不同的服务内容,如中国国家图书馆"每日课堂"服务在面向普通公众的以阅览及外借服务为主的馆区,介绍简单易懂的普及性、入门性知识和方法,而在以科研型读者为主要服务对象的馆区,则以深入、系统地介绍各类文献及专题查询方法等深层次内容为主[159]。

第四,通过服务体系建设,为其他馆提供服务保障,从而将部分公共文化服务职能分流到其他公共图书馆,既能够缓解国家图书馆的服务压力,也是分层服务的延伸,能够让各类图书馆分工协作,履行自身职责,服务不同人群,充分发挥各馆资源效益,最终达到资源服务的合理配置以及与用户需求的紧密契合。如新加坡的公共图书馆分级服务体系堪称完善,除了作为国家图书馆的参考图书馆外,在其不大的国土范围内分布有四个区域图书馆,起着地区中心图书馆的作用。在一些居民聚居区,又有数十个社区图书馆与儿童图书馆。国家图书馆—区域图书馆—社区及儿童图书馆构成了一个完整的文献收藏与服务体系[160]。英国国家图书馆明确指出"鉴于本图书馆的繁重服务压力,我们不能因为您需要查阅馆内的某些藏品让您进入阅览室及签发阅览证。其他图书馆或资料室也许藏有更适合您的资料,我们的员工会提供相应的建议"[161]。

第四节　中国国家图书馆公共文化服务发展展望

时代变化的步伐越来越快,在全球格局、社会环境、用户结构及其需求、技术变革等方面都呈现出显著变化,并将对国家图书馆公共文化服务的发展未来产生复杂而深刻的影响。中国国家图书馆已经在面向国内外读者的公共文化服务方面发挥了巨大作用,并仍在矢志创新、完善自我,面对未来,放眼全局,把推发展趋势,统筹规划,从而在世界范围内凸显更大价值,发挥更深影响。

一、拓展国际化视野,促进国家文化体验的全球传播

全球化浪潮从经济领域出发,至今方兴未艾,其影响已渗透到政治、文化、社会生活等多个层面。对于各国国家图书馆而言,全球化已经并将长期成为影响其公共文化服务发展的重要背景,带来的既有机遇也有挑战,而如何应对将决定着国家图书馆自身及其所代表的国家文化在世界版图中的地位。从机遇来看,全球化为各国国家图书馆完善和更新公共文化服务提供了更为广阔的信息来源

和参照系统,可以广泛利用国际资源、广泛吸收和借鉴国际成功经验为我所用;延展了各国文化在世界范围内传播和发展的时空,促进了资源共享,有助于获得更广义的文化认同;从文化服务格局来看,体现了文化多元、促进了文化融合、丰富了本土文化,打破文化的单极化、霸权化。而从挑战来看,全球化意味着各国国家图书馆都要遵循国际通用规则,这对图书馆传统的服务方式提出了更高的规范性要求;全球化也意味着多元化,而在多元文化空间中,如何更好地展现各国、各民族的资源特色并使其为全球范围的用户所理解、所接受,对国家图书馆服务形式设计、服务资源挖掘、服务人员素质、服务体系建设、服务设施设备等都提出了更大的考验。

全球化态势势不可挡,国家图书馆更应履行自身职能,增进图书馆国际交流,促进公共文化服务的国际合作,展现中华文化特色,获取更大成就应成为中国国家图书馆的明智选择。面向未来,国家图书馆应树立并拓展国际化视野,全面实施国际化发展战略,革新公共文化服务设计,为全球用户提供更加愉悦的文化体验,从而增进世界范围内的文化交流与本国文化的跨国界传播。树立并拓展国际化视野,就是要意识到国家图书馆服务要"面向广大用户,要超越传统的用户群去迎合作为一个整体的大众和社会"[162],这些来自国内外的广大用户具有不同的语种、不同的地域、不同的民族、不同的文化背景,由此会生发出三大方面的问题:一是国家图书馆该如何突破时空界限,超越语言障碍,为国内外公众提供更加多样的文化资源入口和对等的使用权限? 二是各国国家图书馆都是世界图书情报服务的节点之一,用户在本国国家图书馆的服务操作经验很可能会移植到他们对其他国家图书馆的操作过程中,那么中国国家图书馆的服务功能是否具有广泛的适用性,能否支持各类不同用户的自助式操作? 三是各国国家图书馆的服务内涵中必然渗透着本国、本民族的特色,如何让不同背景的用户更好地理解并认同中国国家图书馆独具特色的服务内涵呢? 如何实现不同文化用户之间的沟通交流呢? 针对这三方面问题,中国国家图书馆应以坚实的技术力量为支撑,以一流的信息收集、组织、储存与发布能力为保障,以国际化专业人才队伍建设为支柱,从内而外革新服务设计。

首先,中国国家图书馆应进一步增强公共文化服务的跨时空能力,大力推行数字化、网络化发展战略。在物理空间的服务中,应在本国语言之外,提供多语种或国际通用语的指示标识和咨询服务,继续发展国际国内馆际互借和文献传递服务网络,开展面向不同文化的主题活动或在国际公众聚集地开展延伸服务;在虚拟空间的服务中,充分发挥数字化、网络化、多媒体化的作用,构建多语种的数字图书馆或图书馆网站,提供多语种信息服务或在线翻译,通过馆藏数字化和原生数字资源采集满足多并发用户的需求,提供 7 天 24 小时的在线服务,支持不同地域公众的在线注册和使用,开展面向全球公众的在线活动。在服务和交流形式上,需要增强丰富性、参与性、互动性和趣味性。丰富性要求图书馆要综合采用多种载体形式如文本、音频、视频等和多种交流平台如图书馆网站、社交媒体、网络电视、手机、传统媒体等;参与性要求要调动国际国内用户在图书馆资源和服务过程中的主动参与,如资源标签、个体生活记忆、口述历史等都是较好的用户参与形式;互动性要求中国国家图书馆应重视用户意见和建议及用户在交流平台中的发言,及时回复;趣味性则需要国家图书馆适当削弱严肃形象,以活泼有趣的方式来促成全球用户的共同理解。

其次,中国国家图书馆应进一步推行标准化战略,以规范化、一体化方式增进服务对于全球用户的适用性。各国国家图书馆应在服务模式、服务统计、服务评估中引入国际通用标准,如 ISO 9000 质量管理系列标准、LibQual + ®、Counter等,建立符合国际化发展需要的科学合理的图书馆规章制度,形成与国际社会一致的服务规范,使服务具有较强的通用性。应结合用户普遍的思维方式和使用习惯设置服务区域,分类服务模块,提供服务导航,应结合用户需求和使用行为进行调研和数据分析,深度了解用户共性与个性特征,提供动态的服务目录和内容推荐,根据用户使用设备不同提供自适应服务,应适应互联网需要简单、一站式的需求特点,提供集成性的检索服务和简洁明了的知识发现服务。

再次,国家图书馆应实施内容开发战略,融会贯通国家民族特色与世界文化。中国国家图书馆是国家公共文化服务体系的重要部分,肩负传承发展中华优秀传统文化的使命,为此,可从以下方面着手:一是深度挖掘和开发既包含民族特色、地域文化理念、民族气质又具有普世价值的文化内容,如《孙子兵法》成为世界军事院校的经典教材,外国人从中国传统文化的家庭伦理中获得改善西方家庭伦理关系、应对老龄化社会的种种社会规范,从《易经》中读出了当代计算机二进制的原理等[163],都显示出中华民族文化的魅力。可以针对这类信息,以主题为契领,建立从本国和从世界双向角度的资源集合,促进国内外公众的多角度理解和跨文化交流。二是要采取更加灵活生动的方式,如在文献性资源提供之外,较多采用视频、音频、实物还原、参与制作、游戏法、真人秀、真人图书馆、3D影像等方式,提供更加舒适、有趣的国家文化体验,从而拉近国家传统文化与本国公众及国外用户的距离,带来更深的文化印象。三是公众对国家文化的了解和需求的程度不一,应提供不同场景、不同层次的服务模块,促进国家文化从基础层到研究层的逐步迈进;提供各类交流工具、发展交流平台,促进用户与图书馆、用户与用户之间的跨文化交流;积极参与国际事务,在国际数字图书馆建设中充实国家文化资源,展示和提供国家文化服务,增进国外公众对本国文化的了解和体验。

二、重视连接的力量,不断推进广泛互连和协同合作

超连接性(hyperconnectivity)这一概念由加拿大社会学家安娜贝尔·奎安哈斯(Anabel Quan-Haase)和巴里·韦尔曼(Barry Wellman)提出,用来表示从面对面到电话通信到网络等各种交流方式的利用,也用于形容计算机网络的发展趋势,即所有能够或应当通过网络交流的事物都将通过网络交流,达到人人、人机、机机之间的自由交互[164]。随着互联网、云计算、泛在网络和各类网络连通设备的不断发展,人类正在步入超连接社会(hyper-connected societies)。这一社会以信息通信和网络技术为基础,物联网将成为其发展的重要基础设施,但从文化信息的角度来看,这一社会更重要的发展路向是促成用户社群的出现、实现信息互通、达成服务的嵌入,构建全球性、沉浸式、无形环绕的信息环境。首先,超连接社会中长尾效应的活力将被激发,用户的需求都将有很大可能获得满足,新的用户将涌现出来,人们将在网络空间中寻找到更多同伴和相关社群,在交流互动中产生群体力量;其次,超连接社会中信息将在多种设备平台、多种软件应用、多种载体和表现形式之间互相传递、同步呈现和交汇融合,对信息尤其是公共信息的透明度、时效性、开放性要求更高;再次,服务将嵌入到用户情境中,提供更符合用户需求的个性化服务。在超连接的时代,了解用户也将具有超连接性,识别不同平台中的同一用户将有助于形成更丰满的用户认知,联通不同来源的知识信息,集合不同的机构个人,提供更有针对性的推荐服务。综上,超连接社会带来的不仅是物物相连,还是信息、用户和服务的广泛相连和共享流动。但它也可能

出现隐私开放和保护的界域变得模糊而易受损害,知识产权侵权风险加大,信息安全难度增加,数字人群与非数字人群、多数群体和少数群体之间的隔离加剧,数字鸿沟深化等问题。

国际图联在 2013 年推出的初版《国际图联趋势报告》中,就将超连接社会作为对于未来需要思考的五大趋势之一,指出"超连接的社会将聆听并赋予新的声音和群体以力量"[165],对其内涵进行了具体阐述[166],对其可能带来的问题,则在《国际图联趋势报告——2016 新进展》中以"战略协同与合作"指出了对策,包括"在地区和国家层面均认为图书馆应在彼此之间、与城市机关和社区的利益相关者之间,就包括技能、政策、信息技术服务和设施等更广泛的问题进行互动。国际合作的关注点集中在更大的宣传图景上,包括隐私、版权、言论自由、信息的免费和平等获取"[167]。

对于中国国家图书馆而言,超连接社会也是它需要面对的发展态势,作为公共文化服务,面向着最广大用户,提供着最具公共性的文化信息,期望达到最大的公众效益,因而需要加强与用户的连接,通过加强与各个部门和外部机构的协同合作,增强信息资源和服务与用户的连接。

第一,应以需求为导向,增强与公众的连接。公共文化服务是生动鲜活的,要嵌入用户的工作、学习、生活等情境,考虑用户在不同情境中所需,提供针对性服务方案和融合性的服务内容;应适应不同的应用场景,多设备、多场所、多时间点的用户应用场景已经成为日常,手机、电脑、平板电脑、电子书阅读器等多种设备的应用日益普遍,未来随着可穿戴设备、虚拟现实技术的发展,多设备的应用还将增强,因而要提供多设备自适应服务,在服务内容与服务表达上符合各种不同设备的特点,从而在不同的界面上都提供良好的人机交互体验;应适应用户泛在式的服务需求,将资源和服务延伸到用户空间中,将阵地服务与流动服务、物理空间服务与虚拟空间服务、本地服务与泛在服务结合,依据用户在不同时间点的不同需求,充分利用移动服务方式,调动用户零散时间,将微服务与全服务结合起来,实现与用户全天候、全空间的服务连接;要进一步提高公众参与互动的程度,加强对主要社交媒体的应用,提供更多的用户参与项目,如用户评论、用户标签、用户决策采购、用户纠错、用户推荐信息、用户志愿者、用户代表参与图书馆理事会等,创造更多的用户参与契机,如结合各种习俗、节假日、热点事件、科普展览、阅读推广等,开展用户创作、用户竞赛、用户聚会活动,开展弱势群体延伸服务,吸纳更多公众利用图书馆;采取更加亲切的服务形式,为用户提供更好的服务感受,增进连接紧密度;鼓励用户依法向图书馆进行捐赠,参与图书馆建设;推动建立法人治理结构,吸收有关方面代表、专业人士和社会公众参与管理。

第二,应继续推进以服务为导向的意识,促进部门之间的连接。中国国家图书馆的业务繁多,职责各殊,但它们的共同目标之一都是为用户服务,而用户的服务需求之间很可能是关联互通的,这就可能涉及国家图书馆多个业务部门。因此,在管理体制上,应考虑实行大部制、事业部制,以业务大类重组各个小的部门,避免部门业务分割,从总体来规划公共文化服务;在服务方式上,可提供同一空间的多服务集成,也可提供跨服务、跨平台的开放接口,为用户提供开放链接服务;应强化前台和后台业务部门之间的关联,建立良好的反馈和响应机制,实现有效沟通。

第三,应突破馆际界限,强化与业界的连接。中国国家图书馆应以其对国内图书馆公共文化服务的引领、指导地位,联合各类图书馆共同发展图书馆网,建立互联互通的服务体系,开展联合采购、联合编目、联合服务等实现资源与服务的高度共享;应从信息、概念、数据连接的深层次开展合作,采用关联数据、语义网、数据挖掘等技术,进行资源内容的深度开发和智能互联,达到文献单元、知识单元、数据单元、服务单元的互联;应从宏观上签署合作协议,微观上进行资源互链、开放接口的方式,逐步打开与其他类型图书馆的合作之门,共同探讨超连接时代的各种问题,促进文献信息的有效利用。从全球范围来看,国家图书馆不仅仅是作为一个单独的图书馆,而是作为创建世界性图书馆的合作者[168],因此它应突破国家界限的文化财富和信息资源共享,积极参与、融入与世界上其他图书馆的共享与合作,在海外设置办事处延展自身服务体系,与国外图书馆建立合作交流关系,积极参与世界级数字图书馆或全球范围的服务系统建设。

第四,中国国家图书馆应增进与其他业界的联结。当前环境中,图书馆与档案馆、博物馆、出版社、搜索引擎、电子数据库之间过去分明的角色界限正在消失,在业务模式和业务领域出现相互融合的发展趋势。在这一背景中,图书馆与其他业界的联结不仅可能,而且必要,对于国家图书馆而言,更应及早看清这一形势,联结新的合作者共同进行资源建设、服务分享和专业技能互通,在合竞局面中谋求自身更大发展。美国国会图书馆 2016—2020 年战略规划中就指出要致力于与全球范围内的专业同行和新的合作者联结,从而分享资源和技能[169]。图书馆、档案馆与博物馆通常被合称为 LAM,在法律、管理体制上的融合发展由来已久。例如,加拿大于 2004 年就颁布了《加拿大国家图书档案馆法》,实现了国家图书馆与国家档案馆的正式合并[170],至今它们都是在一个网站上提供服务;《中华人民共和国公共图书馆法》中明确指出,公共图书馆可以与档案馆、博物馆、纪念馆合作,相互交换信息、联合举办展览、共同编辑出版有关史料研究,也为跨行业交流指引了方向[171]。

三、关注用户变化趋向,实施知识和学习导向型服务

在大数据时代,社会信息总量的增长更加迅猛,信息技术日新月异,知识信息载体的转变正在加速,但公众面临的信息问题也在增加,如何应对信息世界的快速变化、如何判断和获取有价值的信息、如何不断地吸收和利用知识信息等问题,反映出公众在信息数据的变革时代,对知识和学习的需求。国家图书馆作为研究型图书馆,内核具有对知识信息的理性追求,其资源建设、信息组织、品牌认知也具有相应积淀和优势,应结合社会群体的变化趋向,持续发展和实施知识和学习导向型服务,推动国民素养提升,激发他们的智慧生成。

从社会群体的变化趋向来看,美国未来图书馆中心(Center for the Future of Libraries) 于 2015 年发布的题为《趋势》[172 - 173] 的研究报告中指出的三种趋势值得关注。变化之一是老龄化(aging) 趋向。老龄化已从最早的发达国家向全球蔓延,1996 年全球已经进入老龄化社会,之后这一发展趋势仍在继续,越来越多的发展中国家也在进入老龄化。对中国而言,在未来相当长时间内,老龄化的严峻态势都将持续,应对老龄化将上升为各国需要面对的重大社会问题,这必然带来国家图书馆读者年龄构成的相应改变以及对老年群体服务的战略调整。老年群体既有面临退休和老化所带来的共同需求,但又跨越多个年龄层和时代,在需求、爱好和行为习惯上存在较大差异。从信息获取角度来看,他们希望获得老年生活、社会保障、社会参与、休闲娱乐、文化养老、终身学习等方面的信息满足;他们跨越了纸本时代、电子时代、数字时代、移动时代等不同时代,习惯了纸本阅读,但又面临着巨大的信息时代变化所带来的冲击,对新环境中信息技术使用和

信息获取、判断、选择、接收、利用等方面既充满向往,又存在诸多疑虑和障碍;在阅读方式、阅读内容、阅读习惯等方面混杂着多个时代的印记。

变化之二是人口城镇化(urbanization)趋向。随着城市化进程加快,人口向大中城市流动和迁移的数量在增加,速度在加快,在全球范围内,自1950年起,这一趋势就已经出现,到目前程度则进一步深化,数据显示,1950年30%的世界人口居于城市,而到2014年这一比例上升到54%,预计到2050年将升至66%[174]。中国自改革开放以来,城镇化水平也在不断提升,从1978年到2013年,中国城镇人口由1.7亿增加到7.3亿,净增5.6亿人;城镇化率由17.9%提高到53.7%,年均提高约1.02个百分点;城市数量从193个增加到658个,建制镇数量从2173个增加到20 113个[175]。在《国家新型城镇化规划(2014—2020年)》的目标设定中,中国常住人口城镇化率要从53.7%提高到60%、户籍人口城镇化率从36%左右提高到45%左右,户籍人口城镇化率与常住人口城镇化率差距缩小2个百分点,努力实现1亿左右农业转移人口和其他常住人口在城镇落户[176]。由此可以显见未来中国的城镇化水平将继续发展。

在此趋势下,人们尤其是大都市中人面临着更多的经济挑战,生活节奏加快,休闲时间减少,对效率的要求增强;城市人口会向着老龄化和低生育率方向发展,职场竞争形势更为严峻,人们对不断学习和提高个人技能具有普遍需求,终身学习理念深入人心,对图书馆寄予了更多的期待;他们对教育、保健、环境、可持续发展等会投入更多的关注;郊区和城乡结合区域也将在实质上变得越来越城镇化,使得图书馆面对着更多的社群、新的服务点,需要调整服务以适应新的使用模式。国家图书馆通常都位于各国的首都,不少还是国际化大都市,不仅人口体量相当之大,而且还面临着越来越多涌入的人口,为城镇化人群服务的紧迫性更强,对此状况,国家图书馆需要重视。

变化之三是数字原住民(digital natives)的涌现。数字原住民是在数字时代中成长起来的一代,他们与当前数字移民即数字时代之前成长的一代人具有明显差异,他们习惯快速接收和分享信息,非常依赖电子设备并在多个设备之间并行处理多项任务,对新技术、新应用敏感,把速度视为服务最重要的特征,趣缘成为联系个体的新关系,对服务从功能需求向服务友好进而向服务有趣转移,更喜欢在游戏中学习,知识内容更多在建构与解构之间探求[177-178];他们习惯了通过网络获取信息,适应了数字阅读,并带动了社会总体阅读习惯的转向,皮尤研究中心(Pew Research Center)最新的调查显示,美国公众手机深阅读趋势日益显现,在手机上长文章获得的注意力更高、阅读时间更长,长文章在一定程度上将短文章读者转化为自己的读者[179]。中国也面临着同一问题。这一趋向显现了数字时代所带来的深刻变化,面对新数字时代群体的出现,传统文化服务内容与数字新内容如何协调共生并以新思维、新角度、新技术、新方法传递给用户值得国家图书馆考虑。

以上三种趋向尽管表现各异,涉及的主要年龄层次也有青年、中年、老年的不同,但都反映出为适应信息时代深度变革所形成的对学习和知识获取的增强性需求。对中国国家图书馆来说,这意味着要继续坚持学习和知识导向型服务理念,但要顺应公众变化趋向、细分群体,以增进传统文化素养和培育包含信息、数字、技术等多元素养在内的"后素养"[180]为目标,革新服务内容和方式,并通过大型服务项目和自身示范,带动业界对这些趋向的共同关注和应对。

面对老龄化趋向,中国国家图书馆应以文化养老为指引,适应老年人的心理需求和行为特征,积极创造条件提供服务。首先,适应老年人身体机能老化的状况,在物理馆舍和虚拟空间中实施无障碍图书馆建设,营造友好的服务环境,在馆藏资源上提供大字本、有声书等替代形式,发展朗读、听书、讲座、展览等服务。其次,适应老年人渴望交流、相信他人经验、希望获得尊重的心理特征,提供亲切友好的馆员服务,开展老年俱乐部、老少共读等活动,采用同龄者荐书、专家导读等方式。再次,适应老年人对身体保健、休闲娱乐、社会参与、老年保障等的生活需求,提供老年社会保障相关权威信息导航和咨询服务,开展专题阅读和活动推荐,珍视、记录和利用老年记忆,发展口述历史、真人图书馆活动,吸纳老年志愿者。最后,适应老年人渴望与信息社会同步的需求,提供多设备的信息技术操作培训,增强信息检索、虚假信息鉴别、信息质量评估、个人信息管理、信息安全保障等方面的知识技能提供,加强图书馆虚拟信息资源与信息服务的宣传推广,提高老年用户的使用率,为老年用户提供权威可信、丰富多彩的图书馆虚拟资源使用体验。目前,中国国家图书馆在此方面开展了一些工作,但还缺乏专项项目持续推进,服务活动缺乏系统性、导向性、针对性,应在老年专题资源推荐、老年信息素养培育、老年无障碍信息获取、老年阅读和文化活动方面采取有效行动。

面对人口城镇化趋向,中国国家图书馆应以促进终身学习为指引,一方面根据城市人群职业和个人素养提升需求,成为开放式教育的重要力量,可结合国家图书馆精品资源储备特点,选取相关主题,采取微课堂、大讲堂、MOOC 等线上线下多种方式,精心设计学习内容和学习环节,注重对职场技能、终身学习、公共素质等方面的导向,结合用户需求、心理和行为特点来设置学习方式,吸引公众注意力,充分调动都市人群的零散时间投入学习;另一方面,应持续深入开展阅读推广活动,营造浓厚的阅读氛围,促进用户的休闲阅读。中国国家图书馆还应为城市人口提供便捷、高效的泛在式服务,推动服务体系延伸,提供远程访问和在线注册入口,缩短服务等待时间,提高服务效率,为用户提供线上线下方便快捷的服务;增强网络化、移动化和个性化服务能力。

面对数字原住民涌现的未来,国家图书馆需要的调整可能更多,因为各国国家图书馆基本都有着多年公共文化服务经验,但其经验多是在纸本时代积累的,而数字原住民是在数字时代、网络时代、移动时代中产生的,而且中国的网络化、数字化、移动化、社交化发展速度惊人,中国国家图书馆的服务观念和方式方法的转换速度还难以匹配,因而要应对新局面,就需要下大力气,开放服务思维,创新服务方式。

第一,需要提供更多的数字化服务,应在数字化资源建设工作的支持下,在《知识产权法》的合理界限内,以内容的深度挖掘为基础,进行服务选题,激活传统纸本文献的活力,组织提供数字资源,推广数字阅读,适应数字原住民的利用习惯。同时,要加强数字伦理、版权保护和合理使用、个人隐私和信息安全保护、数字信息素养等方面的知识宣传和培训,切实保障用户在国家图书馆的网络权益。

第二,应适应新生代用户的需求特点,对公共文化服务采用新的推送技巧、进行新的包装,以质量为基础,以友好为界限,对服务方式采取轻松化、趣味化、实景化、游戏化、虚拟现实化的表达和展示,提供多设备自适应与并行处理服务,提高服务响应速度,采取更多图书馆与用户互动、用户与用户互动、资源分享、在线讨论的方式,建立这一代用户对国家文化的兴趣爱好。

第三,应以内容选题为引领,以多机构合作为基础,以服务活动开展为核心,唤起数字时代用户对不同载体资源的意识和兴趣。中国国家图书馆拥有的馆藏多样,其中有不少囿于各种条件难以数字化,或者数字化难以展现其魅力,对于认为所有资源均存在于网络的数字原住民[181]而言,通过图书馆实体空间开展的活动及网络直播和互动,将有助于他们领略更多的文化之美,也有助于打破数字空间中人与人之间的疏离,促进文化的传递分享。

四、以技术为驱动力,推动公共文化服务不断创新

技术的发展总是日新月异,给图书馆带来了巨大冲击,已成为备受关注的趋势。例如,国际图联于 2013 年发布的《国际图联趋势报告》中所指出的五大趋势中有两项均与新技术有关,分别为"新技术将同时扩大和限制谁有权访问信息"和"新技术将改造全球信息经济"[182];美国国会图书馆在其 2016—2020 年战略规划中的服务目标实现方式上强调要利用最先进的技术;英国国家图书馆在其 2020 年愿景报告指出的第一个变化情境就是技术环境在持续快速地变化[183];苏格兰国家图书馆进行的调查也显示,未来的关键挑战之一是利用最新的技术向公众提供创新服务[184]。

中国国家图书馆的服务范围广,服务对象多,服务形式各异,服务量大,而技术有助于创新服务形式,提高服务效率,增强用户体验,提高用户满意度。在服务的各个环节如办证、流通、检索、馆际互借与文献传递、咨询、网站访问、在线多媒体浏览、移动访问、社交媒体等,中国国家图书馆积累了大量的用户数据,在其资源建设与组织服务过程中,也同时积累了大量的资源数据,但仅依靠统计分析难以获取其中隐藏的丰富信息,对提升服务水平也难以充分发挥作用。而依靠数据挖掘技术,通过分类、聚类、关联、时间序列、离群点、词频、情感等不同的挖掘方式,则能够提取隐含的、事先不知道但又潜在有用的信息,从而深入了解用户及其需求,就可能通过服务创新与用户生成更强的连接。当然,技术是双刃剑,在技术的采纳和运用过程中,图书馆的管理体制、服务理念、服务方式等都需要做出动态性调整;技术发展所带来的用户需求和外部竞争也都在发生变化,造成对图书馆传统地位、服务定位、用户群体等的冲击;技术发展也将衍生出新的公共文化服务问题,如信息安全、隐私保护、数字鸿沟、信息保存等,也需要中国国家图书馆予以重视。

面对着技术环境的变化,中国国家图书馆应重视技术的内驱力,结合公共文化服务所需,顺应形势,在重点领域实施技术发展战略。第一,面对大数据的价值发掘成为未来趋势,中国国家图书馆应及早布局,实施大数据战略。在这方面,美国国家医学图书馆可为我们提供良好借鉴。它作为美国从 2012 年开始启动的"大数据研究和发展计划"的重要组成部分,要求"提高从大量数字数据中访问、组织、收集发现信息的工具和技术水平"及"提供大数据归档、保存、传播和其他数据的基础设施服务"[185]。对中国国家图书馆而言,应从理念、技术、管理、人员等多方面进行更新,予以专门投入,探索大数据体系的构建方略,建立大数据分析与服务支撑平台,引入数据仓库,整合各个业务环节的大数据,改进挖掘算法,构建并定期评估各类数据的挖掘模型,提供各个业务部门的开放数据挖掘查询入口,建立与各类服务业务的无缝对接,形成集用户、服务、资源于一体的交互知识服务环境。

第二,智能化是未来服务的发展方向,中国国家图书馆应在此进行重点投入。智能化应是全面感知的自动化,深度体察用户所需,提供自动化的解决方案,在中国国家图书馆中的应用可涉及多个方面:面对全球用户,应借助多语言自动翻译技术提供实时的多语言版本服务;面对用户对本地化服务的需求,应将 GPRS 定位技术与大数据挖掘技术结合,提供基于位置的服务;针对用户对馆舍空间利用需求,建设座位在线管理系统,提供预约、选座、暂离阅览室、研讨室、创客空间的座席等服务;为便于用户准确、快速地获取所需文献,采用 RFID 技术和全自动密集书库技术;面对用户不定时的咨询请求,建设智能问答系统;针对多媒体资源增多和相应检索需求增多的情况,开发基于内容的多媒体信息检索系统;针对用户需求发散性、关联性的特点,发展和利用关联数据,发展物联网乃至万物互联网;针对用户对知识的需求,发展本体、语义网、知识发现系统。总之,中国国家图书馆应充分利用各种智能化技术,为用户提供高效、便捷、精准的服务。

第三,在体验为王的时代,中国国家图书馆应运用技术的力量为用户提供难以忘怀的体验。随着全息技术、可穿戴设备、虚拟现实技术的逐步普及,服务体验将从二维空间扩展到三维空间。应针对这一变化,追踪技术发展,将相关技术设备引入服务之中。如在线展览可采用 3D 方式实施,为用户提供真实可感、身临其境的体验;信息感知和表达方式越来越丰富,听觉、触觉感知和语音输入、3D

打印、眼睛眨动等方式都在充实着传统的视觉感知和书写/键盘表达方式，应适应这一趋势变化，采用相应技术，提供给用户多元化的感知和表达体验；无人机技术已日渐普遍，也已有较多商业运用，应考虑将其纳入服务之中，承担文献传送、创客空间的服务职能，为用户提供快捷便利的使用体验；网络空间中的服务显现出自助式的特点，随着智能化发展，这一特点将更加显著并将扩展到物理空间，为了提高用户在自助式服务中的人机交互体验，应对各种系统设备的人机交互界面、功能、操作的设计进行更多的评估、用户调查，进行持续改善，提供一站式服务简化自助式服务中的任务环节，将馆员的服务嵌入自助式服务系统，方便用户调用。

第四，加强信息安全和知识产权保护技术。信息安全和隐私安全对于数字时代、互联时代的用户而言至关重要，在云服务、移动服务的环境中，信息安全威胁更是与日俱增。因此，中国国家图书馆应加强信息安全保护技术建设，追踪信息安全技术发展趋向，及时更新信息安全保障体系，采用最新信息安全技术，加强数字水印技术、知识产权内容管理系统建设。

第五，面向未来用户，发展长期保存技术。国家图书馆的公共文化服务是长期的，既面向当前用户，也面向未来用户，但信息尤其是数字信息载体老化、软硬件更新、读取格式变化都在加快，影响了资源的长期可读取、可存储、可利用。国家图书馆资源累积时间长，珍本资源的历史更久，因此，它所面临的长期保存问题更加紧迫，技术在其中的重要作用不容小觑。中国国家图书馆应进一步完善国家信息保存技术体系，与其他图书馆或信息机构合作，建立信息长期保存分中心，构建分布式信息存储和保存系统，开发建设企业级云存储平台。对馆藏资源按重要性、珍稀程度、变化速度、类型格式、用户利用率、保存难度等标准进行等级划分，确定保存层次，制定不同的保存策略和实施步骤，使用具有良好抗电磁干扰、防水防震、存储容量大、稳定性强的存储载体，采取不同的保存技术实施长期保存[186]。

参考文献

[1] 十二届全国人民代表大会常务委员会. 中华人民共和国公共文化服务保障法[EB/OL]. [2018－05－16]. http://www.npc.gov.cn/npc/xinwen/2016-12/25/content_2004880.htm.

［2］National Library Act 1960 – sect 5［EB/OL］.［2018 – 05 – 10］. http://www. austlii. edu. au/au/legis/cth/consol_act/nla1960177/s5. html.

［3］［6］［171］十二届全国人民代表大会常务委员会. 中华人民共和国公共图书馆法［EB/OL］.［2018 – 05 – 22］. http://www. npc. gov. cn/npc/xinwen/2017-11/04/content_2031427. htm.

［4］BnF. The missions of the BnF［EB/OL］.［2018 – 05 – 22］. http://www. bnf. fr/en/bnf/missions_of_bnf. html.

［5］National Library of New Zealand. Access policy［EB/OL］.［2018 – 05 – 10］. http://natlib. govt. nz/about-us/strategy-and-policy/access-policy.

［7］杨岭雪. 对国家图书馆公共性的思考［J］. 国家图书馆学刊,2005(4):2 – 7.

［8］British Library. British Library 2020 vision［EB/OL］.［2018 – 05 – 12］. http://www. bl. uk/aboutus/stratpolprog/2020vision/2020A3. pdf.

［9］Library of Congress. Frequently asked questions［EB/OL］.［2018 – 05 – 18］. https://loc. gov/about/frequently-asked-questions/.

［10］卢海燕. 国外图书馆法律选编［G］. 国家图书馆立法决策服务部. 编译. 北京:知识产权出版社,2014:535 – 543.

［11］National Library of Australia. Libraries Australia［EB/OL］.［2018 – 05 – 12］. https://www. nla. gov. au/librariesaustralia.

［12］刘锦秀. 美国国会图书馆为南加州火灾中受损图书馆提供应急信息服务［J］. 晋图学刊, 2008(1):80.

［13］British Library. Working internationally［EB/OL］.［2018 – 05 – 22］. http://www. bl. uk/aboutus/stratpolprog/workingint/.

［14］［130］周和平. 关于建设中国数字图书馆工程的问题［J］. 中国图书馆学报,2000(5): 3 – 10.

［15］Library of Congress. Fascinating facts［EB/OL］.［2018 – 05 – 20］. https://loc. gov/about/fascinating-facts/.

［16］Library of Congress. Library of Congress online catalog［EB/OL］.［2018 – 05 – 15］. https://catalog. loc. gov.

［17］Library of Congress. Library of Congress bibliographies, research guides, and finding aids［EB/OL］.［2018 – 05 – 18］. https://www. loc. gov/rr/program/bib/bibhome. html#top.

［18］Library of Congress. Search finding aids［EB/OL］.［2018 – 05 – 16］. http://findingaids.

loc. gov/index. html.

［19］ Library of Congress. Virtual reference shelf［EB/OL］.［2018 － 05 － 16］. https：//www. loc. gov/rr/askalib/virtualref. html#art.

［20］ Library of Congress. Digital collections［EB/OL］.［2018 － 05 － 16］. https：//www. loc. gov/collections/.

［21］ 世界数字图书馆［EB/OL］.［2018 － 05 － 16］. https：//www. wdl. org/zh/.

［22］ Library of Congress. Frequently asked questions ［EB/OL］.［2018 － 05 － 16］. https：//www. loc. gov/rr/askalib/faq. html.

［23］ Library of Congress. Duplication Services［EB/OL］.［2018 － 05 － 16］. https：//www. loc. gov/duplicationservices/.

［24］ Library of Congress. ILL FAQs［EB/OL］.［2018 － 05 － 14］. https：//www. loc. gov/rr/loan/loan-news. html#who.

［25］ Library of Congress. About the LC online catalog［EB/OL］.［2018 － 05 － 14］. https：//catalog. loc. gov/vwebv/ui/en_US/htdocs/help/index. html.

［26］ Library of Congress. Ask a librarian［EB/OL］.［2018 － 05 － 14］. https：//www. loc. gov/rr/askalib/.

［27］ 顾红,白洁,陈涛. QuestionPoint 在中国使用与发展现状的实证分析［J］. 图书馆学研究（应用版）,2010(12):81 － 84.

［28］ National Library of Australia. eResources［EB/OL］.［2018 － 05 － 15］. http：//www. nla. gov. au/app/eresources/.

［29］ National Library of Australia. About Trove［EB/OL］.［2018 － 05 － 15］. http：//trove. nla. gov. au/general/about.

［30］ National Library of Australia. Trove［EB/OL］.［2018 － 05 － 15］. http：//trove. nla. gov. au.

［31］ 王艳翠. 资源共享在澳大利亚:Trove 的检索及获取——让获取更美好［J］. 图书馆理论与实践,2012(12):96 － 99.

［32］ 王艳翠. 资源共享在澳大利亚之 Trove 范围扩展——澳大利亚图书馆界的电子资源共享［J］. 图书馆杂志,2013(7):68 － 74,78.

［33］ 张燕萍. 中国国家图书馆——可享受哪些免费服务［EB/OL］.［2018 － 05 － 21］. http：//paper. people. com. cn/rmrbhwb/html/2011-03/26/content_778871. htm? div = -1.

［34］ 雷新. 国家图书馆实现入馆"零门槛"［EB/OL］.［2015 － 05 － 15］. http：//cppcc. people. com. cn/n/2013/0910/c34948-22862123. html.

[35] 申晓娟,齐欣.国家数字图书馆工程概述[J].国家图书馆学刊,2008(3):7-11.

[36] 袁国礼.首都图书馆联盟囊括110家　国图首图率先实现通借[EB/OL].[2018-05-15].http://www.chinanews.com/cul/2012/03-13/3738217.shtml.

[37] 中国国家图书馆.什么是"文津"搜索系统[EB/OL].[2018-05-15].http://find.nlc.cn/show/help.

[38] 中国国家图书馆.常见问题[EB/OL].[2018-05-15].http://find.nlc.cn/show/help.

[39] Library of Congress, Cole J Y. Promoting books and reading: Nationally, internationally, and in the States[EB/OL].[2018-05-15].http://www.loc.gov/loc/lcib/0301/cfb-anni.html.

[40] Library of Congress. Center for the book[EB/OL].[2018-05-12].http://www.read.gov/cfb/about.html.

[41] 郎杰斌,吴蜀红.美国国会图书馆阅读推广活动考察分析[J].图书与情报,2011(5):40-45.

[42] Library of Congress. Reading promotion themes and projects[EB/OL].[2018-05-15].http://www.loc.gov/loc/lcib/0202/cfb.html.

[43] 邹容.美国国会图书馆青少年阅读推广探析[J].图书情报研究,2015,8(2):22-25.

[44] Library of Congress. The library of Congress Center for the Book[EB/OL].[2018-05-15].http://www.read.gov/cfb/.

[45] 赵俊玲,郭腊梅,杨绍志.阅读推广:理念·方法·案例[M].北京:国家图书馆出版社,2013:215-216.

[46] 吴蜀红.美国"国家图书节"考察分析[J].图书与情报,2013(4):23-28.

[47] Library of Congress. Festival background[EB/OL].[2018-05-15].http://www.loc.gov/bookfest/about/.

[48] 赵俊玲,郭腊梅,杨绍志.阅读推广:理念·方法·案例[M].北京:国家图书馆出版社,2013:217.

[49] Library of Congress. Letters about literature[EB/OL].[2018-12-15].http://http://www.read.gov/letters/.

[50] 曾粤亮.面向师生的美国国会数字图书馆教育资源建设与服务研究[J].图书馆建设,2016(10):36-42.

[51] Library of Congress. Poetry 180 [EB/OL].[2018-05-13].http://www.loc.gov/poetry/180/.

[52] 李超平.公共图书馆阅读推广与阅读促进[M].北京:北京师范大学出版社,2013:232.

[53] 赵玉玲. 新加坡国家图书馆事业发展脉络研究[J]. 情报探索,2012(6):38-41.

[54] National Library Board. About kidsREAD[EB/OL]. [2018-05-10]. http://www. nlb. gov. sg/kidsread/?p=102.

[55] Ministry of Communications and Information. Curated Reads[EB/OL]. [2018-05-20]. https://www. mci. gov. sg/portfolios/libraries/initiatives/national-library/curated-reads.

[56] National Library Board. National reading movement[EB/OL]. [2018-05-20]. http://www. nationalreadingmovement. sg/.

[57] National Library Board. Born to read, read to bond programme[EB/OL]. [2018-05-20]. http://eresources. nlb. gov. sg/infopedia/articles/SIP_278_2005-01-24. html?s=read.

[58] Read@ Work[EB/OL]. [2018-05-20]. http://www. nationalreadingmovement. sg/read-work/.

[59][70] 许桂菊. 新加坡国家图书馆管理局阅读推广活动可持续发展探析[J]. 国家图书馆学刊,2015(2):95-103.

[60] National Library Board. eReads[EB/OL]. [2018-05-20]. http://eresources. nlb. gov. sg/eReads/.

[61] National Library Board. Multimedia[EB/OL]. [2018-12-20]. http://www. nlb. gov. sg/readsingapore/multimedia/.

[62] 中国国家图书馆. 第六届"读吧! 新加坡"边玩电玩边阅读[EB/OL]. [2018-05-20]. http://www. nlc. gov. cn/newtsgj/yjdt/2010n/6y_2177/201006/t20100607_34254. htm.

[63] National Library Board. 2016 National reading habits study on adults[EB/OL]. [2018-05-20]. https://www. nlb. gov. sg/Portals/0/Docs/AboutUs/National% 20Reading% 20Habits% 20Study_21% 20Feb. pdf.

[64] National Library Board. Keep on discovering: Annual report 2014/15[EB/OL]. [2018-05-20]. http://www. nlb. gov. sg/Portals/0/Reports/fy14/.

[65] National Library Board. READ! Singapore[EB/OL]. [2018-05-20]. http://eresources. nlb. gov. sg/infopedia/articles/SIP_2013-06-19_103608. html.

[66] National Library Board. Collections [EB/OL]. [2018-05-22]. http://www. nlb. gov. sg/readsingapore/home/collection/.

[67] 李超平. 公共图书馆阅读推广与阅读促进[M]. 北京:北京师范大学出版社,2013:233-234.

[68] 司徒晓昕. "读吧! 新加坡"扩展成全年活动[EB/OL]. [2018-05-22]. http://www.

zaobao. com/culture/books/story20130608-213604.

［69］阮阳,谢耀文. 新加坡图书馆推广阅读活动简介［EB/OL］.［2018 - 05 - 22］. http://
www. docin. com/p-691767482. html? docfrom = rrela.

［71］国家图书馆. 国家图书馆文津图书奖［EB/OL］.［2018 - 08 - 13］. http://wenjin. nlc. cn/
wenjin/index. php.

［72］［75］马小钰. 第十一届文津图书奖在国家图书馆揭晓［EB/OL］.［2018 - 05 - 13］. ht-
tp://cul. qq. com/a/20160423/026707. htm.

［73］［76］孙婠,孟化. 从"国家图书馆文津图书奖"看图书馆推动大众阅读新方式［J］.图书馆
理论与实践,2014(4):47 - 49.

［74］中国国家图书馆. 文津图书奖［EB/OL］.［2017 - 04 - 13］. http://wenjin. nlc. cn/wenjin/
index. php.

［77］王美玉. 文津沙龙——读书人的幸福时光［N］.中华新闻报,2005 - 03 - 23(E02).

［78］国家图书馆."M 地铁·图书馆"获国际图联国际营销奖［EB/OL］.［2018 - 05 - 13］. ht-
tp://weibo. com/3403473360/E667C86rv? type = comment.

［79］潘衍习. 国家图书馆推出"文津经典诵读"倡导社会阅读风尚［EB/OL］.［2018 - 05 - 13］.
http://www. wenming. cn/wmzh_pd/ws/gx/zxdt_9879/201208/t20120817_810338. shtml.

［80］移动阅读平台全新上线 推广工程助力全民阅读［EB/OL］.［2018 - 08 - 13］. http://
www. ndcnc. gov. cn/zixun/yaowen/201709/t20170915_1356856. htm.

［81］数字图书馆推广工程. 少儿数字图书馆［EB/OL］.［2018 - 05 - 13］. http://www. ndlib.
cn/xmtfw2012/srsztsg/.

［82］British Library. Talks & Discussions［EB/OL］.［2018 - 05 - 13］. https://www. bl. uk/e-
vents? eventsubtype = talks%20and%20discussions.

［83］吴可嘉. 浅析图书馆公益讲座的设计［J］.中北大学学报(社会科学版),2016,32(6):117 -
120.

［84］British Library. Exhibitions［EB/OL］.［2018 - 05 - 13］. https://www. bl. uk/events? even-
tsubtype = exhibition.

［85］London Town. Shakespeare in Ten Acts［EB/OL］.［2018 - 05 - 18］. http://www. london-
town. com/LondonEvents/Shakespeare-in-Ten-Acts/.

［86］British Library. 从莎士比亚到福尔摩斯:大英图书馆的珍宝［EB/OL］.［2018 - 05 - 08］.
http://www. britishlibrary. cn/zh-cn/events/shakespeare-to-sherlock/.

［87］顾立平. 大英图书馆提供 MOOC 服务［J］.中国图书馆学报,2014(2):26.

[88] British Library. The British Library joins forces with The University of Nottingham to offer a free online course[EB/OL].[2018 – 05 – 19]. http://www. bl. uk/press-releases/2015/february/propaganda-mooc

[89] Future Learn. Propaganda and ideology in everyday life [EB/OL].[2018 – 05 – 14]. https://www. futurelearn. com/courses/propaganda/.

[90] British Library. Teaching resources [EB/OL].[2018 – 05 – 13]. https://www. bl. uk/learning/teaching-resources.

[91] British Library. View all teaching resources [EB/OL].[2018 – 05 – 13]. https://www. bl. uk/teaching-resources.

[92] British Library. A project guide for teachers [EB/OL].[2018 – 05 – 13]. https://www. bl. uk/teaching-resources/mcdr-a-guide-for-teachers.

[93][95] 蔡婷婷.国际图联营销奖案例研究——以新加坡国家图书馆 S. U. R. E 项目为例 [J].知识管理论坛,2014(5):7 – 12.

[94][96] National Library Board. About S. U. R. E. [EB/OL].[2018 – 05 – 14]. http://www. nlb. gov. sg/sure/wp-content/uploads/2014/01/NILB_About_lowres_FA. pdf.

[97] National Library Board. Keep on discovering:Annual report 2014/15 [EB/OL].[2018 – 05 – 14]. http://www. nlb. gov. sg/Portals/0/Reports/fy14/.

[98] Singapore Memory [EB/OL].[2018 – 05 – 14]. http://www. singaporememory. sg.

[99] National Library Board. Singapore literary pioneers gallery[EB/OL].[2018 – 05 – 14]. http://eresources. nlb. gov. sg/webarchives/wayback/20150923021023/; http://www. nlb. gov. sg/exhibitions/literarypioneers/home/english/index. php? lang = en.

[100] National Library Board. About the exhibition[EB/OL].[2018 – 05 – 14]. http://eresources. nlb. gov. sg/webarchives/wayback/20150923021025/; http://www. nlb. gov. sg/exhibitions/literarypioneers/about/english/index. php? f = 1.

[101] 中国国家图书馆. 在线讲座[EB/OL].[2018 – 05 – 14]. http://vod. nlc. cn.

[102] 中国国家图书馆. 文津讲坛[EB/OL].[2018 – 05 – 14]. http://www. nlc. cn/dsb_zx/jzyg/wjjt/.

[103] 中国国家图书馆. 学术讲座[EB/OL].[2018 – 05 – 14]. http://www. nlc. cn/dsb_zx/jzyg/zgdjywh/.

[104] 中国国家图书馆. 在线展览[EB/OL].[2018 – 05 – 14]. http://www. nlc. cn/dsb_zyyfw/5dzxzl/.

［105］向昌明.国家图书馆推出读者服务新举措整体提升服务水平［EB/OL］.［2018 - 05 -
14］. http：//china. cnr. cn/gdgg/20130909/t20130909_513550724. shtml.

［106］［110］［114］刘玮.美国国会图书馆 NLS 为残疾人服务新进展研究［J］.图书馆工作与研
究,2015(3):13 - 16.

［107］［109］Library of Congress. Functions and responsibilities［EB/OL］.［2018 - 05 - 14］. ht-
tps：//www. loc. gov/nls/about/organization/functions-responsibilities/.

［108］Library of Congress. History［EB/OL］.［2018 - 05 - 14］. https：//www. loc. gov/nls/about/
organization/history/.

［111］Library of Congress. About local network libraries［EB/OL］.［2018 - 05 - 14］. https：//
www. loc. gov/nls/about/network-libraries/about-local-network-libraries/.

［112］Library of Congress. Free matter for the blind and other physically handicapped persons mail-
ing［EB/OL］.［2018 - 05 - 09］. https：//www. loc. gov/nls/about/organization/laws-regula-
tions/free-matter-blind-physically-handicapped-persons-mailing/.

［113］Mailing free matter for persons who are blind or visually impaired questions and answers［EB/
OL］.［2018 - 05 - 09］. https：//about. usps. com/publications/pub347. pdf.

［115］Library of Congress. BARD(Braille and Audio Reading Download) ［EB/OL］.［2018 - 05 -
14］. https：//www. loc. gov/nls/about/services/braille-audio-reading-download-bard/.

［116］Library of Congress. Kids Zone home［EB/OL］.［2018 - 05 - 12］. http：//www. loc. gov/
nls/children/index. html.

［117］National Federation of the Blind. Braille certification training program［EB/OL］.［2018 - 04 -
14］. https：//nfb. org/braille-certification.

［118］刘博涵,王小妹.法国国家图书馆残障读者服务现状及启示［J］.图书馆建设,2016
(10):63 - 67.

［119］BnF. Les Dispositifs D'accessibilité Existants［EB/OL］.［2016 - 02 - 21］. http：//www. bnf.
fr/fr/acces_dedies/publics_handicapes/s. dispositifs_accessibilite. html? first_Art = non.

［120］赵超. 牵手残疾人　走进图书馆——全国残疾人阅读指导委员会在京成立［EB/OL］.
［2018 - 05 - 14］. http：//news. ifeng. com/society/news/detail_2011_04/23/5937676_0.
shtml.

［121］中国盲人数字图书馆. 无障碍声明［EB/OL］.［2018 - 05 - 14］. http：//www. cdlvi. cn/
wzasm/201305/t20130522_78370. html.

［122］中国盲人数字图书馆. 图书列表［EB/OL］.［2018 - 05 - 14］. http：//125. 35. 0. 91/DigitalLab/Welcome. do.

［123］中国残疾人数字图书馆.网站简介［EB/OL］.［2018 – 05 – 14］. http://dlpwd. nlc. cn/
　　　　dzzn/201104/t20110412_261464. html.

［124］肖冰.“书香中国”“文津·阳光讲坛”文化助残系列活动启动［EB/OL］.［2018 – 05 –
　　　　14］. http://politics. caijing. com. cn/2013-05-25/112825409. html

［125］国家图书馆社会教育部.图书馆应成为老年读者的文化殿堂［EB/OL］.［2018 – 05 –
　　　　14］. https://www. weixin765. com/doc/iczbxiqf. html.

［126］王世伟.致力于优雅社会的新加坡公共图书馆［J］.图书馆杂志,2005(11):57 – 60.

［127］许桂菊.新加坡培育儿童和青少年热爱阅读的策略及启示［J］.图书馆,2015(4):55 –
　　　　60,65.

［128］［142］National Library of Australia. Service charter［EB/OL］.［2018 – 05 – 22］. http://
　　　　www. nla. gov. au/service-charter.

［129］［139］王秀香,李丹.国外国家图书馆战略规划解读［J］.图书馆,2012(5):84 – 87.

［131］［141］［149］British Library. The British Library Code of Service［EB/OL］.［2018 – 05 –
　　　　22］. http://www. bl. uk/aboutus/stratpolprog/code/.

［132］British Library. The British Library's Content Strategy 2013 – 15［EB/OL］.［2018 – 05 –
　　　　22］. http://www. bl. uk/aboutus/stratpolprog/contstrat/.

［133］British Library. Information about the British Library for international visitors［EB/OL］.
　　　　［2018 – 05 – 22］. http://www. bl. uk/aboutus/quickinfo/intvisitors/index. html.

［134］［152 – 153］［161］British Library.英国国家图书馆简介(汉语版)［EB/OL］.［2018 – 05 –
　　　　22］. http://www. bl. uk/aboutus/quickinfo/intvisitors/chinese. pdf.

［135］［144］British Library. Facts and figures［EB/OL］.［2018 – 05 – 18］. http://www. bl. uk/
　　　　aboutus/quickinfo/facts/.

［136］［138］魏蕊,初景利,王铮,等.英国国家图书馆三十年(1985—2015)战略规划解读［J］.
　　　　国家图书馆学刊,2015(5):16 – 24.

［137］BnF. Bibliothèque Nationale de France［EB/OL］.［2018 – 05 – 21］. http://www. bnf. fr/fr/
　　　　acc/x. accueil. html.

［140］British Library. Living Knowledge:The British Library 2015 – 2023［EB/OL］.［2018 – 05 –
　　　　20］. http://www. bl. uk/projects/living-knowledge-the-british-library-2015-2023.

［143］颜运梅.澳大利亚国家图书馆社交媒体的应用与政策解读［J］.图书馆建设,2013(8):
　　　　78 – 82.

［145］British Library. British Library annual report and accounts 2016/17［EB/OL］.［2018 – 05 – 18］. http://www. bl. uk/aboutus/annrep/2016-17/Annual%20Report%202016-2017. pdf.

［146］Tessler A. Economic valuation of the British Library［EB/OL］.［2018 – 05 – 22］. http:// www. bl. uk/aboutus/stratpolprog/increasingvalue/britishlibrary_economicevaluation. pdf.

［147］British Library. British Library annual report and accounts 2015/16［EB/OL］.［2018 – 05 – 15］. http://www. bl. uk/aboutus/annrep/2015to2016/annual-report2015-16. pdf.

［148］李超平,孙静. 国家图书馆:定位与制度选择［J］. 中国国家图书馆学报,2005(3):17 – 21.

［150］魏崇. 图书馆在构建公共文化服务体系中的挑战与选择:以国家图书馆为例［D］. 北京: 清华大学,2009:54

［151］程真. 论国家图书馆分层服务［J］. 国家图书馆学刊,2006(1):2 – 6.

［154］王世伟,石宏如. 法国国家图书馆馆藏资源与读者服务述略［J］. 新世纪图书馆,2003 (4):63 – 67.

［155］［158］BnF. Admission to the reading rooms and reader's cards rates［EB/OL］.［2018 – 05 – 22］. http://www. bnf. fr/en/bnf/admission_and_rates/s. admission_to_reading_rooms_refer-ence_library. html.

［156］Library of Congress. Library of Congress reading room hours［EB/OL］.［2018 – 05 – 22］. ht-tp://loc. gov/rr/hours. html.

［157］Library of Congress. Hours of operation［EB/OL］.［2018 – 05 – 22］. https://loc. gov/visit/ hours-of-operation/.

［159］翟蓉,杨倩. 国家图书馆"每日课堂"服务模式及发展策略分析［J］. 国家图书馆学刊, 2014(4):48 – 52.

［160］陈力. 公共服务中的图书馆服务［J］. 中国图书馆学报,2006(1):5 – 12.

［162］［168］［184］马库姆. 转变中的国家图书馆的角色和职能［J］. 陈月婷,编译. 国家图书馆 学刊,2010(2):7 – 11.

［163］黄向阳. 全球化与中国传统文化的复兴［J］. 社会科学家,2007(1):199 – 201,207.

［164］Wikipedia. Hyperconnectivity［EB/OL］.［2018 – 05 – 12］. https://en. wikipedia. org/wi-ki/Hyperconnectivity.

［165］国际图联趋势报告［EB/OL］.［2018 – 05 – 09］. http://www. scal. edu. cn/sites/default/ files/attachment/xzzx/201310151. pdf.

［166］IFLA. Hyper-connected societies will listen to and empower new voices and groups［EB/OL］. ［2018 – 05 – 20］. http://trends. ifla. org/hyper-connected-societies.

［167］ IFLA. 国际图联趋势报告——2016 新进展［EB/OL］.［2018 – 05 – 10］. https://trends. ifla. org/files/trends/assets/trend-report-2016-update-zh. pdf.

［169］ Library of Congress. 2016-2020 Library of Congress strategic plan［EB/OL］.［2018 – 05 – 10］. https://www. loc. gov/portals/static/about/documents/library＿congress＿stratplan＿ 2016-2020. pdf.

［170］ 赵生辉,朱学芳. 我国图书馆档案馆博物馆数字化协作框架 D-LAM 研究［J］. 情报资料 工作,2013(4):57 – 61.

［172］ Library of the Future. Trends［EB/OL］.［2018 – 05 – 12］. http://www. ala. org/transform- inglibraries/future/trends.

［173］ 邱葵. 从美国未来图书馆中心的社会趋势研究看图书馆的发展方向［J］. 图书馆论坛, 2015(9):95 – 106.

［174］ United Nations Department of Economic and Social Affairs. World urbanization prospects 2014［EB/OL］.［2018 – 05 – 19］. http://esa. un. org/unpd/wup/Highlights/WUP2014- Highlights. pdf.

［175］ 李克强:扩大内需 推进以人为核心的新型城镇化［EB/OL］.［2018 – 05 – 20］. http:// www. gov. cn/zhuanti/2014-03/07/content_2632462. htm.

［176］ 新型城镇化［EB/OL］.［2018 – 05 – 20］. http://www. gov. cn/zhuanti/xxczh/.

［177］ SCHIPPERS S, MAK M. Creating outstanding experiences for digital natives［J/OL］. UX Magazine. July 24 ,2014.［2018 – 05 – 09］. http://uxmag. com/print/37367.

［178］ Prensky M. Digital natives, digital immigrants［EB/OL］.［2018 – 05 – 18］. http://www. marcprensky. com/writing/Prensky% 20-% 20Digital% 20Natives,% 20Digital% 20Immigrants% 20-% 20Part1. pdf.

［179］ Pew Internet. Press release:"Digital Natives" are still bound to printed media［EB/OL］. ［2018 – 05 – 19］. http://libraries. pewinternet. org/2013/06/25/press-release-digital-n- atives-are-still-bound-to-printed-media/.

［180］ RIDLEY M. Towards post-literacy［EB/OL］.［2018 – 05 – 09］. http://www. beyondlitera- cy. com/towards-post-literacy/.

［181］ The British Library. British Library 2020 vision［EB/OL］.［2018 – 05 – 22］. http://www. bl. uk/aboutus/stratpolprog/2020vision/2020A3. pdf.

［182］ IFLA. 国际图联趋势报告(中文版)［EB/OL］.［2018 – 05 – 09］. http://www. scal. edu. cn/sites/default/files/attachment/xzzx/201310151. pdf.

［183］British Library. British Library 2020 vision［EB/OL］.［2018 – 05 – 22］. http：//www. bl.
　　　　uk/aboutus/stratpolprog/2020vision/2020A3. pdf.

［185］张兴旺.图书馆大数据体系构建的学术环境和战略思考［J］.情报资料工作,2013(2)：
　　　　11 – 17.

［186］聂云霞.国家层面数字资源长期保存策略研究［D］.武汉:武汉大学,2014:183.

（执笔人:肖雪　王一钧　孙家璇）

第六章　国家图书馆与国家信息化发展

"信息化"一词最早由日本学者参照"工业化"于 1967 年提出。信息化的最初含义是指信息通信技术（Information Communications Technology，简称 ICT）应用于经济社会活动的过程。随着信息化发展的不断深入，各国对于信息化的理解也不断深入并逐步取得共识。2000 年，八国集团首脑会议（G8 Summit）发表了《全球信息社会冲绳宪章》，文件中称信息化是"由信息技术驱动的经济和社会的变革"，其本质是"利用信息技术帮助社会、个人和群体有效利用知识和新思想"，从而能建成"充分发挥人的潜力，实现其抱负的信息社会"[1]。《国家信息化专家咨询委员会学术研讨资料汇编——中国信息化发展战略预研究报告》（国家信息化专家咨询委员会与世界银行合作研究）称"信息化是信息技术驱动的社会经济变革，其本质是在信息网络环境下有效利用信息和知识，以满足人的需求为本，充分发挥人的潜能，推动经济增长和社会发展模式的根本改变"[2]。2006 年，中共中央办公厅、国务院办公厅印发的《2006—2020 年国家信息化发展战略》指出："信息化是充分利用信息技术，开发利用信息资源，促进信息交流和知识共享，提高经济增长质量，推动经济社会发展转型的历史过程。"[3]

国家信息化是指在国家统一规划和组织下，在农业、工业、科学技术、国防及社会生活各个方面应用现代信息技术，深入开发、广泛利用信息资源，加速实现国家现代化进程。国家信息化体系包含 6 个要素，即"信息技术应用、信息资源、信息网络、信息技术和产业、信息化人才、信息化法规政策和标准规范"。这 6 个要素构成了如图 6-1 所示的一个有机整体。

图书馆是国家教育、科技、文化事业的重要组成部分，收集、加工、整理、保存人类的珍贵文献资源并提供阅览参考服务是其最基础的职能。信息资源的开发和利用在国家信息化建设中处于核心地位，其发展水平是国家信息化发展水平的重要体现。图书馆作为文献信息存储和服务的重要集散地，与国家信息化建设具有天然的密切联系。图书馆信息化过程中开发和建设的文献信息资源对国家信息化建设具有巨大的推动作用,图书馆的信息化建设成为国家信息化的基础工程。

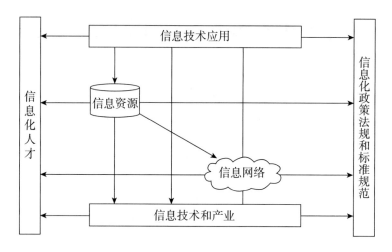

图 6-1   国家信息化体系六要素关系图[4]

国家图书馆是一个国家的中央图书馆,是国家建立的负责收集和保存本国出版物,担负国家总书库职能的图书馆。国家图书馆最大的特征就是藏书丰富,馆藏的种类、数量、时间跨度、地域跨度等较其他图书馆都有明显的优势。同时,国家图书馆也是一个国家图书馆事业发展的龙头,承担着引领和推动国内图书馆事业发展,促进行业交流合作的职责。国家图书馆的职责与特点决定了其在国家信息化建设中的重要作用和地位,是支撑国家信息资源开发和利用的重要力量,是推动信息技术传播和应用的重要渠道。国家图书馆的信息化建设是国家信息化建设基础工程的重要组成部分。

第一节   国家图书馆在国家信息化发展中的作用与地位

国家的信息化发展是一个长期的历史过程,随着国家信息化程度的不断提高,国家图书馆在国家信息化发展中的作用和地位也在不断调整。在国家信息化发展初期,国家图书馆在国家信息基础设施建设和信息技术研究中发挥了举足轻重的作用,是国家信息化发展的重要支撑力量。随着国家信息基础设施的完善和信息技术的飞速发展,国家图书馆的角色更偏向于通过信息技术的应用来加快图书馆的信息化发展进程,同时为国家信息化建设和发展提供必要的知识支持和智力保障,参与和融入国家信息化发展。

一、国家图书馆支撑国家信息化发展

20 世纪 90 年代互联网和信息技术快速发展,世界各国都逐步认识到信息化建设和发展对于国家的重要作用,纷纷开展国家信息基础设施和信息高速公路建设。在国家信息化发展的热潮下,数字图书馆的研究和建设成为国家信息基础设施建设的重要组成部分。例如,美国的信息高速公路计划中,为国会图书馆的馆藏数字化和数字图书馆建设都投入了大量的资金支持;西方七国的信息高速公路建设的 11 个项目中就有数字图书馆项目,由日本和法国牵头实施;韩国的信息高速公路计划中,由国立中央图书馆参与主导实施的数字图书馆建设项目获得了大量资金投入。国家图书馆在各个国家的数字图书馆研究和建设中都是最主要的引导者和参与者,对支撑国家的信息化发展起到重要作用。各国的国家图书馆借助于大型数字图书馆工程或项目的实施,构建起数字图书馆网络体系、数字资源保障体系、数字图书馆技术和标准体系、数字图书馆服务体系,已经成为国家信息基础设施、信息资源保障和信息服务体系的重要组成部分。

国家图书馆对于国家信息化发展的支撑作用,在国家信息化发展的初期体现得更为突出,成为各国信息高速公路上的重要信息源。在数字图书馆的研究和建设过程中,以各国国家图书馆为龙头的图书馆业界,致力于解决文献信息资源数字化加工和数字化信息资源的采集、组织与管理中存在的关键技术问题,研发信息资源数字化技术、压缩技术、海量数字资源存储技术、信息发布技术、信息检索技术等数字化信息存取和服务技术,研究制定数字资源的加工、保存、服务、管理等一系列标准规范,在国家信息资源的建设和保障、信息技术的研究与应用、信息网络的建设与推广等方面发挥了重要作用,有力支撑了国家信息化的发展。

二、国家图书馆融入国家信息化发展

随着国家信息化建设的深入和信息技术的飞速发展,信息资源产生和创造的来源和渠道越来越多,信息技术研究和创新的主体范围不断扩大,国家图书馆

支撑国家信息化发展的方式和作用随之逐步调整和转变。对国家信息资源的获取、保存、开发、利用仍是国家图书馆在国家信息化发展中所承担的重要职能;而在信息技术研究与应用等方面,国家图书馆则更多地转变为关注新技术、新理念的应用与推广,通过不断提高自身的信息化建设水平,带动行业的信息化发展,更好地融入国家信息化发展浪潮,服务于智慧国家、智慧城市的建设和发展。

"互联网+"、大数据及人工智能等技术的快速发展,正在不断刷新和改变着国家的社会和经济环境,影响着人们的生产和生活方式。海量的数字化信息和网络信息成为信息资源的重要组成部分,图书馆作为信息资源来源和服务节点的影响力和重要性相对减弱;互联网公司和高科技公司的快速崛起加快了信息技术的研发和创新速度,理念和技术不断升级,图书馆在资源加工、存储、检索等领域的技术研发能力和影响力也面临着深刻挑战。在新的信息化环境中,国家图书馆在国家信息化建设中的角色转变为不断融入和服务支持国家信息化建设与发展。国家信息化发展到"智慧国家""智慧城市"阶段,国家图书馆也向着智慧图书馆的方向不断发展,成为一个参与式、网络化、智能化的公共文化基础设施,提供知识化、个性化的资源利用与服务,为信息技术的创新和智慧人群的学习提供支撑。

第二节　国家图书馆信息化建设的主要职责

国家图书馆在参与并融入国家信息化建设和发展的过程中,在国家信息化体系六要素的方方面面承担着自身的职责并发挥重要作用,主要体现在信息技术的研发、应用和推动,信息资源的利用和保存,全国性图书馆网络的建设和服务,数字文化服务体系的构建和推广,信息化标准建设和立法支持保障等方面。

一、信息技术的研发、应用和推动

按照国家信息化的定义,应用现代信息技术成果是图书馆责无旁贷的任务,也是时代赋予图书馆的历史使命。国家图书馆在各国图书馆事业发展中都处于举足轻重的龙头地位,其调整、转型对于全国的图书馆都具有示范效应。可以说,对于信息技术的研发、应用和推动,是国家图书馆在参与国家信息化建设过程中的重要职责。

数字图书馆建设是图书馆开展信息技术应用和推动信息技术发展的最显著成果和典型代表。20世纪90年代,高速度大容量数据存储设备的迅速发展以及高速度计算机网络的普遍建立,为图书馆存储和利用信息奠定了基础,数字图书馆的研究和建设开始兴起并快速发展。随着信息技术的发展,数字图书馆不断升级和完善,各国国家图书馆在开展信息化建设的过程中,不仅将新的信息技术应用到数字图书馆的建设和服务中,还在实践中发现问题、提出问题并努力解决问题,反过来推动和促进信息技术的创新、提升和完善。各国的国家图书馆在数字图书馆的建设中都走在最前沿,引领本国数字图书馆建设和发展的方向。

美国国会图书馆早在1982年就开始了光盘试验项目,探索电子文献图像技术和光盘存储在图书馆文献保存中的应用,可称得上是信息技术在数字图书馆应用的最早尝试。在此后的数字图书馆创始计划(Digital Library Initiative,简称DLI)、"美国记忆"项目、世界数字图书馆等项目中,美国国会图书馆在信息技术的应用和推动方面也都起到了重要作用。美国国会图书馆还制定了紧跟全球信息技术发展潮流、部署动态先进的信息技术基础设施的发展战略,始终将信息技术的应用和推动作为自身的重要职责。英国国家图书馆同样走在信息化技术应用与推动的最前线。1993年,英国国家图书馆宣布通过数字技术使用户最大限度地利用其馆藏文献的"2000年政策目标";同年6月发出了"信息利用倡议",主要目的在于研究图书馆资料数字化以及数据存储、标引、检索和传输的标准,从而推进数字图书馆的发展。加拿大国家图书档案馆主导实施了加拿大数字图书馆预研项目,并于1997年秋联合50多家图书馆成立加拿大数字图书馆联盟,推进加拿大数字图书馆的建设及合作。日本国立国会图书馆自1993年日本开始大力发展和支持数字图书馆研究和建设以后,一直处于主导和引领的地位。日本国立国会图书馆组织或联合其他机构参与了数字图书馆联合研究项目、日本导航性电子图书馆项目、日本国立国会图书馆关西新馆项目等,这些项目不仅有对文献数字化技术、高级影像远程通信应用技术、数据库技术等信息技术的应用,也有对相关技术与数字图书馆相结合的研究和推动。中国国家图书馆也始终保持对于信息技术的高度关注,致力于新技术新成果在图书馆的应用与推广。1995年中国国家图书馆成立数字图书馆研发小组,1996年作为组长单位联合其他六家图书馆承担了中国试验型数字式图书馆项目,1998 年启动了中国国家数字图书馆工程,是国内数字图书馆研究和建设的先驱。随着信息技术的发展,中国国家图书馆对信息技术的利用也在不断前进,如:在三网融合环境下,利用宽带无线接入技术和移动终端技术搭建起全媒体服务平台;引入物联网技术推出自助办证、自助借还、门禁管理、智能书架、架位导航等服务;采用云架构搭建全国图书馆统一用户认证和资源唯一标识体系;研发海量资源搜索引擎——文津搜索,将多类、异构的数字资源元数据进行汇集,并通过分布式架构从本质上提高数字资源发现效率。

二、信息资源的利用和保存

国家图书馆是国家信息资源的最终保障基地,在信息时代对数字资源的保存和利用依然如此。在各个国家图书馆的职责和战略规划中,无一例外地都将合理高效地开发利用信息资源,促进信息交流和知识共享作为最基本的职责和首要目标,给予高度重视,并广泛开展各种相关的研究和实践。在美国国会图书馆各个阶段的战略规划中,都对信息资源的利用和信息交流、共享有相关描述。特别在美国国会图书馆 2016—2020 年战略规划[5]中,更是明确提出要为美国国会、联邦政府和美国公民提供权威、真实可信的研究、分析和信息,为全世界提供信息知识的访问,并通过开放高质量馆藏,利用最先进技术、系统和丰富经验的人员,广泛开展公共合作等来实现馆藏资源和知识的分享。英国国家图书馆2020 年愿景报告[6]中提到,要将英国国家图书馆建设成为全球信息网络领先中心,要通过加强数字化让每个致力于研究的人都能访问图书馆的丰富资源,要通过专业技术、合作开发推进信息和知识的交流与分享。《日本国立国会图书馆中期构想:普遍利用 2020》[7]中提出要按照标准要求系统性收集保存整理多种多样的信息资源,完善长期保存机制,同时改善体系和设施、努力充实服务,以保证读者能够准确高效地获取所需信息。中国《2006—2020 年国家信息化发展战略》[8]中提到的提升信息资源开发利用水平、增强社会主义先进文化传播能力和国民信息技术应用能力等建设目标,都是中国国家图书馆的职责所在。中国国家图书馆的数字资源建设、组织、整合、揭示,为信息资源的开发利用提供了必要平台,数字阅读推广为社会主义先进文化传播提供了坚实阵地,电子阅览室建设和信息共享与服务为国民信息技术应用能力提升提供了有力支撑。

随着信息资源数量急剧增长,内容日益丰富,数字资源的重要程度也大幅提升,甚至成为一种国家战略资源,在社会和经济的发展中发挥重要的作用,因此,对于信息资源的保存也愈发重要。对数字资源的收集和长期保存是各国国家图书馆义不容辞的责任与义务。国内外数字资源的长期保存工作,很多项目都是由各国国家图书馆发起并组织实施的。从 20 世纪 90 年代开始,各国国家图书馆就陆续启动了数字资源的长期保存项目。荷兰国家图书馆与 IBM 公司合作开发了数字信息存档系统 e-Depot,该系统于 1993 年启动,是一套完全自动化的数字资源保存系统,长期稳定地存储着国际上主要出版商的电子期刊,以确保国际性电子期刊的长期使用,降低数据永久性丢失的风险。澳大利亚国家图书馆于 1996 年开展了 PANDORA 项目。该项目由澳大利亚国家图书馆主持,昆士兰州立图书馆等 11 个地区图书馆共同参与,主要保存与澳大利亚或者澳大利亚人有关的网站和网络出版物。2000 年开始实施的 NDIIPP 项目以美国国会图书馆为主导,联合美国多家大学图书馆、研究机构、商业组织共同参与,其使命是发展全国性的数字信息资源收集和保存战略,建立保存工作合作伙伴网络,构建保存工作的体系结构,进行数字资源保存研究。2003 至 2006 年,以德国国家图书馆为主导的六家机构共同开展了"数字资源长期存储专业网络"项目(Network of Expertise in Long-term Storage of Digital Resources,简称 NESTOR),并于 2006 年至 2009 年继续进行了项目二期(NESTOR II),建立起数字资源长期保存的信息网络,与国内外各类机构合作共同开展数字资源长期保存的研究和实践活动。除此之外,英国、日本等多个国家图书馆也都非常重视数字文化资源的长期保存,先后主导开展了本国的数字文化资源长期保存项目,并起到至关重要的作用。

中国国家图书馆同样肩负着国家数字文化资源长期保存的重任。建设数字资源长期保存系统是国家数字图书馆工程重要的建设内容,该系统主要面向中国国家图书馆全馆长期保存的数字资源,完成资源管理与存储任务,将文献数字化加工、数字资源加工、电子资源缴送、网络资源采集等产生的各种数字资源进行归档保存,建立完备的电子账户,实现对长期保存数字资源的有序化管理,同时根据资源的状况和应用需求,把它们分配到在线、近线、离线的三层存储体系中去,实现对数字资源的长期保存和利用。截至 2017 年底,中国国家图书馆的长期保存资源总量已达 1603.87TB,保存了大量重要的数字文化资源,对我国数字文化资源的长期利用和传承起到了非常重要的作用。在未来,随着国家文献战略储备库项目的建设和投入使用,国家图书馆在国家数字文化资源的长期保存和利用中必将发挥更为重要的作用。

三、全国性图书馆网络建设和服务

图书馆网络作为承载图书馆业务和服务的专有网络,是国家信息基础设施的重要组成部分,也是数字图书馆面向全国范围内用户提供服务的基本保障。搭建覆盖全国的图书馆服务网络,为国家图书馆和其他图书馆及文化机构的数字化服务提供基础支撑,是国家图书馆参与国家信息化建设的一项重要职责。

新加坡国家图书馆主导建立了"无边界图书馆网络",把全新加坡的公共图书馆和约 500 多个学术与专业数据库连接起来,使图书馆成为名副其实的信息检索点、交换节点和传递纽带。该网络作为全国的智力中心,源源不断地向公众传输信息。英国国家图书馆将信息网络建设作为未来的一项主要任务,在英国国家图书馆 2020 年愿景报告[9]中提到要力争在 2020 年将英国国家图书馆建成全球领先的信息网络中心。

中国国家图书馆在数字图书馆网络建设方面承担了更为重要的职责,建设了覆盖全国的数字图书馆专网。数字图书馆专网是一条从中国国家图书馆直连到各地省级图书馆的独享网络,为全国数字图书馆提供一个强大的网络设施平台。该网络能够承载大容量、高质量的数据传输,能够实现大型、分布式系统的互联互通,能够为云计算、物联网等技术的应用提供网络环境,能够加快推进国家数字图书馆工程的成果转换,是实现全国数字图书馆系统互联、业务整合、服务协作、可持续发展的网络设施保障,是提升国家公共文化服务能力的重要信息保障。未来,中国国家图书馆还将把数字图书馆专网推向整个文化服务领域,进一步打造覆盖全国的公共文化专网,通过专网实现公共文化信息资源的汇集,把海量优秀的文化资源在专网上进行快速传输,让公众可以轻松获取到高清晰度、高质量、快速便捷的数字文化资源。各文化工程的建设成果将通过专网服务于社会公众,以此实现国家公共文化信息集中管理、垂直搜索,向公众提供文化资源、信息与服务的一站式获取入口。在专网的基础上,可以更好地把大数据、云计算等技术与数字文化服务结合起来,构建覆盖全国各类文化服务机构的公共文化网络云,实现数字公共服务在全国范围的深度覆盖。

四、数字文化服务体系的构建和推广

互联网时代,数字文化服务体系的建设成为国家公共文化服务体系建设的重点。图书馆是数字文化服务体系建设中的一个重要环节,是数字文化服务体系建设的先头部队,而国家图书馆则是这个重要环节的中心节点,是这个先头部队的排头兵,直接参与数字文化服务体系的理念构想、体系设计、建设及推广运营。数字文化服务体系这一概念颇具中国特色,在其他国家并不普及,但不同国家的国家图书馆都以不同形式承担着与此相关的职能。

美国国会图书馆通过电子资源信息计划、合作性数字化参考服务、因特网上的美国往事等多个项目的实施,带动美国的图书馆、教育界、其他组织机构、中小学生乃至全体公民参与数字文化资源的搜集、建设、整理和共享,尽最大可能保证全体公民都有资格平等地使用信息和知识。英国国家图书馆对于国家数字文化服务的建设始终保持高度的责任感。英国图书馆与信息委员会发布《新型图书馆:公众的网络》后,英国国家图书馆迅速响应,以国家政策为主导力量,制定了一系列具有前瞻性的政策和规划,保证用户最大限度地利用馆藏,获取知识,丰富生活。澳大利亚国家图书馆通过 PANDORA 和 TROVE 等项目的实施,与澳大利亚的图书馆和文化机构开展了广泛合作,让所有澳大利亚人不管在本国的哪一个角落都能访问他们的历史和文化资源。

中国国家图书馆倡导提出全国文化信息资源共享工程、公共电子阅览室建设计划和数字图书馆推广工程等中国三大数字文化惠民工程的设计构想,并直接策划和组织实施了数字图书馆推广工程。在国家图书馆的组织实施下,数字图书馆推广工程已覆盖全国35个省级图书馆,378个市级图书馆,通过数字图书馆虚拟网和数字图书馆专网的建设构建了公共图书馆的网络体系,提供海量数字资源供全国各地读者阅读和使用,建设标准化的软件平台,开展手机和数字电视等新媒体服务,各类数字文化服务活动丰富多彩,数字文化服务体系的构建和推广初见成效。中国国家图书馆在国家数字文化服务体系的建设中发挥了举足轻重的作用。

五、图书馆信息化标准建设和推广

标准规范是建设高效和可持续发展数字图书馆的根本保证,是保障信息资源在整个数字信息环境中有效使用、广泛获取和长期保存的最有效手段。世界各国国家图书馆都非常重视相关标准规范的建设、应用和推广,在数字图书馆和数字文化项目建设伊始就将标准规范建设列为项目的主要建设内容,并不断完善,逐步形成体系。

美国国会图书馆承担和参与了很多数字图书馆的标准规范制定工作,同时参与了国际标准化组织和美国国家信息标准协会的许多标准制定,在数字资源描述方面的标准建设非常深入,其制定的图书编目系统和题录标准等被世界其他图书馆所采用。澳大利亚国家图书馆非常重视对国内外标准规范活动的跟踪调研,积极参与到国家和国际图书馆和信息领域标准的制定和推广。澳大利亚国家图书馆在澳大利亚标准/新西兰标准 IT/19 技术委员会中均派有代表,对有关图书馆、信息服务等相关标准工作进行持续跟踪。英国国家图书馆、法国国家图书馆、日本国立国会图书馆、新加坡国家图书馆、韩国国立中央图书馆等世界各国国家图书馆也都将数字文化相关标准规范的建设和推广作为自身的一项重要职能,并通过国家数字图书馆等重大项目的建设,研制并推广一系列的数字图书馆标准规范。

中国国家图书馆依托国家数字图书馆工程项目,在参照和遵循信息化方面的相关国际标准和国家标准的基础上,围绕数字资源生命周期,构建数字图书馆标准规范体系,涵盖数字内容创建、数字对象描述、数字资源组织管理、数字资源服务、数字资源长期保存等标准规范项目。同时,中国国家图书馆还承担了全国图书馆标准化技术委员会秘书处的工作,负责图书馆管理、服务,图书馆古籍善本的收藏、定级、维修、保护,图书馆环境等领域标准化工作,与国际标准化组织信息与文献工作技术委员会相关联。中国国家图书馆在制定标准并通过自身实践检验的基础上,将其中的部分标准规范推广应用至图书馆行业,申报文化行业标准乃至国家标准,将数字图书馆的标准规范建设成果推广到整个数字文化和更广泛的领域。

第三节　国家图书馆信息化建设实践

世界上几个主要的国家图书馆在信息化建设上起步都很早,大多参与了所在国家早期的国家信息化建设重大工程和计划,其信息化的发展历程、发展方向和侧重点等又各有不同。以下选取美国国会图书馆、英国国家图书馆、澳大利亚国家图书馆、日本国立国会图书馆和中国国家图书馆等 5 个国家图书馆,总结分析其信息化建设的实践历程及主要特点。

一、美国国会图书馆信息化建设实践

美国国会图书馆对图书馆信息化建设最为重视,起步最早,制定了完备、规范、连续的战略规划,参与"国家信息基础设施"工程计划(NII) 、"国家数字信息基础设施和保存计划"(NDIIPP)等,取得了显著成果。

1. 推进国家信息基础设施建设

随着计算机技术取得重大突破,20 世纪 90 年代至 21 世纪初是美国全社会信息化、推动国家信息基础设施建设的关键时期,作为其中重要的信息源,美国国会图书馆通过建设数字图书馆、馆藏数字化等措施推动了整个国家信息基础设施建设进程。

1992 年,美国在制定"高性能计算机与通信"国家攻关项目中,第一次将发展数字图书馆列入"国家级挑战"之一。1993 年,克林顿政府推出跨世纪的"国家信息基础设施"工程计划,即"信息高速公路"计划[10],其中美国国会图书馆获得 1300 万美元资助,用于将其全部馆藏数字化,使国会图书馆成为信息高速公路上的重要信息源。

到了世纪之交,图书馆信息化建设已经上升到国家战略层面。1999 年 2 月 24 日,美国总统信息技术顾问委员会(President's Information Technology Advisory Committee,简称 PITAC)在给总统的《信息技术研究:投资未来》报告中提出 21 世纪美国信息技术的研究与开发的四项重点,其中在前两项中均专门提到了数字图书馆建设。2001 年 2 月 9 日,PITAC 向新上任的布什总统提交了三份报告,其中之一《数字图书馆:对人类知识的普遍访问》报告提出:"我们相信数字图书馆

能够支持本委员会1999年2月的报告《信息技术研究：投资未来》中提出的所有
'国家挑战性变革'，这10条挑战性变革是所有公民能够融入信息时代并从中受
益的基本先决条件，数字图书馆将在这些变革中扮演核心角色，每一种变革都会
利用或需要数字图书馆才能成为现实。"[11]

2000年12月，美国启动NDIIPP项目。NDIIPP赋予美国国会图书馆一项新
的职责，即领导全国性的数字信息长期保存活动。该计划要求美国国会图书馆
加强与重要政府部门（例如美国商务部、白宫科技政策办公室、美国国家档案与
文件管理局）的合作，以及与收集和保存数字档案资料的专业团体（例如美国国
家医学图书馆、美国国家农业图书馆、美国国家标准技术协会、美国研究图书馆
协会、OCLC、美国图书馆与信息资源委员会等）的合作。此外，还应加强与从事
数字信息格式工作相关的私营机构团体的广泛合作。美国国会图书馆与全美国
130个合作机构共同应对挑战，发起了多项活动，其中包括2007年启动的保存美
国创造性作品和联邦机构数字化指导方针以及2008年启动的保存州政府信
息等。

2.注重信息资源的保存和利用

美国国会图书馆的愿景是成为"美国和世界知识记录的主要管理者，为美国
国会提供不可或缺的服务"，因此自20世纪90年代至今的多个战略规划中美国
国会图书馆一直坚持注重信息资源的保存和利用这一原则，并实施了多个信息
资源采集和保存项目，促进实现这一愿景。

20世纪90年代初期，自动化技术初兴，美国国会图书馆发布1993—2000年
战略规划，提出了美国国会图书馆实现业务操作现代化，减少积压待编资料，要
"为国会提供现代化的数字技术与研究支持，并为广大公众获取各个领域的全球
最新信息以及美国全国的文献资料馆藏提供更方便的服务"；1997—2004年战略
规划提出美国国会图书馆要"根据美国国会和国家目前和将来的需求，收集、组
织、整理、保护、维护各种文献信息资源"；2004—2008年战略规划提出"使国会
和其他用户能最大限度地获取馆藏，促进馆藏的有效利用"，随后制订多条规划
拓宽馆藏资源的应用范围，包括国会、执行部门、法院、法律界、公众等多个对象；
2008—2013年战略规划提出"内容战略"，扩展和保存基于统一标准的、可存取
的、全球性的知识和艺术创新；2011—2016年战略规划提出"收集、保存全球知识

馆藏及关于美国创造力的记录,并向读者提供获取"[12]。

最新的美国国会图书馆 2016—2020 年战略规划[13]提出"获取、描述、保存、保护并提供访问全世界知识收藏和美国创造力记录"的战略目标。针对这一战略目标,美国国会图书馆在馆藏资源的保存收藏、可访问性以及安全保障 3 个方面都对信息技术或者基础设施有较高需求。对于馆藏的保存收藏,它的相关措施为:采用国家最先进的保存技术和尖端的研究团队,开发国会图书馆保存和收藏管理流程,以确保当前和未来各种格式的馆藏资源的长期保存。对于用户的可访问性,相关措施包括:开发实施新系统来描述图书馆馆藏,以获取更普遍的访问;继续积极应对图书馆不断增长的模拟和数字馆藏以及存储容量的不足;扩大图书馆的存储库服务,以支持一个不同的和不断增长的数字收集程序。对于安全保障的相关措施包括:保证馆藏的安全性,增强馆藏的物理和网络安全性,通过改进的综合性图书馆服务、馆藏管理和控制系统确保长期访问。

围绕这一系列战略规划,美国国会图书馆先后实施了多个信息资源采集和保存的项目,以加强图书馆信息化建设。

(1)"美国记忆"

"美国记忆"的试点项目主要是从美国国会图书馆珍贵而又丰富的馆藏中挑选一些历史文件、录音、相片等进行数字化加工,并以光盘形式进行存储和传播。1994 年,随着互联网技术的突飞猛进发展,美国国会图书馆紧抓机遇,正式启动了"国家数字图书馆项目"(National Digital Library Program,简称 NDLP),而"美国记忆"便是其中的代表性项目。2000 年,NDLP 就已经超额完成了在线提供 500 万册件文献的目标,并继续扩大其在线历史内容。目前"美国记忆"有 100 多个主题数据库,包括 900 余万册件文献的数字化内容[14]。

(2)美国国会图书馆网络档案馆项目

美国国会图书馆网络档案馆项目(LCWA)的前身为"因特网电子资源虚拟档案馆"(Mapping the Internet the Electronic Resources Virtual Archive,简称 MINERVA)项目。MINERVA 由国会图书馆于 1997 年建立,是一个关于评估、选择、采集、编目、提供访问并为后代保存资源的项目。它与互联网档案馆、美国版权局等机构合作,现在已经成为一个专题类的归档项目,致力于采集网络上的热点问题。LCWA项目已经归档了多个事件和专题档案,具体包括以下几方面:美国选举网站;美国国会网站档案;法律图书馆网站档案;单个站点网页档案,如"9·11"事件、2003 年伊拉克战争等;国际网站档案,如 2010 年巴西总统选举、印度大选等。截至 2018 年 6 月 14 日,LCWA 总计保存归档了 30 个主题共 11 736 项主题和事件条目[15]。

(3)国家数字化管理联盟

国家数字化管理联盟(National Digital Stewardship Alliance,简称 NDSA)成立于 2010 年,是一个联合机构,致力于数字信息的长期保存。它的使命是为当前和未来几代人的利益,建立、维护和推进保护美国国家数字资源的能力。NDSA拥有超过 160 个参与机构成员。这些成员来自 45 个州,包括大学、联盟、专业团体、商业企业、专业协会、联邦、州和地方的政府机构。

3. 部署先进的信息技术基础设施

20 世纪 90 年代,计算机技术的快速发展为美国国会图书馆带来巨大变革。如今,全球的数字化、信息化更加普及,互联网、云计算、大数据等技术的发展及应用更加普及,原来的图书馆基础设施面临许多不足和巨大挑战。

美国国会图书馆 2016—2020 年战略规划紧跟全球信息技术发展潮流,提出"按照最佳的实践和标准,部署一个动态的、最先进的技术基础设施",同时在规划中明确了该战略达到的效果及所需采取的措施,具有较强的可实施性。其预期效果为:通过积极管理、监控、维持资源,使得图书馆的基础设施和管理在图书馆的使命和绩效方面发挥基础性和关键性的作用。相关措施包括:协调整个图书馆的系统,提供技术支持维持日常运作,避免任何影响连续性运行的情况,包括 IT 安全威胁;为全体员工和图书馆各部分制定相应的设备和准入政策,不依赖于位置,遵守安全要求,保护知识产权;对于盲人、肢体残疾者以及其他有特殊需求的团体,提供技术允许他们访问所有图书馆资源;采用适当的治理结构确保图书馆 IT 投资的责任性、有效性和合作性。

此外,美国国会图书馆 2016—2020 年战略规划还提到了国会图书馆部署先进的基础设施的优势,"先进的基础设施和相关的管理流程能够使国会图书馆在资源稀缺的环境下管理履行国会图书馆的使命",先进的基础设施可以"优化基础设施资源配置、物理和虚拟空间的使用"。

4. 拓展全国全球范围的合作

目前,全球进入了一个数字化、网络化、知识化的时代,海量的信息资源充斥了整个网络,技术的发展及应用更加多样化,区域内、全国乃至全球的合作也必然形成新的趋势。

美国国会图书馆2011—2016年战略规划提出"领导并与外部群体合作以加速知识与创造力发展",支持与外部团体、其他机构等的协商合作,并要求建立并保持全球图书馆、档案馆标准。该战略规划还提出要"通过直接拓展和全国全球范围内的合作,激励支持调查研究、创新和终身学习",并给出了具体措施,要"扩展在线内容、项目和社交媒体的使用",不仅注重合作,更进一步追求合作为用户带来巨大影响。

美国国会图书馆与全国、全球范围的相关机构合作之后最显著的成果就是世界数字图书馆(WDL)。世界数字图书馆由美国国会图书馆馆长毕灵顿(James Billington)首先提出,由联合国教科文组织支持,美国国会图书馆与众多参与的国家机构通力协作,并借助一些企业及私人基金会财力支持开发建设。WDL合作伙伴有主要收藏珍贵文献资源并自愿将其捐赠给WDL的全球各地图书馆、档案局及其他机构,也包括提供某项技术或提供财政捐助等方式来参与工程项目的协会、基金会和个体公司。WDL项目近年来得到了丰富和发展,资源不断更新完善,内容更加丰富,服务也越来越臻于完善。截至2018年6月6日,世界数字图书馆已收录介于公元前8000年到公元2000年之间的涵盖193个国家的19 147个条目[16]。

二、英国国家图书馆信息化建设实践

随着计算机信息处理技术的快速发展,知识载体日新月异,全球都非常重视信息社会的建设与发展,英国也积极参与其中。1995年,七国集团和欧盟提出了11项"全球信息社会示范计划",英国政府负责"网上政府"的子项目,倡议公共部门信息化,支持科学研究与基础经济的发展。英国政府对信息社会的积极倡导为英国国家图书馆信息化发展奠定了良好基石。

2017年3月,英国政府出台了英国数字化战略[17],以明确途径帮助英国推进数字化业务,并指出应该"资助相关项目来探索填补数字鸿沟的新方法,利用图书馆提升数字化普惠能力",英国国家图书馆填补数字化鸿沟、提升数字化普惠能力的作用可见一斑。

1. 实现信息资源的开发和保存

英国国家图书馆以国家政策为主导力量,以信息技术为推动力量,制定了一系列具有前瞻性的政策和规划,持续保障信息资源的保存和保护,并得到了很好的实施。1993 年,英国国家图书馆宣布了通过信息技术使用户最大限度地利用其收藏文献的《英国国家图书馆 2000 年政策目标》[18]。该馆随后发布的 2001—2005 年战略规划[19]中,鼓励用户"最大范围地了解和利用馆藏";2005—2008 年战略规划[20]中,进一步提出"帮助用户获取知识,丰富生活"。该馆于 2010 年推出的 2020 年愿景报告[21]仍然注重信息资源,它主要涉及信息资源的数字化及长期保存、特色资源的数字化及可访问性这两个方面。对于资源的数字化及长期保存,其信息技术相关的措施为:对于数字材料,在采集、存储、长期保存方面实现阶梯式增加;采集数字内容,积极将纸质内容数字化;继续提供丰富数字馆藏的长期管理,保证安全性和恢复力。对于特色资源的数字化及研究人员对资源的可访问性,其相关措施包括:数字化大量无版权资源,尤其是罕有的、独特的、重要的遗产;使无版权数字内容可远程访问;将无版权数字内容集成到服务,让用户重新使用资源,产生新观点和创新点,创造经济利益。英国国家图书馆以其2020 年愿景报告为基础推出的 2011—2015 年战略规划[22]和 2015—2023 年战略规划[23]持续注重信息资源的保存保护和利用。2015—2023 年战略规划在"内容保管"方面提出的具体措施为:致力于解决历史录音、音乐唱片保存和访问的挑战;合作开发国家收藏的原生数字内容、确保其长期保存。

英国国家图书馆紧随国家政策,以战略规划为宗旨,实施了多个信息资源开发和保存的项目,来增强其信息化建设。

(1)"信息利用倡议"项目

2000 年 6 月,英国国家图书馆启动了"信息利用倡议"(Initiative for Access)项目,主要目的在于研究图书馆资料数字化以及数据存储、标引、检索和传输的标准,从而推进数字图书馆的发展。该项目也推动了全国范围内数字图书馆的建设与发展,英国的一些大学与 IBM 公司合作,通过构建一个电子图书馆的原型,使本校师生能通过校园网利用有关学习参考资料。此外,牛津大学、伦敦大学也推出了类似的项目。

（2）英国网络信息保存联盟计划

2003 年,由联合信息系统委员会(Joint Information Systems Committee,简称 JISC)和韦尔科姆图书馆(Wellcome Library)承担的两项研究对网络信息的长期保存问题进行了探讨,并且得出一个结论:基于网络的信息正在不断丢失,英国机构需要采取措施来解决网络信息的长期保存问题[24-25]。正是基于这样的信念,英国最具权威的 6 个机构于 2003 年 10 月组成联盟,并于 2004 年 6 月正式启动英国网络信息保存联盟计划(UK Web Archiving Consortium Project,简称 UK-WAC)。UKWAC是英国第一个公众网络信息保存计划,它旨在对英国网站信息进行选择性的保存。该计划由以下 6 个机构组成的联盟来完成:英国国家图书馆、英国国家档案馆、联合信息系统委员会、苏格兰国家图书馆、威尔士国家图书馆和韦尔科姆图书馆,其中,英国国家图书馆为这个联盟的主要组织者。各联盟成员共同分担网络站点信息保存的成本、风险,分享经验和软硬件设施,这样可以有效减轻任何单个机构完成这项计划的负担。

2. 利用信息化手段,最大限度利用馆藏资源

英国国家图书馆作为一个公共图书馆,一直非常重视馆藏资源的利用以及用户的感受,为用户提供丰富的文化生活。2000 年,英国国家图书馆与信息委员会制定的《新型图书馆:公众的网络》正式发布,要求通过全国公共图书馆与国家数字网络来提高图书馆的社会价值与地位。

英国国家图书馆 2001—2005 年战略规划帮助用户通过个人虚拟书架访问全球的知识、科学与文化遗产,鼓励用户在"加强从专业、研究与创新出发探索知识"的同时"最大范围地了解和利用馆藏"。2003 年,英国文化、媒体和体育部在《未来的架构:下一世纪的图书馆、学习与信息》中,明确阐述了公共图书馆的定位与使命,希望在未来十年将图书馆转变为知识与创意中心,深化与发扬图书馆的意义与价值。英国国家图书馆紧随其后,在其 2005—2008 年战略规划中提出"帮助用户获取知识,丰富生活"的使命,帮助任何想做研究的人达成学术、个人或商业目标。2008 年,英国博物馆、图书馆与档案馆委员会通过了《未来的架构:迈向 2013 的公共图书馆行为方案》,希望整合其他服务,提供图书、情报与学习资源,使公众可以随时随地获得到馆与网络服务。

英国国家图书馆 2020 年愿景报告仍然注重这一点,倡导"最大限度地利用馆藏资源,丰富国家文化生活",5 个战略目标中的 3 个都与此相关,具体包括:①保证未来几代公民的正常访问;②允许每一个想要做研究的人进行访问;③丰富国家的文化生活。该报告一方面注重保障无版权资源的可访问性,具体措施为:研究人员对无版权数字内容可远程访问;将无版权数字内容集成到服务,让用户重新使用资源,产生新观点和创新点,创造经济利益。另一方面,注重馆藏资源的普及性及服务效能,具体措施包括:数字化稀有的、独特的馆藏,丰富数字馆藏,让每一个要欣赏和享受的人都更容易通过数字平台访问数字资源;通过交互式经验以在线或现场方式访问馆藏;合作开发协作式虚拟和物理公共空间;参与涉及用户、馆员、其他知识组织的"众源"举措。

英国国家图书馆 2015—2023 年战略规划以该馆 2020 年愿景报告为依据,更加注重知识的活力,充分体现馆藏内容的价值,6 个规划方向中的 3 个"科学研究""文化活动""学习活动"都重在实现馆藏价值,履行知识服务使命,丰富国家文化生活。在科学研究方面,英国国家图书馆保证图书馆的现场设施,确保阅览室服务满足研究人员需求;开发远程访问服务,成为各地研究者研究过程中可信的、不可或缺的资源;充分利用图书馆收藏和专业知识,推进创新大规模数据分析。文化活动方面,英国国家图书馆开发先进技术以保证用户线上线下都可以参与具有多样性、创新性和影响力的图书馆文化活动。学习生活中,英国国家图书馆主要扩大网络教学资源的使用范围,以鼓励年轻人及各年龄段的求学者。

3. 建设信息网络中心,促进世界知识增长

数字革命飞速发展,彻底改变了图书馆的运营模式,拓展了内容可访问的范围并提高了图书馆服务效率,促使图书馆发展成为文化、科学经济发展的中心。

英国国家图书馆在其 2008—2011 年战略规划中[26]提出建成"传承世界知识"的全球研究中心,为用户提供启发思考、解决问题、创造机会的内容,促进社会与经济发展;在其 2011—2015 年战略规划中又提出"促进世界知识增长"。2020 年愿景报告再一次强调,力争在 2020 年建成全球领先的信息网络中心,促进知识的增长、经济与社会的发展和文化生活的丰富。该馆 2015—2023 年战略规划依然以其 2020 年愿景报告为主旨"促进世界知识增长",并在"国际合作"方面提出,英国国家图书馆希望在欧洲国家图书馆网络中起到专业的领导作用,以

促进全球分布式数字图书馆的建设和发展。

三、澳大利亚国家图书馆信息化建设实践

面对云计算、物联网、大数据时代的来临，澳大利亚国家图书馆积极应对数字环境的挑战，以 2012—2014 年战略方向声明为基础，发布了针对信息化的澳大利亚国家图书馆 IT 部门 2018—2022 年战略计划和完善成熟的澳大利亚国家图书馆 2016—2020 年规划，实施了相应的信息化措施，确保所有公民都能够访问、使用记录澳大利亚历史文化和社会生活的全国性馆藏，并能运用这些馆藏进行自主学习。

1. 注重信息资源的建设、保存和利用

澳大利亚国家图书馆 2012—2014 年战略方向声明[27]为图书馆未来发展指明方向，提出要重点发展国家馆藏，同时促进在线访问和受众参与，促进协作和领导能力，实现图书馆的卓越进步。该战略方向声明中提出了"收集和保存文献遗产""把图书馆的馆藏提供给所有澳大利亚人民"两个信息资源相关的战略方向。

澳大利亚国家图书馆 2016—2020 年规划[28]比较详细地展开了信息资源的建设、保存和获取方面的相关战略论述，其中三大战略优先中的"建设国家记忆"和"促成获取"都与信息化建设密切相关。关于战略优先"建设国家记忆"，其信息化相关的愿景是使人们了解澳大利亚多元的社会、文化和思想史，通过收藏和保存澳大利亚已出版及未出版的纸质和数字资源，使资源可以被当代人和后代人所分享。所采取的行动策略包括：①完整构建数字图书馆平台，以确保澳大利亚各种形式的文化遗产都可获取、管理和长期访问，并交付给公众使用；②通过建立适当的政策、制度和工作流程，确保数字出版物法定交存的顺利实施；③与澳大利亚出版商沟通，协助他们履行新的关于数字出版物的法律交存责任；④开发新的模式和工具，用于获取和管理大量关于个人和组织的档案，以及摄影的纸质和数字资源；⑤发布并实施国家图书馆在数字环境中重新修订后的馆藏发展政策；⑥更换图书馆的集成管理系统，使之能够管理、支撑用户对图书馆馆藏的大量访问；⑦图书馆帕克斯网站的关键存储设备达到了使用寿命，更换这些设备并探索长期的选择，以适应目前至 2019 年馆藏的增长。

关于战略优先"促使获取",其信息化相关的愿景是通过线上和线下服务,将社区与国家图书馆馆藏相连接,致力于改变澳大利亚人的学习生活,在数字环境中发展合作伙伴和寻觅新的机会。所采取的相关措施包括:①通过 TROVE 项目增加数字内容的数量和种类;②在数字化报纸项目获得成功的基础上,进行澳大利亚杂志内容数字化的合作项目,并预估和回应社会需求;③完成数字图书馆5000 小时口述史和民俗收藏项目,使这一独特的澳大利亚文化档案可以以数字化形式访问;④使用新的数字平台,加快数字化档案的收藏;⑤通过国家图书馆馆藏,记录和反映澳大利亚的社会、文化和知识的多元性,并邀请读者通过创新的数字化方式参与服务,分享想法、知识和故事;⑥为在校学生提供现场的、在线的学习内容,并使之得到启发,对澳大利亚的课程内容做出贡献与反馈,并拓展教师的专业发展计划;⑦对不同文化和语言背景的学生、教师和澳大利亚人参与TROVE 做出全面评价,并将优先考虑为这些社区人群增加数字服务的机会。

同时,澳大利亚国家图书馆积极实施信息化建设项目,以保证信息资源的获取和保存。

(1)澳大利亚网络文献资源获取与保存项目 PANDORA[29]

1996 年,澳大利亚国家图书馆正式发起"澳大利亚网络文献资源保存与获取"项目(PANDORA),该项目是澳大利亚国家图书馆对澳大利亚在线出版物、具有重要文化价值网站开展的长期保存计划。后期,逐渐发展为与其他 11 个澳大利亚各州州立图书馆和文化遗产机构共同合作开展。PANDORA 是最早的网络档案资源保存项目之一,距今已有 20 年的时间,发展到现在已经较为完善。2014 年 3 月,澳大利亚国家图书馆公布了新的"澳大利亚政府 Web 档案"。档案保留了从 2011 年开始收集的联邦政府网站和在线刊物,此项服务进一步完善了PANDORA 项目中的档案资料,并使个人、组织、政府网站 2011 年以前的网络档案都可以从网上直接获取。截至 2017 年 12 月 14 日,该项目存储的文件数量已超过 6.5 亿,数据量已达 36.56TB。

(2)澳大利亚国家图书馆发现服务项目 TROVE[30]

澳大利亚国家图书馆发现服务项目 TROVE 始于 2009 年,是澳大利亚图书馆的全国免费搜索服务网站。TROVE 是馆藏数字资源的集合,它汇集了图书馆、档案馆、博物馆、研究机构、政府机构和更多机构的资源。TROVE 直接面向用户提供资源内容,而不是相关网站的列表,允许用户查找图片、未出版的手稿、图书、口述历史、音乐、视频、研究论文、日记、信件、地图、已经归档的网站资源以及 1803—1954 年间的澳大利亚新闻等。如今,TROVE 已经远远超出了它最初的目的,发生了很大变化,成为一个社区、一组服务、一个元数据集合以及一个不断增长的全文数字资源库。TROVE 是一个构建新知识的平台。它是澳大利亚国家图书馆、地区图书馆和各地数百个文化和研究机构之间的合作,在现在和未来共同创造澳大利亚的知识遗产。

(3)澳大利亚国家图书馆数字资源典藏项目 PADI[31]

澳大利亚国家图书馆数字资源典藏(Preserving Access to Digital Information,简称 PADI)项目的首要目的,在于提供机制确保以适当的方式管理数字信息的保存和未来访问。该项目的目标在于:推动数字资源保存策略和方针的制定;开发和维护用于信息推广和宣传的网站;积极推动相关活动的开展;开展旨在推动数字资源保存的研讨会。

2. 关注图书馆信息化管理与技术创新

为了充分发挥信息技术在图书馆中的作用,澳大利亚国家图书馆专门制定了 IT 部门 2018—2022 年战略计划[32]。该规划主要从"基础战略""图书馆发展路线图""创新"三个方面来促进信息技术在图书馆中的应用与发展。

"基础战略"方面的具体举措包括:①重点通过整合信息技术和整体战略、完善信息技术投资和资源分配决策来继续修订和改进 IT 管理策略,同时积极建立和开发信息技术与业务领域的合作关系;②通过有效管理个人项目、部门项目以及跨部门业务工作,成功实施图书馆环境中项目变革和创新议程,并开发可适应、可扩展的框架结构来保证项目未来顺利施行,建立跨业务和纪律小组来保证正确理解业务需求;③开发一个全范围、全系统、全生命周期的业务规划和管理方法,提高其业务的效率,同时优化在用服务,保证备用服务可用;④确保 IT 部门劳动力、技术和基础设施能力满足当前及未来需求,建立维护一个技术路线图,确保通过新兴技术提高解决问题的能力。

"图书馆发展路线图"是针对澳大利亚国家图书馆 2016—2020 年规划而采取的一系列技术举措,包括:①采用技术手段使 TROVE 项目的发现和服务系统更加现代化;②在澳大利亚国家和州立图书馆范围内实施国家的基础设施和系统,支持新的电子材料法定存款条款;③通过实行新的澳大利亚国家图书馆网站、更好地聚合搜索、数字参与功能、商业智能/分析等数字策略来促进用户参与图书馆在线服务,确保图书馆满足用户的需求和期望;④部署更新的网络存档系统,通过现代网络归档技术来进行选择性、特定主题的大容量网络收割,同时在TROVE 中部署增强的网络档案发现系统;⑤澳大利亚联合复制计划(The Australian Joint Copying Project,简称 AJCP)提供从 1560 年到 1984 年澳大利亚和新西兰保存的缩微胶卷的内容的联机访问。

澳大利亚国家图书馆 IT 部门有提供新的和创造性的服务的传统。创新是贯穿整个计划的一个主题,具体措施包括:①在研究部门的资助下,使研究人员获取大数据分析和数据挖掘的能力和工具,此外依法提供对图书馆数据集的开放访问;②重新开发云应用程序,探索获得更高级别的能力,比如,机器学习可以提高大型数字馆藏发现能力,自然语言处理有助于提高资源质量、帮助残疾人和视障人士;③探索增加用户参与、众包和去中介化的选项,通过与社交媒体服务整合来优化移动 Web 体验,调查研究应用程序在苹果电视、谷歌 Chromecast 和其他相关普适计算平台等新兴平台上运行的可行性。

3. 注重合作共赢,提升国际地位

澳大利亚国家图书馆借助新的数字化方法和信息技术手段,着重于各个层面的合作共赢。该馆 2016—2020 年规划的"战略优先 3"即"领导、合作、连接和超越",该战略优先 7 个愿景中的 3 个都注重寻求各层面的合作。

第一层是在云主导的图书馆系统环境下,与各州图书馆合作,研究探讨数字图书馆基础设施共享的可行性,特别是制定全国性的交存制度和协作开展政府网站存档项目。

第二层是以 TROVE 平台为支撑,向美术馆、档案馆、博物馆及研究部门延伸图书馆的服务,通过可持续合作扩大对澳大利亚文化资源的访问和使用。

第三层是与国际领导者、个人和组织合作,分享数字图书馆资源。具体措施包括:①与澳大利亚国家档案馆、新南威尔士州和商业伙伴合作,数字化 1000 种缩微胶片卷轴,以确保未来的用户仍然可以访问这些重要的研究资源;②参与国际合作,专注于标准研究和实践,使用户可以方便获取、使用和建设馆藏资源。

此外,澳大利亚国家图书馆 2016—2020 年规划还注重馆藏资源方面的合作,具体措施包括:①通过雅加达办事处的运作,继续发展和加强亚洲及太平洋地区的馆藏,收藏范围包括太平洋地区的国家实地考察的资源,并建立东亚和东南亚的收藏计划;②在数字环境中,发布并实施图书馆修订后的关于海外、亚洲和太平洋的馆藏发展政策。

四、日本国立国会图书馆信息化建设实践

20世纪90年代以来,日本国立国会图书馆非常重视图书馆信息化及数字图书馆的研制,并投入大量研究经费。1990年,日本国会图书馆开始启动"关西图书馆计划",由国家投资4亿美元,其目标是成为日本最大的数字图书馆和亚洲地区的电子文献信息中心。经过20多年的发展,日本国立国会图书馆积极应对时代要求和技术发展,取得了显著成果。

1. 注重信息资源的获取、保存和利用

在互联网迅速普及初期,日本国立国会图书馆就意识到纸质文献及电子资源的长期保存和便捷利用是其面临的巨大挑战。

日本国立国会图书馆一直以1998年制定的《日本国立国会图书馆数字图书馆构想》为蓝本,完善软硬件基础,不断地充实电子图书馆计划。在该馆2004年愿景纲要中也将"开展数字资源存储"作为四大发展目标之一。2004年2月17日,日本国立国会图书馆制订了新的计划——《日本国立国会图书馆电子图书馆中期计划2004》。2009—2010年,日本国立国会图书馆对图书、杂志、儿童书籍和杂志、稀缺资料、古籍、在日本出版的论文和官方公报等进行了大规模的数字化工作(约90万册)。同时制订了一个新的2009—2011年媒体转换计划,对原始资料进行数字化保存取代缩微胶片。2012年8月3日,日本国立国会图书馆公布了《我们的使命与目标2012—2016》[33],明确指出了"收集与保存""信息访问""东日本大地震档案库"等战略目标来促进图书馆信息资源的保存和利用。

2016年12月,日本国立国会图书馆制订《日本国立国会图书馆中期构想:普遍利用2020》[34]以及《日本国立国会图书馆活动目标2017—2020》。《日本国立国会图书馆中期构想:普遍利用2020》指出,为了完成自己的使命,日本国立国会图书馆在对应时代要求和技术发展的同时,立足于长期收集资料和信息,并加以整理进行系统化,构筑信息资源的基础,并制定了3个基本任务,即"辅助国会活

动""收集保管资料和信息""提供信息资料的利用"。《日本国立国会图书馆活动目标2017—2020》是日本国立国会图书馆针对其中期构想所提出的3个基本任务而设定的具体活动目标。针对基本任务"收集保管资料和信息",制定了3个活动目标来保证未来也能够接触到信息资源,具体包括:通过构筑完善法律制度、联合推进各种数据的标准化等手段,进一步"推进数字文档",逐步推进以检索全文为目的的图像数据的文本数据化,尤其关注保管灾害记录等公共性比较高的网站和"东京2020年奥运会·残奥会"等记录时代的网站;构筑纸质媒体资料和电子信息的一元性管理制度以推进"资料和信息的收集与书目信息的制作及提供";制定具体的长期保管策略和措施来推进"资料和信息的保管",同时注重永久保存技术研究以及与其他收藏文化资产机关的信息共享和技术支援。针对基本任务"提供信息资料的利用",制定了两个活动目标以改善体系和设施,努力充实服务,具体包括:通过整理国立国会图书馆综合搜索服务(NDL Search)、国立国会图书馆馆藏检索申请系统(NDL-OPAC)、国立国会图书馆数字特藏和调查导航等功能和任务,实现能够更加方便地利用信息资源的新型综合性在线服务,进一步"完善利用环境";与有关人士携手合作来普及"面向图书馆的传送数字资源服务"和扩大对象图书馆,"促进数字信息资源的有效利用"。

（1）进行资料大规模数字化

2007到2010年间,随着Kindle、Google's E-Bookstore、iBook Store等电子书阅读器及电子书阅读服务的推出,日本政府深感危机。2010年,日本3个部门联合发布报告,提出图书馆应该考虑与数字出版相关的公众服务,而国家应该从国家层面给予支持。2009年,日本国立国会图书馆取得了127亿日元(约人民币6.5亿元)的经费用于数字化,用于对馆藏资料进行大规模数字化。2016年3月制订了《资料数字化基本计划2016—2020》,标明了列入数字化对象的收藏资料的范围及优先顺序、数字化处理的方法等。截至2018年3月,日本国立国会图书馆提供了大约266万件数字化资料[35]。

（2）网络信息资源采集与保存项目（WARP）

日本国立国会图书馆于2002年开始实施"网络信息资源采集和保存项目"（Web Archiving Project,简称WARP）,2006年正式启动,2010年全面采集和保存公有机构的网络信息资源。WARP项目以网络存储为中心,涉及著作权处理、缴送制度、网络信息采集技术和长期保存等多方面工作内容,是一个庞大的系统工程。在项目编目过程中,日本国立国会图书馆按元数据编目规则对采集到的网络信息资源进行编目,用户既能用关键词检索网页,还可从采集的资源中抽取出书籍、论文、期刊等,将零散的信息整合成系统有序的资源。根据日本国立国会图书馆的统计,截至 2018 年 4 月 16 日,WARP 已采集主题 11 747 个,捕获 139 517个,约 62 亿个文件,数据总量达 1152TB[36]。

（3）东日本大地震数据库

2011 年,日本发生东日本大地震,造成重大人员伤亡和财产损失。为了将与震灾相关的所有记录留存下来,便于今后的防灾减灾,2013 年,日本国立国会图书馆正式公开了保存东日本大地震相关信息的网站"国立国会图书馆东日本大地震档案库",除了国立国会图书馆以外,日本全国的地方政府、企业、团体等所收集、保存、公开的有关东日本大地震的记录,都可以在该网站内进行统一检索。截至 2017 年 1 月底,该项目合作机构有 38 个,共享的资料库有 44 件（包括本馆的资料库）,列入检索对象的元数据多达 347 万件[37]。

（4）日本国立国会图书馆综合搜索服务（NDL Search）[38]

日本国立国会图书馆在 2010 年发布了 NDL Search 测试版,2012 年公布了正式版。NDL Search 是对日本国内各信息机构的资料和信息进行综合检索的系统,除了能检索国会馆馆藏资源,还能统一检索日本学术情报机构、各类型图书馆、公文馆、博物馆的藏书,以及部分民间数据库的信息资源。此外,还具有多语言检索功能,能将日语翻译成中、英、韩语进行检索。

（5）其他

日本国立国会图书馆还注重对数字资源进行整合、导航。NDL Digital Collections 使用户能够搜索查看由日本国立国会图书馆收集和存储的各种资源[39]。Current Awareness Portal 是日本国立国会图书馆创建的一个网站,用于发布图书馆以及图书馆信息科学方面的信息[40]。Research Navigation 是日本国立国会图书馆网站于 2009 年 5 月开通的一项新的服务,它以主题为单位,能对馆藏资料、网站、数据库等进行导航[41]。

2. 促进国家信息政策和法律的制定

在图书馆信息化建设过程中,日本国立国会图书馆积极推动相关法律的修订,大规模推进文化事业。

2009 年,在日本国立国会图书馆的推动下,日本的《著作权法》做了修订,增设了第 31 条第 2 款,规定"在 NDL,为防止馆藏资料的灭失、污损,可以将原始资料转化为电磁记录,并提供给公众利用"。这就意味着,为了长期保存馆藏资料,国立国会图书馆可以对尚在版权保护期的图书进行数字化。法律层面的认可扫清了数字化计划实施的一些障碍,日本国立国会图书馆以此为依据开始进行大规模的资料数字化,截至 2018 年 3 月,日本国立国会图书馆提供了大约 266 万件数字化资料[42]。

2009 年,日本国立国会图书馆积极参与国际图联及相关团体制定《针对图书馆和档案馆的版权免责及限制的公约》活动。该公约(3.0 版提案)于 2011 年 8 月公布,直指《保障出版物利用的国际条约》存在的不完备之处。2011 年,在 IFLA 年会的全体大会上,该提案成为热议的焦点。国际图联以该提案为基础,向世界知识产权组织开展工作,以期促成与时俱进的改变,目前已有重要进展。

2010 年,日本国立国会图书馆推动修订《著作权法》及《国立国会图书馆法》[43],规定国立国会图书馆有权利采集国家与地方公共团体等公有机构发布在网站上的资料,无须取得著作权人的许可。法律修订后的两个月内,该馆 WARP 项目采集的机构对象数量由 480 个增加到 2400 个,增长了 5 倍[44]。

3. 重视国际合作,共同建设数字图书馆

日本国立国会图书馆高度重视国际合作,与其他国家图书馆一起进行数字图书馆项目的研究。

中国国家图书馆、韩国国立中央图书馆和日本国立国会图书馆于 2007 年开始商讨合作共建数字化存档项目,2008 年 10 月在东京进行了第一次会谈。2010 年 8 月 10 日,日本国立国会图书馆、中国国家图书馆和韩国国立中央图书馆在数字图书馆建设提案上达成一致。在此基础上,三家图书馆开始了工作层面的合作,以实现"基于互联网的三个国家的文化科学遗产的简单集成访问"。其中,自动翻译功能的发展和 NDL Search 项目的目录链接也得到了中国和韩国的支持。

日本国立国会图书馆推出的《我们的使命与目标 2012—2016》仍然注重国际

合作,提出"相互协助与合作"战略,期望"推进与国内各种图书馆之间的合作事业;继续推进电子信息时代的国际合作事业"。

五、中国国家图书馆信息化建设实践

中国国家图书馆自20世纪90年代开始跟踪、建设数字图书馆,2001年正式立项建设国家数字图书馆,随后逐步倡导并建设了"国家数字图书馆工程""县级数字图书馆推广计划""数字图书馆推广工程"等重大文化工程,全国各地区、各系统的数字图书馆建设也得以蓬勃发展,积累了大量数字资源,初步形成由国家数字图书馆、行业数字图书馆和区域数字图书馆组成的数字图书馆建设与服务体系。

1. 技术推动图书馆信息化建设

20世纪90年代中期至21世纪初,中国图书馆界、信息技术界开始跟踪研究国际上图书馆信息化建设的最新进展,并尝试开展试验工作。

1995年,中国国家图书馆成立数字图书馆研发小组。1996年7月,中国国家图书馆作为组长单位,联合上海图书馆等6家公共图书馆,共同承担了国家重点科技项目"中国试验型数字式图书馆"项目。1997年7月,"中国试验型数字式图书馆"项目由文化部向国家发展计划委员会申请立项。1998年10月,文化部与中国国家图书馆启动了中国国家数字图书馆工程,旨在建设超大规模的优质中文信息资源库群,并通过国家高速宽带网向全国及全球提供服务,最终形成世界上最全面、最系统的网上中文信息基地和服务中心。1999年3月,中国国家图书馆文献数字化中心成立,扫描年产量3000万页以上。1999年3月,中国国家图书馆组织专门力量开发完成数字图书馆实验演示系统。

中国国家图书馆在不断跟踪、研究和学习国内外数字图书馆领域技术发展的同时还有计划地开展了大量资源建设工作。1987年开始中文书目数据库建设,引进光盘数据库;1999年开始有计划地进行数字资源库建设;2000年开始进行馆藏特色资源数字化。

21世纪初是中国国家图书馆信息化的建设与服务阶段,中国国家图书馆按照"边建设、边服务"的总体原则,先后组织实施了国家数字图书馆工程、网络信息资源采集与保存试验项目、数字图书馆推广工程等一系列数字图书馆建设项

目,推出了"掌上国图""国图空间""国图公开课"等在线服务产品,在图书馆数字网络设施建设、文献信息数字化采集与保存、数字服务创新等方面取得了重要成果。

（1）国家数字图书馆工程

国家数字图书馆工程是中国"十五"期间的一项重点文化建设项目,也是中国第一个国家级的数字图书馆工程。通过工程的建设实施,中国国家图书馆建设了以现代化机群管理环境、高速可靠的网络传输体系、完备的资源保存体系为支撑的基础设施平台;开展馆藏资源数字化、数字资源合作、数字资源征集、数字资源外购、特色专题资源建设等多种渠道海量数字资源建设;创新远程数字图书馆服务、移动数字图书馆服务、家庭数字图书馆服务、特殊群体服务等多种服务形式;建立了以数字资源生命周期为主线的标准规范体系,并将数字图书馆的建设成果在全国范围内应用推广。

国家数字图书馆工程的建设全面提升了中国国家图书馆整体业务水平,业务流程自动化、信息化,提高了馆员的办公效率,给馆内工作带来了极大的便利;读者服务范围扩大,服务内容更加多样化、智能化、个性化;给中国国家图书馆带来了深刻的变革与发展,形成了融合传统图书馆和数字图书馆特征的复合型图书馆,有助于中国国家图书馆巩固其在中国图书馆业界的领军地位,进一步发挥其在公共文化服务体系建设中的重要作用。

（2）"掌上国图"移动服务

中国国家图书馆于2006年开始建设移动图书馆,已逐步建成"掌上国图"移动数字图书馆服务体系,涵盖短/彩信、手机门户网站、移动阅读平台、应用程序、微博和微信公众号等多种服务形式,为读者打造了一个随时、随地、随身的图书馆。移动阅读的资源内容不但包括国家图书馆自建资源、版权征集购买资源,还包括与出版商、内容提供商、移动运营商合作获取的数字资源。移动阅读服务充分利用移动终端方便、实用、随身的优势,将中国国家图书馆服务无缝地、动态地、交互地融入、延伸到一切有用户存在的地方,以多样化、随身化、个性化的服务支持手段,为用户提供无所不在的阅读服务。

（3）数字电视服务

中国国家图书馆与歌华有线合作,开展数字电视项目建设。中国国家图书馆数字电视频道——"国图空间"是世界上第一个由图书馆制作的专业电视频道。该频道针对不同年龄段与文化层次的收视群体,从中国国家图书馆宏富的馆藏中撷取特色精品资源,设置了文津讲坛、书刊推荐、馆藏精品、经典相册、图说百科、少儿读物 6 档栏目,并采用虚拟现实技术和 IPTV 机顶盒构建"虚拟家庭图书馆"系统,通过电视在读者家里构建一个虚拟的图书馆,使读者在全国各地都可以方便、经济、有效地通过电视机,自主地检索和阅读图书,使图书馆走进千家万户。

（4）网络信息资源采集与保存试验项目（WICP）

2003 年初,中国国家图书馆成立了网络文献收集与保存试验小组,开展了网络信息资源采集与保存试验项目,对互联网资源的采集与保存进行相关实验研究。随着业务的发展,2009 年,中国国家图书馆互联网信息资源保存保护中心成立,以全面保存中文互联网资源为目标,致力于推动中文互联网资源保存保护技术的发展与合作体系的建立,希望通过广泛的合作,实现网络采集的共建共享,促进中国互联网信息资源长期保存工作高效有序发展。2012 年项目开通网站,为用户提供在线发布服务。

（5）国图公开课

2015 年 4 月 23 日上线的国图公开课借鉴了慕课的大规模、开放、在线的理念,以弘扬中华优秀传统文化为核心,以馆藏各类型文献信息资源和历年积累的专家学者讲座等资源为依托,围绕读书推荐、典籍鉴赏、非遗漫谈、父母课堂、音乐之声、养生智慧等专题录制课程 767 讲1471 节,通过互联网为公众提供。专题网站访问量达 5700 万次,初步形成了较为完善的精品课程体系。"国图公开课"项目将继续从两方面进行拓展:一方面继续丰富"国图公开课"的资源内容、资源类型,提升讲座的专家性、知识性,以更加贴近用户需求的资源内容吸引更多的用户;另一方面扩展"国图公开课"的服务形式,以方便使用互联网和移动互联网等方式提供用户在线访问、随时访问的服务,扩大公共文化传播的受众范围,以更加新颖灵活的方式传播中华优秀文化。

2. 推广形成数字文化服务体系

2010 年以来,在开展国家数字图书馆建设同时,中国国家图书馆将数字图书馆建设成果推广至全国各级公共图书馆,构建了一个完整的数字文化服务体系,使全国读者共享数字图书馆的海量资源与便捷服务。

（1）县级数字图书馆推广计划

2008年7月，国家图书馆与文化部全国文化信息资源建设管理中心签署合作协议，国家图书馆分批次精心组织了总量达6.5TB的数字资源，投放到全国文化信息资源共享工程服务网络当中。2009年，在文化部的指导下，启动了"县级数字图书馆推广计划"。

通过县级数字图书馆的建设，基层文化服务的形式发生了根本改变，国家图书馆专门设计制作了县级数字图书馆推广计划服务系统，整个应用系统分为程序、数字资源、外部应用三大部分，封装在一块移动硬盘内，提供给各县级图书馆，在具备相应条件的地区还以虚拟专用网络（VPN）方式进行资源分发。各县级图书馆既可以采用单机模式提供用户服务，也可以将系统安装在服务器上，以网络模式同时向多个用户提供服务。通过实施"县级数字图书馆推广计划"，初步实现了全国图书馆，特别是县级图书馆的跨越式发展，使优秀文化服务逐步向基层延伸，进一步发挥数字图书馆在保障人民群众基本文化权益方面的重要作用，使国家数字图书馆的建设成果实现全民共享。

（2）数字图书馆推广工程

2011年5月，文化部和财政部联合下发了《关于实施"数字图书馆推广工程"的通知》，提出"十二五"期间在全国实施数字图书馆推广工程。

推广工程实施以来，各地数字图书馆在网络、软硬件、资源、人员建设等方面取得了快速发展，公共数字图书馆建设水平整体提升。数字图书馆经费投入大幅增加，截至2017年，中央财政总计投入经费10.88亿元，地方配套资金超过10亿元，用于数字图书馆建设。网络体系逐步完善，数字图书馆专网骨干网搭建基本完成，虚拟网实现国家、省、市三级联通，以专网为骨干、虚拟网为基础的数字图书馆网络体系基本形成。硬件条件显著提升，有35家省级图书馆和378家市级图书馆达到工程要求硬件标准。软件体系初步形成，中国国家图书馆面向全国各地方图书馆开展各类软件系统部署630余馆次。资源建设全面开展，中国国家图书馆遴选了总量超过145TB的中外文数字资源面向全国共享，同时联合全国各级公共图书馆开展数字资源联合建设工作。人才队伍日益壮大，举办全国性各类培训班共104期，超过8800人次参与培训，各地共开展区域内数字图书馆专题培训2000多期，培训人员20余万人次。

（3）注重数字资源建设与保存

中国国家图书馆非常重视数字资源的建设与保存,通过对馆藏国家珍贵文献典籍的数字化,丰富数字馆藏,保护和弘扬传统优秀文化,同时通过对数字资源的长期保存和异地灾备,保障数字资源的安全和长期可用。中国国家图书馆承担的国家文献战略储备库建设项目、中华古籍保护计划和民国时期文献保护计划3项重点文化工程正是重视数字资源建设与保存的重要体现。

①国家图书馆国家文献战略储备库建设项目

筹建国家文献战略储备库,是保证文献与数据安全的最后一道防线,将为社会主义文化强国建设奠定更加坚实的基础。2016 年,中国国家图书馆筹建的国家图书馆国家文献战略储备库建设项目被列入国家"十三五"规划纲要。

国家图书馆国家文献战略储备库项目的建设内容包括存储库区、数字资源存储及灾备中心、业务加工区、配套用房四部分。作为国家文献战略储备库中极其重要的一部分,数字资源存储及灾备中心是国家图书馆"两地三中心"保存体系中重要的一部分,将为国家图书馆主存储中心提供可靠的系统级灾难备份保障和安全的数字资源长期保存,从而保障业务系统的数据安全和作业持续性,保障重要数字资源的异地多份保存和永久可用性。

②中华古籍保护计划和民国时期文献保护计划

中华古籍保护计划和民国时期文献保护计划是保护和弘扬中华民族优秀文化和光荣历史的重要工作,中国国家图书馆将为它们提供更好地保存、展现、诠释馆藏文献价值的新平台、新渠道,让图书馆典籍能够活起来。中国国家图书馆通过计划的实施,将进一步通过有序的类聚、融合和重组手段,将中华优秀数字文化资源进行整合,使所有优秀数字文化资源成为有机整体,融入国家图书馆数字资源体系,对多种载体、多种类型、分散异构的文献资源进行科学统一管理与发布,并通过对发布与服务系统、文津搜索等应用系统的功能优化,实现文献资源的多维整合、深度揭示与知识关联,对分散的多平台进行集成,提升资源保存与服务质量,从而全面提升优秀数字文化资源的保护和利用效率。

（4）拓展形成国际范围的共赢合作模式

随着数字化、网络化、知识化的迅速普及,图书馆从资源到服务都发生了变革,全球范围内的图书馆合作成为必然趋势。中国国家图书馆"十三五"发展规划[45]中强调要建设对外开放合作平台,中国国家图书馆需要履行代表国家执行有关对外文化协定、开展对外文化交流的职能,着眼于提升国家图书馆在国际图书馆事务中的话语权和影响力。在具体实施方面,中国国家图书馆关注中日韩数字图书馆项目、世界数字图书馆项目、海外中华古籍调查与数字化合作项目等多项国际合作项目。

①中日韩数字图书馆计划

2007 年,中国国家图书馆、韩国国立中央图书馆和日本国立图书馆就开始商讨合作共建数字化存档项目,并于 2008 年 10 月在东京进行了第一次会谈。2010年 8 月第 76 届国际图联大会期间,中日韩三国国家图书馆馆长在数字图书馆建设提案上达成一致,三方共同签署了《中日韩数字图书馆计划协议》,并就项目的未来发展方向达成共识,进一步促进三国在数字图书馆建设方面的交流与合作,已基本实现了 3 个国家 OPAC 系统的互联互通。中日韩数字图书馆项目是中日韩数字图书馆的优秀文化信息资源集中展示、数据统一检索的窗口,为三国用户提供便捷的信息导航、统一检索、资源展示、文化交流等服务。

②世界数字图书馆(WDL)

世界数字图书馆项目由联合国教科文组织支持,全球各地的图书馆、档案馆及其他机构通力协作,于 2009 年 4 月 21 日在联合国教科文组织总部所在地巴黎正式启用,提供全球读者免费使用珍贵的图书、地图、手抄本、影片与照片等服务。截至 2017 年 2 月 16 日,中国国家图书馆为该项目提供了 171 个条目的珍贵资源,展示了中国历史文化的精华,而且不乏“国宝”,比如甲骨文、《赵城金藏》、《永乐大典》、《四库全书》等。此外,中国国家图书馆加入世界数字图书馆执行委员会,为该项目提供技术支持。

③海外中华古籍调查暨数字化合作项目

2014 年,中国国家图书馆(国家古籍保护中心)启动“海外中华古籍调查暨数字化合作项目”,对遗散海外的中华珍贵典籍文献进行调查,编制海外中华珍贵典籍文献联合目录,联合出版海外中华珍贵典籍文献,联合开展海外中华珍贵典籍文献的数字化加工。该项目汇集相关领域专家、国外出版机构、出版工作者等多方力量,在已有工作的基础上,整合资源,有序推进,策划启动“海外中华古籍书志书目丛刊”“海外中华古籍珍本丛刊”两大海外中华古籍回归工程,目前已经出版了《西班牙藏中国古籍书录》《美国埃默里大学神学院图书馆藏中文古籍目录》《普林斯顿大学图书馆藏中文善本书目》等。截至 2017 年，"海外中华珍贵古籍调查项目"录入采集近 2 万部古籍书目信息、4000 余幅书影；加工海外中华古籍数据 30 余万条，通过验收 20 余万条。此外，针对古籍数字化合作，中国国家图书馆在通过购买图书馆数据库的方式进行合作的同时，努力尝试通过专项经费开展数字化合作。

综观世界主要国家图书馆信息化建设的实践可以看出：第一，各国的国家图书馆都紧密跟踪 IT 技术的发展，并努力把最新的信息技术和图书馆传统专业技术相结合，应用到图书馆业务和服务之中。第二，各国的国家图书馆与国家信息化发展交织，相互促进，国家的信息化发展战略直接影响到国内各个行业的信息化发展。欧洲一些老牌的国家图书馆，在数字图书馆发展中起步较早，但是由于本国信息化发展战略方向选择失误，导致本国信息化水平明显滞后，其国家图书馆的信息化发展已经落后于世界主要国家图书馆的发展；而几个主要的大国都更重视信息技术发展和图书馆在国家信息化中的作用，这些国家的国家图书馆在该国的信息化中占有了更重要的地位。第三，各国的国家图书馆都非常重视自身数字资源建设。第四，各国的国家图书馆都非常重视对内和对外共享合作。共享合作是信息社会中最显著的特征之一，对内加强与图书馆相关各行各业的合作，对外加强图书馆界和国家间的图书馆联盟合作，是各国国家图书馆紧跟信息化时代进行自身建设的重要内容。

第四节　中国国家图书馆信息化建设发展展望

互联网时代已经到来，信息社会正在形成，国家信息化快速发展，特别是党的十八大以来，以习近平同志为核心的党中央高度重视网信事业的发展。国家图书馆作为信息社会权威信息资源的主要提供者，必然要发展成为全国性的数据中心、信息中心和知识中心，形成一套完整的数据、信息和知识的定位和服务系统，为丰富完善信息服务，繁荣发展积极向上的网络文化，推动信息内容、技术、平台、人才的共享融通发挥重要作用。换句话说，它应是整个数字空间信息互联、汇集和交互的中心，实现新数字世界的"为人找书""为书找人"，满足未来人们高级精神文化需求。国务院于 2016 年 12 月印发了《"十三五"国家信息化规划》。为顺应信息社会发展，紧跟国家信息化发展的步伐，中国国家图书馆应重点从以下几个方面开展信息化建设。

一、加大对新型网络信息资源的收集与保存力度

在信息时代，网络信息资源等新型资源的收集与保存应成为国家图书馆核心数据资源体系建设的重要内容。应当全面系统地采集和保存国内互联网信息资源，有重点地采集和保存国际网络信息，实现网络信息的长期保存、长效可用，提高网络信息的分析能力和利用水平，为政府决策、企业经营、网络安全和人民生活提供重要的信息素材。

互联网信息的采集和利用是国家图书馆面临的新时代重要课题之一，涉及复杂的政策、法律、经济、技术和管理等多方面的因素，除规模大、投入大、复杂度高、持久性强等特点外，自身业务也要在采集政策、采集流程、采集方式、服务类型等方面创新性地开展工作。

第一，中国国家图书馆要从理念意识上充分认识到该类资源对自身及全国图书馆界的意义和价值，积极从法律政策层面争取互联网资源保存和利用的职能定位。

第二，广泛开展多机构协作，并在实际工作中完善相关标准规范，完善不同类型互联网资源编目工作规范与元数据规范等。

第三，持续跟踪、分析、研究互联网发展及互联网资源的动态变化。

第四，建立科学的、可持续的互联网资源评价体系，优先选择重要的互联网资源进行采集及保存保护，依靠资源评审分级机制，通过选择性采集和全域采集相结合的方式对互联网资源进行采集保存。

第五，加强资源组织分析，可进行细粒度资源垂直典藏与揭示。

二、深入开展数字资源整合与揭示

图书馆数字资源的构成和分类比较复杂。从资源建设方式上看，主要有五种方式：一是馆藏资源数字化，二是自建数据库，三是商业型信息资源数据库的采购，四是网络资源采集与开发，五是建立网络信息资源导航或信息门户[46]。从

资源种类和内容上来讲,主要有电子图书、电子期刊、电子报纸、学位论文、会议论文、音频资料、视频资料等。从阅读渠道和手段上来讲,主要有互联网资源、移动阅读资源、电子阅读器资源、触摸屏资源、数字电视资源等。

数字资源整合是一种对原生和转换的数字资源进行优化组合达到可高效利用的状态,即对分散无序、相对独立的数字对象进行类聚、融合和重组,使其重新组织为一个新的有机整体,形成一个效能更好、效率更高的新的数字资源体系。其目的是更好地揭示资源,以实现各类资源内容间的无缝关联和透明访问,同时将资源纳入统一的文献信息服务体系中,做到资源与服务的无缝结合,从而为用户提供高效率、个性化的优质服务。

图书馆的优势是可把分散、无序的各类文档资源成功地整理为专业分类、有序存放和高效提取的图书馆馆藏资源。但是在信息化社会中,数字资源整合和揭示的广度、难度和时效上都对图书馆提出了前所未有的挑战,中国国家图书馆必须开拓新思路,探索新机制,寻求将各种结构化、半结构化和非结构化数据资源进行统一整合、分析、处理的新途径,实现对多种载体、多种类型、分散异构的数据资源的融合、聚类与重组,使资源从单一类型、元数据层面的揭示转换为全类型、全文数据的统一资源发现与揭示。

三、加强数字资源的长期保存技术研究和体系建设

中国国家图书馆肩负着国家文化资源战略保存保护的使命,新时代,数字资源长期保存关系国家的文献保护和文化传承,做好数字资源长期保存工作具有重大而深远的意义。数字资源有着纸质资源无法比拟的快捷、便利、灵活,同时数字资源又存在天然的脆弱性,它易受到保存介质、保存环境、保存状态等主客观因素的影响。

数字资源长期保存是费用高、耗时长、多层面、跨领域的复杂工程。中国国家图书馆提升数字资源的长期保存和永久利用能力,首先,启动数字资源长期保存战略计划,促进长期保存工作健康、有序、顺利进行。其次,组织和构建全面、经济、合法、有效的保存政策,积极促进法律法规和标准体系建设。再次,关注长期保存的最新技术,关注先进的保存介质,也要注重保存格式的通用性和国际标准性,还要建立长效合作机制和联合保存体系,最终建设完备的、适合我国国情

的数字资源长期保存体系;此外,与政府、出版商、相关企业进行持续不懈的密切合作与努力。最后,创新服务方式,实现图书馆对人类文明特别是原生数字文明的永久保存和服务。

四、构建知识组织和知识服务网络

图书馆基本职能是完成资料的采集、编目、整理、保存与服务,服务范围局限在资料的外部特性,其不产生新的知识。随着信息时代的开启,数字资源可以方便地被检索和获取,图书馆不仅可以提供权威信息存储和检索服务,在丰富的数字资源基础上,在新技术手段的支持下,其服务空间可以深入文献内部,提供服务的粒度不仅可以详细到一个片段、一个公式等,也可以粗放到通过大数据分析获得学科脉络、研究热点等。同时,用户已不再满足于图书馆提供的资料和文献支持,而是需要数字图书馆提供知识服务,大众创新和国家智库的建设更要求数字图书馆实现从资源组织向知识组织的跨越。

作为信息集散地和知识传播主阵地的国家图书馆,应充分利用数据整合、数据挖掘、智能搜索、知识组织和知识发掘等多种技术手段,建立面向市场需求、适应变化和灵活深入的知识组织与服务机制;推进基于知识关联的资源整合,实现馆藏信息资源组织重点从文献层转向内容层和关系层,建立基于内容的立体化、多元化知识网络,全面提升知识服务能力;结合馆藏优势和用户的知识需求,深度挖掘各类信息资源,以资源的多维整合与深度揭示为重点,再现知识关联,形成有机的知识网络,实现真正意义上的信息服务到知识服务的转变。

图书馆是一个古老的行业,有一套完整和规范的采集、编目、典藏和服务的流程,在历史的长河中拥有重要的社会地位。随着信息化时代的开启,作为天然从事信息搜集、整理、加工、保存工作的图书馆,不断进行适应、调整和创新,60年代的自动化、70年代的网络化、80年代的电子化,直至90年代以后正式进入数字图书馆时代,图书馆顺应时代变化完成了一次次华丽转变。颠覆性的技术促使以中国国家图书馆为龙头的中国图书馆行业向前迈出了一大步,探索之旅总是充满新奇,唯有洞察和拥抱新变化,才能适应时代,拥有未来。

参考文献

［1］曾虎,王大军.八国首脑发表《全球信息社会冲绳宪章》［N］.新华通讯社,2000-07-22. ［2018-06-06］.http://news.sina.com.cn/world/2000-07-22/110316.html.

［2］中国工程院信息与电子工程学部.中国信息化持续发展战略研究［M］.北京:科学技术文献出版社,2007:1-2.

［3］［8］中共中央办公厅,国务院办公厅.《2006—2020年国家信息化发展战略》(全文)［EB/OL］.［2018-06-06］.http://www.chinanews.com/news/2006/2006-05-08/8/726880.shtml.

［4］国家信息化体系要素［EB/OL］.［2018-06-06］.http://www.cnitpm.com/pm/7715.html.

［5］［13］Library of Congress.Library of Congeress strategic plan 2016—2020［EB/OL］.［2018-06-07］.http://www.loc.gov/portals/static/about/documents/library_congress_stratplan_2016-2020.pdf.

［6］［9］［21］British Library.British Library 2020 vision［EB/OL］.［2018-06-06］.http://www.bl.uk/aboutus/stratpolprog/2020vision/2020A3.pdf.

［7］［34］国立国会図書館.国立国会図書館中期ビジョン「ユニバーサル・アクセス2020.［EB/OL］.［2018-06-06］.http://www.ndl.go.jp/zh/aboutus/vision2020.html.

［10］陈瑞均,程燮.图书馆在"信息高速公路"中的地位与作用［J］.图书馆杂志,1994(6):30-31.

［11］沙志龙.国内外数字图书馆建设的现状及其发展趋势［J］.情报探索,2007(8):28-30.

［12］刘芳.关于美国国会图书馆战略规划研究的思考［J］.图书馆学研究,2012(2):27-32.

［14］The Library of Congress.About the collections［EB/OL］.［2018-06-06］.https://memory.loc.gov/ammem/about/about.html.

［15］The Library of Congress archived Web sites［EB/OL］.［2018-06-14］.https://www.loc.gov/websites/.

［16］世界数字图书馆.特选条目［EB/OL］.［2018-06-14］.https://www.wdl.org/zh/.

［17］Department for Digital,Culture,Media & Sport.UK Digital Strategy 2017［EB/OL］.［2018-06-06］.https://www.gov.uk/government/publications/uk-digital-strategy/uk-digital-strategy#connectivity---building-world-class-digital-infrastructure-for-the-uk.

［18］STEPHENS A.Working towards the British Library's strategic objectives for the year 2000［J］.Library Management,1995(16):12-17.

［19］British Library.New Strategy Directions［EB/OL］.［2018-06-06］.http://www.bl.uk/pdf/

strategy. pdf.

[20] British Library. Redefining the Library：The British Library's Strategy 2005 –2008［EB/OL］. ［2018 – 06 – 06］. https：//www. bl. uk/aboutus/stratpolprog/strategy0811/blstrategy2005 2008. pdf.

[22] British Library. Growing Knowledge：The British Library's Strategy 2011 – 2015［EB/OL］. ［2018 – 06 – 06］. https：//www. bl. uk/aboutus/stratpolprog/strategy1115/strategy1115. pdf.

[23] British Library. Living Knowledge：The British Library 2015-2023. ［EB/OL］. ［2018 – 06 – 06］. http：//www. bl. uk/projects/living-knowledge-the-british-library-2015-2023.

[24] BAILEY S,THOMPSON D. UKWAC：Building the UK's first public Web archive. D-Lib Magazine ［EB/OL］. ［2018 – 06 – 06］. http：//www. dlib. org/dlib/january06/thompson/ 01thompson. html.

[25] Wikipedia. UK Web Archiving Consortium［EB/OL］. ［2018 – 06 – 06］. https：//en. wikipedia. org/wiki/UK_Web_Archiving_Consortium.

[26] British Library. The British Library's Strategy 2008-2011［EB/OL］. ［2018 – 06 – 06］. https：//www. bl. uk/aboutus/stratpolprog/strategy0811/strategy2008-2011. pdf.

[27] 宋菲.澳大利亚国家图书馆 2012—2014 年战略方向声明［J］.图书情报工作动态,2012 (10)：1 – 3.

[28] National Library of Australia. NLA Corporate Plan 2016 – 2020［EB/OL］. ［2018 – 06 – 06］. http：//www. nla. gov. au/corporate-documents/corporate-plan-2016-2020.

[29] National Library of Australia. About PANDORA［EB/OL］. ［2018 – 06 – 14］. http：//pandora. nla. gov. au/about. html.

[30] National Library of Australia. Learn About Trove［EB/OL］. ［2018 – 06 – 14］. https：//trove. nla. gov. au/.

[31] National Library of Australia. About PADI［EB/OL］. ［2018 – 06 – 14］. http：//pandora. nla. gov. au/pan/10691/20110824-1153/www. nla. gov. au/padi/about. html.

[32] National Library of Australia. NLA Information Technology Strategic Plan 2018 – 2022［EB/ OL］. ［2018 – 06 – 06］. http：//www. nla. gov. au/policy-and-planning/information-technology-plan.

[33] 国立国会図書館. 私たちの使命・目標 2012—2016［EB/OL］. ［2018 – 06 – 06］. http：// www. ndl. go. jp/jp/aboutus/mission2012. html.

[35]［42］国立国会图书馆.电子图书馆(数字图书馆)项目的概要［EB/OL］. ［2018 – 06 –

06］. http：//www. ndl. go. jp/zh/aboutus/dlib/index. html.

［36］国立国会図書館. 統計（Statistics）［EB/OL］.［2018 – 06 – 06］. http：//warp. da. ndl. go. jp/info/WARP_statistic. html.

［37］国立国会図書館. ひなぎくは震災の記録等のポータルサイトです［EB/OL］.［2018 – 06 – 14］. http：//kn. ndl. go. jp/#/.

［38］国立国会図書館. NDL-Search［EB/OL］.［2018 – 06 – 14］. http：//iss. ndl. go. jp/？locale = en.

［39］国立国会図書館. NDL Digital Collections［EB/OL］.［2018 – 06 – 14］. http：//dl. ndl. go. jp/.

［40］国立国会図書館. Current Awareness Portal［EB/OL］.［2018 – 06 – 14］. http：//current. ndl. go. jp/en.

［41］国立国会図書館. Research NAVI［EB/OL］.［2018 – 06 – 14］. http：//rnavi. ndl. go. jp/rnavi/english. php.

［43］国立国会図書館. National Diet Library Law［EB/OL］.［2018 – 06 – 14］. http：//www. ndl. go. jp/en/aboutus/laws. html.

［44］陈瑜. 日本国立国会图书馆数字图书馆发展研究［J］. 图书馆理论与实践,2016(4)：87 – 91.

［45］申晓娟. 国家图书馆"十三五"发展规划概要［J］. 数字图书馆论坛,2016(11)：2 – 11.

［46］胡渊. 数字图书馆信息资源建设研究［D］. 西安：陕西师范大学,2006：35 – 40.

（执笔人：王乐春　钟晶晶　雷蕾）

第七章　国家图书馆与图书馆事业发展

国家图书馆具有良好的业务传统,不仅在服务方式和内容上不断自我创新,同时推动整个图书馆事业科学发展,推动图书馆技术研发与技术进步,推动国家图书馆与国际专业组织友好合作,促进全球图书馆事业共同发展。随着图书馆发展环境、工作方式、信息资源组织方式以及用户服务形式日新月异,服务对象需求的不断变化催生了图书馆的新兴业态。在数字化网络化发展的今天,图书馆的业态呈现出传统图书馆的物理馆藏空间与网络数字空间日益融合的重大变化。在这样的背景下,国家图书馆就需要认清其肩负的使命,准确把握其社会职能的变化方向,对行业发展起到引领性的作用。

第一节　国家图书馆在图书馆事业中的地位与作用

在现代社会中,国家图书馆在各国图书馆事业的发展中均处于十分重要的地位。国家图书馆是一个国家重要的公共文化服务机构,在社会文化建设中举足轻重,同时国家图书馆也是一个国家文化事业的象征和代表,是图书馆事业体系中的龙头[1],是国家间文化交流的使者,正确认识国家图书馆在图书馆事业中的地位是更好地发挥国家图书馆社会职能的保证。

一、国家图书馆在图书馆事业中的地位

国家图书馆不仅肩负着保存人类文化遗产、传承文明、传播知识、推广先进文化、开展社会教育、提高民众素质、促进社会文明的重任,还在图书馆事业发展进程中,积极发挥着引领、指导和协调全国各级各类图书馆协同发展的作用,是整个图书馆事业网络的关键节点,它体现着一个国家图书馆业务的最高水平,在图书馆事业中处于核心地位。

1. 在国家图书馆事业中的地位

国家图书馆是所有图书馆类型中的第一类,是一个国家图书馆事业发展的龙头。国家图书馆在自身事业发展中,处于主导、核心和协调内部各项业务发展的地位。国家图书馆对整个国家的图书馆事业起到标杆和表率的作用,国家图书馆的发展水平代表了一个国家的图书馆事业发展水平,发展国家图书馆事业是发展整个国家的图书馆事业的重要部分。国家图书馆作为国家总书库、书目中心以及全国图书馆事业发展中心的地位是不可动摇的,主要表现为:国家图书馆在图书馆事业发展过程中,致力于承担对国家文献信息资源的保障,开展社会教育,支持国家的科研活动以及公众日常的文化、信息需求的责任。

另外,国家图书馆的具体实践活动也体现了其作为国家图书馆事业中心的领导和协调等作用。如法国国家图书馆依据 1994 年 1 月 3 日发布的政令,规定其必须"编目、保存和开发国家遗产……使藏品可用于研究和合作"[2]。从该国国家图书馆的定位可看出,一切工作的最终目的是使资源可用于"研究"与"合作",从而使该馆的事业得到长足有效的良性发展。中国国家图书馆是国家总书库、国家书目中心、国家古籍保护中心和国家典籍博物馆,履行国内外图书文献收藏和保护的职责,指导协调全国文献保护工作;为中央和国家领导机关、社会各界及公众提供文献信息和参考咨询服务;开展图书馆学理论与图书馆事业发展研究,指导全国图书馆业务工作[3]。中国国家图书馆自身的定位中,也体现了指导、协调全国各种类型图书馆的多项业务工作的职责。例如,中国国家图书馆组织开展全国范围内的图书馆及文化事业发展中长期规划研究,编制了《"十三五"时期全国公共图书馆事业发展规划》[4],参与《"十三五"时期全国古籍保护工作规划》[5]制定。此外,参与了《全国基层文化人才队伍培训"十三五"规划》的研制工作,制定了《全国图书馆标准化工作"十三五"规划》,还组织开展图书馆事业发展状况调查与研究,编纂《中国图书馆事业发展报告》,编制《中国公共图书馆事业发展基础数据概览》,组织编纂《中国图书馆年鉴》《国家图书馆年鉴》等,在开展图书馆事业的相关研究方面,处于引领和中心的地位。

2. 在国际图书馆事业中的地位

国家图书馆是国际图书馆事业网络中的关键节点,体现着一个国家图书馆业务的最高水平,在开展国际图书馆相关业务、项目合作与文化交流的过程中,担当主要角色,是国际图书馆事业的中坚力量。从世界主要国家的国家图书馆的发展趋势来看,各国图书馆日益重视对非印本文化遗产的传承与保护,不断应用现代信息技术,积极发展业内外合作,进而不断提升图书馆在开放信息世界中的影响力。

各国国家图书馆的战略规划、法律法规等文件中表明了国家图书馆在国际图书馆事业中的重要地位,包括国家图书馆代表本国图书馆权益,在加强国内图书馆事业建设的过程中,积极地与国外图书馆开展各种类型的合作,促进国际图书馆事业的发展繁荣。如中国国家图书馆的"十三五"规划纲要中,明确提出"积极履行国家图书馆代表国家执行有关对外文化协定、开展对外文化交流的职能,参与有关国际组织和行业组织的活动,不断拓展国际合作领域和合作范围"[6]。中国国家图书馆与美国国会图书馆签署了数字图书馆协议,成立"东亚文献资源国家合作联盟"[7],这种国家级的图书馆合作交流,有力地促进了国际图书馆事业的发展,特别是在信息资源共建共享上和图书馆技术发展趋势的把握上发挥了重要的作用。澳大利亚《国家图书馆法》规定"澳大利亚国家图书馆的职责是代表联邦从事以下活动:在图书馆事务方面(包括推动图书馆科学的进步)与国内外的图书馆相关机关和个人进行合作"[8]。《新西兰国家图书馆法》规定"国家图书馆的宗旨是补充和促进新西兰其他图书馆的工作,与其他具有相同宗旨的科研机构进行合作,包括国际图书馆界成员"[9]。芬兰的《大学法》规定"芬兰国家图书馆负责为大学图书馆、公共图书馆、特殊图书馆等提供服务,促进国内及国际图书馆事业合作"[10]。

二、国家图书馆在图书馆事业中的作用

关于国家图书馆在图书馆事业中的作用,联合国教科文组织在 1976 年召开的国家图书馆馆长会议中已做了明确的界定[11]。国家图书馆在世界各国的图书馆事业中均发挥着十分重要的作用,在一个国家的图书馆事业的各个方面都举足轻重:在国家图书馆制度体系中发挥中心作用,在国家图书馆业务建设中发挥榜样和标杆的作用,在国家图书馆事业中发挥着职业指导中心的作用,在国际交流中发挥着枢纽作用。

1. 制度体系中心作用

国家图书馆在图书馆制度体系中发挥着中心的作用。制度建设对全国图书馆事业的发展十分重要：一方面，它指导了图书馆各项业务的开展，在业务流程、实施细则和技术制度等方面都做出了详细的规定，对图书馆的资源建设、信息服务、行业协同发展以及信息服务等方面都发挥了指导作用，以确保各项业务规范化、标准化地进行；另一方面，它确保了图书馆组织的正常运行，组织管理制度、人事制度、财务制度等为图书馆的人员配置和经费支持提供了基本的制度保障，使图书馆能够有效、正常地运作。

图书馆制度是"图书馆事业稳健发展的保障，它将规范图书馆运行与图书馆工作，是图书馆办事规程和图书馆工作人员与读者利用图书馆的行动准则"[12]。它既包括在一定历史条件下形成的图书收藏、读者服务、图书馆管理等方面的整体体系，也包括图书馆在长期实践中逐渐形成，现在仍在使用的图书馆运行规程、操作规则、行为准则等，如图书馆法、图书馆规程、条例、章程、标准、宣言、公约、准则、办法等，它还包括图书馆未来的发展需要，如发展战略规划等。一方面，国家图书馆主动围绕图书馆事业和文化事业发展的重大制度及政策问题开展调研，为政府文化主管部门科学决策和图书馆制度创新提供参考，例如，中国国家图书馆为推动国家公益性文化事业体制机制创新，积极组织开展和实施公共文化机构法人治理结构改革工作，在公共文化机构法人治理结构试点单位调研法人治理结构工作进展等；另一方面，国家图书馆积极参与图书馆法规、政策、标准等的调研、意见征集、讨论、制定、实施工作，具体可以分为国家政策、行业规范、组织规章、战略规划四大类。国家政策规范了本国图书馆组织管理、业务工作、事业发展等各个方面的基本思想。行业规范为明确国家图书馆的发展方向、加强国家图书馆的社会适应性、协调馆际活动、规范业务工作、促进全国性图书馆事业的发展发挥了重要作用。组织规章是图书馆管理工作的基础，是全馆工作者必须遵守的劳动行为规范的总和。战略规划能够引导国家图书馆应对变化、把握未来，实现图书馆的科学管理，并促进与各利益相关者的合作与沟通，有效地宣传图书馆的社会价值和经济价值，引导社会公众有效地利用图书馆资源。国家政策、行业规范、组织规章、战略规划等方面的内容有机构成了全国图书馆事业发展的制度体系，它们之间相辅相成、共同作用，均不可或缺。如中国国家图书馆受文化部公共文化司委托,围绕《中华人民共和国公共图书馆法》《中华人民共和国公共文化服务保障法》开展立法支撑研究,并且启动《古籍保护条例》立法相关的调查研究工作,为我国图书馆各项事业发展加强制度依据。

2. 业务引领作用

国家图书馆在图书馆事业业务建设中发挥着榜样和标杆的作用,是其他各类型图书馆开展业务的典范。一方面,国家图书馆是一个国家的中央图书馆,自身具备良好的业务传统,拥有最为先进的技术、最优秀的专业人才,能为整个国家其他图书馆的业务开展起到示范性作用;另一方面,国家图书馆避免了图书馆业务大而全的普及,而是侧重业务的示范效应,建立高端样板,在与其他类型图书馆合作开展项目、建立联盟的过程中起到标杆作用,从而带动整个行业发展。

总体来说,国家图书馆对一国图书馆事业的业务指导作用覆盖资源建设、读者服务、图书馆管理等各个方面,具体体现在馆藏政策、联合编目、数字资源建设、办公自动化、相关标准化建设、图书馆规划、学术研究成果出版等方面的指导。1970 年,联合国教科文组织通过的《关于图书馆统计国际标准化的建议》中,提出"国家图书馆,不管其名称如何,是负责收集和保存本国出版的所有重要的出版物,并担负国家总书库职能的图书馆"[13]。1976 年 8 月联合国教科文组织召开的国家图书馆馆长会议提出"国家图书馆应是图书馆事业的首要推动者,各类型图书馆的领导。国家图书馆应在全国图书馆工作的各项规划中起中心作用"[14]。即在图书馆事业整体业务指导中承担必要的中心图书馆服务、领导国家图书馆事业中的成员单位、参与制订图书馆行业发展规划。澳大利亚、丹麦、瑞典、新西兰、芬兰、韩国等国,或有专门的国家图书馆法对国家图书馆进行定位,或是在图书馆法中将国家图书馆单独列出。ISO 的标准中对国家图书馆的定义是:"负责获取和保管与图书馆所在国的所有文献资料副本的图书馆。"ISO 对国家图书馆的定义指出,国家图书馆通常履行以下全部或部分职责:"编制全国总书目;拥有并更新一个大型的有代表性的外国文献馆藏,包括与所在国有关的书籍;作为国家书目信息中心;编制联合目录;指导其他图书馆的管理并/或推动图书馆之间的合作;协调研发服务等。此处定义的'国家图书馆'在同一个国家中允许存在一个以上。"[15]该标准赋予了国家图书馆指导、协调其他图书馆的管理和研发服务等内容的职责,是国家图书馆在自身事业发展中所处地位的直接体现。《中华人民共和国公共图书馆法》第二十二条中,对中国国家图书馆的职能进行了明确规定:"国家设立国家图书馆,主要承担国家文献信息战略保存、国家书目和联合目录编制、为国家立法和决策服务、组织全国古籍保护、开展图书馆发展研究和国际交流、为其他图书馆提供业务指导和技术支持等职能。国家图书馆同时具有本法规定的公共图书馆的功能"[16]。韩国的《图书馆法》中规定"国家图书馆有对图书馆馆员教育培训和对国内图书馆的指导、支持及合作的义务"[17]。瑞典《关于瑞典皇家图书馆章程的条例》中规定"瑞典皇家图书馆不仅要负责国内图书馆自动化系统 LIBRIS 的建设,还需负责协调研究型图书馆在文献传递、信息技术服务的使用和发展等领域的馆际合作,分析瑞典研究型图书馆的发展"[18]。美国国会图书馆 2016—2020 年战略规划中明确提出该馆成为"国家级和国际级的图书情报学的最佳实践馆"的使命[19]。而同样作为美国国家图书馆之一的国家医学图书馆的职能中,明确提出该馆作为一个全国性的公共信息资源中心,为患者和家庭提供可靠的卫生信息,出版印刷电子健康科学指南信息形式的目录、参考书目、索引、在线数据库,支持医学图书馆发展和生物医学图书馆员培训和其他健康专家的信息等[20]。

3. 职业指导作用

国家图书馆在图书馆事业中发挥着职业指导中心的作用。图书馆事业的发展离不开图书馆专业人才的培养、图书馆学专业教育的开展,国家图书馆作为一个国家图书馆事业的推动者,应当积极发挥其职业指导中心的作用,担当起"领衔人"和"组织者"的角色,促进图书馆职业发展,引领图书馆专业教育,开展与时俱进的图书馆职业生涯规划。国家图书馆需要在馆员交流和共享专业发展领域中发挥积极的作用,为图书馆事业发展推波助澜,通过科学管理理念的引领,促进图书馆员职业生涯发展。图书馆职业的发展离不开完善的组织与科学的管理,国家图书馆作为国家图书馆事业的职能中心和指导中心,理应积极发挥其组织者作用,有效促进图书馆职业的发展。国家图书馆应该着眼于国际,立足于本国的文化、历史与社会性质,积极倡导与推进图书馆职业规范的制定与实施。国家图书馆首先要对本馆工作人员的行为规范做出规定,为图书馆员职业行为提供具体的标准,明确国家图书馆馆员的职责,为国家整体图书馆事业提供示范作用并起到引导作用。在本国图书馆协会及相关组织制定出图书馆员职业道德规范后,国家图书馆要积极组织实施并大力倡导,以此推动图书馆职业规范的推进与落实,发挥职业指导中心作用,从而促进整个图书馆事业的发展。

中国国家图书馆在其"十三五"规划纲要中明确提出:"充分发挥国家图书馆在全国图书馆事业发展中的示范引领作用,加强与各级各类图书馆和其他公共文化机构的联系与合作,共同推进现代公共文化服务体系建设。"[21]根据韩国的《图书馆法》中第18、19条对国家图书馆的规定,该国国家图书馆对该国文化观光部部长负责,并履行以下各项业务:(1)依据发展规划有关细则开展工作……(5)图书馆员的教育培训和对国内图书馆的指导、援助及协作……[22]其中,就有对图书馆员的教育培训的义务之明确规定。可见,国家图书馆应该依据自身的服务基础、用户需求,通过制度创新,主动承担图书馆职业相关业务能力的培训,确保本国的图书馆员在职业道德、业务知识、管理能力、文化素质和服务能力等方面具有较高水平,从而保证高水平的图书馆服务质量。

4.国际交流枢纽作用

国家图书馆是国际交流的枢纽,承担有国际教育、科学和文化交流等方面的职能。虽然不同国家对国家图书馆在国际交流中的定位有所不同,但从世界各国国家图书馆相关的法律、法规来看,都强调了国家图书馆在国际交流中的中心枢纽地位。例如,中国国家图书馆"十三五"规划纲要中,明确提出要"配合中国对外文化交流合作的总体战略,特别是'一带一路'国家战略,主动策划国际交流活动,巩固和加强与周边国家、重点地区国家图书馆间的双边与多边交流机制,筹建丝绸之路国际图书馆联盟和丝绸之路数字图书馆,推动申办国际图联大会,办好亚大地区国家图书馆馆长会议,在国家对外文化交流总体框架下不断加强中国图书馆事业的对外宣传与推广,推进中华文化的对外传播与交流"[23]。美国国会图书馆2016—2020年战略规划中,明确提出要"与世界各地的机构、同行和新伙伴合作,为了分享馆藏,资源和专业技能"[24]。韩国的《图书馆法》第18、19条中规定该国国家图书馆对该国文化体育观光部部长负责,并履行以下各项业务:"(6)与外国图书馆的交流协作……"日本国立国会图书馆2012年7月制定了《我们的使命与目标2012—2016》,并在其中期目标下分别制定了"战略目标"(4-2)中规定"推进国际合作与相互协助",密切联系世界各国的国立图书馆、议会图书馆、图书馆相关机构以及其他国际机构,加强信息共享与交换,并推进电子信息时代的国际合作事业。上述国家都在相关法律或具有法律效力的规划文本中明确了国家图书馆作为国际交流枢纽的作用。从具体开展业务的例子来看,2017 年,中国国家图书馆配合"一带一路"建设,围绕国家内政外交热点问题,加强与其他国家和地区图书馆的交流合作,全年共接待来访 45 批次 354 人次,组织出访 21 批次 59 人次;举办第 25 届亚洲及大洋洲地区国家图书馆馆长会议和第 2 届中国与阿拉伯国家图书馆及信息领域专家会议;参加第 83 届国际图联大会、全球博物馆主题活动及相关专业领域国际会议 9 次,大会发言 4 人次,外事工作对事业发展的促进作用进一步增强。此外,中国国家图书馆还与巴西、俄罗斯、印度、南非共同签署意向书,正式成立金砖国家图书馆联盟,与厄瓜多尔、白俄罗斯、哈萨克斯坦、毛里求斯国家图书馆确立合作意向,与英国国家图书馆合作举办展览等,着力推进中华传统文化的国际传播。国家图书馆通过履行自身职能和参与国际组织的合作共建项目来不断提升本国图书馆事业的影响力和国际竞争力。

第二节　国家图书馆与政策、法律及标准化

图书馆事业发展需要相关法律、法规和政策作为建设方向、行动规范和准则,以保障图书馆服务的提供和各项活动的开展。在一个国家的图书馆系统中,国家图书馆引领和协调全国图书馆事业发展,在图书馆的相关法律、法规和政策的制定和颁布过程中,国家图书馆起着重要的作用。标准化是为了在一定范围内获得最佳秩序,对现实问题或潜在问题制定共同使用和重复使用的条款的活动[25]。国家图书馆对一国图书馆事业发展的影响力通过促进事业的标准化得以彰显,通过标准化工作落实其职能价值。图书馆标准化是高速发展图书馆事业,提高图书馆服务质量和工作效率,充分利用图书馆的资源,提高图书馆经济效益与社会效益的一种重要手段。开展图书馆事业发展研究与业务研究,为国家制定图书馆事业发展政策提供建议,组织制定图书馆标准、规范,促进本国图书馆事业的标准化、规范化和专业化,是国家图书馆的重要职能。

一、国家图书馆与政策法律

国家图书馆在整个图书馆事业中占有独特的地位,在与图书馆政策与法律

的制定和颁布中发挥着强有力的主导作用,同时在图书馆法律政策执行的过程中同样肩负着一定的历史责任。文化政策法律和图书馆政策法律是国家图书馆与政策法律相关的两个主体部分,其中文化政策法律具有更广泛的适用范围,是国家图书馆在整个社会公共文化服务体系中作用的具体体现,图书馆政策法律是图书馆事业持续稳定发展的保证。

1. 文化政策法律

国家图书馆是国家文化政策法律的有力推动者和智库,依托自身资源、技术以及人力资源的优势,国家图书馆能为国家的文化政策提供咨询参考,并成为主要的协调单位,在推动国家的公共文化政策上发挥着重要作用。国家图书馆在这方面具有优势条件,在探索图书馆发展规律,推动图书馆政策发展方面也能够发挥重大作用。

中国国家图书馆在与文化相关的政策方面,主要的举措包括:一是通过本馆当选全国人大代表和政协委员的干部员工,通过提案、议案等形式,就文化领域发展的重点、难点问题,如国家文献战略储备体系建设、民国时期文献保护工作、国家记忆资源传承和发展、网络信息资源采集与保存等,向全国"两会"提出意见、建议,参与全国人大和全国政协组织开展的有关调查研究工作;二是接受各级政府主管部门委托开展公共文化政策研究,形成研究报告及相关政策建议,包括围绕公共文化机构法人治理结构改革、公共文化行业标准化发展、国家文献战略储备体系建设、公共文化服务体系示范区制度设计等开展调查研究,起草政策文件建议草案等;三是积极参与《中华人民共和国公共文化服务保障法》《中华人民共和国文化产业促进法》《中华人民共和国著作权法》《全民阅读条例》等文化领域相关立法工作,组织开展立法支撑研究,围绕法律文本中有关图书馆的内容提供参考建议等。

美国国会于 2003 年批准美国国会图书馆提出的"国家数字信息基础设施和保存计划"(NDIIPP),美国国会图书馆与其他联邦机构和图书馆等部门合作,为数字保存提供技术支持。NDIIPP 是由美国国会图书馆发起的保存数字资源的联合行动。该计划是 1998 年由负责评估美国国会图书馆在数字化环境下角色与责任的高级管理人员提出的数字化策略,组建了"国家数字化策略顾问委员会"。与此同时,美国国会图书馆馆长委托美国国家科学研究院(National Academy of

Sciences,简称 NAS)下属的"国家计算机科学与通信研究委员会"评估美国国会图书馆在快速发展的数字化现实中将会面临的挑战,形成报告《21 世纪国会图书馆数字战略》(*LC21:A Digital Strategy for the Library of Congress*)。该报告建议国会图书馆与其他机构合作,发起全国性保存数字信息的联合行动。2000 年 12 月,美国国会通过法案(Public Law 10 - 554)建立 NDIIPP 计划,并拨款 1 亿美元,以确保该项计划的实施。NDIIPP 是一个公共服务计划,可看作"美国记忆"项目的继续,但规模更大,范围更广。它的目标与美国国会图书馆的使命一致,即为子孙后代维护和保存拥有全世界知识和创造力的资源库。正如毕灵顿所言,美国国会图书馆与其他机构各种形式的合作,都是为了致力于保存本国的文化和历史遗产。此外,在美国国会图书馆 2016—2020 年战略规划中,该馆的一个核心功能是支持美国知识产权办公室实施版权法,提供相关法律、政策支撑[26]。可见,国家图书馆在文化政策、法律方面的作用不容小觑。

2. 图书馆政策法律

国家的图书馆政策,指的是国家指导图书馆事业的重大决策,是决定一个国家的图书馆的性质、标示图书馆事业的发展方向、指导图书馆工作实践的指针。作为国家的政策,它又必须反映一个国家的政体,并与该国家的总政策相一致。2008 年,中国国家图书馆和中国图书馆学会受文化部公共文化司委托,协调和组织全国图书馆界力量,围绕《中华人民共和国公共图书馆法》开展立法支撑研究,而后进一步参与起草《中华人民共和国公共图书馆法》文本起草等工作。除此之外,中国国家图书馆还深度参与了原文化部等上级有关部门印发的《公共数字文化工程管理办法》《"十三五"时期全国公共图书馆事业发展规划》《关于推进县级文化馆图书馆总分馆制建设的指导意见》等一系列重要政策文件的研究和起草工作。同时在组织实施中华古籍保护计划、民国时期文献保护计划、数字图书馆推广工程等国家重点文化工程过程中,结合工程实施需要,组织或参与工程有关管理制度及工作规划的研制工作。作为中国图书馆学会、中国古籍保护协会、中国文献影像技术协会、全国图书馆标准化技术委员会、全国文献影像技术标准化技术委员会等行业组织的挂靠管理单位,中国国家图书馆还通过这些行业组织平台,分别参与了有关领域的行业指导文件及标准规范等的研制工作。上述规划、政策及标准规范,是中国国家图书馆指导制定图书馆事业重大决策的重要体现,是国家图书馆在政策指导中发挥核心作用的重要标志。图书馆的法律是由国家立法机关制定或认可的有关图书馆事业和图书馆活动的专门法律法规,是建立与管理图书馆的总依据,其他各类图书馆行政法规、规章制度、管理办法均依据其制定。图书馆法是调节国家与图书馆之间、图书馆与其他组织之间以及图书馆与读者之间等在图书馆活动中所产生的各种关系的法律规范,是国家领导、组织和发展图书馆事业的重要手段。

国家图书馆在一个国家的图书馆体系中起着核心和领导作用,这种独特的地位决定了它在图书馆政策法律体系中也扮演着重要角色。从国际上看,由于国家图书馆的特殊性,为其单独立法的国家并不少见,其中既有像美国、英国、德国、加拿大、澳大利亚、日本这样的发达国家,也有像巴布亚新几内亚、毛里求斯、孟加拉、特立尼达和多巴哥这样的发展中国家。此外,不少国家还制定了主要针对国家图书馆的出版物交存法。许多国家的国家图书馆目前都有较为完善的国家政策做支撑,如韩国的《图书馆法》[27]与日本的《图书馆法》[28],对全国的图书馆事业做出了总体规划与保障,并配套"图书馆法实施令",确保图书馆法的有效实施;又单独拥有本国的国家图书馆立法,如韩国的《国会图书馆法》、日本的《国立国会图书馆法》,对国家图书馆的职能、组织机构、资源建设等方面做详细的描述与规定,明确国家图书馆的职责。在欧美国家,美国通过的《国会图书馆法》[29]规定了美国国会图书馆的组成、馆长的任命与职责、各图书馆相关委员会的组成与职责等,明确了美国国会图书馆的基本建设方向;澳大利亚的《国家图书馆法》详细阐述了澳大利亚国家图书馆的设立、职责、权利、管理、财政等方面的内容,宏观上指导国家图书馆的建设与发展[30]。在法令、条例方面,瑞典的《关于瑞典皇家图书馆章程的条例》明确了瑞典国家图书馆履行相关文献管理和服务的职责,以及实行主管负责制,以馆长为主管,设立雇员纪律委员会,规范瑞典国家图书馆的组织管理、事业发展。法国的《有关法定呈缴的法令》[31],德国的《向德国国家图书馆呈缴出版物的法令》[32]、挪威的《文献法定呈缴条例》[33]、加拿大的《出版物法定呈缴条例》[34],都对交存制度做了具体的规定,一定程度上保证了国家图书馆的资源建设。此外,世界各国与国家图书馆直接或间接相关的行业规范、组织规章、战略规划等层出不穷,它们之间相辅相成、共同作用,与国家政策有机构成了国家图书馆事业发展的制度体系。国家政策是纲领性的

文件,对国家图书馆事业的发展起到保障作用;行业制度则是规范图书馆行业行
为的一系列准则,它约束国家图书馆的行为,对事业发展有着举足轻重的作用;
组织规章则是国家图书馆事业发展的基础,它明确地规定了组织运作的内部事
务,使业务工作得到标准化、规范化的管理;图书馆的战略规划则是"图书馆适应
竞争环境获取各类社会支持的重要方式",它为图书馆的发展方向做出总体设
计。制度体系的这些部分发挥着不同的作用和影响,共同促进国家图书馆事业
的发展。

国家图书馆在推动图书馆事业的政策法律组织策划方面也起着积极作用。
如中国国家图书馆在实现全国图书馆业务标准化和跨部门共享文献信息资源、
防止重复建设的图书馆政策方面发挥了重要作用。1999 年 1 月,中国国家图书
馆召集全国各行业系统的图书情报机构在北京发出《全国文献信息资源共建共
享倡议书》,并共同签署了《全国图书馆馆际互借公约》,同时积极推进图书馆事
业发展研究和政策研究,充分发挥国家图书馆的研究职能,主动为文化部、财政
部、各地文化主管部门、图书馆界全面客观了解我国图书馆事业发展状况、开展
科学决策、制定相关政策提供参考,并参与起草《公共数字文化工程管理办法》,
研制《"十三五"时期全国公共图书馆事业发展规划》,组织编制省、市、县级公共
图书馆业务规范。在图书馆政策体系的建设过程中,中国国家图书馆充分发挥
领导示范作用,围绕国家图书馆制定多元化政策,形成完善的图书馆政策保障体
系,促进中国图书馆事业的健康发展。除图书馆政策外,国家图书馆还积极推动
图书馆法律体系的建设,例如隶属于美国国会图书馆的版权局制定了包括《千禧
年数字版权法案》[35]在内的版权法律,对国内各类作品进行版权保护;中国国家
图书馆积极推进《中华人民共和国公共图书馆法》《中华人民共和国公共文化服
务保障法》《古籍保护条例》等立法进程①,参与全国图书馆事业发展中管理制度
等重要法律文件编制,为事业发展创造良好法律政策环境等。

二、国家图书馆与图书馆标准化

图书馆标准化是对图书馆事业发展和图书馆工作的技术方法等制定统一的

---

① 据国家图书馆内部资料。

原则和规范,是图书馆科学管理的重要组成部分。没有图书馆工作的标准化就没有图书馆的现代化,也就很难保证图书馆工作的高质量和高效率。因此,为了切实提高图书馆的管理水平和社会效能,图书馆标准化显得尤为重要。国家图书馆在图书馆标准化进程中不仅担负着本国的图书馆标准化工作,而且还应处理好与国际图书馆标准化的发展关系。

1. 国家图书馆与国家图书馆标准化工作

国家图书馆承担着一国文化信息传承的重要职能,国家图书馆制定的相关标准也为实现这一职能而服务,国家图书馆标准和指南是规范和指导图书馆管理的重要依据,如在充分认识到网络信息的资源性价值后,各国国家图书馆分别在网络信息资源保存领域制定相应标准。美国国会图书馆的 NDIIPP 项目、英国国家图书馆的高校研究图书馆联盟数字存档项目(CURL Exemplars in Digital Archives,简称 CEDARS)、澳大利亚国家图书馆的 PANDORA 项目、日本国立国会图书馆的 WARP 项目、丹麦皇家图书馆的 NETArchive 项目、挪威国家图书馆的 PARADIGMA 项目等都涉及相关技术标准的制定与推广[36-37]。

国家图书馆对一国图书馆事业标准化推进的影响是无可替代的,如美国国会图书馆下属的美国版权办公室、政策与标准部,德国国家图书馆的图书馆标准办公室,通过制修订标准、规范,提供最佳操作建议等方式推进其图书馆事业不断发展。美国国会图书馆、英国国家图书馆、加拿大国家图书档案馆、澳大利亚国家图书馆更是通过应用资源描述与检索标准(Resource Description and Access,简称 RDA)来推进国际的沟通与交流。1951 年,美国国家图书馆理事会(Council of National Library Association,简称 CNLA)正式承接过 Z39 发展委员会工作[38],并将之推广壮大,如 1977 年美国国会图书馆理事会下设的研究团队回顾总结了 Z39 之前的相关活动,推出 Z39.29 书目参考文献标准,为之后的标准化活动发展确立基础。韩国《图书馆法》规定,韩国国立中央图书馆承担标准化建设事项[39]。英国国家图书馆在促进国家和国际标准化发展方面,制定了包括 RDA 和 MARC21 的格式,以及促进电子商务计划(EC Initiatives)和其他的研究项目的建设。目前,英国国家图书馆虽然不再支持和发展 UKMARC 格式,但仍可在网上查询到 UKMARC 手册和 UKMARC 交换记录格式,以帮助仍在使用这些格式的图书[40]。标准化是英国国家图书馆编目策略中的一项关键因素,标准化能够促进编目机构之间书目记录的交换，以便创建更好、更迅速、更实惠的目录，英国国家图书馆在编目标准的发展、维护和传播方面发挥着积极的作用[41]。为规范 RDA 在英国的图书馆的应用和发展，英国国家图书馆制定了《英国国家图书馆 RDA 名称规范记录指南》，并与艺术图书馆协会和英国及爱尔兰其他法定存缴图书馆协作编制了《RDA 专题：展览和艺术目录》，用以指导 RDA 目录展览和艺术编目[42]。2007 年，英国国家图书馆成为国际标准关联标识符（International Standard Link Identifier，简称 ISIL）的英国国家机构，基于 MARC 组织代码为在英国本土、英国皇家属地、海外领域的图书馆或相关组织分配 ISIL，但其并不负责爱尔兰共和国的图书馆和相关组织的 ISIL 分配[43]。

中国国家图书馆为国家标准化政府组织成员，承担部分图书馆标准化工作，领衔拟制图书馆服务现代化的标准体系中各项标准，并对上级主管部门负责。全国图书馆标准化技术委员会（以下简称"图标委"）成立于 2008 年 10 月，主要负责图书馆管理、服务，图书馆古籍善本的收藏、定级、维修、保护，图书馆环境等领域标准化工作，包括研究制定图书馆专业标准化工作的规划、标准体系，提出图书馆领域国家标准、行业标准制修订计划项目及文化行业标准化研究项目建议等[44]。图标委主管部门是国家标准化管理委员会，业务指导单位为文化部，图标委秘书处承担单位为国家图书馆[45]，负责图标委日常工作，承担对标准征求意见稿、送审稿和报批稿的审查等相关工作。根据图标委制定的《全国图书馆标准化技术委员会秘书处工作细则》，国家图书馆的工作任务包括："第六条：负责标准化文件的收发、登记、处理，以及标准项目过程文件的保管和存档。受国家标准化管理委员会和文化部委托，承担新发布标准的出版、印刷、发行与宣传等组织工作。第七条：根据业界需求拟定已发布标准的标准宣贯实施意见，策划并组织标准的宣传和标准化常识的培训……第十条：负责与其他相关专业标准化技术委员会的协调工作，选派代表参加其他专业标准化技术委员会年会或重要的标准讨论会。第十一条：做好委员单位和通讯成员单位的吸收工作，核发成员单位证书，寄发标准相关资料。负责委员、通讯成员以及工作组的日常联络和管理工作……"[46]图标委第一届委员会由来自全国各级各类图书馆、高等院校、相关科研院所及图书馆相关企业的 38 名专家组成。根据国家标准化管理委员会标委办综合函〔2015〕85 号文件批复，图标委第二届委员会于 2015 年 5 月 20 日正式成立,本届委员会由来自全国各级各类图书馆、高等院校、政府组织、行业协学会的41名专家组成。

图标委成立至今,根据图书馆事业发展需求,研究制定图书馆专业标准化工作的规划、标准体系,提出图书馆领域国家标准、行业标准制修订计划项目及文化行业标准化研究项目建议,规划组建分技术委员会方案。其归口管理的标准项目已涵盖图书馆古籍保护、古籍定级、机读目录格式、机读规范格式、馆藏资源数据加工、公共图书馆服务等多个领域。图标委不仅仅限于对图书馆标准化进行研究,还承担了文化部调研课题——《文化行业标准化工作现状与趋势研究》。该项目在调研文化部所属8个标准化(分)技术委员会开展工作现状及国外文化领域标准化工作现状的基础上,对文化行业标准化工作中存在的问题做出梳理,并针对这些问题提出解决方案,形成课题报告,该项目已于2011年9月顺利结项。此外,图标委还承担国家质检公益性行业科研专项项目——《乡镇(社区)图书馆管理标准研究》,该项目在全面调研我国乡镇社区图书馆建设与服务现状的基础上,结合国外基层图书馆发展经验,形成我国乡镇社区图书馆管理标准体系研究报告,并起草若干相关标准文本,上报立项国家标准或行业标准。中国国家图书馆在其中不仅承担着重要的组织、推进工作,同时也直接参与相关研究活动。

在图书馆标准化工作重点领域,如资源建设、服务工作、图书馆绩效评估等基础性业务标准和管理标准的制修订方面,数字图书馆建设、基层图书馆建设、面向特殊群体的图书馆服务、文献保护等重点领域,都有申报立项一批新的国家标准和行业标准项目计划;对图书馆行业各系统、各机构主导的重大工程建设中已经形成的相关标准进行全面深入调研,积极创造条件,促使其中的成熟标准逐步上升为行业标准和国家标准。

2. 国家图书馆与国际图书馆标准化发展

标准化以其巨大的沟通优势获得国家层面的认可,国际标准化组织则加速了各国间沟通效能。1947年,国际标准化组织(ISO)诞生。同年,来自多个文献委员会的专家在巴黎召开会议,其中包括国际标准化协会联合会(International Federation of the National Standardization Associations,简称ISA)、国际图联和国际文献联合会(International Federation for Documentation,简称FID)的成员。1979年10月,国际标准化组织理事会批准的ISO/TC46技术委员会的工作范围是:图书馆、文献和信息中心、索引和文摘服务、档案、信息学及出版相关工作的标准化。可以看出图书馆界一直关注国际标准化工作,并积极参与其中。上述几个重要组织的主要成员由各国的图书馆学会/协会组成,各国的国家图书馆是这类学会/协会的积极参与者,在国际标准化的进程中,各国国家图书馆是事实上的主要参与者。

国家图书馆和国际标准化之间的关系还体现在对各国国内出版物的国际标准连续出版物编号(International Standard Serial Number,简称 ISSN)、国际标准书号(International Standard Book Number,简称 ISBN)、国际标准名称标识符(International Standard Name Identifier,简称 ISNI)、国际标准乐谱号(International Standard Music Number,简称 ISMN)以及 ISIL 等的分配管理中。以 ISSN 为例,ISSN 国际标准编号以识别世界范围内各连续出版物为目的,通过创建一个独特的识别号码和注册书目信息,能够有效识别各出版物的国家、出版单位、语言及其内容。ISSN 国际中心负责协调全球 88 个分支机构,而这些不同国家或地区的分支机构大多位于其国家图书馆内。如美国 ISSN 中心、英国 ISSN 中心、法国 ISSN 中心、日本 ISSN 中心、澳大利亚 ISSN 中心即分别设置在美国国会图书馆、英国国家图书馆、法国国家图书馆、日本国立国会图书馆、澳大利亚国家图书馆内,负责将 ISSN 分配给在其国内出版的如期刊、杂志、通讯、报纸、年鉴等各类连续出版物。中国的 ISSN 国家中心成立于 1985 年,设于中国国家图书馆,负责经国家新闻出版署正式批准出版的连续出版物 ISSN 的分配、管理、使用和咨询,中国连续出版物书目数据送交 ISSN 国际中心数据库等项工作[47]。其他如 ISNI、ISIL、ISBN 和 ISMN 的分支机构也大多位于各国国家图书馆内或是作为国家图书馆职责的一部分,如 2014 年法国国家图书馆创建了 ISNI 登记机构,旨在提高公众和私营机构等社会团体间的数据互操作性,以及提高由图书馆创建的数据的可信度[48]。澳大利亚 ISMN 和 ISBN 机构同样设置在澳大利亚国家图书馆内,而登记了 ISMN 的音像出版物不仅可以在《澳大利亚国家书目》中查阅,也可以在由澳大利亚国家图书馆主导的汇集其他图书馆、档案馆、文化机构的音像资源的"音乐澳大利亚"项目活动网站上查看[49]。英国 ISIL 并未设置独立机构,而是成为英国国家图书馆的一项工作,2007 年英国国家图书馆开始承担英国 ISIL 机构职责,将 ISIL 分配给英国、英国皇家属地及其海外领地的图书馆或其他相关组织[50]。

第三节 国家图书馆与图书馆体系化建设及图书馆联盟

"体系"这一科学术语指称一个由相互作用或相互依赖的同类事物构成的复合整体,体系化则是意味这些同类事物在一定时间和空间界限内形成体系的过程。按照这个概念内涵,图书馆体系化是在整个社会系统的背景下将类型各异且数量不一的图书馆构建成为图书馆体系的过程,此体系内的各图书馆之间相互强化促进,在互相平衡的协同发展中实现运作秩序、行为规范的目标。本部分重点研究国家图书馆作为图书馆体系中不可或缺的组成部分在体系化建设中的相关问题,包括国家图书馆在体系中的定位问题和国家图书馆如何参与图书馆体系的构建过程,以及基于国家图书馆在体系中的定位和参与建设过程,国家图书馆与其他类型图书馆之间的协同问题。

一、国家图书馆与图书馆体系化建设

研究国家图书馆与图书馆体系化建设的关系,首先要明确国家图书馆在图书馆体系中的定位。国家图书馆在图书馆事业体系中处于龙头地位[51]。既往中国图书馆学理论将图书馆体系描述为图书馆系统:"我国的图书馆事业是多层次、由各个独立的图书馆系统组成的。这些独立的图书馆系统在性质、任务、馆藏范围、读者对象及工作内容和工作方法等方面具有共同点。"国家图书馆在这个"系统"中,是作为公共图书馆系统的一个部分的[52]。在以往中国学者论述中,公共系统图书馆包括:国家图书馆、省(市、自治区)级图书馆,县(区)级图书馆,省、市、县少年儿童图书馆(阅览室),农村乡、镇文化中心图书馆(室),城市街道、里弄图书馆(室)。除上述公共系统图书馆外,还有科研系统图书馆、学校系统图书馆、工会系统图书馆、共青团系统图书馆、军事系统图书馆等。国家图书馆在图书馆体系化建设中发挥的作用主要体现在国家图书馆参与构建图书馆体系以及协调各类型图书馆之间的关系上。

1.图书馆体系化建设的背景

当今在全球化和信息化的背景下,图书馆体系化建设的时空背景既与图书馆发展息息相关,又与人类社会发展紧密联系。全球化背景下的图书馆体系化

建设伴随着全球意识的植入,资源的流通和融合跨越了国与国的地理边界,国家图书馆参加国际图书馆组织、执行国家对外文化协定、开展与国际图书馆界的交流合作等一系列基本职能赋予了国家图书馆在全球化进程中不可或缺的角色。信息化代表的是以信息技术为基础的社会变革历程,此背景下的图书馆体系化建设迎来了数字化技术、智能化工具、信息资源网络等,这些内容与图书馆方方面面深度结合,从而改变社会公众接入和使用图书馆的方式。除了全球化和信息化的建设背景外,国家文化体制背景也是图书馆体系化建设需要考虑的时空界限之一,如近年来,中国的图书馆体系化需要重点思考在公共文化服务体系的背景下应该如何建设,以及各类型图书馆在公共文化服务体系中应如何发展。

2.国家图书馆在图书馆体系中的定位

把各类图书馆构成的前提、规律性和目标指向等因素作为划分标准,可以将图书馆体系进行不同的类型归类,而每一个图书馆体系的形成,都有体系要达成的既定核心目标,体系的内涵和外延涉及的方方面面均包括并体现了这一体系的架构设计和未来发展走向。在已有的种类繁多的图书馆体系中,以国家图书馆是否明确成为某一体系中的组成部分为区分准线,可以把这些体系分成两大类:第一类即国家图书馆是体系中的一部分,那么由于体系类型不同以及国家图书馆在其中的职能发挥不同,它在各个体系的角色定位有所差别;第二类即国家图书馆没有被纳入体系中去,但是国家图书馆作为相当重要的图书馆类型,因其本身固有的社会功能和责任担当,对这些体系的建设同样发挥了重要作用。因此,要探讨国家图书馆在图书馆体系中的定位,首先必须厘清国家图书馆与某一特定图书馆体系之间的关系,其次必须在某一图书馆体系结构和体系核心目标范畴内讨论国家图书馆的定位。综上而言,国家图书馆在整个图书馆体系中的定位问题可从两个基本维度进行:其一是以强调国家图书馆对不同体系各层级发挥支持、保障或指导等作用为主的纵向维度,其二是以强调国家图书馆跨系统发挥组织、协同或合作等作用为主的横向维度。

(1)纵向维度上的定位

绝大多数隶属于纵向维度的图书馆体系是把国家图书馆作为整个体系的一个组成部分。如我国的城市图书馆体系、农村图书馆体系、六级[中央、省(直辖市)、市(区)、县、乡镇、村]图书馆体系等这类地域性层级的图书馆体系,作为总书库的国家图书馆处于中央层级,主要发挥着标杆示范的作用,这意味着国家图书馆需要投入更多的精力在自我建设上,体现出图书馆在知识信息、信息科学、公众服务、决策支持、科研服务等方面更好地实现自身价值,为其他层级的各类型图书馆提供参考范例和借鉴途径。在体系所涉及的图书馆管理方面,国家图书馆通常承担着研究新的现代管理理论、方法和技术应用的任务,探究如何依据政治、经济、文化环境变化以及用户需求来从根本上提高图书馆管理能力和质量这一问题的具体解答,推动建立图书馆管理的原则和程序;在体系所涉及的图书馆服务方面,国家图书馆往往于实现全社会各类型图书馆的结构合理化、服务优质化、网络健全化、业务规范化等主要目标上成为体系的核心,尤其在对体系内其他图书馆的业务进行有针对性的辅导上发挥着不可替代的作用。

(2)横向维度上的定位

国家图书馆在横向维度上的作用发挥是围绕着协调体系内部复杂关系这一核心任务展开的。不少国家图书馆职能内容会涵盖公共图书馆、学校图书馆、专业图书馆、其他类型图书馆的部分内容,因而它们也会兼作国会图书馆、大学图书馆、科学图书馆等。从这个角度来说,比如以图书馆具体类型划分的公共图书馆体系、学校图书馆体系、专业图书馆体系等,国家图书馆在体系中起到的协调与整合作用将更为重要,主要表现在为该体系所支撑的图书馆事业部分的发展充当着促进者、组织者或协调者等角色。关于内部关系协调的内容,在横向维度上的国家图书馆,其角色定位将会表现得较为间接和客观,以提供组织协调力量为主,提供具体的管理及服务内容和方法为辅。

3.国家图书馆参与构建图书馆体系

在构建图书馆体系的过程中,由于国情不同,世界范围内的国家图书馆有其主要的服务对象和服务方式,确定了其遵循何种原则参与图书馆体系的构建,同时划定了参与方式的不同面向和实际操作层面,并形成不同的参与效果。

(1)基本原则

国家图书馆在参与图书馆体系构建的过程中,以为社会公众、科学研究、国家机关、企事业生产等服务为基本导向,应遵循科学创新、社会参与、共建共享3个基本原则。科学创新原则指的是国家图书馆在构建图书馆体系过程中坚持完善图书馆机构管理机制,创新图书馆服务内容和服务形式,把现代科学技术融合进图书馆管理和服务中,引导体系内的各图书馆在标准化、数字化、网络化方面不断创新发展。如美国国会图书馆在数字图书馆体系建设中曾经实施的全球法律信息网络项目、公共立法信息系统、合作性数字化参考服务等。社会参与原则体现的是国家图书馆对社会力量参与图书馆事业发展的支持和肯定。就单个图书馆的自身发展来说,各类社会主体参与图书馆服务中这一做法可以增强图书馆的发展活力,国内外许多图书馆都采用了这样的方式来为公众提供更为多样化的服务。对于图书馆体系构建而言,社会参与亦是必不可少的环节,如加拿大国家图书档案馆在图书馆服务体系建设中,不仅将自身定位为图书馆资源利用和技术应用方面的引领者,还积极与公共信息服务机构、非营利组织、私人部门等开展合作。共建共享原则是指图书馆体系的构建要明确体系内各图书馆机构责任,在统筹管理的基础上合理配置各方资源。国家图书馆与国内外各界图书馆建立程度不一的协同机制,通过坚持共建共享来提升图书馆体系的综合效益。如英国国家图书馆定期制订伙伴计划,其中包括在图书馆服务体系、图书馆管理体系、图书馆馆藏体系等各类体系构建中,英国国家图书馆与图书馆界的不同图书馆在不同的项目上建立长期或短期的合作关系。

（2）参与方式

国家图书馆参与构建图书馆体系的方式分为两种,一种是直接参与,另一种是间接参与。直接参与的方式意味着国家图书馆独立或作为参与者之一承担图书馆体系内的一些重要构建环节,如体系各组成主体的选择、主体职责的分配、体系目标的确立、运作机制的制定、评估反馈的实施等。近年来,在数字图书馆体系、图书馆书目体系、图书馆资源建设体系、图书馆参考咨询服务体系等新兴领域的构建和核心领域的变革式建设上,世界上大多数国家图书馆如中国国家图书馆、美国国会图书馆、英国国家图书馆、澳大利亚国家图书馆、法国国家图书馆、德国国家图书馆、新加坡国家图书馆等都采用直接参与的方式。间接参与的方式通常发生在国家图书馆不作为某图书馆体系的组成部分之一或是不作为某体系核心部分之一的时候,国家图书馆可以作为接受咨询方对体系构建进行一定指导,还可以在自身可协调的范围内提供一些业务能力支撑,如国家图书馆对于公共图书馆服务体系的间接参与,主要体现在对一些公共图书馆参与构建过程中业务支持和能力培育。总之,这两种参与形式都需要国家图书馆提供人力成本、时间成本、资源成本、资金投入等,并纳入国家图书馆的战略规划、部门具体规划和短期任务计划中,明确列出参与的时间、承担的任务内容、参与的馆内部门及人员、参与的成本保障等。

(3)参与效果

考量国家图书馆参与图书馆体系的实现程度,涉及国家图书馆为整个体系带来实际效果的测定。按照参与程度和影响范围,国家图书馆参与图书馆体系的效果可以分为本身效果、社会效果和经济效果。本身效果是国家图书馆参与体系构建前、中、后3个时段的行为及过程对体系整体和体系内其他图书馆产生的各种直接或间接影响,效果的大小是由各种影响效应综合作用所决定的,这些影响对国家图书馆在图书馆界的形象有长远的效果,甚至成为衡量国家图书馆综合能力的参考方面。社会效果是国家图书馆体系构建的全过程中对公众信息行为培育、科研教育和公众文化权利保障等方面的作用,国家图书馆秉持的体系建设原则、倡导的服务规范会产生一定的社会影响。经济效果是在经济学范畴内对图书馆投入产出比的表征,关系着图书馆信息资源的开发和利用。国家图书馆参与体系构建的经济效果以馆内信息资源为基础,自身为政府部门、科研机构、企事业单位、社会组织、个人提供决策、文献、情报、信息服务的同时,辅导体系内其他图书馆以国家图书馆经验做法为参考产生一定目标的经济效益。

4.国家图书馆协调各类型图书馆之间的关系

图书馆体系化的建设要以特定社会背景为时空界限,不同的建设背景下形成的图书馆体系在结构、目标、运作上有所差别。在建设背景确定的基础上,国家图书馆与其他类型图书馆建立协同机制是图书馆体系化建设的核心问题,本部分选取具有代表性的公共图书馆、学校图书馆、专业图书馆三类图书馆作为讨论对象。

(1)协调与公共图书馆之间的关系

国家图书馆具有公共性的特征,同时国家图书馆又以履行国家职能为核心,侧重于国家文化传统的继承和发展,这与公共图书馆的公共性有着本质区别。国家图书馆和公共图书馆同归属于一个图书馆体系,在体系化过程中国家图书馆为公共图书馆提供业务辅导和资源支撑,与各地区公共图书馆保持交流的同时在一定程度上为公共图书馆争取利益诉求。如韩国国立中央图书馆承担指导和帮助公共图书馆行政管理及业务建设的职责,为公共图书馆制订有针对性的计划,还对公共图书馆的工作者进行教育和培训。从公共图书馆的视角来看,其与国家图书馆是在不同层次上的服务机构,承担了不同的社会责任。

(2)协调与学校图书馆之间的关系

国家图书馆与学校图书馆在服务内容上有一些重合,都为教学和科研服务。学校图书馆的服务对象有其专门性,主要针对学校的师生,在文献建设上是以学科发展、专业设置、教学工作、学生知识需求为主。图书馆体系化建设中,就学科教育和教学方面的资源建设来看,国家图书馆和学校图书馆在馆藏资源上是互为补充的关系,可以有意识地避免重复建设;就管理机制和现代信息技术应用方面来看,学校图书馆需要接受国家图书馆的指导,同时学校图书馆也进行一些图书馆管理理论及技术应用的研究,这些研究成果可以和国家图书馆所开展的图书馆学研究进行学术讨论,实现成果共享。

(3)协调与专业图书馆之间的关系

国家图书馆和专业图书馆在服务对象上有所区别。专业图书馆专门致力于为科学研究服务,在开展科学信息工作方面,它和国家图书馆承担了类似的职责任务。在构建图书馆体系化过程中,国家图书馆和专业图书馆产生关联的主要区域是与科学信息服务相关的方面,二者是互相促进的关系。一方面,专业图书馆可以与国家图书馆合作,一起向科研人员提供有价值的国内外信息资料,为科学研究提供坚实的文献基础;另一方面,专业图书馆就科技文献工作相关经验与国家图书馆进行交流,共同开展针对科学文献信息的服务方式、馆藏建设、数字化手段等的研究。

二、国家图书馆与图书馆联盟

图书馆联盟是指为了实现资源共享、利益互惠的目的,以若干图书馆为主体,联合相关的信息系统,根据共同认定的协议和合同,按照统一的技术标准和工作程序,通过一定的信息传递结构,执行一项或多项合作功能的联合体[53]。国家图书馆参与图书馆联盟的组织和管理,不仅表现在本国的图书馆联盟的构建,同时在参与构建国际图书馆联盟方面同样发挥着不可替代的作用。

1. 国家图书馆在图书馆联盟中的定位

国家图书馆担负着图书馆事业发展中业务指导中心及国际交流中心等职能。组建不同层次的图书馆联盟并建立良好的联盟间运行与管理机制,是国家图书馆职能的重要体现,也是促进本国图书馆事业发展的主要路径之一。在图书馆联盟建立过程中需要国家图书馆去构建图书馆联盟之间的协同机制,开展图书馆联盟之间的科学管理以及建立相应的治理机制。

(1)建立图书馆联盟之间的协同机制

机制是指一个系统运行各组成要素之间相互作用、合理制约,使系统整体良性循环健康发展的规则、程序的总和。协同是描述系统宏观有序性的"序参量"概念,该概念能够表征系统从无序到有序变化的协同程度参量,是系统协同发展的主导因素,也是系统组织协同合作的表征和度量。图书馆联盟的协同效应是指在图书馆联盟战略管理的支配下,联盟整体性协调后,由联盟各部分功能耦合而成的整体性功能。这种整体性功能就称为协同效应[54]。国家图书馆需要从技术、资源和业务 3 个方面构建各类型图书馆联盟之间的协同机制。

1)技术协同

随着新技术的蓬勃发展及其对图书馆服务和工作的不断渗透,新媒体设备终端、联盟馆际之间互动协同技术的支撑、联盟用户统一身份的认证以及联盟馆藏资源的有效整合成为图书馆联盟的基础和保障。技术协同是图书馆联盟之间运作的首要问题。国家图书馆应该在技术应用与研发方面走在时代前沿,面对新媒体的不断应用与深化,要求图书馆联盟采用面向用户服务的、包括服务注册、服务提供商和服务需要者在内的新媒体 SOA 主流技术组织方式,从而实现为用户提供响应快速、能满足用户个性化需求的服务内容。采用 OpenURL 技术在联盟多个异构系统之间设立资源等级权重,通过统一认证,根据联盟馆用户的需求来源缓急,自动判别用户申请馆藏资源的授权级别,合理调度成员馆资源。通过技术协同实现联盟系统自动动态整合跨机构的用户参考咨询单元访问,实现联盟成员馆资源的协同响应[55]。

2)资源协同

资源协同是图书馆联盟建立的基础,国家图书馆需要充分发挥其各项职能,在各类型图书馆联盟之间建立有效的合作与共享机制,保证联盟之间及联盟成员可以互相分享和交流资源,展现各自的优势资源,有效提升图书馆的资源竞争力,最大限度提高资源利用效率。建立资源协同模式框架,异构、分享各联盟及其成员馆资源数据,通过索引元数据技术,集成、转换特色印刷型资源、OA资源、自建资源、商业数据库学术资源等,创造新的有价值资源的能力,实现资源整合和优化配置能力。实现图书馆联盟各类资源的协同保障,为联盟用户有效提供无缝化获取、一站式资源检索,实现联盟资源数据协同。借助联盟之间和内部的管理机制来实现资源的整合与交换,发挥图书馆联盟之间的互补效应和整合效应,以资源协同实现图书馆联盟之间的协同发展与创新[56]。

3)业务协同

通过图书馆联盟之间和其成员的协同配置业务,可以有效提升整体服务效率。国家图书馆需要采用利益均衡的机制,促进图书馆联盟之间在业务上的协作,既要求成员馆严格履行各项规定和义务,又要确保成员馆对各类联盟充满信心,从而推动图书馆联盟的发展。业务协同需要先确立每个联盟馆的服务特色和服务优势,制定联盟特色和优势业务标准,建立联盟统一业务服务平台,注意优势业务与特色业务的服务分配,协调联盟的利益导向,降低联盟的协同成本,才能真正实现联盟的共同发展[57]。在业务协同中,要准确把握特色业务和优势业务,让用户可以通过馆际协同直接从联盟特色成员馆获取服务,从牵头馆获取优势联盟馆服务。通过设立的业务配置服务中枢来进行分配、控制和协调,真正实现图书馆联盟及成员馆资源服务的无缝协同[58]。

(2)开展图书馆联盟之间的科学管理

图书馆联盟管理是一个复杂的过程,图书馆联盟之间的管理更加需要科学有效的管理。国家图书馆应当建立一系列有效的管理来保障各联盟及各要素之间的有效运行,加强改革与完善管理模式、运行机制及制度建设等理论研究与实践探索。

1)引入先进管理技术

先进的管理技术可以确保图书馆联盟服务的标准化、规范化及系统化,通过严谨的量化分析把握全局。国家图书馆需要积极引入先进管理技术,明确各类图书馆联盟的发展优势与不足,保证各项服务责权分明。如德国图书馆联盟采用 OpenURL 标准,柏林暨勃兰登堡合作图书馆网络中心提供和维护 MetaLib SFX(基于 OpenURL 标准的开放链接服务器)的软件,共同图书馆网络也提供 SFX 软件、服务器、电子期刊数据录入和维护等服务。为了更好地实现信息资源共享,德国图书馆联盟支持与倡导联盟内图书馆使用共同的图书馆系统。共同图书馆网络中心支持 150 多个图书馆运行本地图书馆系统 LBS。LBS 软件包提供了所有 OPAC 必需的工具和图书馆专门的内部管理功能如采访和流通管理。先进的管理技术有效提升了信息设备与服务运作的安全与正常,以稳定优质的管理机制带动联盟高效发展[59]。

2)实施战略管理

以战略管理理论指导图书馆联盟管理,需要在明确战略目标基础上,准确把握战略定位,提出切实可行的战略方案。国家图书馆在图书馆联盟战略管理实施中,理应发挥主导作用,逐步构建图书馆联盟的战略管理体系。首先,确定战略目标必须在明确图书馆作为社会公共文化服务机构属性的基础上,较好地体现文化传承、文化交流与文化认同的战略指向;其次,战略定位应明确各级中心馆在国内及国际图书馆交流与合作中的战略定位,为全国图书馆事业发展提供具有科学性、针对性、适用性的战略方案和切实可行的操作模式,准确分析所面对的内外部环境,合理制订联盟战略规划,规范以规划文本编制为主的战略制定流程,探索以"职能＋项目"矩阵为主的战略实施架构,设计基于科学指标体系的战略评价机制,形成符合全国图书馆事业现实的战略管理创新体系;再次,战略实施过程中,要协调出版发行、教育科研、文化艺术、影视娱乐等相关公共文化产业,共同构建知识共同体,以形成图书馆联盟建设与管理的战略保障;最后,引入战略评价机制,围绕战略目标,对各类图书馆联盟的运行及服务绩效进行评估,及时调整影响联盟效率的不利因素,促使各类图书馆联盟有效运营[60]。

3)加强营销管理

营销活动贯穿于图书馆联盟资源建设、信息服务、组织机构等各个环节,影响着图书馆联盟管理的整个过程。国家图书馆在协调各类图书馆联盟之间的关系同时,需要加强各类图书馆联盟的营销管理,形成各类图书馆联盟的品牌形象,以此提升国家图书馆事业的整体形象和社会影响力。国家图书馆在开展图书馆联盟管理中,可以倡导图书馆联盟注重营销文化氛围的培养,组织并实施信息服务品牌,建立统一的营销服务标识。通过强烈的品牌意识和图书馆联盟识别战略,与竞争对手区别开来,如采用统一的着装、统一的服务与活动推广LOGO,最终在用户心目中树立起自身独有的服务品牌标识。通过优化信息环境、重组资源与产品,努力创新信息服务,打造优质的营销信息产品。图书馆联盟根据自身资源和技术的优势以及用户的需求,对信息产品和服务进行开发和重组,共享各成员馆的人力资源,为用户提供在性能、品质上优于市场水平的具有核心竞争力的特色信息产品和服务。加快构建科学、高效、短小的图书馆联盟营销渠道,提高信息服务和信息产品的营销。图书馆联盟往往通过各成员馆来合作开展营销活动,其实也可以尝试直接面对信息用户,针对性地提供若干信息解决方案。图书馆联盟还可以尝试口碑营销,抓住核心关键人物和有影响力的用户,让其成为忠诚用户,然后借助其影响力宣传推广资源和服务。通过营销管理,各图书馆联盟能够打造自主品牌,加强图书馆联盟之间和图书馆之间的共同运营,不断提升图书馆事业的社会效益和公信力。

(3)建立治理机制

图书馆联盟发展过程中,在外部环境因素和联盟战略指引和推动下,各成员之间相互影响和作用,使得图书馆联盟呈现明显的整体性和周期性的发展特点,同时也为图书馆联盟的稳定发展带来了诸多不确定性。国家图书馆需要以图书馆联盟治理共同体"节省运营成本、提高服务质量和自主创新实力"为目标,建立信任和契约关系,建立切实有效的图书馆联盟治理机制,实现优势互补、互利共赢的融合发展趋势。通过图书馆联盟的治理过程,能够不断提高图书馆联盟内部关系网络稳定性和可持续发展能力,实现联盟内外部环境和谐统一。在图书馆联盟治理结构下,图书馆联盟之间及图书馆之间的关系能够上升到协同推进层面,它不会受到外部环境因素影响发生质的变化,具有长期稳定的发展能力。联盟治理机制分为内部治理机制和外部治理机制。内部治理机制是指图书馆联盟之间及图书馆之间的组织、协调和评价;外部治理机制是指图书馆联盟外部环境各因素之间形成的格局,包括社会环境、用户环境和政府力量等。两种治理机制从不同层面上展现了联盟治理的内在要求,二者之间通过辩证互动和有机结合推动联盟治理发展。国家图书馆积极建立图书馆联盟之间的治理机制,才能够促进图书馆联盟在功能、特征和资源方面有一定互补性的基础上形成一种互利共赢的合作关系,以不断提高图书馆事业整合效应和综合竞争力。

2.国家图书馆参与构建国家图书馆联盟

图书馆联盟从组织、合作、功能及地域范围等不同角度可以划分为不同的类型。作为国家图书馆,应当以共建共享为发展目标,组建综合功能的图书馆联盟,促进国家的图书馆事业的均衡与全面发展。从组织模式与地域范围考量,国家图书馆可以组建以下几个层次的图书馆联盟:

(1)区域性图书馆联盟

区域性图书馆联盟是指在一定行政区域内不同类型、不同性质、不同系统的图书馆之间按照协议通过多方合作、共享资源,用以提高区域内图书馆综合能力、更好满足读者需求的紧密型协作组织[61]。信息资源种类的急剧增加和图书馆文献资源建设经费不足的矛盾日益凸显,区域性图书馆联盟应当成为建设重点和发展趋势。纵观图书馆联盟的具体实践,地区性图书馆联盟的活动是积极有效、切实可行的。国家图书馆需要积极倡导建立以区域为中心的图书馆联合协作组织,促进地区内图书馆事业的发展。尤其是在欠发达地区,加强本地区图书馆合作,突破大学图书馆、公共图书馆、科研图书馆等不同类型图书馆的系统性壁垒,实现信息资源的共建共享,促进各成员馆资源的优化配置和地区信息资源体系的构建,发展壮大区域图书馆事业[62]。例如,M25 英国学术图书馆联盟(the M25 Consortium of Academic Libraries)成立于 1993 年,致力于改善英国 M25 公路及东部和东南部的图书馆和信息服务,促进专业知识和良好实践分享,建立图书馆、用户及图书馆馆藏之间良好协作关系,来为学生、学者和科研人员提供高质量的服务和资源[63]。目前有 56 个成员,除高校图书馆外还包含非高等教育组织,英国国家图书馆作为国家图书馆也是成员之一[64]。

(2)全国性图书馆联盟

全国性图书馆联盟是指由国家级大型图书情报等机构组成或由国家层面组织的综合型图书馆联盟。全国性图书馆联盟由于其成员馆是大型的研究型图书情报机构,资源比较丰富,既包括专业性资源,也包括交叉学科资源,联盟成员可以通过不同的服务方式获得,集团采购、联合编目等协作效果更好[65]。国家图书馆具有引领全国图书馆事业发展的职责,组建全国性图书馆联盟,积极发挥国家图书馆的中心职能,才能有效促进国家图书馆事业的整体发展。如加拿大国家图书档案馆发起了"加拿大数字图书馆倡议"运动,以该馆为主,成立了加拿大数字图书馆联盟,其目标是:"共同促进加拿大数字馆藏发展,方便读者使用数字资源。"[66]新西兰国家图书馆是新西兰电子采购联盟的牵头机构。

近年来,中国国家图书馆开展的"中国记忆"项目,以记录历史、保存文献、传承民族记忆、服务终身学习为宗旨,尝试组建全国性联盟,积极探索构建、认同与传承数字记忆,拓展社会教育与文化传播职能。

3. 国家图书馆参与构建国际图书馆联盟

国际性图书馆联盟是指由多个国家的图书情报机构组成的图书馆联盟,或是由若干单个联盟组织起来的联盟联合体。国际性联盟一般都超出地方性范围和同性质团体。国际图书馆联盟协会(International Coalition of Library Consortia,简称 ICOLC)是图书馆联盟的第一个国际性专业组织,被称为"超级联盟"[67]。ICOLC 成立于 1996 年,当时是以"Consortium of Consortia(COC)"命名的,它最初的名称反映出它是由若干个联盟组成的大联盟。该联合体主要通过促进各成员馆之间就其共同利益进行磋商,服务于高等教育机构。如今,该联合体的成员已经遍及全球,超过了 200 多个图书馆联盟,代表全世界 5000 多个成员馆[68],其中国家图书馆本身就是众多图书馆联盟的构建者和管理者,无疑在国际图书馆联盟协会发挥着强大的主导作用。以欧洲研究图书馆协会(Association of European Research Libraries,简称 LIBER)为例,它是 ICOLC 众多成员单位中十分重要的一个,同时又是整个欧洲最大的研究型图书馆联盟,超过 400 家成员单位,该联盟的管理委员会位于荷兰国家图书馆,荷兰国家图书馆既是该联盟的成员单位又是其管理单位,同时在 ICOLC 的构建和管理过程中也扮演着重要的角色。其他众多的国家图书馆也是 LIBER 的主要成员单位,如奥地利国家图书馆、捷克共和国国家图书馆、丹麦皇家图书馆、爱沙尼亚国家图书馆、芬兰国家图书馆、法国国家图书馆、德国国家图书馆、冰岛国家图书馆、拉脱维亚国家图书馆、立陶宛国家图书馆、卢森堡国家图书馆、挪威国家图书馆、波兰国家图书馆、葡萄牙国家图书馆、罗马尼亚国家图书馆、塞尔维亚国家图书馆、瑞典皇家图书馆、瑞士国家图书馆、苏格兰国家图书馆、威尔士国家图书馆等,几乎覆盖了欧洲全部的国家和地区[69]。当地方性、区域性、同行业联盟发展到一定阶段时,国际性图书馆联盟则成为寻求新的发展空间的一种尝试和突破。随着各国经济的发展,社会交流愈加频繁,由此带来的文化交融诉求将对图书馆等公共文化服务机构提出更高要求。国家图书馆作为国家社会文化中心之一,承担着积累社会记忆、传承人类文化的重要职责,面对跨区域交流带来的用户多元文化诉求,不仅要积极加入国际性图书馆联盟,更应当立足多元资源优势互补,探寻以国家图书馆为中心的跨境图书馆联盟建设,促进各国的特色资源为区域所共享,不断凸显各个民族的特色,积极发挥文献资源的社会价值,在全球化的文明体系中更好地体现图书馆文化传承的组织价值[70]。

第四节　国家图书馆与图书馆业务及学术研究

现代化的国家图书馆不仅永久保存、保护所收集的文献信息资源,编制国家书目、联合目录,更要积极开展图书馆事业发展研究与业务研究,为全国各级各类图书馆提供业务指导、文献支持和技术支撑。在新形势下,国家图书馆担负着引领图书馆业务发展、推动图书馆学学术研究等新的历史任务,并且在国家及国际图书馆行业组织中发挥着巨大作用。

一、引领图书馆业务发展

国家图书馆在指导图书馆业务发展方面发挥着引领的作用,总体来说,国家图书馆对一国图书馆事业的业务指导作用体现在资源建设、读者服务、图书馆管理等全方面,具体如在文献资源编目、数字资源建设、办公自动化、相关标准化建设、图书馆规划方面的指导等。如1957年中国颁布施行的《全国图书协调方案》中规定,北京图书馆对全国图书馆有业务辅导的任务。

国家图书馆作为国家书目情报中心,在拥有丰富馆藏的基础上,还拥有编制文献资源目录,履行出版国家书目、回溯性国家书目的职能。1970年联合国教科文组织通过的《关于图书馆统计国际标准化的建议》中,提出"国家图书馆,不管其名称如何,是负责收集和保存本国出版的所有重要的出版物,并担负国家总书库职能的图书馆"。目前有60%的国家图书馆承担着出版国家书目的职能,在不编制统一国家书目的图书馆,如苏联时期的列宁图书馆,则负责情报书目文献的标准化研究,并且履行着全苏推荐书目中心的职能。美国国家医学图书馆声明中提到,要"出版印刷和电子健康科学指南信息形式的目录、参考书目、索引、在线数据库"[71]。而编制书目更是中国国家图书馆最早和最主要的职能之一。从汉代的《别录》《七略》开始,整理校勘典籍、编纂书目就是国家藏书机构的重要工作,著名的《四库全书总目》更是其中的代表。为规范全国图书馆目录编制,国家图书馆还制定了编目标准和规则,如美国国会图书馆推出《美国国会图书馆推荐格式规范(2014—2015)》。

数字图书馆建设方面,如中国国家图书馆正在建设的国家数字图书馆推广工程,该工程由文化部、财政部共同推出,中国国家图书馆牵头,通过联合中国各级数字图书馆来进行"一库一网三平台"建设,最终实现数字图书馆的服务惠及全民。在该工程中,中国国家图书馆对省、市级各数字图书馆起引领和业务工作指导作用,负责工程的顶层设计,而各省在整体规划下,以省级图书馆为核心制订本省规划,积极探索数字图书馆在本地区推广的有效路径[72]。另外,澳大利亚国家图书馆还开发了澳大利亚图书馆网络,作为澳大利亚文化网络的一部分,为全世界的用户、信息专业人员和社会公众提供有关澳大利亚图书馆和文化机构的最新信息。芬兰国家图书馆建立了芬兰研究型图书馆统计数据库,以揭示芬兰研究型图书馆的资源、馆藏和服务;维护和管理 Finna、Finto、Nelli、数字出版物和图书馆系统服务等系统平台;在芬兰的档案馆、图书馆和博物馆参与欧洲数字图书馆建设的进程中,芬兰国家图书馆负责监督管理元数据的转换和传输工作。

新技术试验与应用方面,澳大利亚国家资源共享网络即 Libraries Australia 由澳大利亚国家图书馆实施管理,并且,国家图书馆在该网络搜索、编目、文献传递、管理等方面实现了软件创新和集成,以改进该资源共享的网络服务效能和降低运行成本。

国家记忆资源长期保存与服务方面,中国国家图书馆开展"中国记忆"项目,创建中国记忆项目中心,以整理中国现当代重大事件、重要人物专题文献,采集口述史料、影像史料等新类型文献,收集手稿、信件、照片和实物等信息承载物,形成多载体、多种类的专题文献资源集合为目的,并通过在馆借阅、在线浏览、多媒体展览、专题讲座等形式向公众提供服务的文献资源建设与服务项目。英国的"英国科学口述史"项目作为英国国家图书馆口述历史馆藏发展计划的一部分,以采集和收录领导世界科技创新和发展的科学家的声音、记忆和经验,减少科学与艺术和人文学科之间的文化鸿沟为目的,由英国国家图书馆负责实施,录制访谈的音频和视频,并实现长期保存和免费获取。

在古籍保护工作方面,中国国家图书馆实施中华古籍保护计划、民国时期文献保护计划,并承办"中华再造善本工程",协调和指导全国各级图书馆开展古籍整理和保护工作,将分散保存和收藏的古籍进行整合,使其合为全籍;无法复原全貌的,也尽可能收集整理,便于读者应用。英国国家图书馆开展"濒危档案计划",致力于保护那些遭到破坏、被人忽视和有物理性损坏危机的档案,通过提供资助,将档案移交到当地合适的档案馆,创建这些档案的数字复本,并存放到当地有关机构和英国国家图书馆。

二、推动图书馆学学术研究

国家图书馆作为图书馆行业的主导力量和行业标杆,在推动图书馆学学术研究方面主要表现出业务研究平台和研究成果出版的功能,具体表现为通过致力于支持图书馆学界科研项目、科研能力的提升、出版图书馆学著作和期刊等方式和途径不断促进图书馆学学术研究。

1.业务研究平台功能

随着图书馆实践工作的巨大变革,图书馆学研究也进入了新阶段。国家图书馆是一个国家图书馆学研究的重要基地之一,往往保持着较高的学术科研水平,通过开展多项研究计划和项目,为推动全国图书馆事业发展做出重要贡献。2007年,由中国国家图书馆牵头承担的国家科技支撑计划项目"数字媒体内容支撑技术平台"获得了科技部1000万元的经费资助,是该馆在国家级科研立项上的突破起点。同年启动的中国国家图书馆重大科研项目招标,就"国家图书馆数字战略研究"和"社会公共服务体系中图书馆的发展趋势、定位与服务研究"两个项目展开,标志着其向科研社会化迈出了重要一步,更是展现了该馆对学术研究的高度重视。中国国家图书馆除组织开展上述业务研究项目外,还通过内设研究院、国家图书馆博士后科研工作站等机构,建设专业研究队伍,围绕图书馆政策发展、馆藏文献整理挖掘、图书馆事业发展史等领域深入开展专题研究,取得了系列有影响力的重要成果,逐步在中国图书馆学界获得广泛认可;同时,该馆自"十二五"时期开始制订科研工作规划,建设专门的科研支撑平台,设立科研专项基金,全方位支持馆内人员与全国图书馆行业相关学习、工作者学习交流。这些软硬件设施也反映在科研项目申请与成果之中。以 2017 年为例,中国国家图书馆全年共申请立项国家标准和行业标准制修订项目 12 项,标准化研究项目 1 项,发布国家标准 6 项,全年获省部级以上科研项目 4 项(社科基金项目),立项资助馆级科研项目 19 项,资助文津出版基金项目 2 项。

奥地利国家图书馆组织协调 Europeana Connect 项目,并获得了 AIT 应用信息技术公司、德国国家图书馆、卢森堡国家图书馆、葡萄牙国家图书馆等机构的合作参与,为欧洲数字图书馆项目提供基础设施建设和服务,包括研发欧洲数字图书馆语义层、许可框架、音频集成等。此外,奥地利国家图书馆还承担了欧洲数字图书馆的 Europeana Creative 项目,以促进欧洲数字图书馆中欧洲文化遗产的再利用工作。澳大利亚国家图书馆为澳大利亚和国际科研人员设立了多项奖学金,用于支持科研人员使用国家图书馆馆藏资源。其中,Norman McCann 奖学金是专门授予那些从事图书馆管理、档案管理或博物馆等领域研究的科研人员。英国国家图书馆为使其数字馆藏和服务更加适用于现代信息社会,创建了英国图书馆实验室,邀请来自世界各地的研究人员、教育家、开发人员、艺术家与国家图书馆合作解决有关图书馆数字馆藏及其数据的重要问题以及进行研发性的工作,通过采用年度竞赛、奖项、活动和合作项目的方式,鼓励和激励公众关于数字馆藏和服务的新想法。

2.学术交流平台功能

首先,国家图书馆多拥有各自独立的出版社,将国家图书馆或其他图书馆学界科研人员的研究成果汇编成册出版印刷,通过以书籍期刊形式总结现有工作经验和研究结论,助力整个图书馆学术研究,以此推动图书馆事业的发展。如中国国家图书馆研究成果颇丰,从北京图书馆时起就成立的书目文献出版社,到如今的国家图书馆出版社,出版了《图书馆学五定律》《参考工作导论》《文献交流引论》《图书馆学概论》《中国图书馆分类法》等,2017 年,还出版了我国第一部真正意义的图书馆通史——《中国图书馆史》。其次,国家图书馆组织图书馆相关研讨会,促成图书馆领域专家学者的学术交流活动。如中国国家图书馆举办第三届图书馆现代技术学术研讨会、2015 年海峡两岸学术交流活动等重要学术会议,以就图书馆事业发展的战略性、全局性问题进行深入交流研讨,不断提升行业发展的科学化、专业化水平。再次,国家图书馆还积极围绕图书馆事业和文化事业展开调研工作并编撰调查研究报告。以近年为例,中国国家图书馆编撰《中国图书馆事业发展报告》系列报告等,对各地区图书馆事业发展基础数据进行统计分析。另外,国家图书馆还在图书馆界主办学术交流刊物,以期刊为平台加强图书馆研究和工作沟通。中国国家图书馆创办了《中国图书馆学报》《国家图书馆学刊》《文献》等刊物,这些都为中国图书馆学研究的开展创造了有利条件。《美国国会图书馆杂志》前身为《美国国会图书馆信息公报》,当前以双月刊形式展现发生在图书馆的事件、杰出的员工,以促进对国会图书馆资源的使用和共享[73]。英国国家图书馆出版的《英国图书馆电子期刊》是对英国国家图书馆历史及其馆藏内容进行学术研究的电子期刊,其前身为《不列颠图书馆期刊》[74]。韩国国立中央图书馆的《韩国国家书目》提供各年韩国出版物的相关数据,为进行学术研究提供书目信息;同时,每年还会出版名为"Dosegwan"的图书馆杂志,最初为纯学术期刊以介绍图书馆和信息科学的文章和案例为主,现在主要为反思图书馆馆藏价值为目的;另外,韩国国立中央图书馆还会发布名为"今日图书馆"的图书馆通讯稿以提供如韩国国内有关图书馆政策和事件的各种信息[75]。

三、在图书馆行业组织中发挥作用

国家图书馆是全国图书馆界的标杆,对内引领着国家图书馆事业的发展方向,对外通过参与国际图书馆行业组织交流与合作,展示国家的文化软实力,在国内外图书馆行业组织中发挥着重要的作用。

1. 在国家图书馆行业组织中的作用

为促进图书馆学以及图书馆事业的蓬勃发展,各国纷纷成立了全国性和地方性的图书馆学会和协会。国家图书馆作为本国图书馆事业的核心领导者和国家总书库,对本国图书馆行业组织的健康发展发挥着重要作用。

国家图书馆作为国内各行业组织的发起者、主管单位、成员,在行业组织发展中起着重要的引领或支持作用,对全国图书馆事业的宏观发展方向有着重要的影响。首先,国家图书馆发起成立国内图书馆协会。如俄罗斯电子图书馆协会(Russian Association of Electronic Libraries,简称 RAEL)由俄罗斯国家图书馆和其他机构共同发起成立,对俄罗斯电子图书馆和电子文献建设起推动作用。其次,国家图书馆本身是国内行业组织的挂靠和主管单位,为相关行业组织的发展提供人员、经费、设施设备等全方位支持与保障,为行业组织的规范发展提供业务指导和人员培训。比如中国国家图书馆作为中国图书馆学会、中国古籍保护协会、全国图书馆标准化技术委员会等 5 个行业组织的秘书处挂靠单位,负责组织召开中国图书馆学会全国会员代表大会并选举产生理事会;支持中国图书馆学会承接文化部第六次全国县级以上公共图书馆评估定级工作;召开中国古籍保护协会第一次代表大会,完成理事会选举;组织完成第二届全国图书馆标准化技术委员会和第六届全国文献影像技术标准化技术委员会换届选举工作。再次,国家图书馆也是国内图书馆行业组织中的重要成员或组成单位,支持和促进图书馆行业组织及其其他图书馆业务学术工作的开展。如英国国家和大学图书馆协会(Society of College, National and University Libraries,简称 SCONUL)是英国和爱尔兰所有学术和国家图书馆的合作组织。它的成员包括高等教育机构图书馆(高等教育院校、专业学院以及艺术学校图书馆)、国家图书馆(英国国家图书馆和爱尔兰国家图书馆、苏格兰国家图书馆和威尔士国家图书馆)、国家博物馆在内的图书馆和其他专业机构[76]。而肯尼亚国家图书馆(National library Division,简称 NLD)作为肯尼亚国家图书馆服务委员会(Kenya National Library Service Board)的机构,承担国家图书馆的职责和服务,并且负责该委员会主导的肯尼亚国家书目、期刊目录出版和电子资源馆藏等事务[77],以促进肯尼亚图书馆工作的开展。

国家图书馆在全国图书馆事业发展中处于核心地位,在政策、人力、资源和资金等多方面拥有优势,在平衡全国行业组织协调发展问题上发挥着不可替代的作用。中国国家图书馆一直致力于推进全国图书馆事业的蓬勃发展,通过搭建多种沟通平台和对话机制促进图书馆行业组织之间的交流与合作。组织召开中国图书馆学会年会、全国古籍保护工作座谈会、图书馆未成年人服务工作研讨会、图书馆现代技术学术研讨会、全国文献采访工作研讨会、中国儿童阅读发展论坛、第三届图书馆现代技术学术研讨会、2015 年海峡两岸学术交流活动等全国性学术会议,搭建起开放交流的平台,加强了行业组织间的交流与合作,共同就图书馆事业发展的战略性、全局性问题进行广泛深入的交流,不断提升本国图书馆事业发展的科学化、专业化水平。

2. 在国际图书馆行业组织中的作用

国家图书馆是国家重要的文化机构,代表国家执行有关对外文化协定;致力于增进与世界各国图书馆界、文化界的交流与合作;参与有关国际组织的业务和学术活动,在国际图书馆行业组织中发挥重要作用。

国家图书馆在国际上代表本国图书馆及其读者的全部利益,在国际图书馆行业组织中充当着国际交流的枢纽,不少国家图书馆本身也是这些国际组织的会员代表,许多国际图书馆界的交流活动是通过国家图书馆进行的。国家图书馆作为国际行业组织的会员单位,积极支持国际行业组织的各项工作,为国际行业组织的发展建设提供支持。例如,为扩大国际图联的影响力,使国际图联能够更好地与各语言区域的图书馆和信息专业人员进行沟通,一些国家图书馆与国际图联签署合作协议,相继成立了国际图联语言中心,成为国际图联在各自相应的语言区域内的永久代表。2009 年 2 月,中国国家图书馆和国际图联签署了合作协议,正式成立国际图联中文语言中心。该中心的成立,使得国际图联更容易接近中文语言区域的图书馆和信息情报从业者,同时为国际图联亚太专业组以及国际图联其他相关的机构提供支持,并负责与国际图联的联络。中国国家图书馆也有推荐工作人员在国际行业组织中担任职务,从而为国际行业组织发展提供人力资源支持。另外,中国国家图书馆根据国际图联保存保护中心的建议,2004 年经文化部批准正式成立了国际图联保存保护中心中国中心。该中心在翻译国际图联保存保护中心的专业文献、参加国际图联保存保护中心会议、举办保存保护领域的国际会议方面发挥了重要作用,同时提高了公众对图书保存保护的认知度,建立了通信网络,倡导和推动永久用纸、数字化、缩微等相关标准的使用,极大地辅助和支持国际图联保存保护中心的工作。

国家图书馆通过参与国际行业组织筹划的图书馆活动和服务,推动全世界图书馆发展和建设。如挪威国家图书馆、英国国家图书馆、荷兰国家图书馆、波兰国家图书馆、斯洛文尼亚国家和大学图书馆等成员于欧洲研究图书馆协会(LIBER)创办的"数字文化遗产论坛"活动中,致力于手稿和印刷书籍的文化遗产保护,关注图书馆对该类文献的管理(采集、选择、描述、访问)、长期保存、数字化、数字描述结构化、研究合作等工作,以加强图书馆数字馆藏建设以及促进数字化工作开展。虚拟国际规范文档（Virtual International Authority File，简称 VI-AF）服务最初由美国国会图书馆、德国国家图书馆、法国国家图书馆及 OCLC 合作发起，之后，已发展成为涵盖更多其他国家图书馆和代理机构的合作项目。目前，加入和参与 VIAF 服务的有 31 所国家图书馆，包括瑞典、西班牙、葡萄牙、意大利、加拿大、瑞士、俄罗斯、墨西哥、英国、新西兰、南非、挪威等国。VIAF 服务基于国家图书馆和贡献名称规范文档的组织之间的协作，提供访问世界主要的名称规范文档的便捷途径并加深信息访问，让不同国家的用户可查看其他国家创建的名称记录，使规范文档真正实现国际化，为采用世界各地不同语言进行的研究提供便利。另外，OCLC 构建的 WorldCat 数据库拥有全球最全面的图书馆馆藏和服务数据网络，各国国家图书馆极大地推动了 WorldCat 建设，通过 WorldCat 分享馆藏，使人们能够在世界各地检索到全球图书馆中各种格式、类型的资源，同时图书馆也可以向其他图书馆申请借阅并共享各自的资源来满足用户需求，允许世界各地的图书馆将人们与多种文化和民族特性的有关信息连接在一起。

第五节　国家图书馆与图书馆职业及专业教育

国家图书馆是国家文化的象征、图书馆界的龙头，既要引领本国图书馆行业的方向，又要对外展示国家的文化实力。在整个国家的图书馆体系中处于独特的中心地位，在一定程度上代表着一个国家图书馆事业发展水平，对本国图书馆事业发展起着重要作用[78]。图书馆事业的发展离不开图书馆专业人才，国家图书馆作为一个国家图书馆事业的推动者，在图书馆职业的专业教育中，担当着"组织者"的角色，不断促进和支持着图书馆职业发展和图书馆学教育发展。

一、指导与促进图书馆职业发展

国家图书馆需要在馆员交流和共享专业发展领域中发挥积极的作用，为图书馆事业发展推波助澜，通过科学管理理念的引领，促进图书馆员职业生涯发展。图书馆职业的发展离不开完善的组织与科学的管理，国家图书馆作为国家图书馆事业的职能中心和指导中心，理应积极发挥其组织者的作用，有效促进图书馆职业的发展。

1. 图书馆职业规范

职业规范是图书馆职业发展的重要基础。通过对图书馆员在工作中的各种行为与道德伦理进行规范,使图书馆员能够在职业生涯中正确处理好与用户、图书馆、管理人员及同人之间的各种关系,保障图书馆各项工作有序进行,从而促进图书馆事业的进一步发展。目前,已有60多个国家的图书馆协会制定并通过了本国图书馆员职业道德规范。作为国家图书馆应该着眼于国际,立足于本国的文化、历史与社会,积极倡导与推进图书馆职业规范的制度与实施。在本国图书馆协会及相关组织制定出图书馆员职业道德规范后,国家图书馆要积极组织实施并大力倡导,以此推动图书馆职业规范的推进与落实,发挥职业指导中心作用,从而促进整个图书馆事业的发展。

2. 图书馆职业精神培育

职业精神蕴含着深刻的历史文化内涵,它应该成为推动图书馆事业发展乃至整个社会民主化进程的重要力量。国家图书馆不仅要在实践中加强图书馆职业精神的培育,更需要促进图书馆职业精神内涵的不断探索和发展。图书馆事业是人类追求信息自由理想的产物,它为公众信息自由的实现提供了一个有利的平台。为维护和促进公众的信息获取自由而提供相应服务,应该是图书馆职业的核心精神[79]。国家图书馆是一个国家的信息和文化中心,既要在具体服务工作中践行信息自由的精神,又要倡导并促进信息自由获取平台的搭建,充分展现本国图书馆职业的核心精神,发挥示范与引领作用。图书馆员职业精神包括馆员的政治态度、精神风貌、思想情操等意识及行为规范、职业技能等,它是经历过长期的实践所形成的较稳定的思想行为风尚,职业精神体现在图书馆工作中的每个环节。国家图书馆在组织开展各类型图书馆服务的过程中,需要有意识地宣传渗透图书馆职业精神,让图书馆员能够深刻领悟并大力弘扬图书馆职业精神。国家图书馆要在实践工作中不断探索图书馆职业精神的内涵,既要成为图书馆职业精神的捍卫者与培育者,又要成为图书馆职业精神的践行者与推动者,将图书馆职业精神真正融入图书馆服务之中,无愧于社会,无愧于图书馆职业。

3. 图书馆职业规划

信息网络技术日新月异的发展,使图书馆在资源建设、服务理念、服务方式等方面都发生了质的飞跃。这些新的挑战不仅对图书馆员职业素养提出更高的要求,也促进图书馆职业的不断发展。应当加强对中青年馆员的开发和培养,尤其要重视对青年馆员的职业生涯规划管理。一方面需要融入多元知识背景的复合型人才进入图书馆职业。目前图书馆引进人员逐渐趋向社会化,其学科背景呈现多元化,高素质图书馆员更加需要具备广泛而全面的知识背景。既精通图书情报、计算机专业知识,又具有其他学科专业背景的复合型人才的需求更为迫切。另一方面图书馆工作的转变,需要图书馆员持续而快速地更新知识、提升技能,并具有一定的创新能力,将新的方法或技术应用到图书馆的建设和服务中去[80]。

图书馆员职业生涯规划就是图书馆通过一系列的组织管理活动来促进和帮助图书馆员达到其职业发展目标的过程。职业生涯规划尤其是近期职业生涯规划的实施,需要馆员将自身的发展与图书馆的发展以及图书馆事业发展有效结合起来,而行之有效的职业规划需要组织和个人两方面同时进行,作为组织一方,国家图书馆承担着做好各级各类图书馆职业生涯规划的引路人和支持者的作用。如在美国国家医学图书馆对其功能的声明中提到要"支持医学图书馆发展和生物医学图书馆员培训"[81]。由此,美国国家医学图书馆开办了职业发展教育,包括图书馆奖学金计划、生物医学信息学课程、医学信息学培训项目、面向图书馆员的 NLM/AAHSL 领导人计划等,帮助图书馆员学习医学信息学等各类医学相关专业知识和技能,提高从业人员专业能力和服务能力,并关注准备晋升学术健康科学图书馆主任职位的图书馆员职业发展[82]。韩国国立中央图书馆提出其进行图书馆员培训和教育的目标是增强即将领导知识性社会的图书馆员的能力,开展和实施培训项目以改善和创新图书馆服务。另外,韩国国立中央图书馆为更好开展图书馆员培训,还增设了包括主礼堂(100 个席位)、小礼堂(56 个席位)、讨论房间(6 间,60 个席位)、计算机教育室(2 间,80 个席位)、会议室(40 个席位)、图书馆员学习间(5 间,可以容纳 15 人)以及包括 LCD、录像机、打印机等用具在内的培训设施[83]。中国国家图书馆为推动和保障"数字图书馆推广工程"的实施,结合工程实施的实际需求,开展全国性专题培训,旨在建设一支专业知识与实际技能兼备的高素质数字图书馆服务队伍。如中国国家图书馆于 2013 年举办的"数字图书馆推广工程"市级图书馆必配系统培训班,2015 年举办的数字图书馆推广工程网络建设与网络安全培训班,2016 年开展的"数字图书馆推广工程"馆员研修工作[84],2017 年面向全国 4000 余名县级图书馆馆长、基层图书馆工作者开展的培训。通过到馆培训、研修和实践教学,提升了各地区各级公共图书馆和数字图书馆从业人员的工作技能和业务水平。

二、支持和推动图书馆学专业教育

图书馆学教育的根本目的是为图书馆职业培养专业人才,因此以职业需求为导向应该成为图书馆学教育的宗旨[85]。国家图书馆作为国家图书馆职业的指导者,需要以图书馆实践发展为基础,以职业发展为导向,更新教育理念,引领图书馆学专业教育发展,为图书馆学教育提供必要的支撑与保障[86]。具体的支持和推动方式包括:①组建学科专家团队;②开展院系项目合作;③成立专业实践基地。国家图书馆与图书馆学院系合作,一方面发挥了国家图书馆的学术引领作用,另一方面也可以支撑图书馆学院系的学术研究与发展,促进图书馆学教育发展,实现良好的双赢。例如,荷兰国家图书馆在其 2015—2018 年战略规划中将加强国内外合作作为战略重点,通过对外合作也使图书馆得到长足发展,尤其在学术领域,荷兰国家图书馆与研究机构紧密联系;奥地利国家图书馆和维也纳大学开展合作,为应对信息领域的快速发展,开设了一系列教育和培训课程,用以传授图书馆、信息和文献知识,培养专业人才,加强推广应用,如校际课程"图书馆和信息研究"、教授图书馆相关基本知识的"科研人员库"(Brain Pool)等。

第六节　国家图书馆的国际交流与合作

美国学者贝克与杰克逊在《资源共享的未来》一书的前言中指出:"今天的图书馆正生存在一个相互依存的时代。每一个图书馆都必须视自己为世界图书馆系统中的一部分,必须摆脱自给自足的状态,必须能够找到快速地从世界图书馆系统中获取资料并送到用户手中的方式,必须随时准备将自己图书馆的馆藏供给世界其他图书馆。"[87]可见,在信息、经济和通信技术全球化的今天,图书馆的国际化已成为图书馆事业发展的必然趋势,图书馆开展国际交流与合作成为顺应这一趋势的必然选择。国家图书馆作为国家层面引领本国图书馆事业发展的机构也不例外,唯有不断寻求和加强与世界范围内的国际组织、国家图书馆及其他组织之间的合作才能满足用户的需求,推动整个图书馆事业的发展。

一、开展国际文化、科学、教育交流合作

国家图书馆作为国家的总书库,对外有履行有关文化交流的职能,因此国家图书馆依托其丰富的馆藏资源,积极参与国际教育、科学和文化方面的交流,同诸如国际图联、OCLC、联合国教科文组织、世界知识产权组织等国际组织建立了密切的联系,并通过履行自身职能和参与这些组织的合作共建项目来不断提升本国图书馆事业的影响力和国际竞争力。在同国际教育、科学、文化的交流合作中,国家图书馆主要承担了参与国际上重要共建共享文化项目、国际组织和外国政府出版物托存的工作。各国国家图书馆都十分重视参与国际教育、科学、文化交流,如日本国立国会图书馆从未间断过参加联合国教科文组织的图书馆系统的各项国际交流活动。除参加国际图联的有关会议外,还主持召开了多次国际会议。英国国家图书馆与 15 个欧洲合作伙伴包括商业组织、科研机构、其他国家图书馆和国家档案馆负责的欧盟网络信息长期保存与服务项目(Preservation and Long-term Access via NETworked Service,简称 PLANETS),致力于建立切实可行的服务和工具,以确保数字文化和科学资产能够长期访问。又如英国国家图书馆、美国国会图书馆、澳大利亚国家图书馆、德国国家图书馆、荷兰国家图书馆、葡萄牙国家图书馆和新西兰国家图书馆都参与"国际图联——国家图书馆馆长会议数字战略联盟"(IFLA-CDNL),致力于数字图书馆发展战略研究。中国国家图书馆作为国际图联创始成员国,一直积极参与国际图联的工作,同时在联合国教科文组织的国际文化项目和文化交流中发挥着重要作用。

1. 国际上重要共建共享文化项目合作

世界各国国家图书馆有着共同的使命:收集、记录、组织、存储、永久保存,提供承载自己国家文化遗产和知识成果的文献的访问[88]。在这个信息技术瞬息万变的时代,用户期待的是无缝化连接来自全球的知识信息,知识共享成为时代的

召唤,图书馆作为社会知识中心,只有参与到国际化进程中,才能真正实现知识的全球共享;国家图书馆以其馆藏资源和专业优势,在全球知识共享的浪潮中理所应当承担起领头羊的重任,积极参与国际上文化共建共享项目,使图书馆事业对整个世界的文化、科技和经济的交流与发展做出贡献。

国家图书馆通过参与共建共享文化项目,与来自全球的国家图书馆和其他机构建立良好的合作伙伴关系,同时也获得全世界范围内的资金、技术、资源、专业知识和实践的支持和指导,不仅有利于本国图书馆事业的发展,还有效促进了全球图书馆事业的同步发展。如由联合国教科文组织和世界 32 个公共团体合作建立,美国国会图书馆主导开发的知识共享计划——世界数字图书馆,以全世界图书馆及引擎的特色文化资源为特色的网站,站点包括手稿、地图、古籍、电影、录音、印刷品及照片,供公众免费、无限制地获取。中国国家图书馆于 2008年 11 月与美国国会图书馆签署了《中国国家图书馆与美国国会图书馆世界数字图书馆合作协议》,贡献了手稿、地图、书籍、碑林拓片及甲骨文,跨度范围为从古代到现代的中国历史。根据协议,中方将本馆所拥有的、能够代表中国文化特色的数字资源上传至世界数字图书馆网站,全世界不同国家的读者可以通过本国语言免费、无障碍地了解中国文化,扩大了中国的国际影响力。2008 年,中国国家图书馆与 OCLC 正式签署数据合作协议,以 OCLC 为平台,中国国家图书馆愿意将其一部分书目记录或馆藏记录输入到 WorldCat 数据库或愿意将馆藏通过OCLC 馆际互借系统出借给其他图书馆,供全球用户使用。目前中国国家图书馆与 OCLC 的合作集中在批处理上传、馆际互借和 OCLC 编目三个方面[89]。中国国家图书馆与 OCLC 的合作推动了中文书目数据的国际化步伐,促进了全球书目的共享。如"国际敦煌"项目(IDP),是由英国国家图书馆发起,众多国际敦煌文献收藏机构共同参加的一个敦煌文献保存和数字化项目。自 1994 年正式运行之日起,就致力于通过合作与交流寻求最佳途径,实现敦煌文献的共建共享,进而推动研究与教育项目,鼓励普通民众利用有关资源[90]。IDP 创立至今,不断寻求和世界其他收藏机构间的合作,如中国国家图书馆是 IDP 项目的发起成员,于 2001 年开设了伦敦以外的第一个 IDP 中心,在敦煌文献的数字化工作方面发挥了重要作用。IDP 成员馆之间通过合作建立数据库、合办展览、共同举办 IDP国际会议等方式加强合作,实现多方共赢,促进全球知识的共享。

2. 国际组织和外国政府出版物托存

国际组织与外国政府出版物是国家图书馆的特色馆藏之一。联合国的托存制度可追溯至 1946 年达格·哈马舍尔德(Dag Hammarskjold)图书馆通过托存图书馆系统向世界各地的读者分发联合国的文件和出版物,目前在 146 个国家共有 405 个托存图书馆(名单)会收到这些资料,条件是他们的收藏必须管理良好,并且免费供公众使用[91]。很多国家图书馆都是联合国的免费托存图书馆,它们承担着联合国托存出版物资料的接收和保存工作。联合国机构和组织涵盖面广,诸如联合国教科文组织、世界卫生组织、国际货币基金组织、世界气象组织、世界知识产权组织等,因此,国家图书馆需要与联合国具体托存机构或组织定期保持交流访问,就出版物在国家图书馆的托存情况及遇到的问题做商讨,解决实际运行中出现的问题,更好地服务读者,在读者与联合国组织间搭建起一座畅通的信息桥梁。随着国家图书馆之间的交流日益频繁,很多国家图书馆之间建立了政府出版物的交换关系。外国政府出版物的保存有助于弥补馆藏不足,提高文献资源保障率,还有助于国家图书馆之间进一步的交流与合作。中国国家图书馆开发了国际组织与外国政府出版物网络资源整合服务平台,推广特色馆藏资源,为读者提供一站式信息服务。

二、开展国际图书馆交流合作

国家图书馆与国际图书馆的交流合作体现在 3 个方面:与其他国家图书馆的交流合作;与国外其他类型图书馆的合作交流,如公共图书馆、大学图书馆及其他特色图书馆等;与其他组织的合作交流,如各国的图书馆学会及图书馆联盟等。各国国家图书馆都十分重视与国际图书馆的交流与合作,很多国家都已将加强国际合作交流纳入图书馆战略规划中,各国国家图书馆之间出版物交换、馆员交流、项目合作等日益频繁。国家图书馆与全球范围内各类图书馆及相关组织的合作越来越普遍,如法国国家图书馆与日本国立国会图书馆共同牵头负责实施 G7(西方七国集团)全球数字式图书馆项目(G7 Project on Electronic Libraries);英国国家图书馆与南非国家图书馆签署了合作协议,还为希腊国家图书馆的新馆舍建设提供支持;中国国家图书馆与日本国立国会图书馆和韩国国立中央图书馆都签署了业务交流协议,定期访问交流等。

1. 与其他国家图书馆的交流合作

在全球化的背景下,国家图书馆与其他国家图书馆之间的交流与合作既是代表国家履行对外文化交流的一部分,也是国家图书馆自身优化资源配置的有效途径。国际上多数国家图书馆都有着与其他国家图书馆合作的优良传统,国家图书馆是一个国家的文化名片,独特的社会地位使其成为很多外事访问的重要站点。国家图书馆每年都承担了大量的外事接待任务,包括各国重要领导以及国际教育、科学、文化等机构的来访、参观交流。外事接待是国家图书馆国际交流与合作的重要内容,除此之外,各国国家图书馆之间的合作主要集中在出版物交换、业务交流、项目合作和会议承办等方面。

出版物交换是文献采访工作的重要组成部分,是对外文化交流的重要窗口,是补充馆藏的有效途径,在文献资源建设中发挥着重要作用。中国国家图书馆的出版物交换工作本着"以我所有,换我所需,平等互利"的原则,广泛与世界各国的国家图书馆、大学图书馆、公共图书馆以及其他文献信息单位建立良好的书刊资料交换关系,交换国家图书馆所需的图书、期刊、报纸、光盘、平片、网络出版物等各种载体形式的文献。目前,中国国家图书馆已与世界上 117 个国家和地区的国家图书馆、公共图书馆、大学图书馆、专业图书馆以及科研机构等 500 多家单位建立了出版物交换关系。国家图书馆之间的业务交流一般有直接的经验分享和交换馆员互访两种方式。无论是双方的实践经验交流,如就图书馆事业发展的相关主题展开业务探讨和经验分享,还是馆员观摩和参与交流馆的工作,都是较为直观的交流方式,让交流馆之间能够迅速加深彼此的了解,知晓访问馆的运作模式和业务流程,便于相互学习、取长补短,共同提升业务水平和馆员能力。中国国家图书馆与日本国立国会图书馆和韩国国立中央图书馆都签署了业务交流协议,双方定期互访交流,做业务上的切磋;中国国家图书馆还以交换馆员的方式与新加坡国家图书馆建立了合作。中国国家图书馆与日本国立国会图书馆长期保持密切合作关系,自 1981 年建立业务交流合作关系,至今已有 30 余年,共开展业务交流 34 次,这种面对面的实地访问交流加深了中日两国图书馆之间的了解,这也是一种良好的区域合作典范,在某种程度上也有效推动了图书馆国际合作的良性发展。

项目合作是国家图书馆之间合作的常见方式之一,通过参与地区性或全球性的合作项目来共同推动世界图书馆事业的发展。如法国国家图书馆作为 G7 全球数字式图书馆集团的成员,与日本国立国会图书馆共同牵头负责实施 G7 全球数字式图书馆项目。

　　会议的承办是图书馆自身宣传和扩大地区影响力的重要途径,各国国家图书馆历来重视国际会议的承办与参与,如国际图联大会、中美图书馆合作会议、亚洲及大洋洲国家图书馆馆长会议等。美国国会图书馆发起的一年一度的国际会议——国际图书峰会(International Summit of the Book),作为美国国会图书馆大型图书庆典活动(Celebrating of the Book)中的一个项目,获得了众多国家图书馆如英国国家图书馆、俄罗斯国家图书馆、西班牙国家图书馆、南非国家图书馆、爱尔兰国家图书馆,以及图书馆协会、出版社和其他合作伙伴的支持[92-93],汇集了学术界、图书馆、文化和技术领域的知名人士和领军人物,围绕信息传播的重要形式即书籍进行探讨和交流,以促进人类阅读能力的提高,扩大智慧的传播和知识的发展[94]。2012 年,美国国会图书馆举办了首届国际图书峰会;2013 年,新加坡国家图书馆承办了第二届主题为"书可以是任意名称"(A Book by Any Other Name)的国际图书峰会;2015 年,埃及亚历山大图书馆召开了主题为"书籍、阅读与技术"(Books,Reading,and Technology)的国际图书峰会;2016 年,第五届国际图书峰会在爱尔兰利默里克市召开,其主题是"'文字是我们所有的一切'——图书:历史、知识与技术,见闻录"(Words Are All We Have—The Book:History,Knowledge and Technology,the Voyage)[95]。中国国家图书馆承办了第十二届亚洲国家图书馆馆长会议,会议增强了亚洲各国国家图书馆相互间的联系和沟通,加深了中国国家图书馆馆领导与各国馆长间的沟通,凸显了中国国家图书馆在本地区图书馆界的地位和愿意承担更多国际事务的态度,对于中国图书馆事业的发展有着十分重要的意义。2017 年,中国国家图书馆举办第 25 届亚洲及大洋洲地区国家图书馆馆长会议和第 2 届中国与阿拉伯国家图书馆及信息领域专家会议,成立金砖国家图书馆联盟;2018 年 5 月 28 日,作为主要发起方,在四川成都组织成立"丝绸之路国际图书馆联盟",并发布《成都倡议》。此外,中国国家图书馆还与厄瓜多尔、白俄罗斯、哈萨克斯坦、毛里求斯国家图书馆确立合作意向。

2. 与国外其他类型图书馆的合作交流

除了国家图书馆之间的交流合作,国家图书馆应加强与国外的图书馆学会、大学图书馆和公共图书馆的联系,通过人员往来如高层互访交流和馆员交换,以及文化共享如书刊以及数字资源交换等方式开展合作。国外很多知名大学图书馆在资源和研究上有着明显的优势,而公共图书馆的服务理念和服务方式较为先进,与国外不同类型图书馆建立业务交流合作,有助于了解国际图书馆发展动态,学习和借鉴他馆的先进做法,可进一步指导国内图书馆事业的发展,提升图书馆事业的科学化和专业化水平。如中国国家图书馆与美国纽约皇后区图书馆、哈佛燕京图书馆在馆员交流和古籍书目资源方面展开了深入的合作。另外,中国国家图书馆还与美国图书馆协会合作举办了多次中美图书馆合作会议。如2005 年 3 月 22—24 日,第三届中美图书馆合作会议在上海召开,会议由中国国家图书馆、中国图书馆学会、美国国会图书馆、美国研究图书馆协会主办,上海图书馆承办。会议内容涵盖从数字资源建设与服务、信息管理到知识管理的理论与实践、用户需求和利用行为研究、数字图书馆核心价值及其实现、中美两国在数字时代知识管理和服务中的合作等领域[96]。2010 年,第五届中美图书馆合作会议在京举行,本次会议以"数字资源共享:机遇与挑战"为主题,邀请了近 20 位著名专家学者做报告和演讲,百余名图书馆界代表参与交流和研讨[97]。中美图书馆合作会议的举行不仅密切了两国之间的交流,加深了彼此的合作,也有效推动了国际图书馆事业的发展。

3. 与其他组织的合作交流

国家图书馆与国外的一些民间文化、出版组织也存在着或多或少的联系,较有代表性的如中国国家图书馆与日本民间出版机构日本出版贩卖株式会社(以下简称"日贩")合作的长达 30 多年的文化交流项目。早在 1982 年,在中日双方有识之士的共同倡导、努力和关心下,中国国家图书馆与日贩达成合作意向,准备在中国国家图书馆开设日本出版物文库阅览室,日贩每年向中国国家图书馆无偿寄赠 8000—10 000 册最新出版的日文图书。中国国家图书馆以专室专架的开架方式向读者展示并提供服务。1983 年 5 月,双方正式签署了第一期合作协议,同月,阅览室正式对读者开放。协议有效期 5 年,每期协议结束前双方将就合作进行评估,以确定是否续签协议[98],迄今双方共签署 8 期合作协议。与日贩的合作还包括馆员进修和双方的互访交流。自 1989 年起，日贩开始出资安排由中国国家图书馆选拔的馆员赴日本的语言培训学校进行语言进修，同时考察日本图书馆和出版界概况，在日研修期间的学习费用、生活费用等由日贩负担。而且，自 1983 年起，日贩每年组织"日本出版友好访华团"来访，成员由日贩高层领导和参与赠书活动的日本各出版社负责人或高层人员组成，与中国国家图书馆进行交流，了解中国图书馆事业和出版事业的发展状况，并走访各地文化机构。同时，中国国家图书馆也不定期组成代表团访问日贩，主要目的是续签合作协议和了解日本出版界概况。30 多年的合作让双方受益良多，促进两国间的相互了解，推动两国文化交流事业和民间友谊的进一步发展。大量的捐赠图书丰富了馆藏，节约了购书经费，馆员培训项目也为中国国家图书馆的人才培养提供了便利。

第七节　中国国家图书馆推动全国图书馆事业发展展望

如果说图书馆事业是一艘航空母舰，那么国家的政策和法律则是方向舵，国家强大的经济实力是动力源，国家图书馆则是主要的助推器和加速器。在促进图书馆事业步入稳定发展的过程中，中国国家图书馆可从以下方面发挥作用（包含但不限于），推动全国图书馆事业的发展：

首先，中国国家图书馆在履行促进图书馆事业科学发展的社会职能时可以进一步提升其公共影响力，推动图书馆及相关领域的法律法规的制定，重点在于提高图书馆的社会地位、为国家公共文化政策制定与决策提供参考。一是要积极推动图书馆领域的法律法规的制定实施，为国内的图书馆事业发展提供有效的法律支持和制度保障；二是要主动创造平台参与知识产权相关政策法律法规的起草制定，加强图书馆界在版权、著作权等相关领域的话语权，为全国图书馆事业发展取得更大范围的知识产权的认可和支持；三是要积极参与文化相关政策法律法规的制定实施，发挥自身的学科优势、资源优势和人员优势，承担文化领域相关法制建设。

在标准化方面，中国国家图书馆不仅担负着本国的图书馆标准化工作，而且还应处理好与国际图书馆标准化的发展关系。一方面需继续推进国内图书馆及相关领域的标准化制定工作，对图书馆领域各类标准开展调研工作，研究和依据标准化规律,不断修正、废除和新增标准,以应对社会进步对图书馆的新的发展要求;另一方面需把握国内图书馆标准和国际图书馆标准之间的衔接工作,在稳步推进国内图书馆标准化工作的同时,加强与国际和各国图书馆标准化组织、团体以及各项标准化计划、项目的合作交流,吸取国际图书馆标准化工作经验和理念,推动国内图书馆标准的发展和完善,进而不断建设图书馆各项工作,以达到国内图书馆标准同步或领先于国际图书馆标准的目的。

在图书馆职业发展与专业教育方面,积极发挥其职业指导中心的作用,担当起"领衔人"和"组织者"的角色,促进图书馆职业发展,引领图书馆专业教育,开展与时俱进的图书馆职业生涯规划,支持图书馆学教育发展,打造完备的继续教育体系。一是在组织开展各类型图书馆服务的过程中,有意识地宣传渗透图书馆职业精神,积极推动制定、组织宣传、倡导实施图书馆员职业道德规范,帮助图书馆员深刻领悟并大力弘扬图书馆职业精神,并将其真正融入图书馆服务之中;二是发挥馆内人才队伍优势,组建学科专家团队,以引领图书馆职业发展、支持图书馆学教育为目的,充分利用每一位专家的知识与专长,明确图书馆学教育目标定位,完善图书馆学人才培养结构,开展图书馆学教育评价,改进图书馆学教育内容与方法,促进图书馆专业教育向纵深方向发展,并在教育培养规模与体系、国家重点学科、国家精品课程等方面取得进步与突破,以此推动国家图书馆及图书馆事业的整体发展[99];三是加强与图书情报院系合作,扩展院系合作规模,开辟多样的合作渠道和选用灵活的合作方式,可以由中国国家图书馆根据图书馆事业发展需求提供项目,由院系申请承担,也可以由图书馆学院系自选具有研究价值和实践意义的项目,中国国家图书馆给予相应的经费等支持,通过扶持研究及创新来获得解决社会和经济问题的方案;四是号召在各级各类图书馆成立图书馆学教育实践基地,为图书馆学教育开展实践性教育提供必要的平台,根据图书馆学院系实际情况及所在地图书馆的优势与特点,开展多种模式的合作培养与实践,令学生在图书馆实践中学习,突出技能培训的灵活性和开放性,以满足图书馆实践工作对专业人才的需要。

在国际交流与合作方面,积极打造和其他国家图书馆之间的交流合作平台,以"一带一路"为契机,重点与世界主流国家及与我国经济联系密切的国家开展合作,争取牵头创建多国图书馆合作项目计划,加大主办国际图书馆会议和研讨会的力度,承担国际项目的整体规划实施,在多国合作过程中,提升和加强中国国家图书馆的职能地位,以起到重要带头作用、统筹协调作用等,不断扩大中国国家图书馆的国际影响力。

参考文献

[1][51] 柯平,等.社会公共服务体系中图书馆的发展趋势、定位与服务研究[M].北京:国家图书馆出版社,2011:191－192.

[2] BnF. Mission[EB/OL].[2016－04－10]. http://www. bnf. fr/en/bnf/about_the_library/a. missions_of_bnf. html#SHDC__Attribute_BlocArticle2BnF002E.

[3] 中国国家图书馆.国图概况[EB/OL].[2018－06－07]. http://www. nlc. cn/dsb_footer/gygt/lsyg/.

[4] 中华人民共和国中央人民政府.文化部关于印发《"十三五"时期全国公共图书馆事业发展规划》的通知[EB/OL].[2018－06－07]. http://www. gov. cn/xinwen/2017-07/07/content_5230578. htm.

[5] 中华人民共和国中央人民政府.文化部关于印发《"十三五"时期全国古籍保护工作规划》的通知[EB/OL].[2018－06－07]. http://www. gov. cn/xinwen/2017-09/06/content_5223039. htm.

[6][21][23] 中国国家图书馆.国家图书馆"十三五"规划纲要[EB/OL].[2018－06－07]. http://www. nlc. cn/dsb_footer/gygt/ghgy/#14.

[7] 中国国家图书馆.国家图书馆年鉴 2015[EB/OL].[2018－06－07]. http://www. nlc. cn/dsb_footer/gygt/ndbg/nj2015/.

[8] 卢海燕.国外图书馆法律选编[G].国家图书馆立法决策服务部,编译.北京:知识产权出版社,2014:536.

[9] New Zealand Legislation. National Library of New Zealand Act[EB/OL].[2018－06－07]. http://www. legislation. govt. nz/act/public/2003/0019/latest/DLM191962. html.

[10] Ministry of Education and Culture. Universities Act 558/2009[EB/OL].[2018－06－07]. http://www. finlex. fi/en/laki/kaannokset/2009/en20090558_20160644. pdf.

[11][14] 国家图书馆在国内及国际情报系统中的作用——1976 年 8 月 20 日至 21 日在洛桑召开的国家图书馆馆长会议通过的政策[J].国家图书馆学刊,1979(4):52－59.

[12] 黄宗忠.论图书馆制度[J].图书馆论坛,2008(12):1－4,55.

[13] UNESCO. Recommendation concerning the International Standardization of Library Statistics

［EB/OL］.［2018 - 06 - 09］. http://portal. unesco. org/en/ev. php-URL_ID = 13086&URL_DO = DO_TOPIC&URL_SECTION = 201. html.

［15］ ISO. ISO/TR28118:2009(En)［EB/OL］.［2018 - 06 - 09］. https://www. iso. org/obp/ui/#iso:std:iso:tr:28118:ed-1:v1:en:term:2. 38.

［16］十二届全国人民代表大会常务委员会. 中华人民共和国公共图书馆法［EB/OL］.［2018 - 06 - 07］. http://www. npc. gov. cn/npc/xinwen/2017-11/04/content_2031427. htm.

［17］［22］［39］李炳穆,太贤淑,段明莲. 韩国图书馆法［J］. 图书情报工作,2008(6):6 - 21.

［18］卢海燕. 国外图书馆法律选编［G］. 国家图书馆立法决策服务部,编译. 北京:知识产权出版社,2014:357 - 359.

［19］［24］［26］Library of Congress. Library of Congeress Strategic Plan 2016-2020［EB/OL］.［2018 - 06 - 07］. http://www. loc. gov/portals/static/about/documents/library_congress_stratplan_2016-2020. pdf.

［20］［81］National Library of Medicine. About the National Library of Medicine［EB/OL］.［2018 - 06 - 07］. https://www. nlm. nih. gov/about/index. html.

［25］江苏省标准信息服务平台. 国家标准 GB/T 20000. 1—2002 标准化工作指南第 1 部分:标准化和相关活动的通用词汇［EB/OL］.［2018 - 06 - 07］. http://www. tsinfo. js. cn/inquiry/gbtdetails. aspx? A100 = GB/T% 2020000. 1-2002.

［27］National Library of Korea. Legal Deposit and Acquisition［EB/OL］.［2018 - 06 - 09］. http://www. nl. go. kr/english/c3/page2. jsp.

［28］卢海燕. 国外图书馆法律选编［G］. 国家图书馆立法决策服务部,编译. 北京:知识产权出版社,2014:88 - 92.

［29］Library of Congress. About the law library［EB/OL］.［2018 - 06 - 09］http://www. loc. gov/law/about/collections. php.

［30］卢海燕. 国外图书馆法律选编［G］. 国家图书馆立法决策服务部,编译. 北京:知识产权出版社,2014:535 - 544.

［31］卢海燕. 国外图书馆法律选编［G］. 国家图书馆立法决策服务部,编译. 北京:知识产权出版社,2014:321 - 323.

［32］卢海燕. 国外图书馆法律选编［G］. 国家图书馆立法决策服务部,编译. 北京:知识产权出版社,2014:220 - 223.

［33］卢海燕. 国外图书馆法律选编［G］. 国家图书馆立法决策服务部,编译. 北京:知识产权出版社,2014:348 - 354.

［34］ Library and Archives of Canada. Legal Deposit of Publications Regulations［EB/OL］.［2018 –
06 – 09］. http：//laws-lois. justice. gc. ca/PDF/SOR-2006-337. pdf.

［35］ Wikipedia . Digital Millennium Copyright Act［EB/OL］.［2018 – 06 – 09］. https：//en. wiki-
pedia. org/wiki/Digital_Millennium_Copyright_Act.

［36］聂云霞. 国家层面数字资源长期保存策略研究［D］.武汉：武汉大学,2014.

［37］潘菊英,刘可静. 国外数字资源长期保存和长效利用研究进展［J］.图书馆,2011(5)：
72 – 76.

［38］ American National Standards Institute. About NISO［EB/OL］.［2016 – 09 – 13］. http：//www.
niso. org/about/NISO_milestone_timeline_fromISQ. pdf.

［40］ British Library. Metadata standards［EB/OL］.［2018 – 06 – 08］. http：//www. bl. uk/biblio-
graphic/service. html.

［41］ British Library. Metadata standards development［EB/OL］.［2018 – 06 – 08］. http：//www.
bl. uk/bibliographic/blstand. html.

［42］［72］ British Library. Cataloguing standards［EB/OL］.［2018 – 06 – 08］. http：//www. bl. uk/
bibliographic/catstandards. html.

［43］［50］ British Library. UK national Agency for the ISIL［EB/OL］.［2018 – 06 – 08］. http：//
www. bl. uk/bibliographic/isilagency. html.

［44］全国图书馆标准化技术委员会. 章程［EB/OL］.［2018 – 06 – 08］. http：//www. nlc. cn/
tbw/bzwyh_gywm_gzzd02. htm.

［45］全国图书馆标准化技术委员会. 简介［EB/OL］.［2018 – 06 – 08］. http：//www. nlc. cn/
tbw/bzwyh_gbwjj. htm.

［46］全国图书馆标准化技术委员会. 秘书处工作细则［EB/OL］.［2016 – 09 – 13］. http：//
www. nlc. cn/tbw/bzwyh_gywm_gzzd01. htm.

［47］中国国家图书馆. ISSN 中国国家中心［EB/OL］.［2018 – 06 – 08］. http：//www. nlc. gov.
cn/newissn/.

［48］ BnF. ISNI registration Agency at the BnF［EB/OL］.［2018 – 06 – 08］. http：//www. bnf. fr/
en/professionals/isni_about/s. isni_registration_agency. html? first_Art = non.

［49］ National Library of Australia. About ISMNS［EB/OL］.［2018 – 06 – 08］. http：//www. nla.
gov. au/ismn/about.

［52］吴慰慈,董焱.图书馆学概论［M］.修订第二版.北京：国家图书馆出版社,2008,139 – 140.

［53］叶宏.论图书馆联盟的运行机制［J］.图书馆,2007(2)：56 – 58.

［54］朱云芝,唐虹.图书馆联盟战略协同机制及其运行研究［J］.四川图书馆学报,2013（1）:
7-10.

［55］［58］刘中华.新媒体视域下图书馆联盟协同服务行为探析［J］.图书馆论坛,2015（5）:
50-55.

［56］黄明珊.图书馆联盟协同效应的层次结构研究——基于资源—能力观的视角［J］.图书
馆论坛,2014（4）:18-22.

［57］陈旭华,陈秀莹.大学城图书馆联盟协同服务模式的构建研究［J］.情报探索,2013（6）:
16-19.

［59］朱前东,高波.德国的图书馆信息资源共享模式［J］.大学图书馆学报,2008,26（5）:
43-48.

［60］［70］赵益民,陈志亭.跨境图书馆联盟建设的创新路径与理论视角［J］.图书馆理论与实
践,2015（6）:31-35.

［61］武克涵.台湾地区跨系统图书馆联盟管理及运作模式探析——以 NDDS 和 ConCERT 为
例［J］.图书馆理论与实践,2015（11）:77-80.

［62］谈大军,高波,贾素娜.1998—2007 年我国图书馆联盟研究综述［J］.情报理论与实践,
2010,33（4）:119-123.

［63］M25 Consortium of Academic Libraries. Welcome to the M25 Consortium［EB/OL］.［2018-
06-08］. http://www. m25lib. ac. uk/.

［64］M25 Consortium of Academic Libraries［EB/OL］.［2018-06-08］. https://en. wikipedia.
org/wiki/M25_Consortium_of_Academic_Libraries#cite_note-1.

［65］张学福.图书馆联盟共建共享机制研究［J］.中国图书馆学报,2008,34（1）:33-37.

［66］王真.国外图书馆联盟的发展及其启示［J］.现代情报,2007,27（4）:128-129.

［67］王丽华.我国图书馆联盟研究综述［J］.图书与情报,2008（2）:29-33.

［68］International Coalition of Library Consortia. About-ICOLC［EB/OL］.［2018-06-08］.
http://www. ICOIC. net/about-icolc.

［69］LIBER. Userlist［EB/OL］.［2016-12-12］. http://libereurope. eu/userlist/.

［71］U. S. National Library of Medicine. About the National Library of Medicine［EB/OL］.［2018-
06-08］. https://www. nlm. nih. gov/about/index. html.

［72］周和平.加快实施推广工程　建设覆盖全国的数字图书馆服务体系［EB/OL］.［2016-
07-10］. http://www. nlc. gov. cn/dsb_zt/xzzt/gzpx/PDF/1. pdf.

［73］Library of Congress. Library of Congress Magazine［EB/OL］.［2018-06-08］. https://www.

loc. gov/lcm/.

［74］British Library. Electronic British Library Journal［EB/OL］.［2018 － 06 － 08］. http：//www. bl. uk/eblj/.

［75］Nationa Library of Korea. Bibliography publication［EB/OL］.［2018 － 06 － 08］. http：//www. nl. go. kr/english/c3/page4. Jsp.

［76］SCONUL［EB/OL］.［2018 － 06 － 08］. https：//en. wikipedia. org/wiki/SCONUL.

［77］Kenya National Library. National Library［EB/OL］.［2016 － 09 － 13］. http：//www. knls. ac. ke/national-library.

［78］张收棉,李丹,程鹏,等. 世界级国家图书馆关键成功因素分析［J］. 图书馆建设,2011 （8）:10 － 14.

［79］徐洪升. 图书馆职业精神的内涵与特征［J］. 图书馆理论与实践,2007(2):86 － 87.

［80］胡芳,刘金铃. 国外图书馆职业生涯管理典型案例及对我国的启示［J］. 图书馆学研究, 2009(4):80 － 82.

［82］U. S. National Library of Medicine. Training［EB/OL］.［2018 － 06 － 08］. https：//www. nlm. nih. gov/training. html.

［83］National Library of Korea. Librarian training［EB/OL］.［2018 － 06 － 08］. http：//www. nl. go. kr/english/c3/page7. jsp.

［84］中国国家图书馆. 数字图书馆推广工程［EB/OL］.［2016 － 09 － 13］. http：//tg. nlc. gov. cn/cspxxz/.

［85］肖希明. 面向职业的图书馆学教育研究［J］. 中国图书馆学报,2008,34(2):75 － 76.

［86］British Library. Doctoral research ［EB/OL］.［2018 － 06 － 08］. http. //www. bl. uk/research-collaboration/doctoral-research.

［87］詹福瑞. 实施图书馆国际化发展战略,促进知识的全球共享［J］. 国家图书馆学刊,2010 （2）:15 － 20.

［88］布林德利,肖红. 英国国家图书馆的国际合作项目［J］. 国家图书馆学刊,2010(2):12 － 14,20.

［89］胡砚. 共建·共享·共赢——联机计算机图书馆中心与中国国家图书馆合作的回顾与展望［J］. 晋图学刊,2015(6):68 － 71,75.

［90］喻雯虹. 古籍数字化资源的共建共享——从国际敦煌项目(IDP)谈起［J］. 图书馆论坛, 2011(3):87 － 89,163.

［91］Dag Hammarskjöld Library. About the Programme［EB/OL］.［2016 － 09 － 13］. http：//www.

un. org/content/united-nations-depository-library-programme.

[92] 褚国飞. 美国国会图书馆举办首届国际图书峰会[N]. 中国社会科学报,2012 – 12 – 10 (A3).

[93] The Official Guide to Limerick, Ireland. The 5th International Summit of the Book 2016[EB/OL]. [2016 – 09 – 13]. https://www. limerick. ie/visiting/whatson/2016-11-02-international-summit-of-the-book.

[94] Library of Congress. News from the Library of Congress. [EB/OL]. [2018 – 06 – 08]. https://www. loc. gov/today/pr/2012/12-193. html.

[95] 第5届国际图书峰会将于2016年11月2日召开[EB/OL]. [2018 – 06 – 08]. http://www. nlc. gov. cn/newtsgj/yjdt/2016n/9y_11627/201609/t20160919_130503. htm.

[96] 严向东. 第三届中美图书馆合作会议在上海召开[J]. 国家图书馆学刊,2005(3):88.

[97] 马子雷. 第五届中美图书馆合作会议在京举行[N]. 中国文化报,2010 – 09 – 10(1).

[98] 刘源泓. 中国国家图书馆与日本出版贩卖株式会社30年合作回顾[J]. 图书馆界,2015(2):55 – 58.

[99] 杨志刚. 新世纪十年中国图书馆学教育研究进展[J]. 图书馆,2012(2):67 – 70.

（执笔人:柯平　苏福　宫平　邹金汇　何颖芳　闫娜　胡银霞　张雅琪）

第八章　国家图书馆的组织机构

图书馆组织机构是图书馆内部工作的有机结合,是各部门的总和。它根据图书馆工作的性质、任务、目标、内容等,将人、财、物按照一定的规则联结成一个个单元,设立不同层次的业务和行政部门,并就各部门的隶属关系和相互关系、职能、任务和分工以及工作人员的配备等事项做出规定,使图书馆成为一个结构有序合理、功能完备的有机整体。国家图书馆是一种特定类型的图书馆,承担着国家文献遗产的保存与保护、国家书目与联合目录编制、为国家立法和决策服务、为国家科技创新服务、为全民阅读和公民终身教育服务等职能,在一国图书馆事业发展中发挥中心引领与组织协调作用。国家图书馆组织机构的设置,是国家图书馆履行职能、实现目标、完成计划的重要组织保证,它并非一成不变,随着时代的发展和国家图书馆自身的建设、工作内容的变化,不断进行着适应性的调整与变革。

第一节　国家图书馆组织机构的历史与发展

一、国外主要国家图书馆组织机构的建设与发展

国家图书馆的组织机构,遵循着自身的历史发展轨迹,随着职能定位和主要服务对象等的不断变化,呈现出不同的建设和发展状况。下文以美国国会图书馆、英国国家图书馆、日本国立国会图书馆为例进行介绍。

1. 美国国会图书馆

1800 年 4 月 24 日,约翰·亚当斯总统签署《美国政府的搬迁及所需设备进一步做好准备法案》,该法案成为美国国会图书馆创建的法律依据[1]。国会图书馆成立之初设在国会大厦内,是一所仅供国会使用的参考性图书馆[2]。1802 年 1 月 26 日,托马斯·杰弗逊总统批准了第一个限定国会图书馆任务与职能的法

案,根据该法案,设置国会图书馆馆长职务,并确定该职务须由总统任命。国会图书馆馆长设立国会联合委员会来制定适当的规章制度,并监督图书馆的业务工作[3]。国会图书馆的发展经历了几个重要阶段,并且在不同阶段都有相应的代表人物,分别代表不同时期的图书馆机构设置和建设理念:

(1)斯波福特馆长任职时期(1865—1897 年)[4]

斯波福特就任馆长标志着美国国会图书馆现代史的开始,在他任职的 32 年中,他把国会图书馆变成了一个具有全国意义的机构,提出了国会图书馆既服务于国会,同时也是国家图书馆的理念。作为馆长,他为继任者发展美国国会图书馆提供了四项不可或缺的前提条件:①取得国会对"国会图书馆也是国家图书馆"这一概念坚定不移的支持;②开始广泛收藏美国历史文献资料;③兴建宏伟壮观的新馆大楼;④法律赋予国会图书馆馆长一定的行政管理权和自主权。担任国会图书馆馆长初期,斯波福特促使国会批准了六项①保证国会图书馆履行国家职能的法案和决议,决议主要针对扩建馆舍、增加馆藏等国会图书馆发展事项,其中 1870 年版权法所确认的所有版权登记和缴送活动均由国会图书馆统一进行对于国会图书馆的发展尤其具有重大的历史意义。

(2)麦克利什、伊文思馆长任职时期(1939—1953 年)[5]

1940 至 1947 年是美国国会图书馆的一个重要改革时期,麦克利什和伊文思两位才干出色的馆长先后推动了馆务的开展。麦克利什是学者、社会知名人士,虽然不具有图书馆领域实际工作经验和相关专业知识,却对美国国会图书馆的发展做出了巨大贡献,他在任期间增加经费,充实人员,对国会图书馆的组织机构进行了调整,除立法参考部、法律图书馆和版权办公室不动外,新设行政管理、加工和参考 3 个主要部门,如此国会图书馆的基本机构就成了 6 个部门——参考部、加工部、行政管理部、立法参考部、法律图书馆和版权办公

---

① 其一,为扩建位于国会大厦的图书馆提供一笔拨款(此项法案于 1865 年初获准);其二,1865 年版权修正案再次肯定把缴送本纳入国会图书馆馆藏;其三,1866 年斯密森学会的存书,即斯密森学会图书馆的全部藏书——其中绝大部分是科技资料,转给国会图书馆保存;其四,1867 年曾以 10 万美元向历史学家和档案学家彼得·福斯私人图书馆购买图书,成为国会图书馆美国历史文献资料和古版书的藏书基础;其五,1867 年通过的国际交换决议为国会图书馆扩大收藏国外公开发行的官方正式文献奠定了坚实的基础;其六,1870 年版权法颁布之后,所有版权登记和缴送活动均由国会图书馆统一进行。

室,六大板块的基本格局在以后 30 年内一直没有变动。伊文思与麦克利什不同,他一直在国会图书馆工作,任立法参考部主任多年,后任首席助理馆长,伊文思就任馆长期间,基于对立法参考工作重要性的认知,对立法参考部的发展起到了积极的推进作用。

(3)布尔斯廷馆长任职时期(1975—1986 年)[6]

布尔斯廷上任初期,建立了"目标、组织和规划特别工作组",主要任务是"对国会图书馆及其活动进行全面的评价"。在特别工作组之外,另有 8 个馆外顾问小组①协助其工作,他们分别代表国会图书馆的 8 个主要读者群,特别工作组和顾问小组的任务是在一年内对国会图书馆的服务工作进行全面的评价,并对如何改进服务提出具体建议。1977 年,规划办公室成立,特别工作组任务结束。规划办公室没有决定权,却具有一种重要的指导和推荐作用,它不仅与长期规划和计划发展有关,而且也参与评价馆内正在进行的计划及其管理工作。布尔斯廷在任期间,对国会图书馆组织机构的最大贡献是在原有的六大板块之外,增设国家计划一块,负责全国性的规划工作,形成七大板块的机构格局。

斯波福特馆长、麦克利什馆长、伊文思馆长、布尔斯廷馆长等在任期间,都进行了不同程度的业务调整和组织机构改革,为后来的国会图书馆发展奠定了基础。不同时期国会图书馆职责的变化,对国会图书馆的组织机构设置提出了不同的要求,相应的组织机构也在不断地调整和变化。以国会研究服务部为例,其建设和发展经历了如下历程:

20 世纪初,国会图书馆的馆藏迅速发展,带来了馆藏数量和工作人员数量增长不相匹配之间的矛盾,为面向国会的服务带来了一定的困难,成立专门机构、组建专业人员队伍提供服务成为必须。基于此种情况,1914 年,美国国会通过一项拨款法案,拨款专供建立单独的立法参考部(LRS)[7]。第二次世界大战结束后,基于战略需要,美国国会开始决心加强搜集包括立法参考服务资料在内的图书资料,立法参考部的原有规模已经不适应发展的需要,急需扩大。为此,国会组织委员会于 1946 年 3 月向国会提出了立法参考部的规模和范围必须立即扩充

---

① 8 个馆外顾问小组分别为:艺术顾问小组、人文科学顾问小组、法学顾问小组、图书馆工作顾问小组、传播媒介顾问小组、出版社顾问小组、科学与技术顾问小组、社会科学顾问小组。

的建议,杜鲁门总统批准了《1946 年立法改组法案》,对立法参考部的规模进行了扩张[8]。随着美国的发展以及其国际社会地位的不断提升,对面向国会的服务提出了更高的要求,要求为国会提供的是最有效的服务,对国会的特殊需要能迅速高效地做出反应,立法参考部的再次改组提上日程。1970 年,尼克松总统批准了立法改组法案,把国会图书馆的立法参考部改名为国会研究服务部,法案明确要求,国会图书馆馆长应赋予国会研究服务部最充分的研究自主权和最大程度的行政自主权,确保向国会提供最优质的服务[9]。

由国会研究服务部的设立和改组历程可见,其作为美国国会图书馆的一个重要部门,无论创立还是改组,都是从不同时期的实际发展需求出发,并且都是通过法律的形式予以明确,从而推动该机构的建设与发展,实现为国会提供优质服务的目标,法案的很多规定和影响一直延续到今天。

2. 英国国家图书馆

1973 年 7 月,依据《英国国家图书馆法》,英国国家图书馆由博物馆图书馆、国家科学与发明参考图书馆、国家科技外借图书馆、专利局图书馆、国家中央图书馆和英国国家书目有限公司合并而成,开始履行国家图书馆使命。成立之后,该图书馆不断成长壮大。1982 年 4 月,印度事务处图书馆与英国皇家文书局加入,1983 年,国立有声资料馆也成为英国国家图书馆的一部分。这些机构的加入不仅为英国国家图书馆注入了新的发展活力,而且大大增加了图书馆的资源[10]。英国国家图书馆由"英国国家图书馆理事会"依法进行管理。英国国家图书馆设立初期,其组织机构最主要的是它的三大业务部门:参考部、外借部和书目服务部[11]。自信息技术飞速发展的 20 世纪 80 年代开始,英国国家图书馆面临着种种问题和挑战。信息技术的发展和读者对信息的需求促使图书馆及信息部门变革,以适应社会的发展,同时图书馆自身的发展也依赖于信息和信息技术的开发。为了适应迅速变化的社会环境,英国国家图书馆从 1985 年开始制定未来发展战略,作为以后几年的行动准则和制定政策的依据。伴随着战略规划的实施,英国国家图书馆为了进一步促进文献资源的有效管理,加强内部各部门合作,先后几次调整内部各项运行机制,大力推动和发展了更广泛的服务。

表 8 - 1　英国国家图书馆组织机构建设与发展

时间	1973 年设立初期	1985 年机构调整	1991 年机构调整	2002—2003 年机构调整
机构	总务行政处 参考部 外借部 书目服务部 研究发展组	总务行政处 人文科学与社会科学部 科技与商业部 书目服务部 研究发展组	行政管理部 研究和发展部 科技参考信息部 馆藏和图书保护部 人文和社会科学部 公共服务部 特藏部 新馆规划部 国家书目服务部 采访、加工和编目部 计算机和远程通信部 文献提供中心	学术与馆藏部 运行与服务部 财务与企业资源部 战略营销与通讯部 电子战略计划部 人力资源部

纵观英国国家图书馆组织机构自设立到之后的建设发展进程,每一次的机构调整都有深刻的历史原因。

(1)1985 年机构调整

20 世纪 80 年代,英国信息技术飞速发展,计算机存储技术、光盘技术、数字网络技术等相继问世,电子出版物等新载体出现,读者对信息的需求显著增加。为了适应迅速变化的社会环境,英国国家图书馆采取积极的姿态迎接挑战,制订并实施 1985—1990 年战略规划,作为之后几年的行动准则和制定政策的依据。该规划主要围绕新馆建设、馆藏发展、提高读者服务水准、满足读者需求和图书保护等 4 个部分,提出了相关战略要点[12]。为了实现该规划,英国国家图书馆对于管理体系做了部分改革,取代参考部和外借部,设立人文科学与社会科学、科技与商业两个部,负责馆藏和服务事宜;书目服务部除了履行原有职能外,还负责制定标准,并且统一协调记录编制和自动化服务发展[13]。英国国家图书馆通过机构调整,明确制定重要服务工作的职责,克服图书馆变化环境中的新问题,进一步促进资源的有效管理和传递服务的发展。

（2）1991 年机构调整

第一个发展战略规划在执行期间,受到出版物价格上升,经费实际价值由于通货膨胀等因素干扰下跌的影响,英国国家图书馆的发展出现重大的资金缺口。鉴于此,1989—1994 年战略规划[14]调整了战略目标,提出不强调馆藏的大而全,重点放在全面的开发和检索记录文献,准确、快速地为读者查找信息,并在调查读者需求的基础上,拓展新的服务项目。由于经费短缺的严峻形势,迫使英国国家图书馆大力开发和加强有偿服务项目。基于形势发展需要,英国国家图书馆又一次对组织机构进行了调整,以拓展有偿服务项目、满足读者需求为着眼点,对组织机构进行了按照专业类型的划分,调整后共设 12 个部。为增强协调沟通效率,其中行政管理部、研究和发展部直属馆长领导,其余各部分别由伦敦分部和波士顿斯帕分部领导[15]。

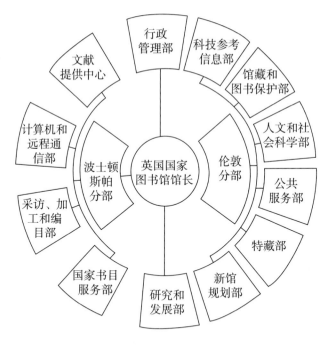

图 8-1　英国国家图书馆 1991 年组织机构图[16]

（3）2002—2003 年期间的机构调整

2001 年,英国国家图书馆 2001—2005 年战略规划开始实施,确定了新的战略目标:重新调整之前所确立服务策略,加强建立和维持与重要机构间的有

效合作,更好地满足用户需求的变化[17]。基于战略目标的调整,2002 年到
2003 年期间英国国家图书馆在组织机构和领导人员上也进行了相应调整,不
再强调对组织机构进行专业类型的划分,并且强调沟通效率的要求,一改 1991
年 12 个部门的格局,共设置 6 个部门,由馆长统一领导,分别为学术与馆藏
部、运行与服务部、财务与企业资源部、战略营销与通讯部、电子战略计划部、
人力资源部[18]。

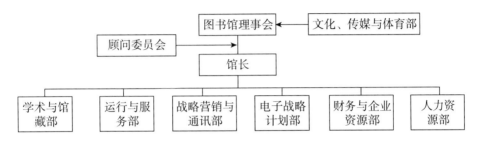

图 8 - 2　英国国家图书馆 2002—2003 年组织机构图[19]

3. 日本国立国会图书馆

第二次世界大战后日本国会在新宪法精神指导下重新建立,为了正式实施
国立国会图书馆建设,日本众、参两议院的议长要求联合国军最高司令官总司令
部(GHQ/SCAP)向日本派遣图书馆专家。1947 年 12 月 14 日,美国议会图书馆
副馆长 V. W. 克拉普以及美国图书馆协会东洋部委员长 C. H. 布朗应邀来到日
本,帮助日本制定了《国立国会图书馆法》[20]。1948 年 2 月 9 日,日本《国立国会
图书馆法》正式颁布实施,同年 6 月国立国会图书馆正式开放。该馆由国会参、
众两院图书馆及原帝国图书馆合并而成,以美国国会图书馆为榜样,并在美国图
书馆专家的规划与指导下建立,由罗伯特·B. 唐斯任顾问[21]。国立国会图书馆
作为日本国会常设机构,以协助国会的立法活动为首要目的,兼有为行政、司法
各机关以及日本国民提供服务的功能。

（1）组织构成

日本《国立国会图书馆法》是一部规定比较详细的图书馆专门法,对国立国
会图书馆组织机构的设置有比较详细的规定。该法第三条规定:"国立国会图书
馆由中央图书馆、本法律规定的支部图书馆以及将来设立的支部图书馆构
成。"[22]这一规定,显示了国立国会图书馆在组织构成上的突出特点:它并不是

只有一所独立的图书馆,而是一个包括中央图书馆和一系列支部图书馆在内的图书馆组织系统[23]。在此基础上,1949 年 5 月 24 日颁布的《关于根据国立国会图书馆法规定设立的行政各部门支部图书馆及其职员的法律》,对支部图书馆的设置进行了明确的规定。

(2)组织机构的建设与发展

1)建设与发展历程

1948 年 6 月 5 日,国立国会图书馆开馆之初,设有五局一分馆,即管理局、调查及立法考查局、一般考查局、接收局、整理局和国会分馆。其后,8 月 1 日,增设东洋文库和静嘉堂文库两个支部图书馆,8 月 25 日增设 18 所行政、司法部门支部图书馆。8 月 26 日,正式制定组织章程,设管理部、调查及立法考查局、一般考查部、接收部、整理部、支部图书馆部、建筑部和国会分馆。同年 11 月 20 日,进行组织调整,将接收部和整理部合并为接收整理部,新设国际业务部。次年 4 月 1 日,成立上野支部图书馆。1959 年,国立国会图书馆进行了全面组织调整,设总务部、调查及立法考查局、采编部(日文名称为"收书部")、整理部、阅览部、联络部、建筑部和国会分馆[24]。

随着资料的不断增加,业务量增大,国立国会图书馆自 1981 年开始扩建以书库为中心的新馆,1986 年 11 月建成开馆。新馆开馆前夕,进行全面的组织调整,设总务部、调查及立法考查局、收集部、图书部、连续出版物部、专门资料部、图书馆协力部和国会分馆;为了应对信息时代的挑战,更好地开展信息服务,国立国会图书馆对馆舍、设施、文献等进行了大规模的扩充和调整。1994 年 12 月,由国立国会图书馆馆长、两院议院运营委员长、建筑大臣和建筑专家组成的国立国会图书馆建筑委员会向国会提出了关西馆建设的方案,国会批准了该方案,并在当年拨出相关经费,正式开始了关西馆的建设。2002 年 10 月,国立国会图书馆关西馆正式开馆。关西馆主要负责收藏科学技术相关资料、亚洲语言类资料、国内博士论文等,与东京本馆一起成为国立国会图书馆中央馆的重要组成部分。此外,2000 年 5 月,具有悠久历史的支部上野图书馆经过改造,成为日本第一个国立的以儿童书籍为特色的图书馆,即国际儿童图书馆,并于 2002 年 5 月开放[25]。

表 8 - 2　日本国立国会图书馆组织机构建设与发展

时间	1948 年(开馆之初)	1959 年	1986 年	2002 年	2008 年
机构	管理局 调查及立法考查局 一般考查局 接收局 整理局 国会分馆	总务部 调查及立法考查局 采编部 整理部 阅览部 联络部 建筑部 国会分馆	总务部 调查及立法考查局 收集部 图书部 连续出版物部 专门资料部 图书馆协力部 国会分馆	总务部 调查及立法考查局 收集部 编目部 资料提供部 主题情报部 国会分馆 关西馆 国际儿童图书馆	总务部 调查及立法考查局 收集部 编目部 资料提供部 主题情报部 关西馆 国际儿童图书馆

2）建设与发展特点

纵观日本国立国会图书馆组织机构 70 年的建设与发展历程,可发现其主要特点有二:一是组织机构设置简约化,二是组织机构发展稳定化。日本国立国会图书馆自创立之初,就确定了相对明确的组织机构设置格局——五局一分馆,设置简约,职责明晰。即便发展到今天,日本国立国会图书馆馆藏 4000 余万册/件,拥有工作人员 800 余人,但其组织机构的设置则依然呈现简约化的特点,并未打破原有的组织机构格局。从其发展的总体历程来看,新部门的设立多与物理馆舍的新建或改建有关,如关西馆、国际儿童图书馆,期间虽然也有组织机构的调整变化,但都并非重大的调整和变化,而是呈稳定化的发展趋势,推动和促进着国立国会图书馆事业的发展。

二、中国国家图书馆组织机构的建设与发展

中国国家图书馆的前身是 1909 年创建的京师图书馆。1909 年 9 月 9 日,清政府批准张之洞《学部奏筹建京师图书馆折》关于调拨文津阁《四库全书》和避暑山庄各殿座陈设书籍以及各省官书局刻书、在德胜门内敬业湖南北修建图书馆的建议,任命缪荃孙为监督(馆长),京师图书馆正式成立。1912 年 8 月 27 日,京师图书馆在北京广化寺正式开馆接待读者。1916 年 3 月,正式接受国内出版书籍呈缴,1928 年 7 月,更名为国立北平图书馆。1949 年 10 月,更名为北京图书馆。1998 年 12 月 12 日,经国务院批准,更名为国家图书馆,对外称中国国家图书馆。1987 年 10 月 6 日,北京白石桥馆舍(现称总馆南区)建成并投入使用,2008 年 9 月 9 日,北京白石桥馆舍二期(现称总馆北区)建成并投入使用。2007 年 5 月,经国家批准,中国国家图书馆加挂"国家古籍保护中心"牌[26],2014 年 7 月,中国国家图书馆加挂"国家典籍博物馆"牌。2017 年 11 月 4 日,《中华人民共和国公共图书馆法》颁布,其中第 22 条规定"国家设立国家图书馆,主要承担国家文献信息战略保存、国家书目和联合目录编制、为国家立法和决策服务、组织全国古籍保护、开展图书馆发展研究和国际交流、为其他图书馆提供业务指导和技术支持等职能。国家图书馆同时具有本法规定的公共图书馆的功能"[27]。

中国国家图书馆自创立伊始,历经百余年的发展,与国情、馆情发展相适应,先后三次更名,多次进行机构调整,以更好地履行国家图书馆职能,传承文明,服务社会。纵观国家图书馆组织机构的建设与发展历程,每一次的变化与调整都有一定的历史原因,或为外部环境影响,或为内部发展需要,促成了组织机构的变动,这其中既涵盖被动的适应性调整,也包括主动的发展性调整,且以后者居多。梳理国家图书馆组织机构的建设与发展,分析影响组织机构变化、调整的因素以及组织机构的演进趋势,有助于拓展组织机构建设视角,提升国家图书馆组织机构建设水平。

(1)影响中国国家图书馆组织机构变化、调整的因素

一是社会环境变化的促动。1998 年中国图书馆管理机制改革就是当时社会环境变化促动最生动的案例。当时,随着改革开放和社会主义市场经济的发展,中国国家图书馆面临着一系列的新情况、新问题,突出地表现为图书馆的发展不能满足公众对文化信息日益增长的需求,图书馆自身的发展受到原有计划经济体制下管理机制和运作模式的制约,暴露出越来越多的弊端,管理思想封闭,管理体制陈旧,管理机制僵化,已经到了亟须改革的紧迫关头,不改革就没有出路,不改革就无法走出困境。党的十五大以后,中国国家图书馆围绕如何继续深化改革展开了大讨论,在统一认识、充分论证的基础上,确定了深化改革的总思路:按照生产关系与生产力发展相适应的马克思主义基本原理,建立与现代化图书馆相适应的管理体制,改变传统计划经济下的事业单位运行模式,适应社会主义

市场经济的发展,建立一个充满生机与活力的管理机制。经过改革,全馆处级机构由 39 个减为 23 个,科级机构由 126 个减为 89 个,职能部门实现了党办、团委、工会以及纪委、监察、审计的合署办公,职能部门精兵简政后,提高了办事效率,业务部门按照计算机流程设置机构,通过调整合并,形成大综合的格局,一个充满生机与活力的管理机制逐步形成,中国国家图书馆开始走上良性循环的轨道。

二是中国国家图书馆事业发展的需求。第一,基础设施建设、完善要求建立相适应的组织机构。中国国家图书馆馆舍由总馆南区、总馆北区、古籍馆 3 个部分组成,在总馆南区和总馆北区的馆舍建成投入使用时,分别于 1987、2008 年进行了组织机构的调整,以更好地适应新的馆舍格局,提供更优质的服务。第二,现代化图书馆技术的发展要求建立相适应的组织机构。20 世纪 80 年代,图书馆正在经历一场深刻的变革,处在一个由近代图书馆向现代图书馆的过渡时期,中国国家图书馆于 1975 年成立了电子计算机组,开始调研和准备工作,1980 年成立了自动化发展部,专门负责现代化图书馆技术,之后又顺应技术发展趋势,于 1995 年建立了电子信息部、技术服务部,随着部门业务发展的融合,自动化发展部与电子信息部合并为信息网络部,撤销技术服务部,在机构发展的过程中,信息网络部先后改称为自动化部、计算机与网络系统部、信息技术部,以满足现代化图书馆技术发展需要,同时推动国家图书馆现代化的建设与发展。第三,中国国家图书馆主要职能的拓展与强化需要建立相适应的组织结构。国家图书馆作为一种特殊类型的图书馆,承担着国家文献遗产的保存与保护、为国家立法和决策服务、为全民阅读和公民终身教育服务、开展图书馆发展研究、为其他图书馆提供业务指导和技术支持等职能。国家图书馆为充分履行职能,更大发挥效用,势必要求建立相应的组织机构,开展具体工作业务。国家古籍保护中心办公室、民国时期文献保护工作办公室、立法决策服务部、社会教育部、研究院等机构的成立,都是中国国家图书馆履行、拓展、强化相应职能的体现。以 2007 年中国国家图书馆机构调整成立立法决策服务部为例:该部在独立建制之前,参考咨询部一个机构两个牌子(加挂"国家立法决策服务部"牌子),立法决策服务的相应的工作职责由参考咨询部承担;随着立法决策服务事业的发展,为了使机构设置和人力资源的配置更趋科学和合理,独立建制的立法决策服务部得以正式成立,以更充分地履行中国国家图书馆为国家立法和决策服务的职能。

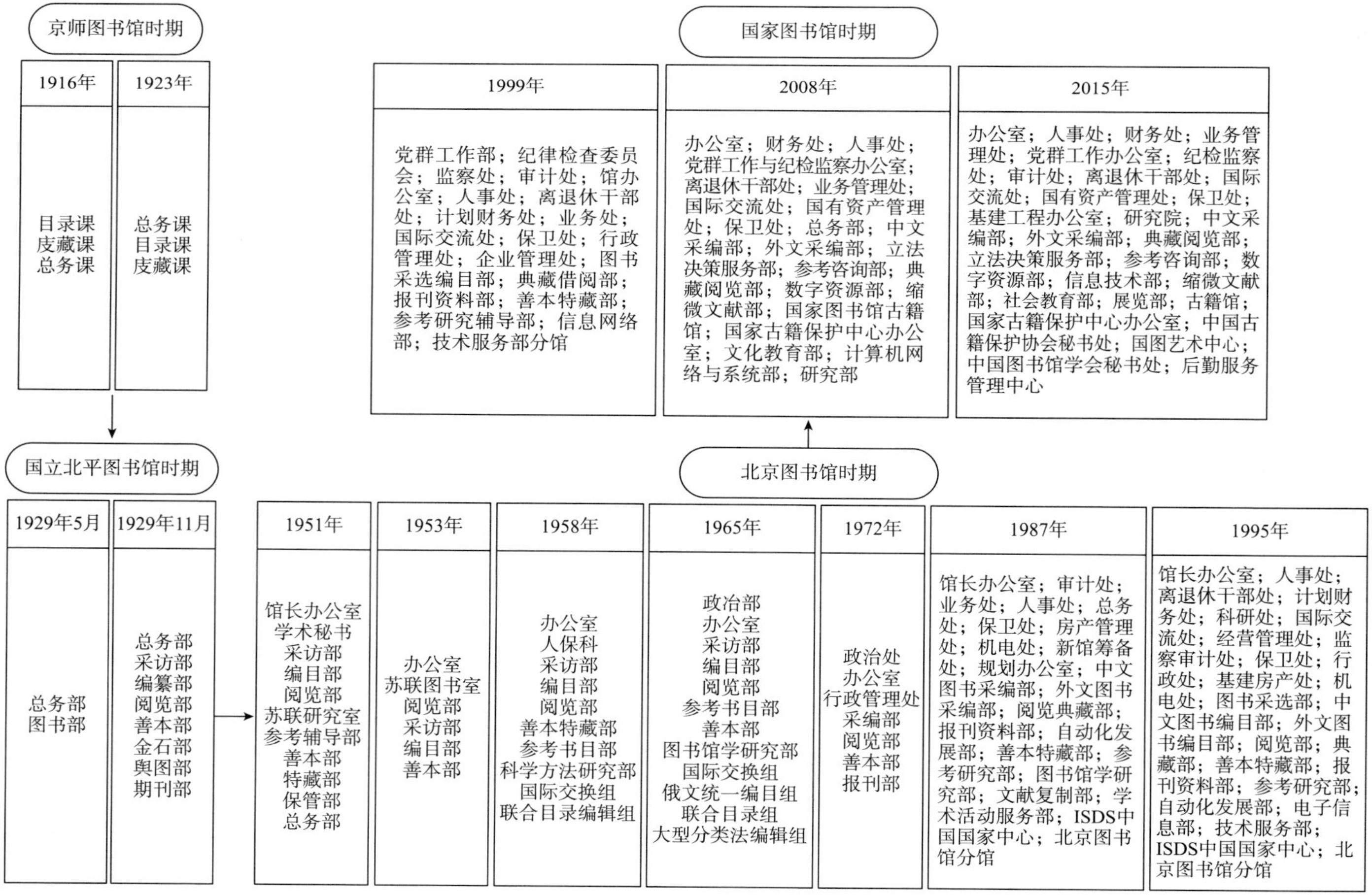

图8-3 中国国家图书馆组织机构建设与发展

（2）中国国家图书馆近十年主要组织机构发展演进

中国国家图书馆组织机构近十年的发展演进，概括而言，主要可以总结为如下几个方面：

第一，组织机构格局总体稳定，通过微调方式向前发展。通过表8－3分析可见，中国国家图书馆的组织机构主要分为职能部门和业务部门两种类型，并且近十年来组织机构的总体格局是相对稳定的，基于事业发展需要，不同程度地增加了相应的职能部门和业务部门的设置，基本在每一年度都有细微调整。

第二，设立专门机构，确保重大文化工程项目顺利开展。中国国家图书馆承担了"中华古籍保护计划""民国时期文献保护计划""中华传统文化百部经典"等重要文化工程，为确保工作顺利开展，根据业务发展需要，建立了国家古籍保护中心办公室、中国古籍保护协会秘书处、民国时期文献保护工作办公室、《中华传统文化百部经典》编纂工作办公室等专门机构，各司其职开展相关工作。

第三，审计意识、法律意识增强，主动建立专门机构负责相关事务。审计处、法律事务处的建立是中国国家图书馆相关管理意识增强的表现，对相关经济活动进行审计监督，对全馆法律事务统筹管理，符合国家图书馆事业发展需要。

第四，基于中国国家图书馆事业发展需要，建立临时性的专门机构。临时性机构基于临时性的业务产生，在履行完相应职责、完成相应的工作任务后，则不再存续，予以撤销。百年馆庆筹备办公室、天竺周转库管理中心等机构，都属于基于中国国家图书馆事业发展需要建立的临时性机构，分别负责筹备百年馆庆和中国国家图书馆一期改造文献外迁周转的规划、管理、安全保卫和后勤保障工作，在完成相应的工作职责后，其不再存续。

表8－3　中国国家图书馆组织机构的发展（2009—2017）

时间	2009年	2010年	2011年	2012年	2013年	2014年	2015年	2016年	2017年
职能部门	办公室	办公室	办公室	办公室	办公室	办公室	办公室	办公室	办公室
	财务处	财务处	财务处	财务处	财务处	财务处	财务处	财务处	财务处
	人事处	人事处	人事处	人事处	人事处	人事处	人事处	人事处	人事处
	党群工作与纪检监察办公室	党群工作部	党群工作办公室	党群工作办公室	党群工作办公室	党群工作办公室	党群工作办公室	党群工作办公室	党群工作办公室
		纪检监察办公室	纪检监察处	纪检监察处	纪检监察处	纪检监察处	纪检监察处	纪检监察处	纪检监察处

续表

时间	2009 年	2010 年	2011 年	2012 年	2013 年	2014 年	2015 年	2016 年	2017 年
	离退休干部处	离退休干部处	离退休干部处	离退休干部处	离退休干部处	离退休干部处	离退休干部处	离退休干部处	离退休干部处
	业务管理处	业务管理处	业务管理处	业务管理处	业务管理处	业务管理处	业务管理处	业务管理处	业务管理处
	国际交流处	国际交流处	国际交流处	国际交流处	国际交流处	国际交流处	国际交流处	国际交流处	国际交流处
	国有资产管理处	国有资产管理处	国有资产管理处	国有资产管理处	国有资产管理处	国有资产管理处	国有资产管理处	国有资产管理处	国有资产管理处
	保卫处	保卫处	保卫处	保卫处	保卫处	保卫处	保卫处	保卫处	保卫处
	总务部	总务部	行政管理处	行政管理处	行政管理处	/	/	/	/
		基建工程办公室	基建工程办公室	基建工程办公室	基建工程办公室	基建工程办公室	基建工程办公室	基建工程办公室	基建工程办公室
						审计处	审计处	审计处	审计处
									法律事务处
业务部门	中文采编部	中文采编部	中文采编部	中文采编部	中文采编部	中文采编部	中文采编部	中文采编部	中文采编部
	外文采编部	外文采编部	外文采编部	外文采编部	外文采编部	外文采编部	外文采编部	外文采编部	外文采编部
	立法决策服务部	立法决策服务部	立法决策服务部	立法决策服务部	立法决策服务部	立法决策服务部	立法决策服务部	立法决策服务部	立法决策服务部
	参考咨询部	参考咨询部	参考咨询部	参考咨询部	参考咨询部	参考咨询部	参考咨询部	参考咨询部	参考咨询部
	典藏阅览部	典藏阅览部	典藏阅览部	典藏阅览部	典藏阅览部	典藏阅览部	典藏阅览部	典藏阅览部	典藏阅览部
	数字资源部	数字资源部	数字资源部	数字资源部	数字资源部	数字资源部	数字资源部	数字资源部	数字资源部
	缩微文献部	缩微文献部	缩微文献部	缩微文献部	缩微文献部	缩微文献部	缩微文献部	缩微文献部	缩微文献部

续表

时间	2009年	2010年	2011年	2012年	2013年	2014年	2015年	2016年	2017年
	古籍馆	古籍馆	古籍馆	古籍馆	古籍馆	古籍馆	古籍馆	古籍馆	古籍馆
	国家古籍保护中心办公室	国家古籍保护中心办公室	国家古籍保护中心办公室	国家古籍保护中心办公室	国家古籍保护中心办公室	国家古籍保护中心办公室	国家古籍保护中心办公室	国家古籍保护中心办公室	国家古籍保护中心办公室
	文化教育部	文化教育部	社会教育部	社会教育部	社会教育部	社会教育部	社会教育部	社会教育部	社会教育部
	计算机与网络系统部	计算机与网络系统部	信息网络部	信息网络部	信息网络部	信息技术部	信息技术部	信息技术部	信息技术部
	研究院	研究院	研究院	研究院	研究院	研究院	研究院	研究院	研究院
	中国图书馆学会秘书处	中国图书馆学会秘书处	中国图书馆学会秘书处	中国图书馆学会秘书处	中国图书馆学会秘书处	中国图书馆学会秘书处	中国图书馆学会秘书处	中国图书馆学会秘书处	中国图书馆学会秘书处
	百年馆庆筹备办公室								
			后勤服务部	后勤服务部	后勤服务部	后勤服务管理中心	后勤服务管理中心	后勤服务管理中心	后勤服务管理中心
			天竺周转库管理中心	天竺周转库管理中心	天竺周转库管理中心				
				展览部	展览部	展览部	展览部	展览部	展览部
					国图艺术中心	国图艺术中心	国图艺术中心	国图艺术中心	国图艺术中心
							中国古籍保护协会秘书处	中国古籍保护协会秘书处	中国古籍保护协会秘书处
									民国时期文献保护工作办公室

续表

时间	2009 年	2010 年	2011 年	2012 年	2013 年	2014 年	2015 年	2016 年	2017 年
									《中华传统文化百部经典》编纂工作办公室
									出版部

第二节　国家图书馆组织机构的构成及特点

国家图书馆的组织机构,根据外部环境变化以及自身事业发展的总体情况,呈现出不同的历史发展轨迹。组织机构是国家图书馆实现管理目标的一种有效手段,通过对图书馆要素进行合理调配和科学组织,为国家图书馆进行科学管理提供组织保障,从而提高国家图书馆的管理水平和管理效率,以更好地履行国家图书馆职能。现代社会,各国国家图书馆充分认识到了组织机构的重要作用,对组织机构的建设十分重视。

一、国外主要国家图书馆当前组织机构分析

1. 美国国会图书馆

美国国会图书馆既是美国的国会图书馆又是国家图书馆,其职责是利用馆藏资源为国会与美国人民服务,促进知识进步和创新。美国国会图书馆馆长由总统根据参议院的提名,经参议院同意后任命,美国国会图书馆的日常运营工作,由美国国会下属的国会图书馆联合委员会负责监管。美国国会图书馆发展至今,业务管理体系更加成熟,形成了由馆长负责,馆长办公室、国会研究服务部、法律图书馆、图书馆服务部、国内外业务拓展部、版权办公室等部门构成的组织结构。

（1）美国国会图书馆组织机构

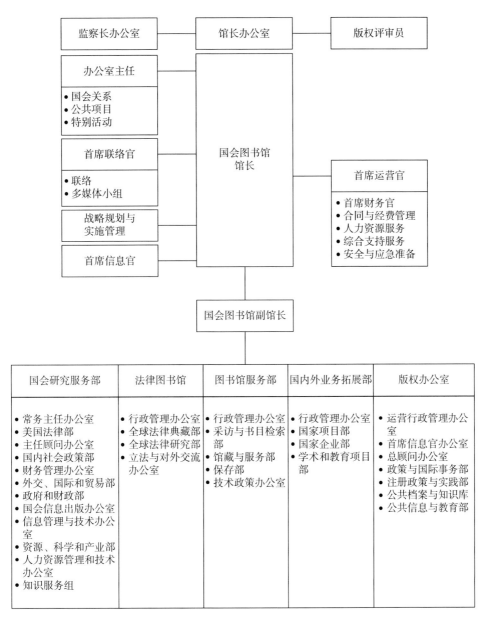

图8-4 美国国会图书馆组织机构图[28]

（2）各组织机构职责[29]

1）馆长办公室：总体负责全馆的管理工作和各项行政职能的开展，领导图书馆的管理活动。监察长办公室、首席联络官、首席信息官、首席运营官、战略规划与实施管理等部门协同合作,确保图书馆的业务有效、高效进行。

2)国会研究服务部:服务对象包括国会议员、国会各个委员会和国会工作人员,下设6个管理部门、1个支撑部门和5个研究部门,通过提供各种综合、可靠的法律研究以及及时、客观、权威、保密的分析,为国家立法服务。

3)法律图书馆:成立于1832年,现已成长为世界上最大的法律图书馆,收藏有世界各国的大量司法资料,下设行政管理办公室、全球法律典藏部、全球法律研究部、立法与对外交流办公室4个部门,致力于提供各种可靠的法律文献和国际比较法方面的综合性研究以及美国法律和立法信息参考咨询服务。

4)图书馆服务部:负责全面发展图书馆的馆藏资源,负责图书馆的采访、组织、使用、维护、安全和长期保存等工作,履行的是图书馆的传统功能。在对公共服务馆藏部门的设置上,按照馆藏资料的载体类型设立有地理和地图组、图片和照片组、手稿组等,按照文献内容设立有人文和社会科学组、音乐组等,按照功能设立有外借组和馆藏管理组等。

5)国内外业务拓展部:以各种方式支持国会图书馆使命的实现,通过指导国家项目进行数字文化资源的长期保存,领导机构之间开展协作,为数字化未来发展制订统一规划,整合信息技术服务。

6)版权办公室:负责实施美国版权法,通过管理和保持有效的国家版权系统促进创新,为创作作品的作者和用户提供服务和支持,并就版权保护的法律和政策相关问题向国会、法院和行政部门提供专业公正的服务。

2.英国国家图书馆

英国国家图书馆隶属于文化、媒体和体育部,由英国国家图书馆理事会负责管理。理事会由8—13名成员组成,其中,有一名理事由女王任命,其余由文化、媒体和体育部部长任命。理事会主席全面负责理事会各项工作,由文化、媒体和体育部部长直接任命。理事会根据特定需要,设立咨询委员会,为理事会在决策事务方面提供建议[30]。同时,在理事会内部设立专门委员会,以完成有关专项工作,目前常设的专门委员会主要有审计委员会、薪酬委员会、建设项目委员会和投资委员会[31]。具体的业务管理机构,由首席执行官办公室和4个业务部门——读者部、馆藏部、财务部、运营部构成[32]。

首席执行官办公室的人员包括首席执行官的参谋人员、理事会秘书、战略主管和首席数字官。该办公室集体设计图书馆的战略愿景,并为图书馆的主要管理职能提供行政支持。4个业务部门的相关情况如下:

一是读者部,包括以下科组:

①专业研究读者:负责联络高等教育机构、管理专业与知识产权中心。

②商业服务:负责管理该馆的商店、出版业务和电子商务。

③交流:负责内部交流和新闻办公室事务。

④发展:负责筹集事业发展经费。

⑤数字营销业务:负责该馆的网站、品牌管理、营销、客户关系管理。

⑥公众参与及学习:负责该馆的展览、学校计划和其他公共活动。

⑦战略伙伴关系和授权:负责授权操作、版权承诺、出版商的关系、战略合作伙伴关系管理。

二是馆藏部,包括以下科组:

①人文艺术:负责收藏人文艺术类文献。

②馆藏保护:包括数字保存在内的文献收藏、保护。

③内容战略研究与运营:负责馆藏规划和预算、编目系统、内容研究、文化资源管理、法定存储、管理员培训与发展。

④数字化学术:负责地图和地形资料、馆藏数字化、数字化研究、数字保存、音视频馆藏、国际敦煌项目。

⑤科学、技术和医学:负责收藏自然科学类文献。

⑥社会科学:负责收藏社会科学类文献。

三是财务部,包括以下科组:

①会计:负责管理账户、部门财务管理和总的会计流程。

②公司采购单位:负责电子投标与签约、采购、合同法律事务。

③工程建设:负责图书馆的运行与维护。

④设施与物业：负责餐饮服务、清洁、公务旅行和空间规划。

⑤综合风险管理：负责风险管理、业务连续性、健康与安全、馆藏风险与安全。

⑥规划与实施：负责法人信息管理与维护、管理信息、项目管理、财务系统开发、薪资、人事管理和内部审计。

四是运营部，包括以下科组：

①信息技术：负责战略和信息技术系统运营的开发和维护。

②馆藏采访与描述：负责元数据服务、目录服务和编目活动。

③读者服务：负责读者服务、文献提供、入馆券预订和馆际互借。

④电子服务：负责包括电子目录在内的读者系统。

⑤战略人力资源：负责人力资源的建议、策略，处理员工关系和多样性。

⑥组织发展：负责培训、人才管理、可持续规划、招聘。

⑦流程开发：负责读者管理数据库。

⑧阅览室：负责管理阅览室的开放利用。

3. 日本国立国会图书馆

日本国立国会图书馆隶属于国会，其运营管理所需的经费全部由国家支付，馆长经国会批准，由议长任命，享受与国务大臣同等待遇。日本两院设立有国立国会图书馆联络调整委员会，就国立国会图书馆为国会、行政及司法各部门的服务，向两院议院运营委员会提出咨询建议。国立国会图书馆由东京总馆、关西馆、国际儿童图书馆3个设施结成一体发挥职能，广泛收集保存国内外的资料和信息，并作为知识和文化的基础设施，辅助国会活动，同时向行政机构、司法机构以及国民提供图书馆服务[33]。在组织机构上，国立国会图书馆由中央图书馆［总务课、调查及立法考查局、收集书志（采访编目）部、读者服务部、电子信息部和关西馆］、支部图书馆的国际儿童图书馆以及在行政司法各部门之内设置的27个支部图书馆所组成。

（1）日本国立国会图书馆组织机构

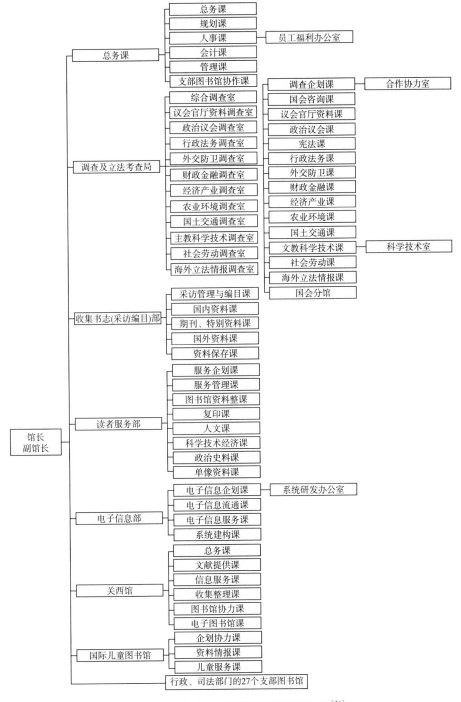

图 8－5　日本国立国会图书馆组织结构图[34]

(2)各组织机构职责[35]

1)总务课:其职责为保证全馆业务工作有序正常运行,谋求业务进一步合理化、高效化,规划业务的自动化和强化协调功能。

2)调查及立法考查局:主要从事立法的基础性调查,它既要对议员和内阁提出的具体法案提供资料和意见,又要通过各种渠道,对各方面的立法资料广为搜集,并进行分类、分析、翻译、索引、摘录、编集,为国会立法活动提供参考,内设有12 个调查室、14 个课、2 个课内室及国会分馆[36]。

3)收集书志(采访编目)部:强化文献收集职能,有效实施收集计划,完成资料编目,将资料送交各部局。

4)读者服务部:接收、整理收集书志(采访编目)部送来的资料,保管国内外文献并提供使用。

5)电子信息部:主要负责数字图书馆建设。

6)关西馆:是国立国会图书馆的三处馆舍设施之一,于 2002 年 10 月开放提供服务。

7)国际儿童图书馆:主要对少年儿童提供服务。

8)行政司法各部门的 27 个支部图书馆:与中央馆既相互联系,又保持相对的独立性,它们各自分担收集资料,协助调查活动,开展业务工作,隶属在政府各省厅和最高法院之下。

二、中国国家图书馆当前组织机构分析①

中国国家图书馆为文化和旅游部直属事业单位,主要承担国家文献信息战略保存、国家书目和联合目录编制、为国家立法和决策服务、组织全国古籍保护、开展图书馆发展研究和国际交流、为其他图书馆提供业务指导和技术支持等职能。中国国家图书馆具有独立事业单位法人资格,实行馆长负责制,馆长为法定代表人,根据工作职责内设处级机构,并挂靠有社团办事机构 2 个:中国图书馆

① 本部分内容得到中国国家图书馆人事处吴洋、杨帆协助。

学会秘书处和中国古籍保护协会秘书处①。各内设机构根据具体工作职责的不同，在开展具体工作的过程中，划分为职能部门和业务部门两种类型，各司其职。职能部门是根据专业化分工，负责某一方面管理协调事务的部门，如办公室、人事处、财务处等；业务部门是具体开展资源管理、社会服务等业务工作的部门，如中文采编部、典藏阅览部、参考咨询部等，其中研究院、国家古籍保护中心办公室、民国时期文献保护工作办公室和《中华传统文化百部经典》编纂工作办公室属于参照职能部门管理的业务部门。根据工作实践需要，各部处下设科组，开展相关工作，现中国国家图书馆部处内设科级机构共115个②。此外，中国国家图书馆在部处—科组组织机构设置的基础上，为了对阶段性的重点工作加强协调、沟通，更好地调配资源，提高效率，建立了相应的协调机构，明确职责，以更好地发挥效用。

1. 中国国家图书馆当前组织机构（见图8-6）

2. 各组织机构职责③

（1）办公室：协调全馆行政工作。

（2）人事处：进行全馆机构、岗位设置，制定本馆人事管理政策和规定等人事管理。

（3）财务处：开展预算管理、会计核算、馆属企业审计等财务管理工作。

（4）业务管理处：负责业务总体规划、统筹协调、综合管理。

（5）党群工作办公室：贯彻上级组织和馆党委的指示，协调落实本馆党组织、工会、共青团各项工作。

（6）纪检监察处：负责开展党的纪律检查工作和本馆行政监察工作。

（7）审计处：负责内部审计工作。

（8）离退休干部处：对离退休人员实施管理和服务。

（9）国际交流处（台港澳交流处）：负责制订年度外事计划，组织全馆外事活动。

（10）国有资产管理处：负责政府采购、国有资产管理、馆资企业监管等经济活动管理工作。

---

①③　来源于：《文化部关于国家图书馆职责、内设机构及人员编制的批复》文人函〔2016〕1123号。

②　来源于：《国家图书馆关于调整部处内设机构的通知》国图人发〔2018〕8号。

（11）法律事务处：负责全馆法律事务工作。

（12）保卫处：负责全馆安全保卫工作。

（13）基建工程办公室（国家文献战略储备库工程筹建办公室）：负责国家图书馆重点工程建设，负责国家文献战略储备库工程筹建。

（14）国家图书馆研究院（全国图书馆标准化技术委员会秘书处、国家图书馆博士后科研工作站办公室）：开展图书馆发展理论与实践研究。

（15）中文采编部（全国图书馆联合编目中心、ISSN 中国国家中心）：承担国内出版物缴送、中文文献采选、编目、加工以及全国图书馆联合编目、ISSN 中国国家中心工作。

（16）外文采编部：负责外文文献资源的采选、编目、加工以及出版物国际交换工作。

（17）典藏阅览部（国家图书馆少年儿童馆）：履行国家文献资源总库职能，开展文献典藏、读者借阅服务、未成年人服务工作。

（18）立法决策服务部（海外中国问题研究资料中心、国家图书馆中国边疆文献研究中心）：履行为中央和国家机关立法与决策服务职能。

（19）参考咨询部（国家图书馆科学评价中心）：履行为社会组织及社会公众信息咨询服务职能。

（20）数字资源部（数字图书馆推广工程办公室、国家图书馆互联网信息资源保存保护中心）：履行本馆数字资源整合、文献数字化加工与典藏、网站等新媒体建设与服务职能。

（21）信息技术部（国家图书馆现代技术研究所）：负责信息化工作规划、管理与技术支持，数字资源发布与服务、长期保存和管理，移动服务及其资源的建设规划，信息化项目测试与验收，图书馆现代技术前瞻性研究。

（22）缩微文献部（全国图书馆文献缩微复制中心）：组织协调全国公共图书馆开展文献缩微抢救，并对本馆文献进行缩微复制。

（23）社会教育部（中国记忆项目中心、国家图书馆培训中心）：履行文化传播与社会教育职能，承担讲座、培训、阅读推广和中国记忆项目等工作。

（24）展览部：负责国家图书馆（国家典籍博物馆）展览的策划、实施、学术研究、宣传与推广，藏品的征集、保管等工作。

（25）古籍馆（国家图书馆方志馆）：负责善本古籍特藏文献采访、编目、典藏、服务及文献保护与修复。

（26）国家古籍保护中心办公室（国际图联保存保护中国中心办公室）：中国国家图书馆履行国家古籍保护中心职责的业务部门，负责全国古籍普查登记工作，负责全国古籍保护培训工作，推动全国古籍保护研究工作。

（27）民国时期文献保护工作办公室：是国家图书馆履行民国时期文献保护工作职能的业务部门，负责组织开展民国文献普查工作，负责推进民国文献征集工作以及民国时期文献出版工作。

（28）《中华传统文化百部经典》编纂工作办公室：履行经典文化宣传与推广职能，负责《中华传统文化百部经典》系列丛书编纂工作。

（29）国图艺术中心：履行艺术文化传播与艺术教育普及职能，是中国国家图书馆社会教育职能拓展延伸的重要窗口。

（30）出版部：负责图书编辑、出版、发行工作。

（31）后勤服务管理中心：负责后勤服务和管理的保障部门。

（32）中国图书馆学会秘书处：中国图书馆学会的办事机构，挂靠于中国国家图书馆管理。

（33）中国古籍保护协会秘书处：中国古籍保护协会的办事机构，挂靠于中国国家图书馆管理。

3. 协调机构的设立及职责①

中国国家图书馆现有以委员会、领导小组、协调小组等形式成立的协调机构20个，协调机构的设立以及主要工作职责由馆方发布专门文件予以确认。

（1）国家图书馆人才发展工作委员会：负责审议国家图书馆人才发展规划及

---

① 来源于：《国家图书馆关于协调机构调整的通知》国图人发〔2012〕43 号；《关于设立国家图书馆馆藏文献开发领导小组的通知》国图人发〔2013〕13 号；《国家图书馆关于成立网络安全和信息化领导小组的通知》国图人发〔2014〕24 号；《国家图书馆关于成立保密委员会的通知》国图人发〔2014〕34 号；《国家图书馆关于成立中华文化经典导读、海外中华古籍数字化回归项目领导小组的通知》国图人发〔2015〕2 号；《国家图书馆关于成立国际图联保存保护中国中心领导小组的通知》国图人发〔2016〕9 号；《国家图书馆关于成立内部控制建设工作领导小组的通知》国图人发〔2016〕22 号；《国家图书馆关于成立文献搬迁工作领导小组的通知》国图人发〔2018〕15 号；《国家图书馆关于保密委员会更名及人员调整的通知》国图人发〔2018〕25 号。

人才发展工作政策。

（2）国家图书馆学术委员会：负责审议国家图书馆科研工作规划，组织国家级科研项目申报，科研课题评审等相关学术工作。

（3）国家图书馆文献资源建设委员会：负责审议国家图书馆文献资源建设规划、阶段性计划，评估文献资源建设结果。

（4）国家图书馆编目工作委员会：负责审议国家图书馆各类型文献编目规则及各类型目录建设策略，解决编目工作中的疑难问题。

（5）国家图书馆服务工作委员会：负责审议国家图书馆服务方针、政策等有关事宜，解决服务工作中的疑难问题。

（6）国家图书馆馆藏文献开发领导小组①：负责对馆藏文献开发工作的统一管理和统筹协调。

（7）国家图书馆网络安全和信息化领导小组②：贯彻落实中央及上级单位有关网络安全和信息化的重大战略、决策、规划、部署和工作要求；组织本馆的网络安全和信息化工作，制订相应发展规划和制度；研究解决本馆网络安全和信息化重大问题。

（8）国家图书馆重点工程领导小组：负责国家图书馆重点工程的规划设计与组织实施。

（9）国家数字图书馆建设领导小组：负责国家数字图书馆工程建设管理及国家数字图书馆推广工程规划与管理。

（10）国家图书馆工程建设领域突出问题专项整治工作领导小组：负责检查

---

① "国家图书馆馆藏文献开发领导小组"根据《关于设立国家图书馆馆藏文献开发领导小组的通知》国图人发〔2013〕13 号文件设立，该文件同时规定"撤销国家图书馆馆藏文献出版规划小组"。"国家图书馆馆藏文献出版规划小组"根据《国家图书馆关于协调机构调整的通知》国图人发〔2012〕43 号文件设立，职责为"负责审议国家图书馆馆藏文献出版整体规划及阶段性出版计划"。

② "国家图书馆网络安全和信息化领导小组"根据《国家图书馆关于成立网络安全和信息化领导小组的通知》国图人发〔2014〕24 号文件设立，该文件同时规定"撤销国家图书馆网站领导小组，相应职责由国家图书馆网络安全和信息化领导小组承担"。"国家图书馆网站领导小组"根据《国家图书馆关于协调机构调整的通知》国图人发〔2012〕43 号文件设立，职责为"负责审议国家图书馆网站建设规划，解决网站建设与服务中的问题"。

国家图书馆承担的重点工程建设项目的项目决策、招标投标、物资采购等关键环节,并对存在问题开展专项治理,制定长效机制。

(11)国家图书馆创收工作领导小组:负责国家图书馆创收工作的统一管理和统筹协调。

(12)国家图书馆计划生育委员会:负责组织落实国家及北京市计划生育工作相关政策。

(13)国家图书馆爱国卫生运动委员会:负责国家图书馆卫生工作的组织实施。

(14)国家图书馆一期维修改造工程竣工决算领导小组:遵循国家相关政策法规,组织领导一期维修改造工程竣工决算工作;审议为工程竣工决算制定的相关办法和工作机制;审议工程竣工决算过程中的重大经费支出;统筹研究并协调解决竣工决算中的重大问题和难点问题。

(15)国家图书馆保密工作领导小组:负责全馆保密工作的统一领导和监督管理。

(16)中华文化经典导读、海外中华古籍数字化回归项目领导小组:负责领导中华文化经典导读项目和海外中华古籍数字化回归项目的规划设计和组织实施工作。

(17)国家图书馆内部控制建设工作领导小组:负责内部控制建设与实施的组织协调工作。

(18)国际图联保存保护中国中心领导小组:负责国际图联保存保护中国中心相关任务的组织和领导工作。

(19)文献搬迁工作领导小组:负责天竺库房等文献搬迁事宜及承德文献周转库管理与规划工作。

协调机构的设立,是对中国国家图书馆部处—科组组织机构设置的有益补充,可以在一定程度上整合全馆资源,优化资源配置,统一行动思想,提高管理效能,有助于相关重点工作的开展和落实。

三、国家图书馆组织机构的主要特点

通过对美国国会图书馆、英国国家图书馆、日本国立国会图书馆、中国国家图书馆组织机构的分析,结合国家图书馆组织机构建设与发展的历程,可以看出,国家图书馆组织机构呈现出如下特点:

1. 规范化的建制依据

国家图书馆组织机构的设置都有规范化的依据,有的依照法律规定进行组织机构设置,有的依照政策文件进行组织机构设置,都有章可循。英国国家图书馆根据《英国国家图书馆法》组建"英国国家图书馆理事会",实施法人治理结构。《英国国家图书馆法》对理事会的职责、组成、任命都有明确的规定,并且附录共14条集中对英国国家图书馆理事会及其顾问委员会进行了规定,包括理事会的组成及成员资格,议事程序及其附带权力,人员以及聘用的期限和条件等。日本也有专门的《国立国会图书馆法》对国立国会图书馆的组织机构设置进行规制,有专门的《支部图书馆法》对国立国会图书馆的支部图书馆进行规制,此外在法律规定的基础上,颁布有《国立国会图书馆组织规则》,进行更为详尽的规定。中国国家图书馆根据上级主管机构的批复——《文化部关于国家图书馆职责、内设机构及人员编制的批复》(文人函〔2016〕1123号)进行组织机构的设置,并且在上级主管机构批复的基础上,馆内还发布有具体的机构调整通知。

2. 体现国家图书馆职能要求

国家图书馆作为一种特定类型的图书馆,有特定的职能、定位要求。体现国家图书馆的职能要求,是国家图书馆组织机构的特点之一。例如,为国家立法和决策服务是国家图书馆所普遍承担的主要职能之一,美国、日本、中国等国家通过立法将国家图书馆的立法决策服务职责固定下来并在其国家图书馆设置有相应的组织机构。美国国会图书馆设置有国会研究服务部、法律图书馆等机构作为承担为国会立法和联邦政府决策服务的主要机构;日本国立国会图书馆设立有调查及立法考查局和支部图书馆等机构,分别为国会立法和行政司法提供服务;中国国家图书馆设立有立法决策服务部,履行为国家立法和决策服务的职能。此外,国家图书馆内一些特定的组织机构的设置,也是从国家图书馆的职能着眼,充分体现着国家图书馆职能要求。例如,美国国会图书馆版权办公室的设置即是国会图书馆承担维系国家版权体系职责的体现。版权办公室成立于1897

年,主要职责是执行版权法,并就版权的法规和政策向国会、法院及行政部门提供咨询。其成立的最初目的在于扩充馆藏,但却在履行版权注册管理职责的过程中,建立了相应的国家版权体系。它依靠国会图书馆这一坚实后盾,按照美国版权法和国会的指示,履行着版权注册登记管理、版权授权许可费的集中与分配、版权相关学术研究等职能,确保了美国版权体系的平衡,为保存美国文化做出了巨大贡献[37]。

3.机构设置服务于事业发展

国家图书馆的业务在不断发展,机构设置的状态也不是一成不变的,机构设置要适应业务格局的要求,机构调整要服务于图书馆事业发展的需要。例如,美国国会图书馆法律图书馆成立之初,主要服务于美国国会和最高法院,随着业务的发展,法律图书馆的服务对象逐渐扩展到联邦政府机构、全球法律机构和社会公众,其研究和服务领域涵盖了美国法、外国法、比较法和国际法等方面。相应的,机构设置上也进行了调整,设置了全球法律典藏部、全球法律研究部、立法与对外交流办公室等部门[38]。又如,日本国立国会图书馆为了顺应20世纪90年代以来的图书馆数字化潮流,于1998年5月制定了《电子图书馆构想》,这个构想确定了建立电子图书馆的框架以及实施的基本计划和步骤。为了更加快速、高效地建设电子图书馆,从总体上对电子图书馆事业进行立项、规划和实施,日本国立国会图书馆在1999年4月新设了"电子图书馆推进室",随后又在2000年3月制定了《电子图书馆服务实施基本计划》。2002年,随着关西馆和国际儿童图书馆的正式开馆,日本国立国会图书馆的电子图书馆事业跨上了一个新的台阶。2002年4月1日,国立国会图书馆将原电子图书馆推进室的职责进行了重新划分,将电子图书馆服务的总体计划及其调整工作划归总务部计划协作课电子情报计划室负责,而将电子图书馆的建设及其服务提供、研究开发等一应事务的实施交由关西馆事业部电子图书馆课负责[39]。再如,中国国家图书馆为更好地向公众提供公共文化服务,顺应图书馆与博物馆、美术馆等文化机构融合发展的趋势,借鉴博物馆的文物展陈理念,于2012年在馆区内开辟单独空间,挂牌成立国家典籍博物馆。为专门负责国家典籍博物馆展览的策划及实施工作,设立展览部,展览部下设综合协调组、展陈组、讲解服务组和保管组4个科组开展相关工作①。自 2014 年 9 月对外开放以来,举办典籍展览、文化体验、学术论坛、青少年夏令营等活动,成为深受社会公众欢迎的公共文化空间。经过几年的发展,根据事业发展需要,2018 年撤销展陈组,将展览策划与设计制作分开,单独设立两个新的科组,即展览策划组和设计制作组,同时重视打造文创产品品牌,新设文创开发组,开展相关工作②。

4. 重视专业分工,同时强调协调合作

各国国家图书馆的组织机构情况各异。美国国会图书馆的组织机构由国会研究服务部等几大部分组成,英国国家图书馆实行扁平化管理的方式,日本国立国会图书馆、中国国家图书馆都强调组织机构的细分,但对细分的处理又略显差异。日本国立国会图书馆秉承中央图书馆和支部图书馆的业务格局,在此基础上进行组织机构的细分;中国国家图书馆强调职能部门和业务部门的分工,在此基础上进行部处机构的细化。各国国家图书馆虽然组织机构设置情况各异,但从具体的机构设置可见,基本都十分重视专业分工,各部门各司其职,与此同时,也十分重视协调合作,国家图书馆承担的很多重要职能的履行,多是几个相关组织机构协调合作的结果。如馆藏文献建设这项国家图书馆的基础业务工作,国家图书馆入藏的文献涵盖多个语种,包括图书、期刊、报纸等不同文献类型,此外,随着现代信息技术的发展,国家图书馆除了入藏纸质文献之外,还入藏有数字资源。就不同语种、不同类型、不同来源的文献开展文献建设工作,组织机构间的专业分工尤其重要。日本国立国会图书馆的收集书志(采访编目)部就分别下设国内资料课、国外资料课、期刊、特别资料课等机构,专职负责相关领域的文献建设工作;中国国家图书馆设有中文采编部、外文采编部分别负责不同语种文献的采访、编目工作,其中中文采编部又下设中文图书采访组、中文报刊采编组、学位论文采编组、台港澳文献采编组、音像电子出版物采编组、中文数字资源采编组等科组,外文采编部下设有西文图书采访组、西文图书编目组、俄文图书采编组、东文图书采编组、外文报刊采编组、出版物交换组等科组,专门负责不同类型、不同语种的文献采访、编目工作。此外,中国国家图书馆还设置有专门的协调机构——国家图书馆文献资源建设委员会,负责文献资源建设过程中不同组织机构间的沟通、协调工作。

---

① 来源于:《国家图书馆关于设立展览部的通知》国图人发〔2012〕25 号。
② 来源于:《国家图书馆关于调整部处内设机构的通知》国图人发〔2018〕8 号。

第三节　中国国家图书馆组织机构的变革与创新

经济社会的快速发展和信息需求的快速增长,推动了图书馆事业的跨越式发展,图书馆行业开放共享、融合拓展、合作创新的发展理念日益普及,在资源拥有与开放获取、信息组织与知识服务、文献储存与保障利用、空间重塑与职能拓展、技术创新与智能服务等方面呈现出新的发展趋势,对国家图书馆建立科学的管理运行机制提出了更高要求。中国国家图书馆作为一个不断发展着的有机体,面对时代发展的新要求,其组织管理结构也将随着科学技术的发展变化、社会需求的增加、事业的进步而进行不断优化。

一、组织机构变革与创新的必要性

2018 年 1 月 1 日施行的《中华人民共和国公共图书馆法》首次以法律形式确认了中国国家图书馆的核心职能和同时承担公共图书馆的功能,体现了新时代党和政府对国家图书馆履行职能和发挥作用的新要求。为了进一步强化履职能力,国家图书馆需要围绕核心职能和基本功能不断优化组织机构,同时国家的体制机制改革要求、图书馆自身战略规划目标的方向、现代信息技术的发展以及社会公众的需求都促使国家图书馆的组织机构进一步变革和创新。

1. 深化体制机制改革新要求

公共文化机构法人治理结构改革是推进国家治理体系和治理能力现代化的一项重要举措,是深化文化管理体制改革的重要内容。2011 年 3 月,《中共中央国务院关于分类推进事业单位改革的指导意见》制定出台,要求"根据职责任务、服务对象和资源配置方式等情况,将从事公益服务的事业单位细分为两类:承担义务教育、基础性科研、公共文化、公共卫生及基层的基本医疗服务等基本公益服务,不能或不宜由市场配置资源的,划入公益一类","对面向社会提供公益服务的事业单位,积极探索管办分离的有效实现形式,逐步取消行政级别","面向社会提供公益服务的事业单位,探索建立理事会、董事会、管委会等多种形式的治理结构,健全决策、执行和监督机制,提高运行效率,确保公益目标实现"[40]。2015 年 1 月,中共中央办公厅、国务院办公厅《关于加快构建现代公共文化服务体系的意见》要求加大公益性文化事业单位改革力度。创新运行机制,建立事业单位法人治理结构,推动公共图书馆、博物馆、文化馆、科技馆等组建理事会,吸纳有关方面代表、专业人士、各界群众参与管理,健全决策、执行和监督机制。2017 年 9 月,中共中央宣传部、文化部等七部委发布的《关于深入推进公共文化机构法人治理结构改革的实施方案》要求,部署推动在公共图书馆、博物馆等建立以理事会为主要形式的法人治理结构。2018 年 1 月 1 日正式施行的《中华人民共和国公共图书馆法》规定,国家推动公共图书馆建立健全法人治理结构,吸收有关方面代表、专业人士和社会公众参与管理。这一规定对国家图书馆组织机构建设提出了新的要求。

2. 战略规划目标的新需求

图书馆的战略规划是图书馆面向未来确定图书馆使命、愿景、目标、战略及其实施计划的思维过程与框架,对图书馆具有重要意义[41]。国家图书馆作为一个国家的图书馆体系中具有独特地位的重要机构,既要完成国家赋予的历史使命,又要为满足国家人民的文化信息需求做出贡献,基于其特定的功能和定位,国家图书馆战略规划的制订和实施具有更深远的影响力,不但可以引导本馆应对变化、把握未来、规范组织行为、增强组织活力,而且可能会对一国图书馆事业的持续发展和不断进步产生影响。因此,国家图书馆战略规划备受重视,各国的国家图书馆都会从本馆的宗旨出发,在充分研究本馆的外部环境和内部条件的基础上,确定战略目标,并针对目标规划一个时期的重点任务,进而进行落实,稳步推进图书馆事业发展。在管理学上,"战略决定结构"是一条重要的管理原则,组织结构是战略管理的有效手段,战略变化会导致组织结构的变化。组织机构的设置作为组织结构的一个组成部分,既要满足实现战略目标的需求,又应随着战略目标的变化,进行相应的调整与完善。

中国国家图书馆历来重视战略规划的制订,1956 年就制订了第一个中长期发展规划——《北京图书馆十二年(1956—1968)工作规划纲要》,特别是自 1995 年制定《北京图书馆"九五"计划纲要》起,每五年都会制订一个五年发展规划,与国家国民经济和社会发展的规划周期同步,通过规划编制来谋划国家图书馆在一个时期内的事业发展目标和实现路径。同时,在五年规划的框架指导下,中国国家图书馆每年还会制定年度工作要点。这些计划和规划的制订与实施,为中国国家图书馆根据国家经济社会发展与文化事业发展大势,明确办馆思路,把握办馆方向,部署重点任务,统筹解决重点领域的关键问题,不断推进事业发展起到了非常重要的作用。目前正值"十三五"时期,中国国家图书馆与国家国民经济和社会发展的规划周期同步,正在实施《国家图书馆"十三五"规划纲要》,规划提出的总体目标是:履行好国家图书馆职能,努力将国家图书馆建设成为"国内最好、世界领先"的图书馆,成为传承和弘扬中华优秀传统文化的重要基地,成为支持和推广全民阅读的主要阵地,成为国家经济社会发展的新型智库,成为创新创业的知识中心,成为业界发展和服务创新的示范高地,成为联结各类信息服务机构的开放平台[42]。为更好地实现《国家图书馆"十三五"规划纲要》提出的战略目标,要处理好组织机构的相对稳定性与发展的可持续性之间的关系。

3. 现代信息技术的新发展

"互联网＋"、虚拟现实及人工智能等现代信息网络技术的快速发展,不断改变着社会和经济环境,影响着人们的生产和生活方式。与此同时,图书馆的资源类型不断变化,信息技术在更广泛的范围内推广应用,促使图书馆事业发生着巨大的变革。中国国家图书馆顺应科技发展趋势,始终致力于新技术新成果在图书馆的应用与推广,服务方式不断丰富:从纸质文献人工借阅服务,到网上借阅、自助借阅;从到馆服务,到远程服务、移动服务;从阅览室、研讨室,到信息共享空间。新的信息化环境要求国家图书馆要适应现代信息技术的发展趋势,调整服务形式与服务内容,服务半径的不断拓展必然导致服务范围越来越广,服务对象越来越多,优化组织管理结构势在必行。

4. 社会公众需求的新变化

"以人民为中心"是构建中国特色现代公共文化服务体系建设的出发点和落脚点,其核心就是要实现文化发展为了人民、文化发展依靠人民、文化成果由人民共享。党的十八大以来,以习近平同志为核心的党中央提出"以人民为中心"的发展思想,习近平总书记在党的十九大报告中指出"满足人民过上美好生活的新期待,必须提供丰富的精神食粮",反映了坚持人民主体地位的内在要求,彰显了人民至上的价值取向,确立了新发展理念必须始终坚持的基本原则。《中华人民共和国公共图书馆法》第三条明确规定,"公共图书馆应当坚持社会主义先进文化前进方向,坚持以人民为中心,坚持以社会主义核心价值观为引领,传承发展中华优秀传统文化,继承革命文化,发展社会主义先进文化"。国家图书馆作为国家级公共文化服务阵地,始终秉承"传承文明,服务社会"的宗旨,带领全国图书馆行业,以人民的利益为根本出发点,要根据人民群众不断增长的知识、信息和文化需求,适应知识、信息和文化产品生产、传播、消费的发展规律和变化特点,不断丰富服务内容,拓宽服务渠道,以读者需求为中心优化组织机构,向广大读者提供更加优质高效的服务,创新服务手段,提高服务效能,提升人民群众的满意度和获得感。

二、组织机构改革与创新发展展望

中国国家图书馆目前的组织机构设置,是根据图书馆事业发展以及业务发展需要,长期逐步进行调整而形成的稳定的组织机构,符合当前实际,具有一定的合理性。但随着国家体制机制改革的深化、战略目标的调整、信息技术的变革和社会需求的变化,组织机构势必会有进一步的优化调整,从而建立起适应事业发展和社会需求的新型业务格局,为更有效地履行国家图书馆职能提供必要支撑。

一是未来组织机构的改革和创新应与深化体制机制改革的要求相吻合。要根据公共文化服务机构法人治理结构改革要求,抓住机遇,适时建立以理事会为核心的法人治理结构,吸收有关方面代表、专业人士和社会公众参与管理,并以此为契机,进一步优化现有管理体制和运行机制,使社会各界能够进一步了解、重视、支持与参与事业发展,形成多元治理结构,不断提升管理水平与履职能力,促进中国国家图书馆事业更好更快地科学健康发展。

二是未来组织机构的改革和创新应与《中华人民共和国公共图书馆法》关于中国国家图书馆的要求相适应,首先着眼于国家文献信息战略保存、国家书目和联合目录编制、为国家立法和决策服务、组织全国古籍保护、开展图书馆发展研究和国际交流、为其他图书馆提供业务指导和技术支持等核心职能的履行,同时适应国家图书馆具有的公共图书馆功能。

三是未来组织机构的改革与创新应与现代信息技术的发展同步。现代信息技术的使用大大减少了沟通的时间和距离的障碍,为业务流程的变革与工作流程的再造提供了基础与可能。未来,中国国家图书馆机构改革创新要充分体现现代信息技术的优势,结合业界的创新理念,从提高工作效率和专业性的角度出发,精细化组织建制,把互相关联的业务工序加以整合,以充分利用技术带来的优势,提升各项工作的信息化水平,提高工作效率与服务效能。

四是未来组织机构的改革和创新应与用户日益增长的信息需求相适应。目前,中国国家图书馆已形成了面向中央和国家领导机关立法决策、重点教育科研企事业单位、社会公众、全国图书馆界的分层服务体系,随着国家政治经济外交大局不断发展,社会创新创业需求日益旺盛,公众终身学习和全民阅读热情日益高涨,国内外图书馆界交流合作日益紧密,各类用户群体对中国国家图书馆服务的内容和形式也日益提出新的更高要求,其组织机构的变革必须紧密围绕这些形势变化,才能更好地为不同用户群体提供有针对性的专业服务。

五是未来组织机构的改革和创新应不断完善组织文化建设和人才队伍建设。百余年来,中国国家图书馆人代代传承,培育了以不遗余力的搜采精神、恪尽职责的守护精神、甘为人梯的奉献精神、爱岗敬业的道德精神、与国家民族同呼吸共命运的担当精神为核心的百年国图精神,建设了一支驾驭高新技术、团结一致、奋发向上、拥有持续创新能力的高素质人才队伍,为事业发展提供了坚强有力的精神支撑和智力保障。未来组织机构的改革和发展,要在弘扬和发展百年国图精神的基础上,继续不断完善组织文化,创新管理方式,健全激励机制,增强组织活力,确保国家图书馆事业发展的可持续性。

参考文献

[1][3] 黎难秋.美国图书馆事业与管理[M].合肥:安徽省图书馆学会安徽省中心图书馆委员会,1989:24.

[2] 文化部图书馆事业管理局科教处.世界图书馆事业资料汇编[M].北京:书目文献出版社,1990:228.

[4] 科尔.美国国会图书馆展望[M].姜炳炘,等,译.北京:书目文献出版社,1987:15.

[5] 杨子竞.外国图书馆史简编[M].天津:南开大学出版社,1990:146.

[6] 邵文杰,等.北京图书馆与俄美等国家图书馆[M].北京:书目文献出版社,1994:113-115.

[7][8] 黎难秋.美国图书馆事业与管理[M].合肥:安徽省图书馆学会安徽省中心图书馆委

员会,1989:26.

[9] 黎难秋.美国图书馆事业与管理[M].合肥:安徽省图书馆学会安徽省中心图书馆委员会,1989:27-28.

[10] 王世伟.国际大都市图书馆服务体系述略[M].上海:上海人民出版社,2013:274.

[11] 文化部图书馆事业管理局科教处.世界图书馆事业资料汇编[M].北京:书目文献出版社,1990:209.

[12][14] 薛理桂.英国图书馆事业综述[M].台北:文华图书馆管理资讯股份有限公司,1993:26.

[13] 邵文杰,等.北京图书馆与俄美等国家图书馆[M].北京:书目文献出版社,1994:187.

[15] 邵文杰,等.北京图书馆与俄美等国家图书馆[M].北京:书目文献出版社,1994:194.

[16] 邵文杰,等.北京图书馆与俄美等国家图书馆[M].北京:书目文献出版社,1994:201.

[17] 魏蕊,初景利,王铮等.大英图书馆三十年(1985—2015)战略规划解读[J].国家图书馆学刊,2015(5):16-24.

[18] British Library. The British Library's 30th Annual Report 2002-2003 [EB/OL]. [2018-07-24]. http://www.bl.uk/aboutus/annrep/2002-2003/30thannualreport.pdf.

[19] 王世伟.国际大都市图书馆服务体系述略[M].上海:上海人民出版社,2013:277.

[20] 沈丽云.日本图书馆概论[M].上海:上海科学技术文献出版社,2010:2.

[21] 杨子竞.外国图书馆史简编[M].天津:南开大学出版社,1990:225.

[22] 卢海燕.国外图书馆法律选编[G].国家图书馆立法决策服务部,编译.北京:知识产权出版社,2014:100.

[23] 李国新.日本图书馆法律体系研究[M].北京:北京图书馆出版社,2000:184.

[24] 国立国会图书馆.国立国会图书馆小史 [EB/OL]. [2018-08-10]. http://www.ndl.go.jp/jp/aboutus/outline/history/short_history.html.

[25] 沈丽云.日本图书馆概论[M].上海:上海科学技术文献出版社,2010:3.

[26] 中国大百科全书总编辑委员会.中国大百科全书·第二版简明版收藏本:第3卷[M].北京:中国大百科全书出版社,2011:409.

[27] 中华人民共和国公共图书馆法[EB/OL]. [2018-07-24]. http://www.npc.gov.cn/npc/xinwen/2017-11/04/content_2031427.htm.

[28] Library of Congress. Library of Congress Organizational Chart[EB/OL]. [2018-07-24]. https://www.loc.gov/portals/static/about/documents/lcorgchart_072817.pdf.

[29] Library of Congress. About the Library [EB/OL]. [2018-07-24]. https://www.loc.

gov/about/.

［30］卢海燕.国外图书馆法律选编［G］.国家图书馆立法决策服务部,编译.北京:知识产权
　　出版社,2014:361.

［31］British Library. Annual Report and Accounts 2016/17［EB/OL］.［2018 – 07 – 24］.https://
　　www. bl. uk/aboutus/annrep/2016-17/Annual%20Report%202016-2017. pdf.

［32］赵益民.国家图书馆业务管理机制研究［M］.北京:中国社会科学出版社,2018:114 – 115.

［33］国立国会図書館. About us.［EB/OL］.［2018 – 07 – 24］. http://www. ndl. go. jp/en/abou-
　　tus/index. html.

［34］国立国会図書館. 国立国会図書館組織図［EB/OL］.［2018 – 07 – 24］. http://www.
　　ndl. go. jp/jp/aboutus/outline/organizationtree. html.

［35］沈丽云.日本图书馆概论［M］.上海:上海科学技术文献出版社,2010:6 – 7.

［36］国家图书馆立法决策服务部.图书馆立法决策服务工作调研报告［R］.北京:国家图书馆
　　出版社,2014:109.

［37］刘德勇.美国国会图书馆版权局职能探析［J］.内蒙古科技与经济,2015(16):121 – 122.

［38］Annual Report of the Librarian of Congress For The Fiscal Year Ending September 30, 2016
　　［EB/OL］.［2018 – 07 – 24］. https://www. loc. gov/portals/static/about/reports-and-budg-
　　ets/documents/annual-reports/fy2016. pdf.

［39］沈丽云.日本图书馆概论［M］.上海:上海科学技术文献出版社,2010:21 – 22.

［40］中共中央、国务院关于分类推进事业单位改革的指导意见［EB/OL］.［2018 – 05 – 17］.
　　http://www. chinalawinfo. com/.

［41］孙坦.国外图书馆战略规划研究［J］.图书馆建设,2009(10):82.

［42］国家图书馆.国家图书馆"十三五"规划纲要［EB/OL］.［2018 – 07 – 24］. http://www.
　　nlc. cn/dsb_footer/gygt/ghgy/#4.

（执笔人:申晓娟　刘英赫　张若冰　李丹　赵益民）

后　记

习近平总书记曾于 2014 年北京大学师生座谈会上的讲话中指出："一个民族、一个国家，必须知道自己是谁，是从哪里来的，要到哪里去，想明白了、想对了，就要坚定不移朝着目标前进。"对于中国国家图书馆而言，我们是谁，从哪里来，要到哪里去，也需要想清楚，想明白，才能在瞬息万变的时代洪流中始终保持初心，牢记使命，沿着正确的发展方向坚定前行。

关于中国国家图书馆的历史和现状，过去已经做过比较系统的研究和总结；关于世界其他主要国家图书馆的历史和现状，业界也进行了较为长期的跟踪和研究。但是，将这些国家图书馆作为一种独特的图书馆类型，研究其特点与发展规律的成果还比较欠缺。中国国家图书馆、美国国会图书馆、日本国立国会图书馆、英国国家图书馆、加拿大国家图书档案馆……这些图书馆的历史发展脉络各有不同，它们所承担的任务也有所区别，但这些都不足以引起人们对其"国家图书馆"定位的质疑。这是因为，它们都有着国家图书馆所应当具备的共同属性。

那么，什么才是一个国家图书馆所必须具备的属性呢？它们的历史怎样塑造了它们的现在？又将如何影响它们的未来？本书对这些风格迥异的国家图书馆进行了追古溯今的研究和比较，其最终的目的，即是以向外的眼光强化向内的省察，期待从他者的经验中镜鉴自己的未来。2015 年 9 月，在《国家图书馆"十三五"规划纲要》的研制过程中，中国国家图书馆又启动了《国家图书馆概论》的编纂工作，其中也包含有以本书研究成果为中国国家图书馆下一个五年乃至更长时期的发展提供理论指导的意旨。

本书由中国国家图书馆馆长韩永进同志亲自倡导并出任主编，由研究院组织筹划，联合业界 30 余位专家学者，历时近三年，精心打造而成。全书分为绪论、国家图书馆与国家文献信息资源保障、国家图书馆与国家立法决策、国家图书馆与国家创新发展、国家图书馆与国家公共文化服务、国家图书馆与国家信息化发展、国家图书馆与图书馆事业发展、国家图书馆的组织机构等 8 个部分，从历史、现状及未来发展等多个维度,对世界各主要国家的国家图书馆进行研究和比较,分析它们在历史传承、职能发展、组织管理、社会作用等方面的共性与规律,并以此为借鉴,对中国国家图书馆未来发展的目标方向和重点任务等提出建议。

其中,第一章由中国国家图书馆馆长韩永进负责,申晓娟、李丹、刘宇初、张若冰参与执笔;第二章由武汉大学信息管理学院教授黄如花负责,温芳芳参与执笔;第三章由中国国家图书馆立法决策服务部研究馆员卢海燕负责,陈颖艳参与执笔;第四章由中国科学院大学教授初景利负责,魏蕊、栾冠楠、王铮、杨志刚参与执笔;第五章由南开大学商学院信息资源管理系副教授肖雪负责,王一钧、孙家璇参与执笔;第六章由国家图书馆信息技术部高级工程师王乐春负责,钟晶晶、雷蕾参与执笔;第七章由南开大学商学院信息资源管理系教授柯平负责,苏福、宫平、邹金汇、何颖芳、闫娜、胡银霞、张雅琪参与执笔;第八章由国家图书馆研究院副院长申晓娟负责,刘英赫、张若冰、李丹、赵益民参与执笔。全书由申晓娟、卢海燕、刘英赫、李丹、张若冰、王薇、刘宇初统稿。

由于过去在这方面研究的欠缺,编写组面临的无疑是一项开创性的工作,大家对此付出了极大的热情和艰辛的努力,期间多次研讨,精心锤炼,查阅了大量文献资料,并就研究中遇到的问题与国内外相关领域同人咨询切磋,历时三年,数易其稿,终成全书,在此对编写者的辛勤付出表示衷心感谢!

首次以这样的视角来研究国家图书馆的问题,书中分析评述难免不足,真诚希望广大读者,特别是业内同人多提宝贵意见与建议,若能以此书引起社会各界对中国国家图书馆工作的更大关注,将是我们的莫大荣幸!

国家图书馆研究院

2018 年 7 月